ŒUVRES COMPLÈTES

DE

VOLTAIRE

7

THEATRE. VI

ANCIENNE MAISON J. CLAYE

PARIS. — IMPRIMERIE A. QUANTIN ET Cie

RUE SAINT-BENOIT .

ŒUVRES COMPLÈTES

DE

VOLTAIRE

NOUVELLE ÉDITION

AVEC

NOTICES, PRÉFACES, VARIANTES, TABLE ANALYTIQUE

LES NOTES DE TOUS LES COMMENTATEURS ET DES NOTES NOUVELLES

Conforme pour le texte à l'édition de BEUCHOT

ENRICHIE DES DÉCOUVERTES LES PLUS RÉCENTES

ET MISE AU COURANT

DES TRAVAUX QUI ONT PARU JUSQU'A CE JOUR

PRÉCÉDÉE DE LA

VIE DE VOLTAIRE

PAR CONDORCET

ET D'AUTRES ÉTUDES BIOGRAPHIQUES

Ornée d'un portrait en pied d'après la statue du foyer de la Comédie-Française

THÉATRE — TOME SIXIÈME

PARIS

GARNIER FRÈRES, LIBRAIRES-ÉDITEURS

6, RUE DES SAINTS-PÈRES, 6

1877

LES
DEUX TONNEAUX

ESQUISSE D'UN OPÉRA-COMIQUE

EN TROIS ACTES

PERSONNAGES[1]

GLYCÈRE.
PRESTINE, petite sœur de Glycère.
DAPHNIS.
LE PÈRE de Daphnis.
LE PÈRE de Glycère.
GRÉGOIRE, cabaretier-cuisinier, prêtre du temple de Bacchus.
PHÉBÉ, servante du temple.
TROUPE DE JEUNES GARÇONS ET DE JEUNES FILLES.

La scène est dans un temple consacré à Bacchus.

---

1. *Le Baron d'Otrante* et *les Deux Tonneaux* parurent pour la première fois dans l'édition de Kehl. Voyez la note sur l'Avertissement, page 573.

LES
DEUX TONNEAUX

ESQUISSE D'OPÉRA-COMIQUE

ACTE PREMIER.

SCÈNE I.

(Le théâtre représente un temple de feuillage, orné de thyrses, de trompettes, de pampre, de raisins. On voit entre les colonnades de feuillage les statues de Bacchus, d'Ariane, de Silène et de Pan. Un grand buffet tient lieu d'autel : deux fontaines de vin coulent dans le fond. Des garçons et des filles sont empressés à préparer tout pour une fête. Grégoire, l'un des suivants de Bacchus, ordonne la fête. Il est en veste blanche et galante, portant un thyrse à la main, et sur sa tête une couronne de lierre.)

(Ouverture gaie et vive; reprise douloureuse et terrible.)

GRÉGOIRE, TROUPE DE JEUNES GARÇONS ET DE JEUNES FILLES.

GRÉGOIRE chante.
Allons, enfants, à qui mieux mieux ;
Jeunes garçons, jeunes fillettes,
Parez cet autel glorieux ;
Trémoussez-vous, paresseux que vous êtes :
Mettez-moi cela
Là,
Rendez ce buffet
Net ;
Songez bien à ce que vous faites.
Allons, enfants, à qui mieux mieux ;

LES DEUX TONNEAUX.

Trémoussez-vous, paresseux que vous êtes :
Songez que vous servez les belles et les dieux.

UNE SUIVANTE.

(Elle parle.)

Eh ! doucement, monsieur Grégoire,
Nous sommes comme vous du temple de Bacchus ;
Comme vous nous lui rendons gloire :
Nous sommes tous très-assidus
A servir Bacchus et Vénus.
Le grand-prêtre du temple est sans doute allé boire.

(Elle chante.)

Il reviendra : faites moins l'important.
Alors que le maître est absent,
Maître valet s'en fait accroire.

GRÉGOIRE.

Pardon, j'ai du chagrin.

LA SUIVANTE.

On n'en a point ici.
Vous vous moquez de nous.

GRÉGOIRE.

Va, j'ai bien du souci.
Nous attendons la noce, et mon maître m'ordonne
De représenter sa personne,
Et d'unir les amants qui seront envoyés
De tous les lieux voisins pour être mariés.
Ah ! j'enrage.

LA SUIVANTE.

Comment ! c'est la meilleure aubaine
Que jamais tu pourras trouver :
Toujours ces fêtes-là nous valent quelque étrenne :
Rien de mieux ne peut t'arriver.
J'ai vu plus d'un hymen. L'une et l'autre partie
S'est assez souvent repentie
Des marchés qu'ici l'on a faits ;
Mais le monsieur qui les marie,
Quand il a leur argent, ne s'en repent jamais.
C'est l'aimable Daphnis et la belle Glycère
Qui viennent se donner la main.
Que Daphnis est charmant !

GRÉGOIRE, en colère.

Non, il est fort vilain.

ACTE I, SCÈNE I.

LA SUIVANTE.
A toutes nos beautés que Daphnis a su plaire!
GRÉGOIRE.
Il me déplaît beaucoup.
LA SUIVANTE.
Qu'il est beau!
GRÉGOIRE.
Qu'il est laid!
LA SUIVANTE.
Très-honnête garçon, libéral.
GRÉGOIRE.
Non.
LA SUIVANTE.
Si fait.
Que Grégoire est méchant! Me dira-t-il encore
Que la future est sans beauté?
GRÉGOIRE.
La future?
LA SUIVANTE.
Oui, Glycère; on la fête, on l'adore;
Dans toute l'Arcadie on en est enchanté.
GRÉGOIRE.
Oui... la future... passe... elle est assez jolie;
Mais c'est un mauvais cœur, tout plein de perfidie,
D'ingratitude, de fierté.
LA SUIVANTE.
Glycère, un mauvais cœur! hélas! c'est la bonté,
C'est la vertu modeste, et pleine d'indulgence;
C'est la douceur, la patience;
Et de ses mœurs la pureté
Fait taire encor la médisance.
Vous me paraissez dépité:
N'auriez-vous point été tenté
D'empaumer le cœur de la belle?
Quand du succès on est flatté,
Quand la dame n'est point cruelle,
Vous la traitez de nymphe et de divinité;
Si vous en êtes rebuté,
Vous faites des chansons contre elle.
Allons, maître Grégoire, un peu moins de courroux:
Recevons bien ces deux époux;
Que le festin soit magnifique.

On boit ici son vin sans eau ;
Mais n'allez pas gâter notre fête bachique
    En perçant du mauvais tonneau.
GRÉGOIRE.
Comment? que dis-tu là?
LA SUIVANTE.
        Je m'entends bien.
GRÉGOIRE.
                    Petite,
Tremble que ce mystère ici soit révélé ;
C'est le secret des dieux, crains qu'on ne le débite :
    Aussitôt qu'on en a parlé,
    Apprends qu'on meurt de mort subite.
    Cesse tes discours familiers,
    Réprime ta langue maudite,
Et respecte les dieux et les cabaretiers.
        (Il chante.)
    Allons, reprenez votre ouvrage ;
    Servons bien ces heureux amants...
        (A part.)
        Le dépit et la rage
        Déchirent tous mes sens.
    Hâtons ces heureux moments ;
        Courage, courage :
Cognez, frappez, partez en même temps[1] :
Suspendez ces festons, étendez ce feuillage ;
    Que les bons vins, les amours,
        Nous donnent toujours
        Sous ces charmants ombrages
    D'heureuses nuits et de beaux jours.
        J'enrage,
        J'enrage.
    Je me vengerai ;
    Je les punirai :
Ils me paieront cher mon outrage.
    Hâtons leurs heureux moments ;
Cognez, frappez, partez en même temps.
        J'enrage,
        J'enrage.

---

1. Des suivants pourraient ici faire une espèce de basse, en frappant de leurs marteaux sur des cuivres creux qui serviraient d'ornements. (*Note de Voltaire.*)

LA SUIVANTE.

Ah! j'aperçois de loin cette noce en chemin.
　　　La petite sœur de Glycère
　　　Est toujours à tout la première;
　　　Elle s'y prend de bon matin.
　　　Cette rose est déja fleurie,
　　　Elle a précipité ses pas.
　　　La voici... ne dirait-on pas
　　　Que c'est elle que l'on marie?

SCÈNE II.

GRÉGOIRE, PRESTINE, LA SUIVANTE.

PRESTINE, arrivant en hâte.

Eh! quoi donc! rien n'est prêt au temple de Bacchus?
Nous restons au filet! Nos pas sont-ils perdus?
On ne fait rien ici quand on a tant à faire!
Ma sœur et son amant, mon bonhomme de père,
Et celui de Daphnis, femmes, filles, garçons,
Arrivent à la file, en dansant aux chansons.
　　　Ici je ne vois rien paraître.
　　　Réponds donc, Grégoire, réponds;
Mène-moi voir l'autel et monsieur le grand-prêtre.

GRÉGOIRE.

Le grand-prêtre, c'est moi.

PRESTINE.

　　　Tu ris.

GRÉGOIRE.

　　　　　Moi, dis-je.

PRESTINE.

　　　　　　　Toi?
Toi, prêtre de Bacchus?

GRÉGOIRE.

　　　　Et fait pour cet emploi.
　　Quel étonnement est le vôtre?

PRESTINE.

Eh bien! soit, j'aime autant que ce soit toi qu'un autre.

GRÉGOIRE.

Je suis vice-gérant dans ce lieu plein d'appas.
Je conjoins les amants, et je fais leurs repas.

Ces deux charmants ministères,
Au monde si nécessaires,
Sont sans doute les premiers.
J'espère quelque jour, ma petite Prestine,
Dans cette demeure divine
Les exercer pour vous.

PRESTINE.

Hélas! très-volontiers.

DUO.

GRÉGOIRE ET PRESTINE.

En ces beaux lieux c'est à Grégoire,
C'est à lui d'enseigner
Le grand art d'aimer et de boire;
C'est lui qui doit régner.
Du dieu puissant de la liqueur vermeille
Le temple est un cabaret;
Son autel est un buffet.
L'Amour y veille
Avec transport;
L'Amour y dort,
Dort, dort,
Sous les beaux raisins de la treille.

GRÉGOIRE.

Je vois nos gens venir; je vais prendre à l'instant
Mes habits de cérémonie.
Il faut qu'à tous les yeux Grégoire justifie
Le choix qu'on fait de lui dans un jour si brillant.

PRESTINE.

Va vite... Avancez donc, mon père, mon beau-père,
Ma chère sœur, mon cher beau-frère,
Ah! que vous marchez lentement!
Cet air grave est, dit-on, décent:
Il est noble, il a de la grâce;
Mais j'irais plus vivement
Si j'étais à votre place.

SCÈNE III.

LE PÈRE DE GLYCÈRE ET DE PRESTINE, LE PÈRE DE DAPHNIS, petits vieillards ratatinés, marchant les premiers, la canne à la main; DAPHNIS, conduisant GLYCÈRE ET TOUTE LA NOCE; PRESTINE.

GLYCÈRE, à Prestine.

Pardonne, chère sœur, à mes sens éblouis :
Je me suis arrêtée à regarder Daphnis ;
J'étais hors de moi-même, en extase, en délire ;
  Et je n'avais qu'un sentiment.
  Va, tout ce que je te puis dire,
  C'est que je t'en souhaite autant.

DUO.

LES DEUX PÈRES.

 Oh! qu'il est doux, sur nos vieux ans,
 De renaître dans sa famille!
  Mon fils... ma fille
 Raniment mes jours languissants ;
  Mon hiver brille
 Des roses de leur printemps.
 Les jeunes gens qui veulent rire
  Traitent un vieillard
 De rêveur, de babillard :
  Ils ont grand tort ;
  Chacun aspire
  A notre sort ;
Chacun demande à la nature
De ne mourir qu'en cheveux blancs ;
Et, dès qu'on parvient à cent ans,
On a place dans le *Mercure*.

PRESTINE.

 Il s'agit bien de fredonner ;
Ah! vous avez, je pense, assez d'autres affaires.
Savez-vous à quel homme on a voulu donner
Le soin de célébrer vos amoureux mystères ?
A Grégoire.

GLYCÈRE, effrayée.

 A Grégoire!

DAPHNIS.
Eh! qu'importe, grands dieux!
Tout m'est bon, tout m'est précieux;
Tout est égal ici quand mon bonheur approche.
Si Glycère est à moi, le reste est étranger.
Qu'importe qui sonne la cloche,
Quand j'entends l'heure du berger?
Rien ne peut me déplaire, et rien ne m'intéresse :
Je ne vois point ces jeux, ce festin solennel,
Ces prêtres de l'hymen, ce temple, cet autel;
Je ne vois rien que la déesse.

QUATUOR.

LE PÈRE   LE PÈRE   DAPHNIS.   GLYCÈRE.
de Glycère.   de Daphnis.

Ma fille!... Mon cher fils!... Glycère!... Tendre époux!
Aimons-nous tous quatre, aimons-nous.
De la félicité, naissez, brillante aurore;
Naissez, faites éclore
Un jour encor plus doux.
Tendre amour, c'est toi que j'implore;
En tout temps tu règnes sur nous :
Tendre amour, c'est toi que j'implore;
Aimons-nous tous quatre, aimons-nous.

PRESTINE.
Ils aiment à chanter, et c'est là leur folie.
Ne parviendrai-je point à faire ma partie?
Ces gens-là sur un mot vous font vite un concert;
Et ce qu'en eux surtout je révère et j'admire,
C'est qu'ils chantent parfois sans avoir rien à dire :
Ils nous ont sur-le-champ donné d'un quatuor.
A mon oreille il plaisait fort;
Et, s'ils avaient voulu, j'aurais fait la cinquième.
Mais on me laisse là; chacun pense à soi-même.
(Elle chante.)
Le premier mari que j'aurai,
Ah! grands dieux, que je chanterai!
On néglige ma personne,
On m'abandonne.
Le premier mari que j'aurai,
Ah! grands dieux, que je chanterai!

SCÈNE IV.

LES PRÉCÉDENTS, PHÉBÉ.

PHÉBÉ.
Entrez, mes beaux messieurs, entrez, ma belle dame.
(A Glycère, à part.)
Ma belle dame, au moins prenez bien garde à vous.
DAPHNIS.
Allez, j'en aurai soin ; ne crains rien, bonne femme.
(Il lui met une bourse dans la main.)
PHÉBÉ.
Que voilà deux charmants époux !
Prenez bien garde à vous, madame.
GLYCÈRE.
Que veut-elle me dire ? Elle me fait trembler.
L'amour est trop timide, et mon cœur est trop tendre.
PRESTINE.
Auprès de votre amant qui peut donc vous troubler ?
Nulle crainte en tel cas ne pourrait me surprendre.
(Elle chante.)
Le premier mari que j'aurai,
Ah ! bon dieu, que je chanterai !
On néglige ma personne,
On m'abandonne.
Le premier mari que j'aurai,
Ah ! grands dieux, que je chanterai !

FIN DU PREMIER ACTE.

ACTE DEUXIÈME.

SCÈNE I.

DAPHNIS, conduit par son père, GLYCÈRE par le sien, PRESTINE par personne, et courant partout; GARÇONS DE LA NOCE.

LE PÈRE DE DAPHNIS.
Mes enfants, croyez-moi, nous savons les rubriques;
Faisons comme faisaient nos très-prudents aïeux :
    Tout allait alors beaucoup mieux.
C'était là le bon temps ; et les siècles antiques,
Étant plus vieux que nous, auront toujours raison.
Je vous dis que c'est là... que sera le garçon ;
Ici... la fille ; ici... moi, du garçon le père.
  (A Glycère.)
Là... vous; et puis Prestine à côté de sa sœur,
Pour apprendre son rôle, et le savoir bien faire.
Mais j'aperçois déjà le sacrificateur.
Qu'il a l'air noble et grand ! Une majesté sainte
    Sur son front auguste est empreinte;
Il ressemble à son dieu, dont il a la rougeur.
    LE PÈRE DE GLYCÈRE.
Oui, l'on voit qu'il le sert avec grande ferveur.
Silence, écoutons bien.

SCÈNE II.

LES PRÉCÉDENTS, GRÉGOIRE, suivi des MINISTRES de Bacchus.

(Les deux amants mettent la main sur le buffet qui sert d'autel.)

GRÉGOIRE, au milieu, vêtu en grand sacrificateur.
    Futur, et vous, future,
Qui venez allumer à l'autel de Bacchus

ACTE II, SCÈNE II.

La flamme la plus belle et l'ardeur la plus pure,
  Soyez ici très-bien venus.
  D'abord, avant que chacun jure
  D'observer les rites reçus,
Avant que de former l'union conjugale,
Je vais vous présenter la coupe nuptiale.

    GLYCÈRE.

Ces rites sont d'aimer ; quel besoin d'un serment
Pour remplir un devoir si cher et si durable ?
Ce serment dans mon cœur constant, inaltérable,
  Est écrit par le sentiment
  En caractère ineffaçable.
Hélas ! si vous voulez, ma bouche en fera cent ;
Je les répéterai tous les jours de ma vie ;
Et n'allez pas penser que le nombre m'ennuie :
  Ils seront tous pour mon amant.

    GRÉGOIRE, à part.

Que ces deux gens heureux redoublent ma colère !
Dieux ! qu'ils seront punis... Buvez, belle Glycère,
  Et buvez l'amour à longs traits.
Buvez, tendres époux, vous jurerez après :
Vous recevrez des dieux des faveurs infinies.

 (Il va prendre les deux coupes préparées au fond du buffet.)

    LE PÈRE DE DAPHNIS.

Oui, nos pères buvaient dans leurs cérémonies,
Aussi valaient-ils mieux qu'on ne vaut aujourd'hui :
Depuis qu'on ne boit plus, l'esprit avec l'ennui
Font bâiller noblement les bonnes compagnies.
Les chansons en refrain des soupers sont bannies :
Je riais autrefois, j'étais toujours joyeux :
Et je ne ris plus tant depuis que je suis vieux :
J'en cherche la raison, d'où vient cela, compère ?

    LE PÈRE DE GLYCÈRE.

Mais... cela vient... du temps. Je suis tout sérieux,
Bien souvent, malgré moi, sans en savoir la cause.
Il s'est fait parmi nous quelque métamorphose.
Mais il reste, après tout, quelques plaisirs touchants :
Dans le bonheur d'autrui l'âme à l'aise respire ;
Et quand nous marions nos aimables enfants,
  Je vois qu'on est heureux sans rire.

 (Grégoire présente une petite coupe à Daphnis, et une autre
    à Glycère.)

GRÉGOIRE, après qu'ils ont bu.

Rendez-moi cette coupe. Eh quoi ! vous frémissez !
Çà, jurez à présent; vous, Daphnis, commencez.

DAPHNIS chante en récitatif mesuré, noble, et tendre.

Je jure par les dieux, et surtout par Glycère,
De l'aimer à jamais comme j'aime en ce jour.
   Toutes les flammes de l'amour
Ont coulé dans ce vin quand j'ai vidé mon verre.
O toi qui d'Ariane as mérité le cœur,
   Divin Bacchus, charmant vainqueur,
Tu règnes aux festins, aux amours, à la guerre.
   Divin Bacchus, charmant vainqueur,
   Je t'invoque après ma Glycère.

(Symphonie.)
(Daphnis continue.)

  Descends, Bacchus, en ces beaux lieux;
  Des Amours amène la mère;
  Amène avec toi tous les dieux;
  Ils pourront brûler pour Glycère.
  Je ne serai point jaloux d'eux;
    Son cœur me préfère,
  Me préfère, me préfère aux dieux.

GRÉGOIRE.

C'est à vous de jurer, Glycère, à votre tour,
Devant Bacchus lui-même, au grand dieu de l'amour.

GLYCÈRE chante.

  Je jure une haine implacable
    A ce vilain magot,
    A ce fat, à ce sot;
  Il m'est insupportable.
  Je jure une haine implacable.
    A ce fat, à ce sot.

  Oui, mon père, oui, mon père,
   J'aimerais mieux en enfer
    Épouser Lucifer.

  Qu'on n'irrite point ma colère;
Oui, je verrais plutôt le peu que j'ai d'appas
  Dans la gueule du chien Cerbère,
    Qu'entre les bras
  Du vilain qui croit me plaire.

ACTE II, SCÈNE II.

DAPHNIS.

Qu'ai-je entendu! grands dieux!

LES DEUX PÈRES, ensemble.

Ah! ma fille!

PRESTINE.

Ah! ma sœur!

DAPHNIS.

Est-ce vous qui parlez, ma Glycère?

GLYCÈRE, reculant.

Ah! l'horreur!
Ote-toi de mes yeux; ton seul aspect m'afflige.

DAPHNIS.

Quoi! c'est donc tout de bon?

GLYCÈRE.

Retire-toi, te dis-je;
Tu me donnerais des vapeurs.

DAPHNIS.

Eh! qu'est-il arrivé? Dieux puissants, dieux vengeurs,
En étiez-vous jaloux? M'ôtez-vous ce que j'aime?
Ma charmante maîtresse, idole de mes sens,
Reprends les tiens, rentre en toi-même;
Vois Daphnis à tes pieds, les yeux chargés de pleurs.

GLYCÈRE.

Je ne puis te souffrir : je te l'ai dit, je pense,
Assez net, assez clairement.
Va-t-en, ou je m'en vais.

LE PÈRE DE DAPHNIS.

Ciel! quelle extravagance!

DAPHNIS.

Prétends-tu m'éprouver par ces affreux ennuis?
As-tu voulu jouir de ma douleur profonde?

GLYCÈRE.

Tu ne t'en vas point; je m'enfuis :
Pour être loin de toi j'irais au bout du monde.

(Elle sort.)

QUATUOR.

LES DEUX PÈRES.   PRESTINE.   DAPHNIS.

Je suis tout confondu... Je frémis... Je me meurs!

(Tous ensemble.)

Quel changement! quelles alarmes!
Est-ce là cet hymen si doux, si plein de charmes?

PRESTINE.
Non, je ne rirai plus; coulez, coulez, mes pleurs.
(Tous ensemble.)
Dieu puissant, rends-nous tes faveurs.

GRÉGOIRE chante.
Quand je vois quatre personnes
Ainsi pleurer en chantant,
Mon cœur se fend.
Bacchus, tu les abandonnes :
Il faut en faire autant.
(Il s'en va.)

SCÈNE III.

LE PÈRE DE DAPHNIS, LE PÈRE DE GLYCÈRE,
DAPHNIS, PRESTINE.

LE PÈRE DE DAPHNIS, à celui de Glycère.
Écoutez; j'ai du sens, car j'ai vu bien des choses,
Des esprits, des sorciers, et des métempsycoses.
Le dieu que je révère, et qui règne en ces lieux,
Me semble, après l'Amour, le plus malin des dieux.
Je l'ai vu dans mon temps troubler bien des cervelles;
Il produisait souvent d'assez vives querelles :
Mais cela s'éteignait après une heure ou deux.
Peut-être que la coupe était d'un vin fumeux,
Ou dur, ou petillant, et qui porte à la tête.
Ma fille en a trop bu; de là vient la tempête
Qui de nos jours heureux a noirci le plus beau.
La coupe nuptiale a troublé son cerveau :
Elle est folle, il est vrai; mais, dieu merci, tout passe :
Je n'ai vu ni d'amour ni de haine sans fin...
Elle te r'aimera; tu rentreras en grâce
Dès qu'elle aura cuvé son vin.
PRESTINE.
Mon père, vous avez beaucoup d'expérience,
Vous raisonnez on ne peut mieux :
Je n'ai ni raison ni science,
Mais j'ai des oreilles, des yeux.
De ce temple sacré j'ai vu la balayeuse
Qui d'une voix mystérieuse

A dit à ma grand'sœur, avec un ton fort doux :
Quand on vous mariera, prenez bien garde à vous.
J'avais fait peu de cas d'une telle parole ;
    Je ne pouvais me défier
    Que cela pût signifier
    Que ma grand'sœur deviendrait folle.
Et puis je me suis dit (toujours en raisonnant) :
    Ma sœur est folle cependant.
Grégoire est bien malin : il pourchassa Glycère,
Il n'en eut qu'un refus : il doit être en colère.
    Il est devenu grand seigneur :
On aime quelquefois à venger son injure.
Moi, je me vengerais si l'on m'ôtait un cœur.
    Voyez s'il est quelque valeur
    Dans ma petite conjecture.

        DAPHNIS.
Oui, Prestine a raison.
      LE PÈRE DE GLYCÈRE.
    Cette fille ira loin.
      LE PÈRE DE DAPHNIS.
Ce sera quelque jour une maîtresse femme.
        DAPHNIS.
    Allez tous, laissez-moi le soin
    De punir ici cet infâme ;
A ce monstre ennemi je veux arracher l'âme.
Laissez-moi.
      LE PÈRE DE GLYCÈRE.
    Qui l'eût cru qu'un jour si fortuné
    A tant de maux fût destiné?
      LE PÈRE DE DAPHNIS.
Hélas! j'en ai tant vu dans le cours de ma vie !
De tous les temps passés l'histoire en est remplie.

SCÈNE IV.

LES PRÉCÉDENTS; GRÉGOIRE, revenant dans son premier habit.

        DAPHNIS.
    O douleur ! ô transports jaloux !
    Holà ! hé ! monsieur le grand-prêtre,
    Monsieur Grégoire, approchez-vous.

GRÉGOIRE.

Quel profane en ces lieux frappe, et me parle en maître?

DAPHNIS.

C'est moi; me connais-tu?

GRÉGOIRE.

Qui, toi? mon ami, non,
Je ne te connais point à cet étrange ton
Que tu prends avec moi.

DAPHNIS.

Tu vas donc me connaître!
Tu mourras de ma main; je vais t'assommer, traître!
Je vais t'exterminer, fripon!

GRÉGOIRE.

Tu manques de respect à Grégoire, à ma place!

DAPHNIS.

Va, ce fer que tu vois en manquera bien plus!
Il faut punir ta lâche audace:
Indigne suppôt de Bacchus,
Tremble, et rends-moi ma femme.

GRÉGOIRE.

Eh! mais pour te la rendre
Il faudrait avoir eu le plaisir de la prendre:
Tu vois, je ne l'ai point.

DAPHNIS.

Non, tu ne l'auras pas;
Mais c'est toi qui me l'as ravie;
C'est toi qui l'as changée, et presque dans mes bras:
Elle m'aimait plus que sa vie
Avant d'avoir goûté ton vin.
On connaît ton esprit malin;
A peine a-t-elle bu de ta liqueur mêlée,
Sa haine contre moi soudain s'est exhalée;
Elle me fuit, m'outrage, et m'accable d'horreurs.
C'est toi qui l'as ensorcelée;
Tes pareils dès longtemps sont des empoisonneurs.

GRÉGOIRE.

Quoi! ta femme te hait!

DAPHNIS.

Oui, perfide! à la rage.

GRÉGOIRE.

Eh mais! c'est quelquefois un fruit du mariage;
Tu peux t'en informer.

ACTE II, SCÈNE IV.

DAPHNIS.
Non, toi seul as tout fait :
Tu mets à mon bonheur un invincible obstacle.
GRÉGOIRE.
Tu crois donc, mon ami, qu'une femme en effet
Ne peut te haïr sans miracle?
DAPHNIS.
Je crois que dans l'instant à mon juste dépit,
Lâche, ton sang va satisfaire.

ARIETTE.

GRÉGOIRE.
Il le ferait comme il le dit,
Car je n'ai plus mon bel habit
Pour qui le peuple me révère,
Et ma personne est sans crédit
Auprès de cet homme en colère ;
Il le ferait comme il le dit,
Car je n'ai plus mon bel habit.
Apaise-toi, rengaine... Eh bien ! je te promets
Qu'aujourd'hui ta Glycère, en son sens revenue,
A son époux, à son amour rendue,
Va te chérir plus que jamais.
DAPHNIS.
O ciel! est-il bien vrai? Mon cher ami Grégoire,
Parle ; que faut-il faire?
GRÉGOIRE.
Il vous faut tous deux boire
Ensemble une seconde fois.

DUO.

GRÉGOIRE.	DAPHNIS.
Sur cet autel Grégoire jure	Sur cet autel Grégoire jure
Qu'on t'aimera.	Qu'on m'aimera.
Rien ne dure	Rien ne dure
Dans la nature ;	Dans la nature ;
Rien ne durera,	Rien ne durera,
Tout passera.	Tout passera.
On réparera ton injure.	On réparera mon injure.
On t'en fera ;	On m'en fera ;
On l'oubliera.	On l'oubliera.

GRÉGOIRE.	DAPHNIS.
Rien ne dure	Rien ne dure
Dans la nature;	Dans la nature;
Rien ne durera,	Rien ne durera.
Tout passera.	Tout passera.

    Le caprice d'une femme
    Est l'affaire d'un moment;
    La girouette de son âme
    Tourne, tourne... au moindre vent.

FIN DU DEUXIÈME ACTE.

ACTE TROISIÈME.

SCÈNE I.

LES DEUX PÈRES, GLYCÈRE, PRESTINE.

LE PÈRE DE GLYCÈRE.
Oui, c'étaient des vapeurs; c'est une maladie
Où les vieux médecins n'entendent jamais rien :
Cela vient tout d'un coup... quand on se porte bien...
Une seconde dose à l'instant l'a guérie.
      Oh! que cela t'a fait de bien!
LE PÈRE DE DAPHNIS.
Ces espèces de maux s'appellent frénésie.
Feu ma femme autrefois en fut longtemps saisie;
Quand son mal lui prenait, c'était un vrai démon.
LE PÈRE DE GLYCÈRE.
Ma femme aussi.
LE PÈRE DE DAPHNIS.
      C'était un torrent d'invectives,
Un tapage, des cris, des querelles si vives...
LE PÈRE DE GLYCÈRE.
Tout de même.
LE PÈRE DE DAPHNIS.
      Il fallait déserter la maison.
La bonne me disait : *Je te hais,* d'un courage,
D'un fond de vérité... cela partait du cœur.
Grâce au ciel, tu n'as plus cette mauvaise humeur,
Et rien ne troublera ta tête et ton ménage.
   GLYCÈRE, se relevant d'un banc de gazon où elle était penchée.
A peine je comprends ce funeste langage.
Qu'est-il donc arrivé? qu'ai-je fait? qu'ai-je dit?
A l'amant que j'adore aurais-je pu déplaire?
      Hélas! j'aurais perdu l'esprit!

L'amour fit mon hymen; mon cœur s'en applaudit :
Vous le savez, grands dieux! si ce cœur est sincère.
    Mais dès le second coup de vin
    Qu'à cet autel on m'a fait boire,
    Mon amant est parti soudain,
    En montrant l'humeur la plus noire;
Attachée à ses pas j'ai vainement couru.
Où donc est-il allé? Ne l'avez-vous point vu?
LE PÈRE DE DAPHNIS.
Il arrive.

SCÈNE II.

LES PRÉCÉDENTS, DAPHNIS.

LE PÈRE DE DAPHNIS.
En effet je vois sur son visage
Je ne sais quoi de dur, de sombre, de sauvage.
GLYCÈRE chante.
    Cher amant, vole dans mes bras :
    Dieu de mes sens, dieu de mon âme,
Animez, redoublez mon éternelle flamme...
Ah! ah! ah! cher époux, ne te détourne pas;
Tes yeux sont-ils fixés sur mes yeux pleins de larmes?
    Ton cœur répond-il à mon cœur?
Du feu qui me consume éprouves-tu les charmes?
    Sens-tu l'excès de mon bonheur?

(A cette musique tendre succède une symphonie impérieuse et d'un caractère terrible.)

DAPHNIS, au père de Glycère.
(Il chante.)
    Écoute, malheureux beau-père,
  Tu m'as donné pour femme une Mégère;
    Dès qu'on la voit on s'enfuit;
    Sa laideur la rend plus fière;
    Elle est fausse, elle est tracassière;
Et, pour mettre le comble à mon destin maudit,
    Veut avoir de l'esprit.
    Je fus assez sot pour la prendre;
    Je viens la rendre :
    Ma sottise finit...

Le mariage
Est heureux et sage
Quand le divorce le suit.

TRIO.

LES DEUX PÈRES, GLYCÈRE.

O ciel ! ô juste ciel, en voilà bien d'un autre.
Ah ! quelle douleur est la nôtre !

DAPHNIS.

Beau-père, pour jamais je renonce à la voir :
Je m'en vais voyager loin d'elle... Adieu... Bonsoir.

(Il sort.)

SCÈNE III.

LES DEUX PÈRES, GLYCÈRE.

LE PÈRE DE GLYCÈRE.

Quel démon dans ce jour a troublé ma famille !
Hélas ! ils sont tous fous :
Ce matin c'était ma fille,
Et le soir c'est son époux.

TRIO.

D'une plainte commune
Unissons nos soupirs.
Nous trouvons l'infortune
Au temple des plaisirs.

GLYCÈRE.

Ah ! j'en mourrai, mon père.

LES DEUX PÈRES.

Ah ! tout me désespère.

TOUS ENSEMBLE.

Inutiles désirs !
D'une plainte commune
Unissons nos soupirs.
Nous trouvons l'infortune
Au temple des plaisirs.

SCÈNE IV.

<small>LES PRÉCÉDENTS; PRESTINE, arrivant avec précipitation.</small>

<small>PRESTINE.</small>
Réjouissez-vous tous.
<small>GLYCÈRE, qui s'est laissée tomber sur un lit de gazon, se retournant.</small>
Ah! ma sœur, je suis morte!
Je n'en puis revenir.
<small>PRESTINE.</small>
N'importe,
Je veux que vous dansiez avec mon père et moi.
<small>LE PÈRE DE DAPHNIS.</small>
C'est bien prendre son temps, ma foi!
Serais-tu folle aussi, Prestine, à ta manière?
<small>PRESTINE.</small>
Je suis gaie et sensée, et je sais votre affaire;
Soyez tous bien contents.
<small>LE PÈRE DE DAPHNIS.</small>
Ah! méchant petit cœur!
Lorsqu'à tant de chagrins tu nous vois tous en proie,
Peux-tu bien dans notre douleur
Avoir la cruauté de montrer de la joie?
<small>PRESTINE chante.</small>
Avant de parler je veux chanter,
Car j'ai bien des choses à dire.
Ma sœur, je viens vous apporter
De quoi soulager votre martyre.
Avant de parler je veux chanter,
Avant de parler je veux rire:
Et quand j'aurai pu tout vous conter,
Tout comme moi vous voudrez chanter,
Comme moi je vous verrai rire.
<small>LE PÈRE DE DAPHNIS, pendant que Glycère est languissante sur le lit de gazon, abîmée dans la douleur.</small>

Conte-nous donc, Prestine, et puis nous chanterons,
Si de nous consoler tu donnes des raisons.
<small>PRESTINE.</small>
D'abord, ma pauvre sœur, il faut vous faire entendre
Que vous avez fait fort mal

ACTE III, SCÈNE IV.

De ne nous pas apprendre
Que de ce beau Daphnis Grégoire était rival.

GLYCÈRE.

Hélas! quel intérêt mon cœur put-il y prendre?
L'ai-je pu remarquer? Je ne voyais plus rien.

PRESTINE.

Je vous l'avais bien dit, Grégoire est un vaurien,
Bien plus dangereux qu'il n'est tendre.
Sachez que dans ce temple on a mis deux tonneaux
Pour tous les gens que l'on marie :
L'un est vaste et profond ; la tonne de Cîteaux
N'est qu'une pinte auprès ; mais il est plein de lie ;
Il produit la discorde et les soupçons jaloux,
Les lourds ennuis, les froids dégoûts,
Et la secrète antipathie :
C'est celui que l'on donne, hélas! à tant d'époux,
Et ce tonneau fatal empoisonne la vie.
L'autre tonneau, ma sœur, est celui de l'amour;
Il est petit... petit... on en est fort avare ;
De tous les vins qu'on boit c'est, dit-on, le plus rare.
Je veux en tâter quelque jour.
Sachez que le traître Grégoire
Du mauvais tonneau tour à tour
Malignement vous a fait boire.

GLYCÈRE.

Ah! de celui d'amour je n'avais pas besoin ;
J'idolâtrais sans lui mon amant et mon maître.
Temple affreux! coupe horrible! Ah! Grégoire! ah! le traître!
Qu'il a pris un funeste soin!

LE PÈRE DE GLYCÈRE.

D'où sais-tu tout cela?

PRESTINE.

La servante du temple
Est une babillarde ; elle m'a tout conté.

LE PÈRE DE DAPHNIS.

Oui, de ces deux tonneaux j'ai vu plus d'un exemple ;
La servante a dit vrai. La docte antiquité
A parlé fort au long de cette belle histoire.
Jupiter autrefois, comme on me l'a fait croire,
Avait ces deux bondons toujours à ses côtés ;
De là venaient nos biens et nos calamités.
J'ai lu dans un vieux livre...

PRESTINE.

Eh! lisez moins, mon père ;
Et laissez-moi parler. Dès que j'ai su le fait,
Au bon vin de l'amour j'ai bien vite en secret
  Couru tourner le robinet ;
J'en ai fait boire un coup à l'amant de Glycère :
D'amour pour toi, ma sœur, il est tout enivré,
Repentant, honteux, tendre ; il va venir. Il rosse
  Le méchant Grégoire à son gré.
  Et moi, qui suis un peu précoce,
J'ai pris un bon flacon de ce vin si sucré,
  Et je le garde pour ma noce.

GLYCÈRE, se relevant.

Ma sœur, ma chère sœur, mon cœur désespéré
Se ranime par toi, reprend un nouvel être ;
  C'est Daphnis que je vois paraître ;
  C'est Daphnis qui me rend au jour.

SCÈNE V.

LES PRÉCÉDENTS, DAPHNIS.

DAPHNIS.

Ah! je meurs à tes pieds et de honte et d'amour.

QUINQUE.

Chantons tous cinq, en ce jour d'allégresse,
Du bon tonneau les effets merveilleux.

PRESTINE. LES DEUX PÈRES. GLYCÈRE. DAPHNIS.

Ma sœur... Mon fils... Mon amant... Ma maîtresse...
  Aimons-nous, bénissons les dieux :
  Deux amants brouillés s'en aiment mieux.
    Que tout nous seconde ;
  Allons, courons, jetons au fond de l'eau
    Ce vilain tonneau ;
Et que tout soit heureux, s'il se peut, dans le monde.

FIN DES DEUX TONNEAUX.

SOPHONISBE

TRAGÉDIE EN CINQ ACTES

IMPRIMÉE DÈS 1770, JOUÉE LE 15 JANVIER 1774.

AVERTISSEMENT

SUR LES TRAGÉDIES DE *SOPHONISBE*.

La première tragédie italienne vraiment digne de ce nom est une tragédie de *Sophonisbe*. L'auteur en est Jean-Georges Trissino, patricien de Vicence, mort en 1550. L'action se passe en l'an 203 avant J.-C. Le sujet est emprunté à Tite-Live, liv. XXX, chap. xii-xv. Ce sujet, avant Trissino, avait déjà tenté un écrivain obscur nommé Galeotto del Carreto. Trissino composa sa tragédie vers 1514 ; si l'on s'en rapporte à Louis Riccoboni dans son *Histoire du théâtre italien,* elle fut représentée environ à cette date dans la grande salle de l'hôtel de ville de Vicence avec une décoration magnifique, aux frais du sénat de cette ville. Elle fut imprimée en 1524.

« Du temps que j'avais remis les spectateurs italiens dans le goût de la tragédie, dit Riccoboni, et qu'ils s'étaient accoutumés à voir représenter celles de Corneille et de Racine, j'ai donné la *Sophonisbe* du Trissino sans que personne se soit plaint qu'elle sentît l'antiquité. Notre auteur, dans la diction de sa tragédie, pense noblement et s'exprime avec douceur : la péripétie y est parfaite. Rien de plus triste que la situation de Sophonisbe (fille d'Asdrubal) lorsqu'au second acte elle se trouve esclave des Romains. Rien de plus consolant pour elle que les promesses de Massinisse et son mariage avec lui, qui détruit toute la crainte et toute l'horreur qu'elle avait conçue pour l'esclavage ; et enfin rien de plus funeste que d'être réduite à prendre le poison que son nouvel époux lui envoie. Tite-Live lui a fourni toute l'action, et il a été très-exact à le suivre. Selon moi, je trouve cette tragédie parfaite. »

Le jugement de Riccoboni est bien loin de faire loi. On a reproché à Trissino une imitation trop servile de l'historien latin ; on lui a reproché de ne pas savoir appliquer les lois propres au théâtre : de là, des récits nombreux et interminables, toute l'histoire de Carthage racontée par Sophonisbe et, pour remplacer l'action, de continuels et fastidieux monologues. La *Sofonisba* n'en est pas moins une œuvre très-remarquable, si l'on tient compte de l'époque où elle s'est produite. Il y a un chœur composé de dames de Cirta, *donne Cirtensi,* et les unités sont, pour la première fois dans l'art dramatique moderne, strictement observées.

Mélin de Saint-Gelais traduisit en prose française la tragédie de Trissino. Sa traduction fut représentée à Blois, en 1559, devant le roi Henri II.

Une autre traduction de la *Sofonisba*, par Claude Mermet, notaire ducal et écrivain de Saint-Rambert, en Savoie, fut imprimée à Lyon en 1583. On en cite ces trois vers, lorsque Scipion se fait amener ses prisonniers et qu'il voit Syphax dans le nombre :

> C'est Syphax! Misérable, en mon cœur déploré!
> Ah! quand je vois sa ruine et perte non pareille,
> Je m'advise qu'autant m'en peut pendre à l'oreille.

La première pièce de Montchrestien, sieur de Vasteville, à la date de 1596, est une *Sophonisbe*, qu'il fit reparaître ensuite sous le titre de la *Carthaginoise, ou la Liberté*. C'est encore une paraphrase de l'œuvre de Trissino. Transcrivons seulement les vers de Sophonisbe buvant du poison :

> Sophonisbe, tu crains, ta face devient pâle :
> Ce n'est rien qu'un poison; bon cœur, avale, avale.
> O liqueur agréable, ô nectar gracieux!
> En boit-on de meilleur à la table des dieux?

Nicolas de Montreux, qui signait ses ouvrages Olenix de Mont-Sacré, fit imprimer une *Sophonisbe* en 1601. Dans cette tragédie, Scipion, apprenant la mort de l'héroïne, s'écrie :

> J'approuve cette mort en assurance unique,
> Et envie l'honneur de la parjure Afrique
> D'avoir jadis nourri un esprit si hautain
> Qui méritoit de naître et de mourir romain.

Corneille a fait dire à Lélius, dans sa *Sophonisbe* dont nous allons parler tout à l'heure, ce vers :

> Une telle fierté devait naître romaine.

qui semble lui avoir été fourni par Olenix de Mont-Sacré. « Ils sont morts en Romains », dira Voltaire.

Nous voici à la cinquième *Sophonisbe* française, celle de Mairet, qui fut célèbre en son temps. Mairet la composa en 1629, c'est-à-dire sept ans avant *le Cid* de Corneille.

Mairet n'a pas craint de s'écarter de l'histoire. Il dit dans son avis au lecteur : « Le sujet de cette tragédie est dans Tite-Live, Polybe, et plus au long dans Apian Alexandrin. Il est vrai que j'y ai voulu ajouter pour l'embellissement de la pièce, et que j'ai même changé deux incidents de l'histoire assez considérables, qui sont la mort de Syphax, que j'ai fait mourir à la bataille, afin que le peuple ne trouvât pas étrange que Sophonisbe eût deux maris vivants; et celle de Massinisse, qui vécut jusques à l'extrême vieillesse. »

AVERTISSEMENT.

« Il faut convenir, disent les auteurs de l'*Histoire du Théâtre-Français*, que cette pièce n'est pas sans mérite, et que Sarrasin a eu raison de dire que Mairet avait ramené la majesté de la tragédie dans sa *Sophonisbe*. Elle est la première où l'on se soit avisé de se conformer aux règles. On y trouve une versification plus châtiée, et qui paraît plus forte que celle des pièces précédentes, un plan net assez raisonnablement suivi; des sentiments, et, ce qui frappa davantage, une peinture de cette fierté romaine dont l'auteur ébaucha les premiers traits. Toutes ces nouveautés, presque inconnues jusqu'alors à la scène française, lui attirèrent tous les succès imaginables, et tels que M. Corneille, jouissant de toute la gloire qu'il s'était acquise avec justice, hésita à traiter le même sujet. » .

La pièce se termine par les imprécations de Massinisse contre les Romains :

> Cependant en mourant, ô peuple ambitieux,
> J'appellerai sur toi la colère des cieux.
> Puisses-tu rencontrer, soit en paix, soit en guerre,
> Toute chose contraire, et sur mer, et sur terre!
> Que le Tage et le Pô, contre toi rebellés,
> Te reprennent les biens que tu leur as volés!
> Que Mars, faisant de Rome une seconde Troie,
> Donne aux Carthaginois tes richesses en proie,
> Et que dans peu de temps le dernier des Romains
> En finisse la race avec ses propres mains!

Massinisse, ayant ainsi exhalé sa haine, se frappe d'un poignard. Ces vers du roi de Numidie font songer aux fameuses imprécations de Camille dans *Horace* (acte IV, scène v).

Trente-deux ans après qu'eut paru la *Sophonisbe* de Jean de Mairet, Pierre Corneille traita le même sujet, mais sans triompher de son devancier. La *Sophonisbe* de Corneille n'empêcha pas la *Sophonisbe* de Mairet de reparaître de temps en temps sur le théâtre. Saint-Évremond donne de cet échec relatif des raisons tout avantageuses à Corneille : « Un des grands défauts de notre nation, c'est de ramener tout à elle jusqu'à nommer *étrangers* dans leur propre pays ceux qui n'ont pas bien ou son air ou ses manières; de là vient qu'on nous reproche justement de ne savoir estimer les choses que par le rapport qu'elles ont avec nous; dont Corneille a fait une injuste et fâcheuse expérience dans sa *Sophonisbe*. Mairet, qui avait dépeint la sienne infidèle au vieux Syphax et amoureuse du jeune et victorieux Massinisse, plut quasi généralement à tout le monde pour avoir rencontré le goût des dames et le vrai esprit des gens de la cour. Mais Corneille, qui fait mieux parler les Grecs que les Grecs, les Romains que les Romains, les Carthaginois que les citoyens de Carthage ne parlaient eux-mêmes, Corneille, qui presque seul a le bon goût de l'antiquité, a eu le malheur de ne pas plaire à notre siècle pour être entré dans le génie de ces nations et avoir conservé à la fille d'Asdrubal son véritable caractère... »

L'argument serait plus décisif si des pièces où Corneille a conservé parfaitement l'esprit de la vieille Rome n'avaient été appréciées à toute leur valeur par le public. Les deux points importants à constater, c'est que Corneille n'a pas suivi l'exemple de Mairet, ni lorsque celui-ci a fait mourir Syphax, pour éviter à Sophonisbe d'avoir deux maris vivants, ni lorsqu'il a fait mourir Massinisse après Sophonisbe.

Après Corneille, Lagrange-Chancel ne craignit pas de faire jouer une nouvelle tragédie sur le même sujet. Elle fut représentée le 10 novembre 1716, n'eut que quatre représentations, et ne fut pas imprimée. On n'en connaît que quatre vers qu'on trouva fort beaux, mais « dont la morale, comme dit un contemporain, est un peu négligée ». Asdrubal, parlant à sa fille Sophonisbe, au sujet de Massinisse dont elle est aimée et à qui il veut qu'elle demande une grâce, lui dit :

> Songez qu'il est des temps où tout est légitime;
> Et que, si la patrie avait besoin d'un crime
> Qui pût seul relever son espoir abattu,
> Il ne serait plus crime et deviendrait vertu.

Voltaire prit la peine de refaire la pièce de Mairet Tout en l'ayant jugée sévèrement dans son *Commentaire sur Corneille,* il lui avait rendu quelque justice : « Dans ce chaos à peine débrouillé de la tragédie naissante, y disait-il, on voyait pourtant des lueurs de génie; mais surtout ce qui soutint si longtemps la pièce de Mairet, c'est qu'il y a de la vraie passion. »

« Voltaire a mis plus de décence dans le premier acte, plus de dignité dans les reproches de Syphax, et plus de réserve dans les réponses de Sophonisbe; mais les charmes de son style ne purent rectifier ce premier acte, dont le fond est absolument vicieux. Rien n'est moins tragique que la colère d'un mari contre sa femme qui écrit à un amant. Il nous semble que Voltaire aurait dû supprimer entièrement le rôle de Syphax. En effet, il ne paraît là que pour s'emporter inutilement contre Sophonisbe et se faire tuer au deuxième acte. La pièce commencerait alors par des craintes que l'arrivée de Scipion inspire à Massinisse, et l'on pourrait supposer que la conquête de la Numidie est achevée depuis trois mois; que, dans cet intervalle, Massinisse est devenu éperdument épris des charmes de Sophonisbe; ce qui sauverait le ridicule d'un amour de vingt-quatre heures. Mais il y a un inconvénient dans ce nouveau plan. Ce sujet est déjà dénué d'événements, et il ne resterait presque plus d'action dans la pièce. Aussi nous pensons qu'il n'était propre qu'à fournir trois actes, tout au plus, comme *la Mort de César.*

« D'ailleurs l'intrigue est faible et peu intéressante. C'est le spectacle de l'impuissance d'un roi de Numidie contre les armes et la politique des Romains. Il est impossible que ce prince n'y soit avili et n'y joue un rôle désagréable au moins jusqu'au cinquième acte. Il n'y a de tragique, dans ce sujet, que le dénoûment. Quoi qu'il en soit, Voltaire a fait à la pièce de Mairet des changements fort heureux. Par exemple, il a su motiver la précipitation avec laquelle Sophonisbe se remarie, par l'idée que le mariage est indispensable pour prévenir sa captivité. Cette princesse ne vient plus avec l'intention de faire les doux yeux à Massinisse; elle ne se rend qu'à la nécessité : enfin la politique froide et cruelle des Romains y est beaucoup mieux développée [1]. »

La *Sophonisbe,* « réparée à neuf », ne contient pas du reste un seul vers de Mairet.

La première représentation fut orageuse. Lekain regagna le public en venant annoncer la deuxième d'une voix douce, tremblante, et avec un geste qui implorait l'indulgence. Grâce à d'habiles coupures, et surtout au jeu du célèbre acteur qui se surpassa, la pièce fut applaudie, et elle eut quatorze représentations.

1. *Annales dramatiques,* tome VIII, 1811.

AVERTISSEMENT

DE BEUCHOT.

Les éditeurs de l'édition de Kehl n'ont fait ni avertissement ni préface pour cette pièce. Ils se sont bornés à rapporter un *Avis des Éditeurs de l'édition de Lausanne*[1], où il est dit que cette tragédie fut imprimée en 1769. Je doute que cette édition de 1769 existe. Je serais aussi fort embarrassé pour assigner l'époque de la composition de *Sophonisbe*. D'Argental était plus spécialement que tout autre le confident des travaux dramatiques de Voltaire; et c'est en lui envoyant sa pièce, le 21 mai 1770, que Voltaire en parle pour la première fois[2]. *Sophonisbe* était déjà imprimée, car j'en vois l'annonce dans le *Catalogue hebdomadaire* du 23 mai 1770; et rien, ni dans le titre de la pièce ni dans son annonce, n'indique que ce soit une nouvelle édition. Cette édition, portant le nom de Duchêne, à Paris, contient une approbation de censeur, du 30 avril : ce doit être une édition faite à Genève (peut-être avec l'adresse de Lausanne) que Voltaire envoya à d'Argental. L'édition de Duchêne contient pour tout préliminaire la dé-

---

1. Voici cet avis :

« Cette tragédie fut imprimée d'abord, en 1769, sous le nom de M. Lantin, et on la donna comme la tragédie de Mairet, refaite.

« La *Sophonisbe* de Mairet est la première pièce régulière qu'on ait vue en France, et même longtemps avant Corneille.

« C'est par là qu'elle est précieuse, et qu'on a voulu la rajeunir. Il n'y a pas, à la vérité, un seul vers de Mairet dans la pièce ; mais on a suivi sa marche autant qu'on l'a pu, surtout dans la première et dans la dernière scène. C'est un hommage qu'on rend au berceau de la tragédie française, lorsqu'elle est sur le bord de son tombeau.

« Nous imprimons cette pièce sur le propre manuscrit de l'auteur, soigneusement revu et corrigé par lui; et c'est jusqu'ici la seule édition à laquelle on doive avoir égard. »

Cet *Avis*, qui sent un peu le Voltaire, ne se retrouve ni dans les *Choses utiles et agréables*, ni dans le tome X des *Nouveaux Mélanges* (1770), ni dans le tome XIX de l'édition in-4° des *OEuvres de Voltaire*, ni dans les éditions encadrées (1775); il est dans les éditions de Kehl. (B.)

2. A moins que ce ne soit de *Sophonisbe* qu'il parle dans ses lettres à d'Argental, des 7 juillet et 20 septembre 1769; je pense toutefois qu'il s'agit du *Dépositaire*, et non de *Sophonisbe*.

dicace *A monseigneur le duc de La Vallière*. Dans le tome III des *Choses utiles et agréables* [1], où la *Sophonisbe* de Mairet est à la suite de celle de Voltaire, on trouve de plus, après la dédicace, une *Lettre à M. Le G... de G......, de Dijon*, inconnue jusqu'à ce jour aux éditeurs de Voltaire, et que je reproduis.

Les initiales Le G... de G...... désignent Le Gouz de Gerland (Bénigne), ancien grand-bailli du Dijonnais, né à Dijon le 17 novembre 1695, mort le 17 mars 1774. Il était membre honoraire de l'Académie de Dijon depuis 1760. On lui doit un *Essai sur l'histoire des premiers rois de Bourgogne, et sur l'antiquité de Dijon*, 1771, in-4°.

L'édition annoncée dans le *Catalogue hebdomadaire* du 23 mai 1770 était intitulée *Sophonisbe, tragédie de Mairet réparée à neuf*. L'édition qui est dans les *Choses utiles et agréables* contient sur le titre trois mots de plus : *Corrigée et augmentée*.

Le Lantin, sur le compte duquel Voltaire mettait la *Sophonisbe de Mairet réparée à neuf*, est Jean-Baptiste Lantin, né à Dijon le 13 janvier 1674, mort d'une fièvre pourprée le 10 décembre 1709. C'est de ce personnage qu'est le conte de *la Fourmi*, dont Voltaire avait donné les 92 premiers vers dans le tome II des *Choses utiles et agréables*. « Le reste, disait le pudique éditeur, est trop licencieux pour être imprimé [2]. »

Sophonisbe ne fut jouée que quatre ans après son impression, et avec peu de succès. La première représentation est du 15 janvier 1774.

Un *Examen des Sophonisbes de Mairet, de Corneille et de Voltaire*, par Clément de Dijon, est dans le tome II du *Tableau annuel de la littérature*, 1801, in-8°, pages 282-331.

---

1. Les *Choses utiles et agréables* sont en trois volumes in-8°. Les deux premiers ont le millésime 1769; le troisième porte la date de 1770. La collection ne comprend guère que des opuscules de Voltaire ou annotés par lui : Voltaire en fut l'éditeur, et les imprimeurs furent les frères Cramer, qui toutefois n'y ont pas mis leur nom.

2. La pièce entière, dont Voltaire a donné un peu moins de la moitié, est dans un volume intitulé *Recueil de poésies, ou OEuvres diverses de M. Piron, où il s e trouve un grand nombre de pièces qui n'ont jamais paru;* Lausanne, 1773, in-8° de xvj et 320 pages.

A MONSIEUR

LE DUC DE LA VALLIÈRE

GRAND FAUCONNIER DE FRANCE,
CHEVALIER DES ORDRES DU ROI, ETC., ETC.[1]

Monsieur le Duc,

Quoique les épîtres dédicatoires aient la réputation d'être aussi ennuyeuses qu'inutiles, souffrez pourtant que je vous offre la *Sophonisbe* de Mairet, corrigée par un amateur autrefois très-connu. C'est votre bien que je vous rends. Tout ce qui regarde l'histoire du théâtre vous appartient, après l'honneur que vous avez fait à la littérature française de présider à l'histoire du théâtre[2] la plus complète. Presque tous les sujets des pièces dont cette histoire parle ont été tirés de votre bibliothèque, la plus curieuse de l'Europe en ce genre[3]. Le manuscrit de la pièce qui vous est dédiée vous manquait : il vient de M. Lantin, auteur de plusieurs poëmes singuliers qui n'ont pas été imprimés, mais que les littérateurs conservent dans leurs portefeuilles.

J'ai commencé par mettre ce manuscrit parmi les vôtres. Per-

---

1. Cette épître dédicatoire est supprimée dans l'édition de Lausanne, sans doute parce que l'auteur y supposait que cette pièce était la tragédie de Mairet, refaite par M. Lantin, et que l'avertissement qui précède détruit cette supposition. (K.) — Voyez, page 34, note 1.
2. La *Bibliothèque du Théâtre-Français, depuis son origine,* 1768, trois volumes in-8°, a pour auteur L.-F.-C. Marin, aidé de Mercier de Saint-Léger, et de l'abbé Boudot. (B.)
3. Le Catalogue de la bibliothèque du duc de La Vallière a neuf volumes, dont trois pour la première partie (1783), qui fut vendue en détail et aux enchères; et six pour la seconde partie (1784), qui est aujourd'hui presque toute à la bibliothèque de l'Arsenal. Quelque nombreuse que fût la collection dramatique formée par le duc de La Vallière, elle est bien moins précieuse et moins complète que celle qu'a rassemblée et que possède M. de Soleinne. (B.)

sonne ne jugera mieux que vous si l'auteur a rendu quelque service à la scène française en habillant la *Sophonisbe* de Mairet à la moderne.

Il était triste que l'ouvrage de Mairet, qui eut tant de réputation autrefois[1], fût absolument exclu du théâtre, et qu'il rebutât même tous les lecteurs, non-seulement par les expressions surannées, et par les familiarités qui déshonoraient alors la scène, mais par quelques indécences que la pureté de notre théâtre rend aujourd'hui intolérables. Il faut toujours se souvenir que cette pièce, écrite longtemps avant *le Cid*, est la première qui apprit aux Français les règles de la tragédie, et qui mit le théâtre en honneur.

Il est très-remarquable qu'en France ainsi qu'en Italie l'art tragique ait commencé par une *Sophonisbe*. Le prélat[2] Georgio Trissino, par le conseil de l'archevêque de Bénévent, voulant faire passer ce grand art de la Grèce chez ses compatriotes, choisit le sujet de *Sophonisbe* pour son coup d'essai plus de cent ans avant Mairet. Sa tragédie, ornée de chœurs, fut représentée à Vicenza dès l'an 1514, avec une magnificence digne du plus beau siècle de l'Italie.

Notre émulation se borna, près de cinquante ans après, à la traduire en prose; et quelle prose encore! Vous avez, monseigneur, cette traduction faite par Mélin de Saint-Gelais. Nous n'étions dignes alors de rien traduire ni en prose ni en vers. Notre langue n'était pas formée; elle ne le fut que par nos premiers académiciens; et il n'y avait point d'académie encore quand Mairet travailla.

Dans cette barbarie, il commença par imiter les Italiens; il conçut les préceptes qu'ils avaient tous suivis; les unités de lieu, de temps, et d'action, furent scrupuleusement observées dans sa *Sophonisbe*. Elle fut composée dès l'an 1629, et jouée en 1633[3]. Une faible aurore de bon goût commençait à naître. Les indignes bouffonneries dont l'Espagne et l'Angleterre salissaient souvent leur scène tragique furent proscrites par Mairet; mais il ne put chasser je ne sais quelle familiarité comique, qui était d'autant plus à la mode alors que ce genre est plus facile, et qu'on a pour excuse de pouvoir dire : « Cela est naturel. » Ces naïvetés furent longtemps en possession du théâtre en France.

---

1. « La *Sophonisbe* de Mairet ne vaut rien du tout, » avait dit Voltaire dans son *Commentaire sur Corneille*. (B.)
2. Voyez *Théâtre*, tome III, page 488, note 1.
3. Elle fut jouée en 1629, et imprimée en 1635. (B.)

Vous trouverez dans la première édition du *Cid*, composée longtemps après la *Sophonisbe*,

> A de plus hauts partis ce beau fils doit prétendre ;

et dans *Cinna*,

> Vous m'aviez bien promis des conseils d'une femme.

Ainsi il ne faut pas s'étonner que le style de Mairet, qui nous choque tant aujourd'hui, ne révoltât personne de son temps.

Corneille surpassa Mairet en tout; mais il ne le fit point oublier; et même, quand il voulut traiter le sujet de *Sophonisbe*, le public donna la préférence à l'ancienne tragédie de Mairet.

Vous avez souvent dit, monsieur le duc, la raison de cette préférence; c'est qu'il y a un grand fonds d'intérêt dans la pièce de Mairet, et aucun dans celle de Corneille. La fin de l'ancienne *Sophonisbe* est surtout admirable; c'est un coup de théâtre, et le plus beau qui fût alors.

Je crois donc vous présenter un hommage digne de vous en ressuscitant la mère de toutes les tragédies françaises, laissée depuis quatre-vingts ans dans son tombeau.

Ce n'est pas que M. Lantin, en ranimant la *Sophonisbe*, lui ait laissé tous ses traits; mais enfin le fond est entièrement conservé : on y voit l'ancien amour de Massinisse et de la veuve de Syphax; la lettre écrite par cette Carthaginoise à Massinisse; la douleur de Syphax, sa mort; tout le caractère de Scipion, la même catastrophe, et surtout point d'épisode, point de rivale de *Sophonisbe*, point d'amour étranger dans la pièce.

Je ne sais pourquoi M. Lantin n'a pas laissé subsister ce vers qui était autrefois dans la bouche de toute la cour :

> Massinisse, en un jour, voit, aime, et se marie [1].

Il tient, à la vérité, de cette naïveté comique dont je vous ai parlé [2]; mais il est énergique, et il était consacré. On l'a retranché probablement parce qu'en effet il n'était pas vrai que Massinisse n'eût aimé Sophonisbe que le jour de la prise de Cirthe; il l'avait aimée éperdument longtemps auparavant, et un amour d'un moment n'intéresse jamais : aussi c'est Scipion qui prononçait ce vers, et Scipion était mal informé.

---

1. Ce vers est en effet dans la *Sophonisbe* de Mairet, acte IV, scène v. (B.)
2. Page 38, 1er alinéa, et à la fin.

Quoi qu'il en soit, c'est à vous, monsieur le duc, et à vos amis, à décider si cette première tragédie régulière qui ait paru sur le théâtre de France mérite d'y remonter encore. Elle fit les délices de cette illustre maison de Montmorency; c'est dans son hôtel qu'elle fut faite; c'est la première tragédie qui fut représentée devant Louis XIII. Messieurs les premiers gentilshommes de la chambre, qui dirigent les spectacles de la cour, peuvent protéger ce premier monument de la gloire littéraire de la France, et se faire un plaisir de voir nos ruines réparées.

Le cinquième acte est trop court; mais le cinquième d'*Athalie* n'est pas beaucoup plus long; et d'ailleurs peut-être vaut-il mieux avoir à se plaindre du peu que du trop. Peut-être la coutume de remplir tous les actes de trois à quatre cents vers entraîne-t-elle des langueurs et des inutilités.

Enfin, si on trouve qu'on puisse ajouter quelque ornement à cet ancien ouvrage, vous avez en France plus d'un génie naissant qui peut contribuer à décorer un monument respectable qui doit être cher à la nation.

La réparation qu'on y a faite est déjà fort ancienne elle-même, puisqu'il y a plus de cinquante ans que M. Lantin est mort[1].

Je ne garantis pas (tout éditeur que je suis) qu'il ait réussi dans tous les points; je pourrais même prévoir qu'on lui reprochera de s'être trop écarté de son original; mais je dois vous en laisser le jugement.

Comme M. Lantin a retouché la *Sophonisbe* de Mairet, on pourra retoucher celle de M. Lantin. La même plume[2] qui a corrigé le *Venceslas* pourrait faire revivre aussi la *Sophonisbe* de Corneille, dont le fond est très-inférieur à celle de Mairet, mais dont on pourrait tirer de grandes beautés.

Nous avons des jeunes gens qui font très-bien des vers sur des sujets assez inutiles; ne pourrait-on pas employer leurs talents à soutenir l'honneur du théâtre français, en corrigeant *Agésilas*, *Attila*, *Suréna*, *Othon*[3], *Pulchérie*, *Pertharite*, *Œdipe*, *Médée*, *Don Sanche d'Aragon*, *la Toison d'or*, *Andromède*, enfin tant de pièces de Corneille tombées dans un plus grand oubli que *Sophonisbe*, et qui

---

1. Lantin est mort en 1709. Voyez l'avertissement de Beuchot, page 34.
2. Marmontel.
3. De ces onze pièces que Voltaire engage à retoucher, *Othon* est la seule sur laquelle on se soit exercé : voyez *Mes Récréations dramatiques* (par Fr. Tronchin), Genève, 1780, cinq volumes in-8°. Au surplus, dans sa lettre à Laharpe, du 27 juillet 1770, Voltaire dit qu'il *a voulu rire quand il a exhorté à rapetasser* des pièces. (B.)

ne furent jamais lues de personne après leur chute? Il n'y a pas jusqu'à *Théodore* qui ne pût être retouchée avec succès, en retranchant la prostitution de cette héroïne dans un mauvais lieu. On pourrait même refaire quelques scènes de *Pompée*, de *Sertorius*, des *Horaces*[1], et en retrancher d'autres, comme on a retranché entièrement les rôles de Livie et de l'Infante dans ses meilleures pièces. Ce serait à la fois rendre service à la mémoire de Corneille et à la scène française, qui reprendrait une nouvelle vie : cette entreprise serait digne de votre protection, et même de celle du ministère.

Nous avons plus d'une ancienne pièce qui, étant corrigée, pourrait aller à la postérité. J'ose croire que l'*Astrate*, de Quinault, le *Scévole* de du Ryer[2], l'*Amour tyrannique* de Scudéri, bien rétablis au théâtre, pourraient faire de prodigieux effets.

Le théâtre est, de tous les arts cultivés en France, celui qui, du consentement de tous les étrangers, fait le plus d'honneur à notre patrie. Les Italiens sont encore nos maîtres en musique, en peinture; les Anglais en philosophie : mais dans l'art des Sophocles, nous n'avons point de rivaux. Il est donc essentiel de protéger les talents par lesquels les Français sont au-dessus de tous les peuples. Les sujets commencent à s'épuiser; il faut donc remettre sur la scène tous ceux qui ont été manqués, et dont il est aisé de tirer un grand parti.

Je soumets, comme je le dois, à vos lumières ces réflexions que mon zèle patriotique m'a dictées.

J'ai l'honneur d'être avec respect, etc.

---

1. *Pompée, Sertorius, Horace*, ont aussi été retouchées par Fr. Tronchin (voyez la note 3 de la page précédente), et aussi par J.-L. Delisle, de Marseille, à qui l'on doit *Six Tragédies de P. Corneille retouchées*, 1802, in-8°, dont une édition *plus correcte* parut la même année, et contient sept pièces. (B.)

2. Le *Scévole* de du Ryer est une des trois pièces dont Marmontel a composé le volume intitulé *Chefs-d'œuvre dramatiques* (tome Ier et unique), 1773, in-4°. Le texte de du Ryer y a été conservé : il est accompagné de notes ou remarques, ainsi que *Sophonisbe* et *Venceslas*, qui sont dans le même volume. (B.)

LETTRE [1]

A M. LE G*** DE G******, A DIJON

(28 juin 1770)

Je vous restitue, monsieur, à vous notre ancien grand-bailli, à vous le soutien et le bienfaiteur de notre Académie de Dijon, la *Sophonisbe* de notre oncle M. Lantin, fils du sous-doyen de notre parlement, auteur de ce joli conte de *la Fourmi* [2].

Vous verrez qu'il s'amusait au tragique comme au plaisant. Mais il faudrait avoir la tragédie de Mairet sous les yeux pour juger des peines que prit notre oncle pour mettre en français la *Sophonisbe* de Mairet. Cette ancienne pièce ne se retrouve que dans un *Recueil* en douze tomes *des Meilleures pièces de théâtre* [3], parmi lesquelles il n'y en a pas une seule de bonne.

Nous allons la faire imprimer à la suite de la *Sophonisbe* de notre oncle [4], afin que le petit nombre de curieux qui s'amusent encore de la littérature puissent comparer la première pièce régulière du théâtre français, la mère de toutes nos tragédies, avec cette même tragédie composée dans le goût moderne.

Il est vrai qu'il n'y a pas un seul vers de Mairet dans celle de notre oncle, et que les caractères de Sophonisbe et de Massinisse sont entièrement différents; mais le fond est sans contredit le même, et la catastrophe a été conservée.

On me mande que maître Aliboron, dans son *Ane littéraire*, a

---

1. Voyez ce que j'ai dit de cette *Lettre* dans mon Avertissement, page 34, où j'indique à qui elle est censée adressée. (B.)
2. Voyez mon avertissement, page 34. (B.)
3. *Théâtre-Français, ou Recueil des meilleures pièces de théâtre*, Paris, Nyon, 1737, douze volumes in-12.
4. Dans le tome III des *Choses utiles et agréables*, la *Sophonisbe* de Mairet est en effet à la suite de la nouvelle *Sophonisbe*.

parlé de notre *Sophonisbe*[1]. Nous le renvoyons à ses chardons et à M. Freeport[2].

Nous savons bien que l'opéra-comique, le singe de Nicolet, des fusées volantes, des lampions sur le rempart, et un vauxhall que nous appelons *faxhall*, brillante copie des inventions anglaises, l'emporteront toujours sur les beaux-arts que Mairet ressuscita, que Rotrou fortifia, que Corneille porta plus d'une fois jusqu'au sublime, que Racine perfectionna, et qui firent la gloire indisputable de la France. C'est ce que déplorait en mourant notre autre oncle l'abbé Bazin[3]; c'est ce que pensaient à leurs derniers moments Jérôme Carré et Guillaume Vadé, nos amis, qui auraient réformé le siècle présent s'ils avaient pu se réformer eux-mêmes.

Mille tendres respects.

LANTIN, *neveu de feu M. Lantin*
et de feu l'abbé Bazin.

---

1. Fréron ne parle de la *Sophonisbe réparée à neuf* qu'à la date du 20 novembre 1770; voyez l'*Année littéraire*, 1770, tome VII, pages 217 et suiv. (B.)
2. Personnage de *l'Écossaise*, peu civil avec Frélon; voyez la scène 1re de l'acte IV.
3. C'est le nom sous lequel Voltaire a publié la *Philosophie de l'histoire*.

PERSONNAGES[1]

SCIPION, consul.
LÉLIE, lieutenant de Scipion.
SYPHAX, roi de Numidie.
SOPHONISBE, fille d'Asdrubal, femme de Syphax.
MASSINISSE, roi d'une partie de la Numidie.
ACTOR, attaché à Syphax et à Sophonisbe.
ALAMAR, officier de Massinisse.
PHÆDIME, dame numide, attachée à Sophonisbe.
SOLDATS ROMAINS.
SOLDATS NUMIDES.
LICTEURS.

La scène est à Cirthe, dans une salle du château, depuis le commencement jusqu'à la fin.

---

1. Noms des acteurs qui jouèrent dans cette tragédie, et dans *la Pupille*, de Fagan, qui l'accompagnait : Lekain (Massinisse), Brizard (Lélie), Molé, Dauberval, Dalainval, Desessarts, Séguin; Mmes Molé, Doligny, Fannier, Vestris (Sophonisbe). — Recette : 2,901 livres. (G. A.)

SOPHONISBE

TRAGÉDIE

ACTE PREMIER.

SCENE I.

SYPHAX, une lettre à la main ; **SOLDATS**.

SYPHAX.
Se peut-il qu'à ce point l'ingrate me trahisse?
Sophonisbe! ma femme! écrire à Massinisse!
A l'ami des Romains! que dis-je? à mon rival!
Au déserteur heureux du parti d'Annibal,
Qui me poursuit dans Cirthe, et qui bientôt peut-être
De mon trône usurpé sera l'indigne maître!
J'ai vécu trop longtemps. O vieillesse! ô destins!
Ah! que nos derniers jours sont rarement sereins!
Que tout sert à ternir notre grandeur première!
Et qu'avec amertume on finit sa carrière!
A mes sujets lassés ma vie est un fardeau ;
On insulte à mon âge ; on ouvre mon tombeau.
Lâches, j'y descendrai, mais non pas sans vengeance.
(Aux soldats.)
Que la reine à l'instant paraisse en ma présence.
(Il s'assied, et lit la lettre.)
Qu'on l'amène, vous dis-je. Époux infortuné,
Vieux soldat qu'on trahit, monarque abandonné,
Quel fruit peux-tu tirer de ta fureur jalouse?
Seras-tu moins à plaindre en perdant ton épouse?
Cet objet criminel, à tes pieds immolé,

Raffermira-t-il mieux ton empire ébranlé?
Dans la mort d'une femme est-il donc quelque gloire?
Est-ce là tout l'honneur qui reste à ta mémoire?
Venge-toi d'un rival, venge-toi des Romains;
Ranime dans leur sang tes languissantes mains;
Va finir sur la brèche un destin qui t'accable.
Qu'on te trahisse ou non, ta mort est honorable;
Et l'on dira du moins, en respectant mon nom :
Il mourut en soldat des mains de Scipion.

SCÈNE II.

SYPHAX, SOPHONISBE, PHÆDIME.

SOPHONISBE.

Que voulez-vous, Syphax? et quelle tyrannie
Traîne ici votre épouse avec ignominie?
Vos Numides tremblants, courageux contre moi,
Pour la première fois ont bien servi leur roi;
A votre ordre suprême ils ont été dociles.
Peut-être sur nos murs ils seraient plus utiles;
Mais vous les employez dans votre tribunal
A conduire à vos pieds la nièce d'Annibal!
Je conçois leur valeur, et je lui rends justice,
Quel est mon crime enfin? Quel sera mon supplice?

SYPHAX, lui donnant la lettre.

Connaissez votre seing : rougissez, et tremblez.

SOPHONISBE.

Dans les malheurs communs qui nous ont désolés,
J'ai frémi, j'ai pleuré de voir la Numidie
Aux fiers brigands du Tibre en deux mois asservie.
Scipion, Massinisse, heureux dans les combats,
M'ont fait rougir, seigneur, mais je ne tremble pas.

SYPHAX.

Perfide!

SOPHONISBE.

Épargnez-moi cette injure odieuse,
Pour vous, pour votre femme également honteuse.
Nos murs sont assiégés; vous n'avez plus d'appui,
Et le dernier assaut se prépare aujourd'hui.

J'écris à Massinisse en cette conjoncture,
Je rappelle à son cœur les droits de la nature,
Les nœuds trop oubliés du sang qui nous unit :
Seigneur, si vous l'osez, condamnez cet écrit.
(Elle lit.)

. . . .
« Vous êtes de mon sang ; je vous fus longtemps chère,
Et vous persécutez vos parents malheureux.
Soyez digne de vous ; le brave est généreux :
Reprenez votre gloire et votre caractère... »
(Syphax lui arrache la lettre.)
Eh bien ! ai-je trahi mon peuple et mon époux ?
Est-il temps d'écouter des sentiments jaloux ?
Répondez : quel reproche avez-vous à me faire ?
La fortune, en tout temps à tous deux trop sévère,
A mis, pour mon malheur, ma lettre en votre main.
Quel en était le but ? quel était mon dessein ?
Pouvez-vous l'ignorer ? et faut-il vous l'apprendre ?
Si la ville aujourd'hui n'est pas réduite en cendre,
S'il est quelque ressource à nos calamités,
Sur ces murs tout sanglants je marche à vos côtés.
Aux yeux de Scipion, de Massinisse même,
Ma main joint des lauriers à votre diadème :
Elle combat pour vous, et sur ce mur fatal
Elle arbore avec vous l'étendard d'Annibal :
Mais si jusqu'à la fin le ciel vous abandonne,
Si vous êtes vaincu, je veux qu'on vous pardonne.
SYPHAX.
Qu'on me pardonne ! à moi ! De ce dernier affront
Votre indigne pitié voulait couvrir mon front !
Et, portant à ce point votre insultante audace,
C'est donc pour votre roi que vous demandez grâce ?
Allez, peut-être un jour vos funestes appas
L'imploreront pour vous, et ne l'obtiendront pas.
Massinisse, en tout temps mon fatal adversaire,
Et mon rival en tout, se flatta de vous plaire ;
Il m'osa disputer mon trône et votre cœur :
C'est trahir notre hymen, votre foi, mon honneur,
Que de vous souvenir de son feu téméraire.
Vos soins injurieux redoublent ma colère ;
Et ce fatal aveu, dont je me sens confus,
A mes yeux indignés n'est qu'un crime de plus.

SOPHONISBE.

Seigneur, je ne veux point, dans l'état où vous êtes,
Fatiguer vos chagrins de plaintes indiscrètes :
Mais vos maux sont les miens ; qu'ils puissent vous toucher.
Ce n'est pas mon époux qui doit me reprocher
De l'avoir préféré (non sans quelque courage)
Au vainqueur de l'Afrique, au vainqueur de Carthage,
D'avoir tout oublié pour suivre votre sort,
Et d'attendre avec vous l'esclavage ou la mort.
Massinisse m'aimait, et j'aimais ma patrie ;
Je vous donnai ma main, prenez encor ma vie.
Mais si je suis coupable en implorant pour vous
Le vainqueur irrité dont vous êtes jaloux,
Si j'ai voulu briser le joug qui vous accable,
Si je veux vous sauver, la faute est excusable.
Vous avez, croyez-moi, des soins plus importants.
Bannissez des soupçons, partage des amants,
Des cœurs efféminés, dont l'oisive mollesse
Ne connaît d'intérêts que ceux de leur tendresse :
Un soin bien différent nous occupe en ce jour ;
Il s'agit de la vie, et non pas de l'amour :
Il n'est pas fait pour nous. Écoutez : le temps presse ;
Tandis que vos soupçons accusent ma faiblesse,
Tandis que nous parlons, la mort est en ces lieux.

SYPHAX.

Je vais donc la chercher ; je vais loin de vos yeux
Éteindre dans mon sang ma vie et mon outrage.
J'ai tout perdu ; les dieux m'ont laissé mon courage.
Cessez de prendre soin de la fin de mes jours.
Carthage m'a promis un plus noble secours ;
Je l'attends à toute heure, il peut venir encore :
Ce n'est pas mon rival qu'il faudra que j'implore.
Ne craignez rien pour moi, je sais sauver mes mains
Des fers de Massinisse, et des fers des Romains.
Sachez qu'un autre époux, et surtout un Numide,
Ne mourrait qu'en frappant le cœur d'une perfide.
Vous l'êtes ; j'ai des yeux : le fond de votre cœur,
Quoi que vous en disiez, était pour mon vainqueur.
Je n'ai point, Sophonisbe, exigé de votre âme
Les dehors affectés d'une inutile flamme ;
L'amour auprès de vous ne guida point mes pas ;
Je voulais un vrai zèle, et vous n'en avez pas.

Mais je sais mourir seul, j'y cours; et cette épée
D'un sang que j'ai chéri ne sera point trempée.
Tremblez que les Romains, plus barbares que moi,
Ne recherchent sur vous le sang de votre roi.
Redoutez nos tyrans, et jusqu'à Massinisse;
Si leurs bras sont armés, c'est pour votre supplice.
C'est le sang d'Annibal que leur haine poursuit;
Ce jour est pour tous deux le dernier qui nous luit.
Je prodigue avec joie un vain reste de vie;
Je péris glorieux, et vous mourrez punie :
Vous n'aurez, en tombant, que la honte et l'horreur
D'avoir prié pour moi mon superbe oppresseur.
Je cours aux murs sanglants que ses armes détruisent.
Laissez-moi : fuyez-moi; vos remords me suffisent.

SOPHONISBE.

Non, seigneur; malgré vous je marche sur vos pas;
Vous m'accablez en vain, je ne vous quitte pas,
Je cherche autant que vous une mort glorieuse;
Vos malheureux soupçons la rendraient trop honteuse;
Je vous suis.

SYPHAX.

Demeurez, je l'ordonne : je pars;
Et Syphax en tombant ne veut point vos regards.

SCÈNE III.

SOPHONISBE, PHÆDIME.

SOPHONISBE.

Ah! Phædime!

PHÆDIME.

Il vous laisse, et vous devez tout craindre.
Je vous vois tous les deux également à plaindre :
Mais Syphax est injuste.

SOPHONISBE.

Il sort; il a laissé
Dans ce cœur éperdu le trait qui l'a blessé.
J'ai cru, quand il parlait à sa femme éplorée,
Quand il me présageait une mort assurée,
J'ai cru, je te l'avoue, entendre un dieu vengeur,

Dévoilant l'avenir, et lisant dans mon cœur,
Prononcer contre moi l'arrêt irrévocable
Qui dévoue au supplice une tête coupable.

PHÆDIME.

Vous coupable! Il l'était d'oublier aujourd'hui
Tout ce que Sophonisbe osa faire pour lui.

SOPHONISBE.

J'ai tout fait. Cependant il m'a dit vrai, Phædime ;
Dans les plis de mon âme il a cherché mon crime ;
Il l'a trouvé peut-être ; et ce triste entretien
Ne m'annonce que trop son désastre et le mien.

PHÆDIME.

Son malheur l'aigrissait ; il vous rendra justice.
Sa haine contre Rome et contre Massinisse
Empoisonnait son cœur déjà trop soupçonneux :
Lui-même en rougira, s'il est moins malheureux.
Il voit la mort de près, et l'esprit le plus ferme
Peut se sentir troublé quand il touche à ce terme.
Mais si quelque succès secondait sa valeur,
Si du fier Scipion Syphax était vainqueur,
Vous verriez aisément son amitié renaître.
Il doit vous respecter, puisqu'il doit vous connaître.
Vos charmes sur son cœur ont été trop puissants :
Ils le seront toujours.

SOPHONISBE.

Phædime, il n'est plus temps.
Je vois de tous les deux la destinée affreuse :
Il s'avance au trépas ; je suis plus malheureuse.

PHÆDIME.

Espérez.

SOPHONISBE.

J'ai perdu mes États, mon repos,
L'estime d'un époux, et l'amour d'un héros.
Je suis déjà captive ; et dans ce jour peut-être
Il faut tendre les mains aux fers d'un nouveau maître,
Et recevoir des lois d'un amant indigné,
Qui m'eût rendue heureuse, et que j'ai dédaigné.
Quand ce fier Massinisse, oppresseur de Carthage,
Me présentait dans Cirthe un séduisant hommage,
Tu sais que j'étouffai, dans mon secret ennui,
L'intérêt et le sang qui me parlaient pour lui.
Te dirai-je encor plus ? j'étouffai l'amour même ;

Je soutins contre moi l'honneur du diadème;
Je demeurai fidèle à mon père Asdrubal,
A Carthage, à Syphax, aux destins d'Annibal,
L'amour fuit de mon âme aux cris de ma patrie.
D'un amant irrité je bravai la furie :
Un front cicatrisé[1] par la guerre et le temps
Effarouchait en vain mon cœur et mes beaux ans ;
Puisqu'il détestait Rome, il eut la préférence.
Massinisse revient, armé de la vengeance ;
Il entre en nos États, la victoire le suit ;
Aidé de Scipion, son bras a tout détruit :
Dans Cirthe ensanglantée un faible mur nous reste.
A quels dieux recourir dans ce péril funeste?
Était-ce un si grand crime, était-il si honteux
D'avoir cru Massinisse et noble et généreux ;
D'avoir pour mon époux imploré sa clémence?
Dans mon illusion j'avais quelque espérance ;
Ma prière et mes pleurs auraient pu le flatter;
Mais il ne saura pas ce que j'osai tenter ;
Et, pour unique fruit d'un soin trop magnanime,
Mon époux me condamne, et mon amant m'opprime :
Tous deux sont contre moi, tous deux règlent mon sort ;
Et je n'attends ici que l'opprobre ou la mort.

SCÈNE IV.

SOPHONISBE, PHÆDIME, ACTOR.

ACTOR.

Reine, dans ce moment le secours de Carthage
Sous nos remparts sanglants s'est ouvert un passage ;
On est aux mains. Ces lieux qui retenaient vos pas
Sont trop près du carnage, et du champ des combats.
Le roi, couvert de sang, m'ordonne de vous dire
Que loin de ce palais vous vous laissiez conduire.
J'obéis.

SOPHONISBE.
Je vous suis, Actor. Vous lui direz

---

1. Sur le mot *cicatrisé*, voyez *Théâtre*, t. Ier, page 92, note 3.

Que ses ordres pour moi seront toujours sacrés ;
Mais que, dans les moments où le combat s'engage,
M'éloigner du danger c'est trop me faire outrage.
Dieux ! par quel sort cruel ai-je à craindre en un jour
Massinisse et Syphax, les Romains et l'amour ?
Ils m'ont tous entraînée au fond de cet abîme ;
Ils ont tous fait ma perte, et frappé leur victime.

FIN DU PREMIER ACTE.

ACTE DEUXIÈME.

SCÈNE I.

SOPHONISBE, PHÆDIME.

PHÆDIME.
Quel tumulte effroyable au loin se fait entendre?
Quels feux sont allumés? la ville est-elle en cendre?
Ceux qui veillaient sur vous se sont tous écartés.
Dans ces salons déserts, ouverts de tous côtés,
Il ne vous reste plus que des femmes tremblantes,
Au pied dè ces autels avec moi gémissantes;
Nous rappelons en vain par nos cris, par nos pleurs,
Des dieux qui sont passés dans le camp des vainqueurs.
SOPHONISBE.
Leurs plaintes, leurs douleurs, cette effrayante image,
Ont effrayé mes sens, ont troublé mon courage :
Phædime, ce moment m'accable ainsi que toi.
Le sang que vingt héros ont transmis jusqu'à moi
Aujourd'hui dégénère en mes veines glacées;
Le désordre et la crainte agitent mes pensées.
J'ai voulu pénétrer dans ces sombres détours
Qui, du pied du palais, conduisent à nos tours :
Tout est fermé pour moi. Je marchais égarée;
L'ombre de mon époux à mes yeux s'est montrée
Pâle, sanglante, horrible, et l'air plus furieux
Que lorsque son courroux m'outrageait à tes yeux.
Est-ce une illusion sur mes sens répandue?
Est-ce la main des dieux sur ma tête étendue,
Un présage, un arrêt des enfers et du sort?
Syphax en ce moment est-il vivant ou mort?
J'ai fui d'un pas tremblant, éperdue, éplorée :
Je ne sais où j'étais quand je t'ai rencontrée;

Je ne sais où je vais. Tout m'alarme et me nuit.
Et je crois voir encor un dieu qui me poursuit.
Que veux-tu, dieu cruel? Euménide implacable,
Frappe, voilà mon cœur; il n'était point coupable;
Tu n'y peux découvrir qu'un malheureux amour,
Vaincu dès sa naissance, et banni sans retour :
Je n'offensai jamais l'hymen et la nature.
Grand dieu! tu peux frapper; va, ta victime est pure.

PHÆDIME.

Ah! nous allons du ciel savoir les volontés.
Déjà d'un bruit nouveau, dans ces murs désertés,
Jusqu'à notre prison les voûtes retentissent,
Et sur leurs gonds d'airain les portes en mugissent...
On entre, on vient à vous : je reconnais Actor.

SCÈNE II.

SOPHONISBE, PHÆDIME, ACTOR.

SOPHONISBE.

Ministre de mon roi, qui vous amène encor?
Qu'a-t-on fait? que deviens-je? et qu'allez-vous m'apprendre?

ACTOR.

Le dernier des malheurs.

SOPHONISBE.

            Ah! je m'y dois attendre.

ACTOR.

Par l'ordre de Syphax, à l'abri de ces tours,
A peine en sûreté j'avais mis vos beaux jours,
Et j'avais refermé la barrière sacrée
Par qui de ce palais la ville est séparée;
J'ai revolé soudain vers ce roi malheureux,
Digne d'un meilleur sort, et digne de vos vœux;
Son courage, aussi grand qu'il était inutile,
D'un effort passager soutient son bras débile.
Sur la brèche à la fin, de cent coups renversé,
Dans ces débris sanglants, il tombe terrassé :
Il meurt.

SOPHONISBE.

      Ah! je devais, plus que lui poursuivie,

ACTE II, SCÈNE II.

Tomber à ses côtés, ainsi que ma patrie :
Il ne l'a pas voulu.

ACTOR.
Si dans un tel malheur
Quelque soulagement reste à notre douleur,
Daignez apprendre au moins combien, dans sa victoire,
Le jeune Massinisse a mérité de gloire.
Qui croirait qu'un héros si fier, si redouté,
Dont l'Afrique éprouva le courage emporté,
Et dont l'esprit superbe a tant de violence,
Dans l'horreur du combat aurait tant de clémence?
A peine il s'est vu maître, il nous a pardonné ;
De blessés, de mourants, de morts environné,
Il a donné soudain, de sa main triomphante,
Le signal de la paix au sein de l'épouvante.
Le carnage et la mort s'arrêtent à sa voix ;
Le peuple, encor tremblant, lui demande des lois ;
Tant le cœur des humains change avec la fortune!

SOPHONISBE.
Le ciel semble adoucir la misère commune,
Puisqu'au moins le pouvoir est remis dans les mains
D'un prince de ma race, et non pas des Romains.

ACTOR.
Le juste et premier soin de l'heureux Massinisse
Est d'apaiser les dieux par un prompt sacrifice,
De dresser un bûcher à votre auguste époux.
Il garde jusqu'ici le silence sur vous :
Mais dès que j'ai paru, madame, en sa présence,
Il s'est ressouvenu qu'autrefois son enfance
Fut remise en mes mains, dans ces murs, dans ces lieux,
Où ce prince aujourd'hui rentre en victorieux.
Il m'a fait appeler ; et, respectant mon zèle,
Au malheureux Syphax en tous les temps fidèle,
Il m'a comblé d'honneurs. « Ayez, dit-il, pour moi
Cette même amitié qui servit votre roi. »
Enfin, à Syphax même il a donné des larmes ;
Il justifie en tout le succès de ses armes ;
Il répand des bienfaits, s'il fit des malheureux.

SOPHONISBE.
Plus Massinisse est grand, plus mon sort est affreux.
Quoi! les Carthaginois, que je crus invincibles,
Sous les chefs de ma race à Rome si terribles,

Qui jusqu'au Capitole avaient porté leurs pas,
Ont paru devant Cirthe, et ne la sauvent pas!

ACTOR.

Scipion combattait : ils ne sont plus...

SOPHONISBE.

Carthage!
Tu seras, comme moi, réduite à l'esclavage;
Nous périrons ensemble. O Cirthe! ô mon époux!
Afrique, Asie, Europe, immolés avec nous,
Le sort des Scipion est donc de tout détruire!

ACTOR.

Annibal vit encore.

SOPHONISBE.

Ah! tout sert à me nuire;
Annibal est trop loin : je suis esclave.

ACTOR.

O dieux!
Fléchissez Massinisse... Il avance en ces lieux;
Il vient suivi des siens; il vous cherche peut-être.

SOPHONISBE.

Mes yeux, mes tristes yeux ne verront point un maître!
Ils pleureront Syphax, et nos murs abattus,
Et ma gloire passée, et tous mes dieux vaincus.

MASSINISSE, arrivant.

Sophonisbe me fuit.

SOPHONISBE, sortant.

Je dois fuir Massinisse.

SCÈNE III.

MASSINISSE, ALAMAR, un des chefs numides, **ACTOR,**
GUERRIERS NUMIDES.

MASSINISSE.

Il est juste, après tout, que son cœur me haïsse.
Elle m'a cru barbare. Eh! le suis-je, grands dieux!
Devais-je être en effet si coupable à ses yeux?
Actor, vous que je vois, dans ce moment prospère,
Avec les yeux d'un fils qui retrouve son père,
Je vous prends à témoin si l'inhumanité
A souillé ma victoire et ma félicité;

Si, triste imitateur des vengeances romaines,
J'ai parlé de tributs, de triomphes, de chaînes.
Des guerriers généreux, par la mort épargnés,
Comme de vils troupeaux à mon char enchaînés,
A des dieux teints de sang offerts en sacrifice,
Sont-ils dans les cachots gardés pour le supplice?
Je viens dans mon pays, et j'y reprends mon bien
En soldat, en monarque, et plus en citoyen.
Je ramène avec moi la liberté numide.
D'où vient que Sophonisbe, orgueilleuse ou timide,
Refusant seule ici d'accueillir un vainqueur,
Craint toujours Massinisse, et fuit avec horreur?
Suis-je un Romain?

ACTOR.

Seigneur, on la verra, sans doute,
Révérer avec nous la main qu'elle redoute;
Mais vous savez assez tout ce qu'elle a perdu.
Le sang de son époux fut par vous répandu;
Et, n'osant regarder son vainqueur et son juge,
Aux pieds des immortels elle cherche un refuge.

MASSINISSE.

Ils l'ont mal défendue; et, pour vous dire plus,
Ils l'ont mal inspirée, alors que ses refus,
Ses outrages honteux au sang de Massinisse,
Sous ses pas égarés creusaient ce précipice :
Elle y tombe : elle en doit accuser son erreur.
Ah! c'est bien malgré moi qu'elle a fait son malheur.
Allez ; et dites-lui qu'il est peu de prudence
A dédaigner un maître, à braver sa puissance.
Je veux qu'elle paraisse en ce même moment ;
Mon aspect odieux sera son châtiment :
Je n'en prendrai point d'autre ; et sa fierté farouche
S'humiliera du moins, puisque rien ne la touche,

(Actor s'en va.)

SCÈNE IV.

MASSINISSE, ALAMAR, guerriers numides.

MASSINISSE.

Eh bien! nobles guerriers, chers appuis de mes droits,
Cirthe est-elle tranquille? A-t-on suivi mes lois?

Un seul des citoyens aurait-il à se plaindre?
ALAMAR.
Sous votre loi, seigneur, ils n'auraient rien à craindre;
Mais on craint les Romains, ces cruels conquérants,
De tant de nations ces illustres tyrans,
Descendants prétendus du grand dieu de la guerre,
Qui pensent être nés pour asservir la terre.
On dit que Scipion veut s'arroger le prix
De tant d'heureux travaux par vos mains entrepris;
Qu'il veut seul commander.
MASSINISSE.
Qui? lui! dans mon partage!
Dans Cirthe, mon pays, mon premier héritage!
Lui, mon ami, mon guide, et qui m'a tout promis!
ALAMAR.
Lorsque Rome a parlé, les rois n'ont plus d'amis.
MASSINISSE.
Nous verrons : j'ai vaincu, je suis dans mon empire,
Je règne; et je suis las, puisqu'il faut vous le dire,
Des hauteurs d'un sénat qui croit me protéger,
Sur son fier tribunal assis pour me juger :
C'en est trop.
ALAMAR.
Cependant nous devons vous apprendre
Qu'au milieu des débris, des remparts mis en cendre,
Au lieu même où Syphax est mort en combattant,
Nous avons retrouvé ce billet tout sanglant,
Qui peut-être aujourd'hui fut écrit pour vous-même.
MASSINISSE.
Donnez. (Il lit) Ah! qu'ai-je lu? ciel! ô surprise extrême!
Sophonisbe à ma gloire enfin se confiait!
A fléchir son amant sa fierté se pliait!
Elle a connu mon âme, elle a vaincu la sienne;
Ses yeux se sont ouverts; et sa fatale haine,
Que je vis si longtemps contre moi s'obstiner,
Me croyait assez grand pour savoir pardonner!
Épouse de Syphax, tu m'as rendu justice;
Ta lettre a mis le comble à mon destin propice;
Ta main ceignait mon front de ce laurier nouveau :
Romains, vous n'avez point de triomphe plus beau...
Courons vers Sophonisbe... Ah! je la vois paraître.

SCÈNE V.

SOPHONISBE, MASSINISSE, PHÆDIME, GARDES.

SOPHONISBE.

Si le sort eût voulu qu'un Romain fût mon maître,
Si j'eusse été réduite en un tel abandon
Qu'il m'eût fallu prier Lélie ou Scipion,
La veuve d'un monarque, à sa gloire fidèle,
Aurait choisi cent fois la mort la plus cruelle,
Plutôt que de forcer ma bouche à le fléchir.
Seigneur, à vos genoux je tombe sans rougir.
(Massinisse l'empêche de se jeter à genoux.)
Ne me retenez point, et laissez mon courage
S'honorer de vous rendre un légitime hommage ;
Non pas à vos succès, non pas à la terreur
Qui marchait devant vous, que suivait la fureur,
Et qui vous a donné cette grande victoire ;
Mais au cœur généreux, si digne de sa gloire,
Qui, de ses ennemis respectant la vertu,
A plaint son rival même, a fait ce qu'il a dû ;
Du malheureux Syphax a recueilli la cendre,
Qui partage les pleurs que sa main fait répandre,
Qui soumet les vaincus à force de bienfaits,
Et dont j'aurais voulu ne me plaindre jamais.

MASSINISSE.

C'est vous, auguste reine, en tout temps révérée,
Qui m'avez dû devoir tracé la loi sacrée ;
Et je conserverai jusqu'au dernier moment
De vos nobles leçons ce digne monument.
La lettre que tantôt vous m'avez adressée,
Par la faveur des dieux sur la brèche laissée,
Remise en mon pouvoir, est plus chère à mon cœur
Que le bandeau des rois, et le nom de vainqueur.

SOPHONISBE.

Quoi, seigneur ! jusqu'à vous ma lettre est parvenue !
Et par tant de bontés vous m'aviez prévenue !

MASSINISSE.

J'ai voulu désarmer votre injuste courroux.

SOPHONISBE.
Je n'ai plus qu'une grâce à prétendre de vous.
MASSINISSE.
Parlez.
SOPHONISBE.
Je la demande au nom de ma patrie,
Du sang de mon époux, qui s'élève et qui crie,
De votre honneur surtout, et des rois nos aïeux,
Qui parlent par ma voix, et vivent dans nous deux.
Jurez-moi seulement de ne jamais permettre
Qu'au pouvoir des Romains on ose me remettre.
MASSINISSE.
Qui? vous en leur pouvoir! et d'un pareil affront
Vous auriez soupçonné qu'on pût couvrir mon front!
Je commande dans Cirthe; et c'est assez vous dire
Que les Romains sur vous n'ont point ici d'empire.
SOPHONISBE.
En vous le demandant je n'en ai point douté.
MASSINISSE.
Je sais qu'ils sont jaloux de leur autorité;
Mais ils n'auront jamais l'audace téméraire
D'outrager un ami qui leur est nécessaire.
Allez; ne croyez pas qu'ils puissent m'avilir :
Je saurai les braver, si j'ai su les servir.
Ils vous respecteront; vos frayeurs sont injustes.
Vous avez attesté tous ces mânes augustes,
Tous ces rois dont le sang, dans nos veines transmis,
S'indigna si longtemps de nous voir ennemis;
Je les prends à témoin, et c'est pour vous apprendre
Que j'ai pu, comme vous, mériter d'en descendre.
La nièce d'Annibal, et la veuve d'un roi,
N'est captive en ces lieux des Romains ni de moi.
Je sais qu'un tel opprobre, un si barbare usage,
Est consacré dans Rome, et commun dans Carthage.
Il finirait pour vous, si je l'avais suivi.
Le sang dont vous sortez n'aura jamais servi :
Ce front n'était formé que pour le diadème.
Gardez dans ce palais l'honneur du rang suprême :
Ne pensez pas surtout qu'en ces tristes moments
Mon cœur laisse éclater ses premiers sentiments;
Je n'en rappelle point la déplorable histoire :
Je sais trop respecter vos malheurs et ma gloire,

Et même cet amour par vous trop dédaigné.
Je règne dans ces murs où vous avez régné ;
Les trésors de Syphax y sont en ma puissance ;
Je vous les rends, madame, et voilà ma vengeance.
Ne regardez en moi qu'un vainqueur à vos pieds ;
Sophonisbe, il suffit que vous me connaissiez.
Vous me rendrez justice, et c'est ma récompense.
A mes nouveaux sujets je cours en diligence
Leur annoncer un bien qu'ils semblent demander,
Et que déjà leur maître eût dû leur accorder :
Ils vont renouveler leur hommage à leur reine ;
Sophonisbe en tous lieux est toujours souveraine.

SCÈNE VI.

SOPHONISBE, PHÆDIME.

SOPHONISBE.

Je demeure interdite. Un si grand changement
A saisi mes esprits d'un long étonnement.
Que je l'ai mal connu !... Faut-il qu'un si grand homme
Ait détruit mon pays, et qu'il ait servi Rome ?
Tous mes sens sont ravis, mais ils sont effrayés ;
Scipion dans nos murs, Massinisse à mes pieds,
Sophonisbe, en un jour, captive et triomphante,
L'ombre de mon époux terrible et menaçante,
Le comble des horreurs et des prospérités,
Les fers, le diadème, à mes yeux présentés,
Ce rapide torrent de fortunes contraires
Me laisse encor douter de mes destins prospères.

PHÆDIME.

Ah ! croyez-en du moins le pouvoir de vos yeux.
S'il respecte dans vous le nom de vos aïeux,
S'il dépose à vos pieds l'orgueil de sa conquête,
Et les lauriers sanglants qui couronnent sa tête,
Peut-être un seul regard a plus fait sur son cœur
Que toutes les vertus, l'alliance, et l'honneur.
Mais ces vertus enfin, que dans Cirthe on admire,
Qui sur tous les esprits lui donnent tant d'empire,
Autorisent les feux que vous vous reprochiez :
La gloire qui le suit les a justifiés.

Non, ce n'est pas assez que, dans Cirthe étonnée,
Vous viviez sous le nom de reine détrônée,
Qu'on vous laisse un vain titre, et qu'un bandeau royal
D'un front chargé d'ennui soit l'ornement fatal :
La pitié peut donner ces honneurs inutiles,
D'un malheur véritable amusements stériles ;
L'amour ira plus loin ; j'ose vous en flatter :
Syphax est au tombeau...

SOPHONISBE.

Cesse de m'insulter ;
Ne me présente point ce qui me déshonore :
Tu parles à sa veuve, et son sang fume encore.

PHÆDIME.

Songez qu'au rang des rois vous pouvez remonter :
L'ombre de votre époux s'en peut-elle irriter ?

SOPHONISBE.

Ma gloire s'en irrite ; il faut t'ouvrir mon âme.
J'ai repoussé les traits de ma funeste flamme ;
Oui, ce feu, si longtemps dans mon sein renfermé,
S'est avec violence aujourd'hui rallumé.
Peut-être on m'aime encore, et j'oserais le croire :
Je pourrais me flatter d'une telle victoire ;
Je pourrais, à mon joug attachant mon vainqueur,
Arracher aux Romains l'appui de leur grandeur :
Ma flamme déclarée et si longtemps secrète,
Ma fierté, ma vengeance à la fin satisfaite,
Massinisse en mes bras, seraient d'un plus grand prix
Que l'empire du monde aux Romains tant promis.
Mais je vais, s'il se peut, t'étonner davantage :
Malgré l'illusion d'un si cher avantage,
Malgré l'amour enfin dont je ressens les coups,
Massinisse jamais ne sera mon époux.

PHÆDIME.

Pourquoi le refuser ? pourquoi, si son courage
Vous présentait un sceptre au lieu de l'esclavage,
Si de l'Afrique entière il faisait la grandeur,
Si, du sang de nos rois relevant la splendeur,
Si, du sang d'Annibal...

SCÈNE VII.

SOPHONISBE, PHÆDIME, ACTOR.

ACTOR.
Reine, il faut vous apprendre
Qu'un insolent Romain vient ici de se rendre ;
On le nomme Lélie, et le bruit se répand
Qu'il est de Scipion le premier lieutenant :
Sa suite avec mépris nous insulte et nous brave ;
Des Romains, disent-ils, Sophonisbe est l'esclave ;
Leur fierté nous vantait je ne sais quel sénat,
Des préteurs, des tribuns, l'honneur du consulat,
La majesté de Rome : et, sans plus les entendre,
Je reviens à vos pieds périr ou vous défendre.
SOPHONISBE.
Brave et fidèle ami, je compte sur ta foi,
Sur les serments sacrés de notre nouveau roi ;
Sur moi-même, en un mot : Carthage m'a fait naître ;
Je mourrai digne d'elle, et sans trône, et sans maître.
ACTOR.
Que de maux à la fois accumulés sur nous !
SOPHONISBE.
Actor, quand il le faut, je sais les braver tous.
Syphax à ses côtés, au milieu du carnage,
Aurait vu Sophonisbe égaler son courage.
De ces Romains du moins j'égalerai l'orgueil,
Et je les défierai du bord de mon cercueil.

FIN DU DEUXIÈME ACTE.

ACTE TROISIÈME.

SCÈNE I.

LÉLIE, MASSINISSE, assis; SOLDATS ROMAINS, SOLDATS NUMIDES, dans l'enfoncement, divisés en deux troupes.

LÉLIE.
Votre âme impatiente était trop alarmée
Des bruits qu'a répandus l'aveugle renommée.
Qu'importe un vain discours du soldat répété
Dans le sein de l'ivresse et de l'oisiveté?
Laissons parler le peuple; il ne peut rien connaître :
Il veut percer en vain les secrets de son maître;
Et ceux de Scipion, dans son sein retenus,
Seigneur, avant le temps ne sont jamais connus.
MASSINISSE.
Quelquefois un bruit sourd annonce un grand orage;
Tout aveugle qu'il est, le peuple le présage;
Rien n'est à dédaigner : les publiques rumeurs
Souvent aux souverains annoncent leurs malheurs.
Je veux approfondir ces discours qu'on méprise.
Expliquez-vous, Lélie, avec cette franchise
Qu'attendent ma conduite et ma sincérité.
Les Romains autrefois aimaient la vérité :
Leur austère vertu, peut-être un peu farouche,
Laissait leur cœur altier d'accord avec leur bouche.
Auraient-ils aujourd'hui l'art de dissimuler?
Après avoir vaincu n'oseriez-vous parler?
Que pensez-vous, du moins, que Scipion prétende?
LÉLIE.
Scipion ne fait rien que Rome ne commande,
Rien qui ne soit prescrit par nos communs traités;
La justice et la loi règlent ses volontés.
Rome l'a revêtu de son pouvoir suprême;

ACTE III, SCÈNE I.

Il viendra dans ces lieux vous apprendre lui-même
Ce qu'il faut entreprendre ou qu'on peut différer;
Sur vos grands intérêts vous pourrez conférer.
Il vous annoncera ses projets sur l'Afrique.
Vous savez qu'Annibal est déjà vers Utique;
Qu'il fuit l'aigle romaine, et que, dans son pays,
De ses Carthaginois ramenant les débris,
Il vient de Scipion défier la fortune.
Cette guerre nouvelle à vous deux est commune.
Nous marcherons ensemble à de nouveaux combats.

MASSINISSE.

De la reine, seigneur, vous ne me parlez pas.

LÉLIE.

Je parle d'Annibal; Sophonisbe est sa nièce:
C'est vous en dire assez.

MASSINISSE, en se levant.

Écoutez; le temps presse :
Je veux une réponse, et savoir à l'instant
Si sur mes prisonniers votre pouvoir s'étend.

LÉLIE.

Lieutenant du consul, je n'ai point sa puissance;
Mais si vous demandez, seigneur, ce que je pense
Sur le sort des vaincus, sur la loi du combat,
Je crois que leur destin n'appartient qu'au sénat.

MASSINISSE.

Au sénat! Et qui suis-je?

LÉLIE.

Un allié, sans doute,
Un roi digne de nous, qu'on aime et qu'on écoute,
Que Rome favorise, et qui doit accorder
Tout ce que ce sénat a droit de demander.

(Il se lève.)

C'est au seul Scipion de faire le partage;
Il récompensera votre noble courage,
Seigneur, et c'est à vous de recevoir ses lois,
Puisqu'il est notre chef, et qu'il commande aux rois.

MASSINISSE.

Je l'ignorais, Lélie, et ma condescendance
N'avait point reconnu tant de prééminence;
Je pensais être égal à ce grand citoyen;
Et j'ai cru que mon nom pouvait valoir le sien :
Je ne m'attendais pas qu'il s'expliquât en maître.

J'ai d'autres intérêts, et plus pressants peut-être,
Que ceux de disputer du rang des souverains,
Et d'opposer l'orgueil à l'orgueil des Romains.
Répondez ; ose-t-il disposer de la reine?

LÉLIE.

Il le doit.

MASSINISSE.

Lui !... Mon cœur ne se contient qu'à peine.

LÉLIE.

C'est un droit reconnu qu'il nous faut maintenir ;
Tout le sang d'Annibal nous doit appartenir.
Vous qui dans les combats brûliez de le répandre,
Quel étrange intérêt pourriez-vous bien y prendre,
Vous, de sa race entière éternel ennemi,
Vous, du peuple romain le vengeur et l'ami ?

MASSINISSE.

L'intérêt de mon sang, celui de la justice,
Et l'horreur que je sens d'un pareil sacrifice.
J'entrevois les projets qu'il me cache avec soin ;
Mais son ambition pourrait aller trop loin.

LÉLIE.

Seigneur, elle se borne à servir sa patrie.

MASSINISSE.

Dites mieux, à flatter l'infâme barbarie
D'un peuple qu'Annibal écrasa sous ses pieds.
Si Rome existe encor, c'est par ses alliés :
Mes secours l'ont sauvée ; et, dès qu'elle respire,
Sur les rois, sur moi-même elle affecte l'empire ;
Elle se fait un jeu, dans ses murs fortunés,
De prodiguer l'outrage à des fronts couronnés ;
Elle met à ce prix sa faveur passagère :
Scipion qui m'aima se dément pour lui plaire ;
Il me trahit.

LÉLIE.

Seigneur, qui vous a donc changé ?
Quoi ! vous seriez trahi quand vous seriez vengé !
J'ignore si la reine, en triomphe menée,
Au char de Scipion doit paraître enchaînée ;
Mais en perdrions-nous votre utile amitié ?
C'est pour une captive avoir trop de pitié.

MASSINISSE.

Que je la plaigne ou non, je veux qu'on la respecte.

La foi romaine enfin me devient trop suspecte.
De ma protection tout Numide honoré,
En quelque rang qu'il soit, doit vous être sacré :
Et vous insulteriez une femme, une reine !
Vous oseriez charger de votre indigne chaîne
Les mains, les mêmes mains que je viens d'affranchir !

LÉLIE.

Parlez à Scipion, vous pourrez le fléchir.

MASSINISSE.

Le fléchir ! apprenez qu'il est une autre voie
De priver les Romains de leur injuste proie.
Il est des droits plus saints : Sophonisbe aujourd'hui,
Seigneur, ne dépendra ni de vous ni de lui ;
Je l'espère du moins.

LÉLIE.

Tout ce que je puis dire,
C'est que nous soutiendrons les droits de notre empire ;
Et vous ne voudrez pas, par des caprices vains,
Vous priver des bontés qu'ont pour vous les Romains.
Croyez-moi, le sénat ne fait point d'injustices ;
Il a d'un digne prix reconnu vos services,
Il vous chérit encor, mais craignez qu'un refus
Ne vous attire ici des ordres absolus.

(Il sort avec les soldats romains.)

SCÈNE II.

MASSINISSE, ALAMAR ; les SOLDATS NUMIDES
restent au fond de la scène.

MASSINISSE.

Des ordres ! vous, Romains ! ingrats, dont ma vaillance
A fait tous les succès, et nourri l'insolence :
Des fers à Sophonisbe ! Et ces mots inouïs
A peine prononcés n'ont pas été punis !
Aide-moi, Sophonisbe, à venger ton injure ;
Règne, l'honneur l'ordonne, et l'amour t'en conjure ;
Règne pour être libre, et commande avec moi...
Va, Massinisse enfin sera digne de toi.
Des fers ! ah ! que je vais réparer cet outrage !
Que j'étais insensé de combattre Carthage !

(A sa suite.)
Approchez, mes amis ; parlez, braves guerriers ;
Verrez-vous dans vos mains flétrir tant de lauriers?
Vous avez entendu ce discours téméraire.

ALAMAR.
Nous en avons rougi de honte et de colère.
Le joug de ces ingrats ne peut plus se porter ;
Sur leur superbe tête il faut le rejeter.

MASSINISSE.
Rome hait tous les rois, et les croit tyranniques ;
Ah! les plus grands tyrans ce sont les républiques ;
Rome est la plus cruelle.

ALAMAR.
               Il est juste, il est temps
D'abattre pour jamais l'orgueil de ses enfants.
L'alliance avec eux n'était que passagère ;
La haine est éternelle.

MASSINISSE.
               Aveugle en ma colère,
Contre mon propre sang j'ai pu les soutenir !
Si je les ai sauvés, songeons à les punir.
Me seconderez-vous ?

ALAMAR.
               Nous sommes prêts, sans doute ;
Il n'est rien avec vous qu'un Numide redoute.
Les Romains ont plus d'art, et non plus de valeur ;
Ils savent mieux tromper, et c'est là leur grandeur ;
Mais nous savons au moins combattre comme eux-mêmes :
Commandez, annoncez vos volontés suprêmes ;
Ce fameux Scipion n'est pas plus craint de nous
Que ce faible Syphax abattu sous nos coups.

MASSINISSE.
Écoutez ; Annibal est déjà dans l'Afrique ;
La nouvelle en est sûre, il marche vers Utique :
Pourrions-nous jusqu'à lui nous frayer des chemins?

ALAMAR.
Nous vous en tracerons dans le sang des Romains.

MASSINISSE.
Enlevons Sophonisbe ; arrachons cette proie
Aux brigands insolents qu'un sénat nous envoie ;
Effaçons dans leur sang le crime trop honteux,
Et le malheur, surtout, d'avoir vaincu pour eux.

Annibal n'est pas loin; croyez que ce grand homme
Peut encore une fois se montrer devant Rome :
Mais à nos fiers tyrans fermons-en le retour ;
Que ces bords africains, que ce sanglant séjour,
Deviennent, par vos mains, le tombeau de ces traîtres,
Qui, sous le nom d'amis, sont nos barbares maîtres.
La nuit approche; allez, je viendrai vous guider;
Les vaincus enhardis pourront nous seconder.
Vous savez en ces lieux combien Rome est haïe,
Et tout homme est soldat contre la tyrannie [1].
Préparez les esprits irrités et jaloux ;
Sans leur rien découvrir enflammez leur courroux :
Aux premiers coups portés, aux premières alarmes,
Au nom de Sophonisbe, ils voleront aux armes ;
Nos maîtres prétendus, plongés dans le sommeil,
Verront entre mes mains la mort à leur réveil.

ALAMAR.

Si l'on ne prévient pas cette grande entreprise,
Le succès en est sûr, et tout nous favorise :
Nous suivons Massinisse; et ces tyrans surpris
Vont payer de leur sang leur superbe mépris.

MASSINISSE.

Revolez à mon camp, je vous joins dans une heure ;
J'arrache Sophonisbe à sa triste demeure :
Je marche à votre tête; et, s'il vous faut périr,
Mes amis, j'ai su vaincre, et je saurai mourir.

SCÈNE III.

SOPHONISBE, MASSINISSE.

SOPHONISBE.

Seigneur, en tous les temps par le ciel poursuivie,
Je n'attends que de vous le destin de ma vie.
Victorieux dans Cirthe, et mon libérateur,
Contre ces fiers Romains deux fois mon protecteur,
Vous avez, d'un seul mot, écarté les orages
Qui m'entouraient encore après tant de naufrages ;
Et, dans ce grand reflux des horreurs de mon sort,

---

1. A la première représentation ce vers fut vivement applaudi. (G. A.)

Dans ce jour étonnant de clémence et de mort,
Par vous seul confondue, et par vous rassurée,
J'ai cru que d'un héros la promesse sacrée,
Ce généreux appui, le seul qui m'est resté,
Me servirait d'égide, et serait respecté :
Je ne m'attendais pas qu'on flétrît votre ouvrage,
Qu'on osât prononcer le nom de l'esclavage,
Et que je dusse encore, après tant de tourments,
Après tous vos bienfaits, réclamer vos serments.

MASSINISSE.

Ne les réclamez point ; ils étaient inutiles,
Je n'en eus pas besoin : vous aurez des asiles
Que l'orgueil des Romains ne pourra violer ;
Et ce n'est pas à vous désormais de trembler.
Il m'appartenait peu de parler d'hyménée
Dans ce même palais, dans la même journée
Où le sort a voulu que le sang d'un époux,
Répandu par les miens, rejaillît jusqu'à vous.
Mais la nécessité rompt toutes les barrières ;
Tout se tait à sa voix ; ses lois sont les premières.
La cendre de Syphax ne peut vous accuser ;
Vous n'avez qu'un parti, celui de m'épouser ;
Du pied de nos autels au trône remontée,
Sur les bords africains chérie et redoutée,
Le diadème au front, marchez à mon côté :
Votre sceptre et mon bras sont votre sûreté.

SOPHONISBE.

Ah ! que m'avez-vous dit ? Sophonisbe éperdue
Doit dévoiler enfin son âme à votre vue :
J'étais votre ennemie, et l'ai toujours été,
Seigneur, je vous ai fui, je vous ai rebuté ;
Syphax obtint mon choix, sans consulter son âge ;
Je n'acceptai sa main que pour vous faire outrage ;
J'encourageai les miens à poursuivre vos jours :
Mais connaissez mon cœur, il vous aima toujours.

MASSINISSE.

Est-il possible ! ô dieux ! vous, dont l'âme inhumaine
Fut chez les Africains célèbre par la haine,
Vous m'aimiez, Sophonisbe ! et dans ses déplaisirs,
Massinisse accablé vous coûtait des soupirs !

SOPHONISBE.

Oui, nièce d'Annibal, j'ai dû haïr, sans doute,

L'ami de Scipion, quelque effort qu'il m'en coûte ;
Je le voulus en vain : c'est à vous de juger
Si le seul des humains qui veut me protéger,
Quand il revient à moi, quand son noble courage
Peut sauver Sophonisbe, Annibal, et Carthage,
En m'arrachant des fers et du sein de l'horreur,
En me donnant son trône, en me gardant son cœur,
Peut rallumer en moi les feux qu'il y fit naître,
Et dont tout mon courroux fut à peine le maître.
D'un bonheur inouï vous venez me flatter ;
Vous m'offrez votre main, je ne puis l'accepter.
MASSINISSE.
Vous ! quels dieux ennemis à vos bontés s'opposent ?
SOPHONISBE.
Les dieux qui de mon sort en tous les temps disposent,
Les dieux qui d'Annibal ont reçu les serments
Quand au pied des autels, en ses plus jeunes ans,
Il jurait aux Romains une haine immortelle :
Ce serment est le mien, je lui serai fidèle ;
Je meurs sans être à vous.
MASSINISSE.
                Sophonisbe, arrêtez :
Connaissez qui je suis, et qui vous insultez :
C'est ce même serment qui devant vous m'amène ;
Et ma haine pour Rome égale votre haine.
SOPHONISBE.
Vous, seigneur ! vous pourriez enfin vous repentir
De vous être abaissé jusques à la servir ?
MASSINISSE.
Je me repens de tout, puisque je vous adore ;
Je ne vois plus que vous, si vous m'aimez encore.
J'apporte à cet autel, en vous donnant la main,
L'horreur que Massinisse a pour le nom romain ;
Plus irrité que vous, et plus qu'Annibal même,
Oui, je déteste Rome autant que je vous aime.
SOPHONISBE.
Massinisse !
MASSINISSE.
        Écoutez ; vous n'avez qu'un instant ;
Vos fers sont préparés... un trône vous attend.
Scipion va venir... Carthage vous appelle ;
Et si vous balancez, c'est un crime envers elle.

Suivez-moi, tout le veut... Dieux justes, protégez
L'hymen où je l'entraîne, et soyons tous vengés!
SOPHONISBE.
Eh bien! à ce seul prix j'accepte la couronne;
La veuve de Syphax à son vengeur se donne :
Oui, Carthage l'emporte. O mes dieux souverains,
Vous m'unissez à lui pour punir les Romains!
MASSINISSE.
Honteusement ici soumis à leur puissance,
Cherchons en d'autres lieux la gloire et la vengeance.
Les Romains sont dans Cirthe, ils y donnent des lois;
Un consul y commande, et l'on tremble à sa voix.
Sachez que sous leurs pas je vais ouvrir l'abîme
Où doit s'ensevelir l'orgueil qui nous opprime;
Scipion va tomber dans le piége fatal.
La gloire et le bonheur sont au camp d'Annibal.
Dès que l'astre du jour aura cessé de luire,
Parmi des flots de sang ma main va vous conduire :
La veuve de Syphax, en fuyant ses tyrans,
Doit marcher avec moi sur leurs corps expirants;
Il n'est point d'autre route, et nous allons la prendre.
SOPHONISBE.
Dans le camp d'Annibal enfin j'irai me rendre;
C'est là qu'est ma patrie, et mon trône, et ma cour :
Là je puis sans rougir écouter votre amour :
Mais comment m'assurer...
MASSINISSE.
          La plus juste espérance
Flatte d'un prompt succès ma flamme et ma vengeance.
Je crains peu les Romains, et, prêt à les frapper,
J'ai honte seulement de descendre à tromper.
SOPHONISBE.
Ils savent mieux que vous cet art de l'Italie.

SCÈNE IV.

SOPHONISBE, MASSINISSE, PHÆDIME.

PHÆDIME.
Seigneur, cet étranger, ce superbe Lélie,
Et qui dans ce palais parlait si hautement,

Accompagné des siens, arrive en ce moment.
Il veut que, sans tarder, à vous-même on l'annonce;
Il dit que d'un consul il porte la réponse.
MASSINISSE.
Il suffit... qu'il m'attende, et que, sans nous braver,
Aux pieds de Sophonisbe il vienne ici tomber.

FIN DU TROISIÈME ACTE.

ACTE QUATRIÈME.

SCÈNE I.

LÉLIE, ROMAINS.

LÉLIE, à un centurion.

Allez, observez tout ; les plus légers soupçons
Dans de pareils moments sont de fortes raisons.
Sophonisbe en ces lieux peut faire des perfides ;
Scipion dans la ville enferme les Numides.
(A un autre.)
C'est à vous de garder le palais et la tour,
Tandis que, n'écoutant qu'un imprudent amour,
Massinisse, occupé du vain nœud qui l'engage,
D'un moment précieux nous laisse l'avantage.
(A tous.)
Vous avez désarmé sans peine et sans effort
Le peu de ses soldats répandus dans ce fort,
Et déjà, trop puni par sa propre faiblesse,
Il ne sait pas encor le péril qui le presse.
Au moindre mouvement qu'on vienne m'avertir ;
Qu'aucun ne puisse entrer, qu'aucun n'ose sortir :
Surtout de vos soldats contenez la licence ;
Respectez ce palais ; que nulle violence
Ne souille sous mes yeux l'honneur du nom romain.
Le sort de Massinisse est tout en notre main.
On craignait que ce prince, aveugle en sa colère,
N'eût tramé contre nous un complot téméraire ;
Mais, de son amitié gardant le souvenir,
Scipion le prévient sans vouloir le punir.
Soyez prêts, c'est assez ; cette âme impétueuse
Verra de ses desseins la suite infructueuse,
Et dans quelques moments tout doit être éclairci...
Vous, gardez cette porte ; et vous, veillez ici.
(Les licteurs restent un peu cachés dans le fond.)

SCÈNE II.

MASSINISSE, LÉLIE, LICTEURS.

MASSINISSE.
Eh bien! de Scipion ministre respectable,
Venez-vous m'annoncer son ordre irrévocable ?
LÉLIE.
J'annonce du sénat les décrets souverains,
Que le consul de Rome a remis en mes mains.
Pouvez-vous écouter ce que je dois vous dire?
Vous paraissez troublé!
MASSINISSE.
     Je suis prêt à souscrire
Aux projets des Romains, que vous me présentez,
Si par l'équité seule ils ont été dictés,
Et s'ils n'outragent point ma gloire et ma couronne.
Parlez ; quel est le prix que le sénat me donne?
LÉLIE.
Le trône de Syphax déjà vous est rendu ;
C'est pour le conquérir que l'on a combattu ;
A vos nouveaux États, à votre Numidie,
Pour vous favoriser, on joint la Mazénie :
Ainsi, dans tous les temps et de guerre et de paix,
Rome à ses alliés prodigue ses bienfaits.
On vous a déjà dit que Cirthe, Hippone, Utique,
Tout, jusqu'au mont Atlas, est à la république.
Décidez maintenant si vous voulez demain
De Scipion vainqueur accomplir le dessein,
De l'Afrique avec lui soumettre le rivage,
Et, fidèle allié, camper devant Carthage.
MASSINISSE.
Carthage! Oubliez-vous qu'Annibal la défend,
Que sur votre chemin ce héros vous attend?
Craignez d'y retrouver Trasimène et Trébie.
LÉLIE.
La fortune a changé : l'Afrique est asservie.
Choisissez de nous suivre, ou de rompre avec nous.
MASSINISSE, à part.
Puis-je encore un moment retenir mon courroux!

LÉLIE.

Vous voyez vos devoirs et tous vos avantages.
De Rome maintenant connaissez les usages :
Elle élève les rois, et sait les renverser ;
Au pied du Capitole ils viennent s'abaisser.
La veuve de Syphax était notre ennemie :
Dans un sang odieux elle a reçu la vie ;
Et son seul châtiment sera de voir nos dieux,
Et d'apprendre dans Rome à nous connaître mieux.

MASSINISSE.

Téméraire ! arrêtez... Sophonisbe est ma femme ;
Tremblez de m'outrager [1].

LÉLIE.

          Je connais votre flamme ;
Je la respecte peu lorsque dans vos États
Vous-même devant moi ne vous respectez pas :
Sachez que Sophonisbe, à nos chaînes livrée,
De ce titre d'épouse en vain s'est honorée,
Qu'un prétexte de plus ne peut nous éblouir,
Que j'ai donné mon ordre, et qu'il faut obéir.

MASSINISSE.

Ah ! c'en est trop enfin : cet excès d'insolence
Pour la dernière fois tente ma patience.

(Mettant la main à son épée.)

Traître ! ôte-moi la vie, ou meurs de cette main.

LÉLIE.

Prince, si je n'étais qu'un citoyen romain,
Un tribun de l'armée, un guerrier ordinaire,
Vous me verriez bientôt prêt à vous satisfaire ;
Lélie avec plaisir recevrait cet honneur :
Mais, député de Rome et de mon empereur,
Commandant en ces lieux, tout ce que je dois faire
C'est d'arrêter d'un mot votre vaine colère...
Romains, qu'on m'en réponde.

(Les licteurs entourent Massinisse, et le désarment.)

MASSINISSE.

               Ah ! lâche !... Mes soldats
Me laissent sans défense !

---

1. « Le sang de Syphax fume encore, dit Grimm-Diderot, lorsque sa veuve consent d'accepter la main de son vainqueur, et cependant le mariage est fait de façon qu'on ne sait s'il peut être regardé comme valide à l'officialité de Carthage et de Rome. Tout cela est arrangé avec une puérilité qui fait pitié..... » (G. A.)

LÉLIE.
                Ils ne paraîtront pas ;
Ils sont, ainsi que vous, tombés en ma puissance.
Vous avez abusé de notre confiance :
Quels que soient vos desseins, ils sont tous prévenus ;
Et nous vous épargnons des malheurs superflus.
Si vous voulez de Rome obtenir quelque grâce,
Scipion va venir, il n'est rien que n'efface
A ses yeux indulgents un juste repentir.
Rentrez dans le devoir dont vous osiez sortir.
On vous rendra, seigneur, vos soldats et vos armes,
Quand sur votre conduite on aura moins d'alarmes,
Et quand vous cesserez de préférer en vain
Une Carthaginoise à l'empire romain.
Vous avez combattu sous nous avec courage ;
Mais on est quelquefois imprudent à votre âge.

SCÈNE III.

MASSINISSE.

Tu survis, Massinisse, à de pareils affronts !
Ce sont là ces Romains, juges des nations,
Qui voulaient faire au monde adorer leur puissance,
Et des dieux, disaient-ils, imiter la clémence !
Fourbes dans leurs traités, cruels dans leurs exploits,
Déprédateurs du peuple, et fiers tyrans des rois !
Je me repens, sans doute, et c'est de vivre encore
Sans pouvoir me baigner dans leur sang que j'abhorre.
Scipion prévient tout ; soit prudence ou bonheur,
Son étonnant génie en tout temps est vainqueur.
Sous les pas des Romains la tombe était ouverte ;
Je vengeais Sophonisbe, et j'ai causé sa perte.
Je n'ai pas su tromper, j'en recueille le fruit ;
Dans l'art des trahisons j'étais trop mal instruit.
Roi, vainqueur et captif, outragé, sans vengeance,
Victime de l'amour et de mon imprudence,
Mon cœur fut trop ouvert. Ah ! tu l'avais prévu,
Sophonisbe ; en effet, ma candeur m'a perdu.
O ciel ! c'est Scipion ! c'est Rome tout entière !

SCÈNE IV.

SCIPION, MASSINISSE, licteurs.

(Scipion tient un rouleau à la main.)

MASSINISSE.
Venez-vous insulter à mon heure dernière ?
Dans l'abîme où je suis venez-vous m'enfoncer ;
Marcher sur mes débris ?
SCIPION.
            Je viens vous embrasser.
J'ai su votre faiblesse, et j'en ai craint la suite.
Vous devez pardonner si de votre conduite
Ma vigilance heureuse a conçu des soupçons ;
Plus d'une fois l'Afrique a vu des trahisons.
La nièce d'Annibal, à votre cœur trop chère,
M'a forcé malgré moi de me montrer sévère.
Du nom de votre ami je fus toujours jaloux,
Mais je me dois à Rome, et beaucoup plus qu'à vous.
Je n'ai point démêlé les intrigues secrètes
Que pouvaient préparer vos fureurs inquiètes,
Et de tout prévenir je me suis contenté.
Mais, à quelque attentat que l'on vous ait porté,
Voulez-vous maintenant écouter la justice,
Et rendre à Scipion le cœur de Massinisse ?
Je ne demande rien que la foi des traités ;
Vous les avez toujours sans réserve attestés :
Les voici ; c'est par vous qu'à moi-même promise
Sophonisbe en mon camp devait être remise.
Lisez. Voilà mon nom, et voilà votre seing.
(Il les lui montre.)
En est-ce assez ? Vos yeux s'ouvriront-ils enfin ?
Avez-vous contre moi quelque droit légitime ?
Vous plaindrez-vous toujours que Rome vous opprime ?
MASSINISSE.
Oui. Quand, dans la fureur de mes ressentiments,
Je fis entre vos mains ces malheureux serments,
Je voulais me venger d'une reine ennemie :
De mon cœur irrité je la croyais haïe ;

ACTE IV, SCÈNE IV.

Vos yeux furent témoins de mes jaloux transports ;
Ils étaient imprudents ; mais vous m'aimiez alors :
Je vous confiai tout, ma colère et ma flamme.
J'ai revu Sophonisbe, et j'ai connu son âme ;
Tout est changé ; mon cœur est rentré dans ses droits ;
La veuve de Syphax a mérité mon choix.
Elle est reine, elle est digne encor d'un plus grand titre.
De son sort et du mien j'étais le seul arbitre ;
Je devais l'être au moins ; je l'aime, c'est assez ;
Sophonisbe est ma femme, et vous la ravissez !

SCIPION.

Elle n'est point à vous, elle est notre captive ;
La loi des nations pour jamais vous en prive ;
Rome ne peut changer ses résolutions
Au gré de vos erreurs et de vos passions.
Je ne veux point ici vous parler de moi-même ;
Mais jeune comme vous, et dans un rang suprême,
Vous savez si mon cœur a jamais succombé
A ce piége fatal où vous êtes tombé.
Soyez digne de vous, vous pouvez encor l'être.

MASSINISSE.

Il est vrai qu'en Espagne, où vous régnez en maître,
Le soin de contenir un peuple effarouché,
La gloire, l'intérêt, seigneur, vous ont touché ;
Vous n'enlevâtes point une femme éplorée,
De l'amant qu'elle aimait justement adorée :
Pourquoi démentez-vous pour un infortuné
Cet exemple éclatant que vous avez donné ?
L'Espagnol vous bénit, mais je vous dois ma haine ;
Vous lui rendez sa femme, et m'arrachez la mienne.

SCIPION.

A vos plaintes, seigneur, à tant d'emportements,
Je ne réponds qu'un mot, remplissez vos serments.

MASSINISSE.

Ah ! ne me parlez plus d'un serment téméraire
Qu'ont dicté le dépit et l'amour en colère ;
Il fut trop démenti dans mon cœur ulcéré.

SCIPION.

Les dieux l'ont entendu : tout serment est sacré.

MASSINISSE.

Consul, il me suffit ; j'avais cru vous connaître,
Je m'étais bien trompé : mais vous êtes le maître.

Ces dieux, dont vous savez interpréter la loi,
Aidés de Scipion, sont trop forts contre moi.
Je sais que mon épouse à Rome fut promise ;
Voulez-vous en effet qu'à Rome on la conduise ?
SCIPION.
Je le veux, puisque ainsi le sénat l'a voulu,
Que vous-même avec moi vous l'aviez résolu.
Ne vous figurez pas qu'un appareil frivole,
Une marche pompeuse aux murs du Capitole,
Et d'un peuple inconstant la faveur et l'amour
Que le destin nous donne et nous ôte en un jour,
Soient un charme si grand pour mon âme éblouie ;
De soins plus importants croyez qu'elle est remplie :
Mais quand Rome a parlé, j'obéis à sa loi.
Secondez mon devoir, et revenez à moi ;
Rendez à votre ami la première tendresse
Dont le nœud respectable unit notre jeunesse ;
Compagnons dans la guerre, et rivaux en vertu,
Sous les mêmes drapeaux nous avons combattu :
Nous rougirions tous deux qu'au sein de la victoire
Une femme, une esclave, eût flétri tant de gloire ;
Réunissons deux cœurs qu'elle avait divisés :
Oubliez vos liens ; l'honneur les a brisés[1].
MASSINISSE.
L'honneur ! Quoi, vous osez !... Mais je ne puis prétendre,
Quand je suis désarmé, que vous vouliez m'entendre.
Je vous ai déjà dit que vous seriez content ;
Ma femme subira le destin qui l'attend.
Un roi doit obéir quand un consul ordonne.
Sophonisbe ! oui, seigneur, enfin je l'abandonne[2] :
Je ne veux que la voir pour la dernière fois ;
Après cet entretien, j'attends ici vos lois.
SCIPION.
N'attendez qu'un ami, si vous êtes fidèle.

---

1. On trouva bien conçu ce caractère de Scipion, qui n'est pas un de ces Romains ampoulés dont avait abusé Corneille. (G. A.)

2. Grimm raconte qu'à la première représentation le public, bonhomme et crédule, ayant pris cette résolution à la lettre, hua le pauvre Massinisse. Et pourtant le silence, l'air, le jeu de Lekain étaient bien significatifs en ce moment. (G. A.)

SCÈNE V.

MASSINISSE.

Un ami ! jusque-là ma fortune cruelle
De mes jours détestés déshonore la fin !
Il me flétrit du nom de l'ami d'un Romain !
Je n'ai que Sophonisbe, elle seule me reste ;
Il le sait, il insulte à mon état funeste ;
Sa cruauté tranquille, avec dérision,
Affectait de descendre à la compassion !
Il a su mon projet, et, ne pouvant le craindre,
Il feint de l'ignorer, et même de me plaindre ;
Il feint de dédaigner ce misérable honneur
De traîner une femme au char de son vainqueur ;
Il n'aspire en effet qu'à cette gloire infâme :
Il jouit de ma honte : et peut-être en son âme
Il pense à m'y traîner avec le même éclat,
Comme un roi révolté jugé par le sénat.

SCÈNE VI.

MASSINISSE, SOPHONISBE.

MASSINISSE.
Eh bien ! connaissez-vous quelle horreur vous opprime,
D'où nous sommes tombés, dans quel affreux abîme
Un jour, un seul moment nous a tous deux conduits ?
De notre heureux hymen ce sont les premiers fruits.
Savez-vous des Romains la barbare insolence,
Et qu'il nous faut enfin tout souffrir sans vengeance ?
SOPHONISBE.
Nous n'avons qu'un recours : le fer ou le poison.
MASSINISSE.
Nous sommes désarmés ; ces murs sont ma prison.
Scipion vivrait-il si j'avais eu des armes ?
SOPHONISBE.
Ah ! cherchons les moyens de finir tant d'alarmes.
Trop de honte nous suit, et c'est trop de revers.

J'ai deux fois aujourd'hui passé du trône aux fers.
Je ne puis me venger de mes indignes maîtres ;
Je ne puis me baigner dans le sang de ces traîtres ;
Arrache-moi la vie, et meurs auprès de moi ;
Sophonisbe deux fois sera libre par toi.

MASSINISSE.

Tu le veux ?

SOPHONISBE.

Tu le dois.

MASSINISSE.

Je frémis, je t'admire.

SOPHONISBE.

Je te devrai ma mort, je te devais l'empire ;
J'aurai reçu de toi tous mes biens en un jour.

MASSINISSE.

Quels biens ! ah ! Sophonisbe !

SOPHONISBE.

Objet de mon amour !
Ame tendre ! âme noble ! expie avec courage
Le crime que tu fis en combattant Carthage.
Sauve-moi.

MASSINISSE.

Par ta mort ?

SOPHONISBE.

Sans doute. Aimes-tu mieux
Me voir avec opprobre arracher de ces lieux[1] ?
Roi soumis aux Romains, et mari d'une esclave,
Aimes-tu mieux servir le tyran qui te brave ;
Me voir sacrifiée à son ambition ?
Écrasons, en mourant, l'orgueil de Scipion.

MASSINISSE.

Va, sors : je vois de loin des Romains qui m'épient ;
De tous les malheureux ces monstres se défient.
Va, nous nous rejoindrons.

SOPHONISBE.

Arbitre de mon sort,
Souviens-toi de ma gloire : adieu, jusqu'à ma mort.

(Elle sort.)

---

1. Racine avait dit (*Phèdre*, acte IV, scène II) :

Te fasse avec opprobre arracher de ces lieux.

SCÈNE VII.

MASSINISSE.

Dieux des Carthaginois! vous à qui je m'immole!
Dieux que j'avais trahis pour ceux du Capitole!
Vous que ma femme implore, et qui l'abandonnez,
Donnerez-vous la force à mes sens forcenés,
A cette main tremblante, à mon âme égarée,
De me souiller du sang d'une épouse adorée?

FIN DU QUATRIÈME ACTE.

ACTE CINQUIÈME.

SCÈNE I.

LÉLIE, SCIPION, ROMAINS.

SCIPION.
Amis, la fermeté jointe avec la clémence
Peut enfin subjuguer sa fatale inconstance.
Je vois dans ce Numide un coursier indompté
Que son maître réprime après l'avoir flatté ;
Tour à tour on ménage, on dompte son caprice ;
Il marche en écumant, mais il nous rend service.
Massinisse a senti qu'il doit porter ce frein
Dont sa fureur s'indigne, et qu'il secoue en vain ;
Que je suis en effet maître de son armée ;
Qu'enfin Rome commande à l'Afrique alarmée ;
Que nous pouvons d'un mot le perdre ou le sauver.
Pensez-vous qu'il s'obstine encore à nous braver?
Il est temps qu'il choisisse entre Rome et Carthage ;
Point de milieu pour lui, le trône ou l'esclavage :
Il s'est soumis à tout ; ses serments l'ont lié :
Il a vu de quel prix était mon amitié.
La reine l'égarait; mais Rome est la plus forte :
L'amour parle un moment; mais l'intérêt l'emporte :
Il doit rendre aux Romains Sophonisbe aujourd'hui.
LÉLIE.
Pouvez-vous y compter? Vous fiez-vous à lui?
SCIPION.
Il ne peut empêcher qu'on l'enlève à sa vue.
Je voulais à son âme, encor tout éperdue,
Épargner un affront trop dur, trop douloureux ;
Il me faisait pitié. Tout prince malheureux
Doit être ménagé, fût-ce Annibal lui-même.

LÉLIE.

Je crains son désespoir; il est Numide, il aime.
Surtout de Sophonisbe il faut vous assurer.
Ce triomphe éclatant, qui va se préparer,
Plus que vous ne pensez vous devient nécessaire
Pour imposer aux grands, pour charmer le vulgaire,
Pour captiver un peuple inquiet et jaloux,
Ennemi des grands noms, et peut-être de vous.
La veuve de Syphax à votre char traînée
Fera taire l'envie à vous nuire obstinée;
Et le vieux Fabius, et le jaloux Caton,
Se cacheront dans l'ombre en voyant Scipion.

SCÈNE II.

SCIPION, LÉLIE, PHÆDIME.

PHÆDIME.

Sophonisbe, seigneur, à vos ordres soumise,
Par le roi Massinisse entre vos mains remise,
Va bientôt, à vos pieds déposant sa douleur,
Reconnaître dans vous son maître et son vainqueur;
Elle est prête à partir.

SCIPION.

     Que Sophonisbe apprenne
Qu'à Rome, en ma maison, toujours servie en reine,
Elle n'y recevra que les soins, les honneurs,
Que l'on doit à son rang, et même à ses malheurs:
Le Tibre avec respect verra sur son rivage
Le noble rejeton des héros de Carthage.

(Phædime sort.)

(A un tribun.)

Vous, jusques à ma flotte ayez soin de guider
Et la reine et les siens, qu'il vous faudra garder.

SCÈNE III.

SCIPION, LÉLIE, MASSINISSE, LICTEURS.

SCIPION.

Le roi vient : je le plains; un si grand sacrifice
Doit lui coûter sans doute. Approchez, Massinisse;
Ne vous repentez pas de votre fermeté.

MASSINISSE, troublé et chancelant.

Il m'en faut en effet.

SCIPION.

Votre cœur s'est dompté.

MASSINISSE.

La victime par vous si longtemps désirée
S'est offerte elle-même : elle vous est livrée.
Scipion, j'ai plus fait que je n'avais promis;
Tout est prêt.

SCIPION.

La raison vous rend à vos amis.
Vous revenez à moi : pardonnez à Lélie
Cette sévérité dans mon cœur démentie :
L'intérêt de l'État exigeait nos rigueurs;
Rome y fera bientôt succéder ses faveurs.

(Il tend la main à Massinisse, qui recule.)

Point de ressentiment; goûtez l'honneur suprême
D'avoir réparé tout en vous domptant vous-même.

MASSINISSE.

Épargnez-vous, seigneur, un vain remercîment :
Il m'en coûte assez cher en cet affreux moment.

SCIPION.

Vous pleurez!

MASSINISSE.

Qui? moi! non.

SCIPION.

Ce regret qui vous presse
N'est aux yeux d'un ami qu'un reste de faiblesse
Que votre âme subjugue, et que vous oublierez.

MASSINISSE.

Si vous avez un cœur vous vous en souviendrez.

SCIPION.

Sophonisbe à mes yeux sans crainte peut paraître :
J'aurais de son destin voulu vous laisser maître;
Mais Rome la demande : il faut, loin de ces lieux[1]...

(On ouvre la porte; Sophonisbe paraît étendue sur une banquette, un poignard enfoncé dans le sein.)

---

1. A la première représentation, Scipion, au lieu de ce texte, débitait trois vers célèbres par leur platitude (voyez page 96, vers 2) :

> Allons, conduisez-moi dans la chambre prochaine,
> Où je devais paraître aux regards de la reine.
> Qu'elle accepte à la fin mes soins respectueux. (G. A.)

MASSINISSE.
Tiens, la voilà, perfide! elle est devant tes yeux;
La connais-tu?
SCIPION.
Cruel!
SOPHONISBE, à Massinisse penché vers elle.
Viens, que ta main chérie
Achève de m'ôter ce fardeau de la vie.
Digne époux, je meurs libre, et je meurs dans tes bras.
MASSINISSE.
Je vous la rends, Romains, elle est à vous [1].
SCIPION.
Hélas!
Malheureux! qu'as-tu fait?
MASSINISSE.
Ses volontés, les miennes.
Sur ses bras tout sanglants viens essayer tes chaînes :
Approche : où sont tes fers?
LÉLIE.
O spectacle d'horreur!
MASSINISSE, à Scipion.
Tu recules d'effroi! Que devient ton grand cœur?
(Il se met entre Sophonisbe et les Romains.)
Monstres, qui par mes mains avez commis mon crime,
Allez au Capitole offrir votre victime :
Montrez à votre peuple, autour d'elle empressé,
Ce cœur, ce noble cœur que vous avez percé.
Détestables Romains, si les dieux qui m'entendent
Accordent les faveurs que les mourants demandent;
Si, devançant le temps, le grand voile du sort [2]
Se lève à nos regards au moment de la mort,
Je vois dans l'avenir Sophonisbe vengée,
Et Rome qu'on immole à la terre outragée;
Je vois dans votre sang vos temples renversés,
Ces temples qu'Annibal a du moins menacés;
Tous ces fiers descendants des Nérons, des Camilles,
Aux fers des étrangers tendant des bras serviles;
Ton Capitole en cendre, et tes dieux pleins d'effroi

---

1. Le public ne comprit pas d'abord ce coup de théâtre. Il lui fallut l'aveu même de Massinisse. (G. A.)

2. C'était une opinion reçue. (*Note de Voltaire*.)

Détruits par des tyrans moins funestes que toi.
Avant que Rome tombe au gré de ma furie,
Va mourir oublié, chassé de ta patrie.
Je meurs, mais dans la mienne, et c'est en te bravant ;
Le poison que j'ai pris dans ce fatal moment
Me délivre à la fois d'un tyran et d'un traître.
Je meurs chéri des miens, qui vengeront leur maître :
Va, je ne veux pas même un tombeau de tes mains.

LÉLIE.

Que tous deux sont à plaindre !

SCIPION.

       Ils sont morts en Romains.
Grands dieux ! puissé-je un jour, ayant dompté Carthage,
Quitter Rome et la vie avec même courage !

FIN DE SOPHONISBE.

VARIANTES

DE LA TRAGÉDIE DE *SOPHONISBE*.

Page 47, vers 5 :

« Vous servez des Romains, vous secondez leurs armes;
Et vous désespérez vos parents malheureux.
Méritez vos succès en étant généreux :
C'est trop faire couler et le sang et les larmes. »

Page 52, vers 3 :

Que deviendrai-je, ciel! et quel est son dessein?
Suis-je ici prisonnière? ô rigueur! ô destin!
Que me préparez-vous dans ce jour de vengeance?
Le ciel me ravit tout, et jusqu'à l'espérance.

FIN DU PREMIER ACTE.

Page 59, vers 20 :

MASSINISSE.
Reine, en ce jour de sang, funeste ou favorable,
Ma fortune me pèse, et votre sort m'accable.
Le billet que de vous je viens de recevoir
Est un ordre sacré qui m'apprend mon devoir;
Mais en vous écoutant je l'apprends davantage.
Je crois entendre en vous les héros de Carthage :
Heureux d'avoir vaincu, je viens tout réparer.
SOPHONISBE.
Réduite à vous haïr, faut-il vous admirer?
Quoi! seigneur, jusqu'à vous ma lettre est parvenue !

Page 60, vers 8 :

Je le jure par vous . pour vous dire encor plus,
Sophonisbe n'est pas au nombre des vaincus.
Je commande dans Cirthe. . . . .
. . . .

Page 62, vers 20 :

Tu parles à sa veuve, et son sang fume encore;
Son ombre me menace : un pareil souvenir

L'appelle à la vengeance, et l'invite à punir.
Phædime, il faut enfin t'ouvrir toute mon âme :
Oui, je t'ai fait l'aveu de ma fatale flamme;
Oui, ce feu, si longtemps dans mon sein renfermé,
S'est avec violence aujourd'hui rallumé.
Peut-être on m'aime encore, et j'oserais le croire;
Je pourrais me flatter d'une telle victoire;
Tu me verrais goûter ce suprême bonheur,
De partager son trône, et d'avoir tout son cœur.
Ma flamme déclarée... etc.

Page 67, vers 20 :
MASSINISSE.
Des ordres! vous, Romains! ingrats dont l'insolence
S'accrut par mon service avec votre puissance!
Des fers à Sophonisbe! et ces mots inouïs
A peine prononcés n'ont pas été punis!
Sophonisbe! ah! du moins écarte cette injure,
Accorde-moi ta main; ta gloire t'en conjure.

Page 70, dernier vers :
La fille d'Asdrubal naquit pour se contraindre :
Elle dut vous haïr, ou du moins dut le feindre.
Elle brûlait pour vous : c'est à vous de juger
Si le seul des humains qui peut me protéger,
Conquérant généreux, amant toujours fidèle,
Des héros et des rois devenu le modèle,
En m'arrachant des fers et de ce lieu d'horreur,
En me donnant son trône, en me gardant son cœur,
Sur mes sens enchantés conserve un juste empire.
C'est par vous que je vis, pour vous que je respire :
Pour m'unir avec vous je voudrais tout tenter.
Vous m'offrez votre main... je ne puis l'accepter.

Page 71, vers 20 :
MASSINISSE.
. . . .
C'est ce même serment qui devant vous m'amène :
C'est un courroux plus juste, une plus forte haine;
Et c'est de son flambeau que je viens éclairer
L'hymen, l'heureux hymen qu'on ne peut différer.
C'est dans Cirthe sanglante, à ces autels antiques,
Dressés par nos aïeux à nos dieux domestiques,
Que j'apporte avec vous, en vous donnant la main,
L'horreur que Massinisse a pour le nom romain.
. . . .

Page 72, vers 9 :
Oui, je déteste Rome autant que je vous aime.
Vous, dieux qui m'entendez, qui recevez ma foi,
(Il prend la main de Sophonisbe, et tous deux les mettent sur l'autel.)
Unissez à ce prix Sophonisbe avec moi.

SOPHONISBE.

A ces conditions j'accepte la couronne :
Ce n'est qu'à mon vengeur que ma fierté se donne.
Vengeons tous deux Carthage et nos deux souverains;
Jurons de nous unir pour haïr les Romains.
Je me vois trop heureuse...

MASSINISSE.

      A mes yeux outragée,
Vantez votre bonheur quand vous serez vengée.
Les Romains sont dans Cirthe, etc.

Page 73, dernier vers. — Dans les anciennes éditions, le troisième acte était terminé par les vers suivants :

SOPHONISBE.

A l'aspect des Romains mon horreur se redouble;
Je n'entends point leur nom sans alarme et sans trouble.
Vous êtes violent autant que généreux;
Encor si vous saviez dissimuler comme eux,
Ne les point avertir de se mettre en défense!
Mais toujours d'un Numide ils sont en défiance :
Peut-être ont-ils déjà pénétré vos desseins.
Vous me faites frémir : je connais mes destins.
Ce jour a déployé tant de vicissitude,
Que, jusqu'à mon bonheur, tout est inquiétude.
Le flambeau de l'hymen est allumé par nous;
Mais c'est en trahissant les cendres d'un époux.
Votre main me replace au rang de mes ancêtres,
Vous me faites régner, mais les Romains sont maîtres.
Je n'ai plus pour soldats que de vils citoyens;
Les dieux de Scipion l'emportent sur les miens.
Quoi qu'il puisse arriver, venez tracer ma route :
J'aurais suivi Syphax, je vous suivrai sans doute;
Et marchant avec vous, je ne crains rien pour moi.

MASSINISSE.

J'ose tout espérer, puisque j'ai votre foi.

Page 77, vers 28. — Dans les dernières éditions, on lisait :

Un moment a tout fait : des miens abandonné,
Roi, vainqueur, et captif, outragé sans vengeance,
Victime de l'amour et de mon imprudence,
Je n'ai pas su tromper : j'en recueille le fruit.
De l'art des trahisons j'étais trop mal instruit.
Rome se plaint toujours de la foi du Numide;
La tyrannique Rome est cent fois plus perfide.
Mon cœur fut trop ouvert : ah! tu l'avais prévu.

Et dans les précédentes :

Un moment a tout fait : des miens abandonné,
Dans mon propre palais je vois un autre maître!
Sophonisbe est esclave! on me destine à l'être!
Quel exemple pour vous, malheureux Africains!

> Rois et peuples séduits qui servez les Romains,
> Quand pourrez-vous sortir de ce grand esclavage?
> Quoi! je dévore ici mon opprobre et ma rage!
> J'ai perdu Sophonisbe, et mon empire, et moi!
> O ciel! c'est Scipion, c'est lui que je revoi;
> C'est Rome qui dans lui se montre tout entière, etc.

Page 79, vers 14. — Après ce vers, dans les anciennes éditions on lisait les vers suivants :

> Rome, de tant de rois auguste vengeresse,
> Ne s'informe jamais s'ils ont une maîtresse.
> Les soupirs des amants, leurs pleurs, et leurs débats,
> Ne font point, croyez-moi, le destin des États.

Ibid., avant-dernier vers :

> Je me rends, je bannis la douleur qui m'obsède.
> Lorsque Scipion parle, il faut que tout lui cède.
> Pour disposer de moi j'ai dû vous consulter,
> Et le faible au puissant ne doit rien contester.
> Ma femme est votre esclave, et mon âme est soumise.
> Ordonnez-vous enfin qu'à Rome on la conduise?

Page 82, vers 17.

MASSINISSE.

Nous sommes désarmés ; ces murs sont ma prison.
Mais je puis, après tout, retrouver quelques armes.

SOPHONISBE.

Songez-y : terminez tant d'indignes alarmes.
Trop de honte nous suit, et c'est trop de revers ;
J'ai deux fois aujourd'hui passé du trône aux fers.
Hâtez-vous : Annibal me vengera peut-être.
Mais, qu'il me venge ou non, je veux mourir sans maître.
Malheureux Massinisse! ô cher et tendre époux!
Sophonisbe du moins sera libre par vous.

MASSINISSE.

Tu le veux, chère épouse! il le faut, je t'admire.
Tu me préviens, suis-moi : Rome n'a point d'empire
Sur un cœur aussi noble, aussi grand que le tien.
Nous ne servirons pas, je t'en réponds.

SOPHONISBE.

Eh bien!
En mourant de ta main, j'expirerai contente.
O mânes de Syphax, ombre à mes yeux présente,
Mânes moins malheureux, vous me l'aviez prédit!
Oui, je vais vous rejoindre, et mon sort s'accomplit.
De mon lit nuptial au tombeau descendue,
Mon ombre sans rougir va paraître à ta vue.
Je te rapporte un cœur qui n'était point à toi ;
Mais jusqu'à ton trépas je t'ai gardé ma foi.
Enfers qui m'attendez, Euménides, Tartare,
Je ne vous craindrai point : Rome était plus barbare.

> Allons, je trouverai dans l'empire infernal
> Les monceaux de Romains qu'a frappés Annibal,
> Des victimes sans nombre, et des Scipion mêmes :
> Trasimène est chargé de mes honneurs suprêmes.
> Viens m'arracher la vie, époux trop généreux,
> Et tu me vengeras après si tu le peux.
>
> MASSINISSE.
>
> Que vais-je faire ! Allons, Sophonisbe, demeure.
> Quoi ! Scipion vivrait, et je veux qu'elle meure !
> Qu'elle meure ! et par moi !
>
> SOPHONISBE.
>
> Viens, marche sur mes pas ;
> Et si tu peux trembler, j'affermirai ton bras.

Page 83, premier vers. — Dans les anciennes éditions, ce monologue commençait par les vers suivants :

> Perfide Scipion, détestable Lélie,
> Vos cruautés encore ont pris soin de ma vie !
> Quel ami, quel poignard me pourra secourir ?
> Aurai-je donc perdu jusqu'au droit de mourir ?
> Le plus vil des humains dispose de son être,
> Et termine à son gré des jours dont il est maître ;
> Et moi, pour obtenir deux morts que je prétends,
> Il me faudrait descendre à prier mes tyrans !
> Dieux des Carthaginois ! etc.

Page 85, vers 11. — Voici comment cette scène était terminée dans les anciennes éditions :

> Et le vieux Fabius, et le censeur Caton,
> Se cacheront dans l'ombre en voyant Scipion.
> Quand le peuple est pour nous, la cabale expirante
> Ramasse en vain les traits de sa rage impuissante.
> Je sais que cet éclat ne vous peut éblouir :
> Vous êtes au-dessus, mais il en faut jouir.

Le censeur Caton pouvait faire une équivoque. Caton était non-seulement le censeur, mais l'ennemi de Scipion, qu'il suivit en Afrique comme questeur, et qu'il retourna bientôt accuser auprès du sénat. Mais, dans ce temps, Caton n'avait pas occupé la charge de censeur, charge qui ne se donnait qu'à des personnages consulaires, et qu'il ne remplit que longtemps après.

Ibid., vers 15. — Voici comme la pièce était terminée dans les anciennes éditions :

> La reine à son destin sait plier son courage.
> Elle s'est fait d'abord une effroyable image
> De suivre au Capitole un char victorieux,
> De présenter ses fers aux genoux de vos dieux,
> A travers une foule orageuse et cruelle
> Dont les yeux menaçants seront fixés sur elle :

VARIANTES DE SOPHONISBE.

Massinisse a bientôt dissipé cette horreur.
Sophonisbe a connu quel est votre grand cœur ;
Elle sait que dans Rome elle doit vous attendre ;
Elle est prête à partir. Mais daignez condescendre
Jusqu'à faire écarter des soldats indiscrets,
Qui veillent à sa porte, et troublent ses apprêts.
Ce palais est à vous; vos troupes répandues
En remplissent assez toutes les avenues ;
Votre captive enfin ne peut vous échapper :
La reine est résignée et ne peut vous tromper.
Massinisse à vos pieds vient se mettre en otage.
L'humanité vous parle, écoutez son langage,
Et permettez du moins qu'en son appartement
La reine, à qui je suis, reste libre un moment.

SCIPION.
(A un centurion.) (A Phædime.)
Il est trop juste. Allez. Que Sophonisbe apprenne
Qu'à Rome, en ma maison, toujours servie en reine,
Elle n'y recevra que les soins, les honneurs,
Que l'on doit à son rang, et même à ses malheurs.
Le Tibre avec respect verra sur son rivage
Le noble rejeton des héros de Carthage.
(Phædime sort.)
(A un tribun.)
Vous, jusques à ma flotte ayez soin de guider
Et la reine et les siens qu'il vous faudra garder,
Mais en mêlant surtout à votre vigilance
Des plus profonds respects la noble bienséance.
Les ordres du sénat qu'il faut exécuter
Sont de vaincre les rois, non de les insulter.
Gardons-nous d'étaler un orgueil ridicule
Que nous impute à tort un peuple trop crédule.
Conservez des Romains la modeste hauteur ;
Le soin de se vanter rabaisse la grandeur :
Et dédaignant toujours des vanités frivoles,
Soyez grand par les faits, et simple en vos paroles.
Mais Massinisse vient, et la douleur l'abat.

SCÈNE III.

SCIPION, LÉLIE, MASSINISSE, LICTEURS.

LÉLIE.
Pourvu qu'il obéisse, il suffit au sénat.
SCIPION.
Il lui fait, je l'avoue, un rare sacrifice.
LÉLIE.
Il remplit son devoir.
SCIPION.
Approchez, Massinisse ;
Ne vous repentez pas de votre fermeté.

VARIANTES DE SOPHONISBE.

MASSINISSE, troublé et chancelant.

Il m'en faut en effet.

SCIPION.

Parlez en liberté.

MASSINISSE.

La victime par vous si longtemps désirée
S'est offerte elle-même; elle vous est livrée.
Scipion, j'ai plus fait que je n'avais promis.
Tout est prêt.

SCIPION.

La raison vous rend à vos amis.
Vous revenez à moi : pardonnez à Lélie
Cette sévérité qui passe et qu'on oublie :
L'intérêt de l'État exigeait nos rigueurs,
Rome y fera bientôt succéder ses faveurs.

(Il tend la main à Massinisse, qui recule.)

Point de ressentiment, goûtez l'honneur suprême
D'avoir réparé tout en vous domptant vous-même.

MASSINISSE.

Épargnez-vous, seigneur, un vain remercîment :
Il m'en coûte assez cher en cet affreux moment.
Il m'en coûte, ah! grands dieux!

(Il se laisse tomber sur une banquette.)

LÉLIE.

Sa passion fatale
Dans son cœur combattu renaît par intervalle.

SCIPION, à Massinisse, en lui prenant la main.

Cessez à vos regrets de vous abandonner.
Je conçois vos chagrins; je sais leur pardonner.

(A Lélie.)

Je suis homme, Lélie; il porte un cœur, il aime.

(A Massinisse.)

Je le plains. Calmez-vous.

MASSINISSE.

Je reviens à moi-même.
Dans ce trouble mortel qui m'avait abattu,
Dans ce mal passager, n'ai-je pas entendu
Que Scipion parlait, et qu'il plaignait un homme
Qui partagea sa gloire, et qui vainquit pour Rome?

(Il se relève.)

SCIPION.

Tels sont mes sentiments. Reprenez vos esprits.
Rome de vos exploits doit payer tout le prix.
Ne me regardez plus d'un œil sombre et farouche;
Croyez que votre état m'intéresse et me touche.
Massinisse, achevez cet effort généreux,
Qui de notre amitié va resserrer les nœuds.
Vous pleurez!

MASSINISSE.

Qui? moi! non.

SCIPION.

Ce regret qui vous presse
N'est aux yeux d'un ami qu'un reste de faiblesse,
Que votre âme subjugue, et que vous oublierez.

MASSINISSE.
Si vous avez un cœur, vous vous en souviendrez.
SCIPION.
Allons, conduisez-moi dans la chambre prochaine,
Où je devais paraître aux regards de la reine.
Qu'elle accepte à la fin mes soins respectueux.
(On ouvre la porte; Sophonisbe paraît étendue sur une banquette;
un poignard est enfoncé dans son sein.)
MASSINISSE.
Tiens, la voilà! perfide, elle est devant tes yeux.
La connais-tu?
SCIPION.
Cruel!
SOPHONISBE, à Massinisse, penché vers elle.
Viens, que ta main chérie
Achève de m'ôter ce fardeau de la vie.
Digne époux, je meurs libre, et je meurs dans tes bras.
MASSINISSE, se retournant.
Je vous la rends, Romains; elle est à vous.
SCIPION.
Hélas!
Malheureux! qu'as-tu fait?
MASSINISSE, reprenant sa force.
Ses volontés, les miennes.
Sur ses bras tout sanglants viens essayer tes chaînes.
Approche; où sont tes fers?
LÉLIE.
O spectacle d'horreur!
MASSINISSE, à Scipion.
Tu recules d'effroi! Que deviens ton grand cœur?
(Il se met entre Sophonisbe et les Romains.)
Monstres, qui par mes mains avez commis mon crime,
Allez au Capitole offrir votre victime;
Montrez à votre peuple, autour d'elle empressé,
Ce cœur, ce noble cœur que vous avez percé.
Jouis de ce triomphe. Es-tu content, barbare?
Tu le dois à mes soins, c'est moi qui le prépare.
Ai-je assez satisfait ta triste vanité,
Et de tes jeux romains l'infâme atrocité?
Tu n'oses contempler sa mort et ta victoire!
Tu détournes les yeux, tu frémis de ta gloire,
Tu crains de voir ce sang que toi seul fais couler!
Grands dieux! c'est Scipion qu'enfin j'ai fait trembler!
Détestable Romain, si les dieux qui m'entendent
Accordent les faveurs que les mourants demandent;
Si, devançant le temps, le grand voile du sort
Se tire à nos regards au moment de la mort,
Je vois dans l'avenir Sophonisbe vengée,
Rome à son tour sanglante, à son tour saccagée,
Expiant dans son sang ses triomphes affreux,
Et les fers et l'opprobre accablant tes neveux.
Je vois vingt nations de toi-même ignorées,
Que le Nord vomira des mers hyperborées;
Dans votre indigne sang vos temples renversés,

Ces temples qu'Annibal a du moins menacés ;
Tous les vils descendants des Catons, des Émiles,
Aux fers des étrangers tendant des bras serviles ;
Ton Capitole en cendre, et tes dieux pleins d'effroi
Détruits par des tyrans moins funestes que toi.
Avant que Rome tombe au gré de ma furie,
Va mourir oublié, chassé de ta patrie.
Je meurs, mais dans la mienne ; et c'est en te bravant.
Le poison que j'ai pris agit trop lentement.
Ce fer que j'enfonçai dans le sein de ma femme
(Il tire le poignard du sein de Sophonisbe, s'en frappe, et tombe
auprès d'elle.)
Joint mon sang à son sang, mon âme à sa grande âme.
Va, je ne veux pas même un tombeau de tes mains.

LÉLIE.

Que tous deux sont à plaindre !

SCIPION.

Ils sont morts en Romains.
Qu'un pompeux mausolée, honoré d'âge en âge,
Éternise leurs noms, leur feu, et leur courage ;
Et nous, en déplorant un destin si fatal,
Remplissons tout le nôtre, allons vers Annibal.
Que Rome soit ingrate ou me rende justice,
Triomphons de Carthage, et non de Massinisse.

Quelques vers de cette longue variante ont eux-mêmes des variantes. La lettre à d'Argental, du 12 décembre 1770, donne les treize derniers vers de la scène II avec des changements à trois vers.

Vous, au prochain rivage, ayez soin de guider.
. . . .
Conservez d'un Romain la modeste hauteur.
. . . .
Dédaignez avec moi des vanités frivoles.

Dans l'édition Duchêne, dont je parle dans mon avertissement, comme dans celle qui fait partie du tome III des *Choses utiles et agréables*, le texte présente aussi quelques différences. Voici quels y sont la fin de la scène II et le commencement de la scène III.

. . . .
Le noble rejeton des héros de Carthage ;
Et quand je reviendrai, croyez que Scipion
Honorera toujours ses vertus et son nom.
Rome pourra du moins mériter mon estime.
Mais Massinisse vient.

SCÈNE III ET DERNIÈRE.

SCIPION, LÉLIE, MASSINISSE, LICTEURS.

LÉLIE.

Quel désespoir l'anime
Sous le masque trompeur de la tranquillité !

> MASSINISSE, troublé et chancelant.
> Vous ne douterez pas de ma sincérité :
> La victime par vous si longtemps désirée...

Dans la dernière tirade de Massinisse, les éditions dont je viens de parler, au lieu de

> Détestable Romain,

portent,

> Triomphe, Scipion :

mais ne contiennent pas le quatrain qui commence par

> Tu n'oses contempler, etc.

Enfin voici une autre version de quelques hémistiches.

> Que votre âme surmonte. . . . . . .
> . . . .
> . . . . que devient ce grand cœur? (B.)

Page 87, vers 22. — Le vers

> Tous les vils descendants des Catons, des Émiles...

n'était pas assez conforme à l'histoire. Le vieux Caton, le premier homme de cette famille qui ait été connu, n'était alors qu'un officier de Scipion, brouillé avec son général. Les Émiles durent leur lustre principal à Paul-Émile, qui ne devint célèbre qu'entre les deux dernières guerres puniques.

Le nom de Néron, que le fils d'Agrippine a rendu si odieux, était le surnom d'une des branches de la famille Claudia, l'une des plus illustres de la république romaine. C'était à un Claudius Nero que Rome avait dû son salut dans cette seconde guerre punique : il avait eu le principal honneur de la défaite d'Asdrubal, événement qui décida le succès de cette guerre. (K.) — Cette note prouve, ce me semble, que la version qu'on lit dans le texte,

> Tous ces fiers descendants des Nérons, des Camilles,

est des éditeurs de Kehl. Ce qui est certain c'est que, dans toutes les éditions données du vivant de l'auteur, on lit, comme dans les variantes,

> Tous les vils descendants des Catons, des Émiles. (B.)

FIN DES VARIANTES DE SOPHONISBE.

LES PÉLOPIDES

OU

ATRÉE ET THYESTE

TRAGÉDIE EN CINQ ACTES

NON REPRÉSENTÉE

(1771)

AVERTISSEMENT

POUR LA PRÉSENTE ÉDITION.

Le 19 décembre 1770, Voltaire écrit à d'Argental qu'il fait à la fois sottise et guerre. « Mes anges recevront, par M. le duc de Praslin, un paquet. Ce paquet est la tragédie des *Pélopides*, c'est-à-dire *Atrée et Thyeste*. Il est vrai qu'elle a été faite sous mes yeux, en onze jours, par un jeune homme. La jeunesse va vite, mais il faut l'encourager. Ma sottise, vous la voyez. Ma guerre est contre les Allobroges qui ont soutenu qu'un Visigoth, nommé Crébillon, avait fait des tragédies en vers français; ce qui n'est pas vrai. Mes divins anges, il y va ici de la gloire de la nation. »

Le 26 décembre, il envoie un nouveau cinquième acte : « Je lui ai fait comprendre (au jeune Durand, qui est supposé l'auteur de la tragédie) que son cinquième acte ne valait rien du tout. Je lui ai dit : « Vous croyez, parce que vous êtes jeune, qu'on peut faire une bonne tragédie en onze jours; vous verrez, quand vous serez plus mûr, qu'il en faut quinze pour le moins. Il m'a cru, car il est fort docile. Il a fait sur-le-champ un nouveau cinquième acte qu'il met sous les ailes de mes anges. »

Peu après, il s'informe si l'on ne pourrait pas faire jouer cette pièce pour le mariage du duc de Provence. « Notre adolescent pourrait alors prendre cette occasion pour venir faire un petit tour en tapinois dans la capitale des Welches. »

Vains projets! *Les Pélopides* ne furent pas représentés. Le sujet de cette tragédie est dans la quatre-vingt-huitième fable d'Hygin. La deuxième des tragédies de L. Ann. Sénèque est son *Thyestes*, où l'horrible festin qu'Atrée fait servir à son frère n'est pas, comme dans les pièces françaises, évité ou dissimulé.

AVERTISSEMENT

DES ÉDITEURS DE L'ÉDITION DE KEHL.

Nous imprimons ici la tragédie des *Pélopides*[1] telle que nous l'avons trouvée dans les papiers de M. de Voltaire[2]. Il s'occupait, dans ses derniers jours, de corriger cette pièce[3], et de mettre la dernière main à celle d'*Agathocle*. Il travaillait dans ce même temps à un nouveau projet pour le Dictionnaire de l'Académie française, et il préparait une nouvelle défense de Louis XIV et des hommes illustres de son siècle contre les imputations et les anecdotes suspectes que renferment les *Mémoires de Saint-Simon*. Il voulait prévenir l'effet que ces Mémoires pourraient produire, s'ils devenaient publics[4] dans un temps où il ne restera plus personne assez voisin des événements pour démentir avec avantage des faits avancés par un contemporain. Tels étaient, à plus de quatre-vingt-quatre ans, son activité, son amour pour la vérité, son zèle pour l'honneur de sa patrie.

1. Voltaire, dans sa lettre à d'Argental, du 19 décembre 1770, dit avoir composé ses *Pélopides* en onze jours; mais il les corrigea depuis, et les fit imprimer à la fin de 1771. La *Correspondance de Grimm* en parle dès janvier 1772. Les *Pelopides* avaient été imprimés dans le tome XII des *Nouveaux Melanges*, qui porte le millésime 1772. L'édition séparée que Valade, libraire à Paris, donna de cette pièce, n'a de remarquable qu'un très-court *Avis de l'editeur*, où il annonce qu'étant souscripteur à l'édition des *OEuvres de Voltaire* publiée à Lausanne, il espère que l'auteur des *Pélopides* ne lui saura pas mauvais gré d'avoir mis ce drame à portée d'être admiré par un plus grand nombre de lecteurs. Cet *Avis* est répété dans une édition de Toulon, publiée la même année.
C'était la quatrième fois que Voltaire luttait contre Crébillon. Les trois premières, ç'avait été du vivant de cet auteur (voyez *Sémiramis*, tome III du *Théâtre*, page 479; *Oreste*, IV, 71; *Rome sauvée*, IV, 197). Voltaire voulait donner ses *Pélopides* comme l'ouvrage d'un M. Durand; mais la pièce n'ayant pas été représentée, il n'eut pas besoin de prendre un nom supposé. (B.)
2. Une autre version a été donnée par Naigeon dans l'édition stéréotype in-18. Les différences qu'elle présente sont ici dans les variantes. (B.)
3. Dans sa lettre à d'Argental, de mars 1778, Voltaire dit en avoir refait quatre actes. (B.)
4. Il a paru en 1788 et depuis, tantôt sous le titre d'*OEuvres*, tantôt sous celui de *Mémoires*, des extraits plus ou moins infidèles des *Mémoires de Saint-Simon*. La seule édition qui fasse autorité est celle de 1829-30, en vingt-un volumes in-8°; elle est intitulée *Mémoires complets et authentiques du duc de Saint-Simon*, etc. (B.)
— Depuis cette note, il y a eu plusieurs éditions des *Mémoires de Saint-Simon*, qui ont fait oublier l'édition recommandée par Beuchot.

FRAGMENT D'UNE LETTRE [1]

Je n'ai jamais cru que la tragédie dût être à l'eau-rose. L'églogue en dialogues, intitulée *Bérénice*, à laquelle Mme Henriette d'Angleterre fit travailler Corneille et Racine, était indigne du théâtre tragique : aussi Corneille n'en fit qu'un ouvrage ridicule; et ce grand maître Racine eut beaucoup de peine, avec tous les charmes de sa diction éloquente, à sauver la stérile petitesse du sujet. J'ai toujours regardé la famille d'Atrée, depuis Pélops jusqu'à Iphigénie, comme l'atelier où l'on a dû forger les poignards de Melpomène. Il lui faut des passions furieuses, de grands crimes, des remords violents. Je ne la voudrais ni fadement amoureuse, ni raisonneuse. Si elle n'est pas terrible, si elle ne transporte pas nos âmes, elle m'est insipide.

Je n'ai jamais conçu comment ces Romains [2], qui devaient être si bien instruits par la poétique d'Horace, ont pu parvenir à faire de la tragédie d'Atrée et de Thyeste une déclamation si plate et si fastidieuse. J'aime mieux l'horreur dont Crébillon a rempli sa pièce.

Cette horreur aurait fort réussi sans quatre défauts qu'on lui a reprochés. Le premier, c'est la rage qu'un homme montre de se venger d'une offense qu'on lui a faite il y a vingt ans. Nous ne nous intéressons à de telles fureurs, nous ne les pardonnons, que quand elles sont excitées par une injure récente qui doit troubler l'âme de l'offensé, et qui émeut la nôtre.

Le second, c'est qu'un homme qui, au premier acte, médite une action détestable, et qui, sans aucune intrigue, sans obstacle, et sans danger, l'exécute au cinquième, est beaucoup plus froid encore qu'il n'est horrible. Et quand il mangerait le fils de son

---

1. C'est le titre de ce morceau dans toutes les éditions, même les premières. Mais ce n'est qu'une préface pour les *Pélopides*. Je ne connais aucune lettre de Voltaire dont il ait fait partie. (B.)
2. La pièce de Sénèque est intitulée *Thyestes*. (B.)

frère, et son frère même, tout crus sur le théâtre, il n'en serait que plus froid et plus dégoûtant, parce qu'il n'a eu aucune passion qui ait touché, parce qu'il n'a point été en péril, parce qu'on n'a rien craint pour lui, rien souhaité, rien senti.

<blockquote>Inventez des ressorts qui puissent m'attacher [1].</blockquote>

Le troisième défaut est un amour inutile, qui a paru froid, et qui ne sert, dit-on, qu'à remplir le vide de la pièce.

Le quatrième vice, et le plus révoltant de tous, est la diction incorrecte du poëme. Le premier devoir, quand on écrit, est de bien écrire. Quand votre pièce serait conduite comme l'*Iphigénie* de Racine, les vers sont-ils mauvais, votre pièce ne peut être bonne [2].

Si ces quatre péchés capitaux m'ont toujours révolté; si je n'ai jamais pu, en qualité de prêtre des muses, leur donner l'absolution, j'en ai commis vingt dans cette tragédie des *Pélopides*. Plus je perds de temps à composer des pièces de théâtre, plus je vois combien l'art est difficile. Mais Dieu me préserve de perdre encore plus de temps à recorder des acteurs et des actrices ! Leur art n'est pas moins rare que celui de la poésie.

---

1. Boileau, *Art poét.*, III, 26.
2. « Le vieux malade, dit Grimm, relève très-bien tous les défauts de la pièce de Crébillon, mais malheureusement la sienne ne mérite pas même un examen réfléchi... Cependant ceux qui ont du goût reconnaîtront encore dans sa versification, malgré le symptôme de la faiblesse, le ramage du premier poëte du siècle. » (G. A.)

LES PÉLOPIDES

PERSONNAGES

ATRÉE.
THYESTE.
ÉROPE, fille d'Eurysthée, femme d'Atrée.
HIPPODAMIE, veuve de Pélops.
POLÉMON, archonte d'Argos, ancien gouverneur d'Atrée et de Thyeste.
MÉGARE, nourrice d'Érope.
IDAS, officier d'Atrée.

La scène est dans le parvis du temple.

LES PÉLOPIDES

ou

ATRÉE ET THYESTE

TRAGÉDIE

ACTE PREMIER.

SCÈNE I.

HIPPODAMIE, POLÉMON.

HIPPODAMIE.
Voilà donc tout le fruit de tes soins vigilants !
Tu vois si le sang parle au cœur de mes enfants.
En vain, cher Polémon, ta tendresse éclairée
Guida les premiers ans de Thyeste et d'Atrée :
Ils sont nés pour ma perte, ils abrégent mes jours.
Leur haine invétérée et leurs cruels amours
Ont produit tous les maux où mon esprit succombe.
Ma carrière est finie ; ils ont creusé ma tombe :
Je me meurs !

POLÉMON.
  Espérez un plus doux avenir.
Deux frères divisés pourraient se réunir.
Nos archontes sont las de la guerre intestine
Qui des peuples d'Argos annonçait la ruine.
On veut éteindre un feu prêt à tout embraser,
Et forcer, s'il se peut, vos fils à s'embrasser.

HIPPODAMIE.
Ils se haïssent trop : Thyeste est trop coupable ;

Le sombre et dur Atrée est trop inexorable.
Aux autels de l'hymen, en ce temple, à mes yeux,
Bravant toutes les lois, outrageant tous les dieux,
Thyeste n'écoutant qu'un amour adultère,
Ravit entre mes bras la femme de son frère.
A garder sa conquête il ose s'obstiner.
Je connais bien Atrée, il ne peut pardonner.
Érope, au milieu d'eux, déplorable victime
Des fureurs de l'amour, de la haine, et du crime,
Attendant son destin du destin des combats,
Voit encor ses beaux jours entourés du trépas ;
Et moi, dans ce saint temple où je suis retirée,
Dans les pleurs, dans les cris, de terreur dévorée,
Tremblante pour eux tous, je tends ces faibles bras
A des dieux irrités qui ne m'écoutent pas.

POLÉMON.

Malgré l'acharnement de la guerre civile,
Les deux partis du moins respectent votre asile ;
Et même entre mes mains vos enfants ont juré
Que ce temple à tous deux serait toujours sacré.
J'ose espérer bien plus. Depuis près d'une année
Que nous voyons Argos au meurtre abandonnée,
Peut-être ai-je amolli cette férocité
Qui de nos factions nourrit l'atrocité.
Le sénat me seconde ; on propose un partage
Des États que Pélops reçut pour héritage.
Thyeste dans Mycène, et son frère en ces lieux,
L'un de l'autre écartés, n'auront plus sous leurs yeux
Cet éternel objet de discorde et d'envie,
Qui désole une mère ainsi que la patrie.
L'absence affaiblira leurs sentiments jaloux ;
On rendra dès ce jour Érope à son époux :
On rétablit des lois le sacré caractère.
Vos deux fils régneront en révérant leur mère.
Ce sont là nos desseins. Puissent les dieux plus doux
Favoriser mon zèle et s'apaiser pour vous !

HIPPODAMIE.

Espérons ; mais enfin la mère des Atrides
Voit l'inceste autour d'elle avec les parricides.
C'est le sort de mon sang. Tes soins et ta vertu
Contre la destinée ont en vain combattu.
Il est donc en naissant des races condamnées,

Par un triste ascendant vers le crime entraînées,
Que formèrent des dieux les décrets éternels
Pour être en épouvante aux malheureux mortels !
La maison de Tantale eut ce noir caractère :
Il s'étendit sur moi... Le trépas de mon père
Fut autrefois le prix de mon fatal amour.
Ce n'est qu'à des forfaits que mon sang doit le jour.
Mes souvenirs affreux, mes alarmes timides,
Tout me fait frissonner au nom des Pélopides.
POLÉMON.
Quelquefois la sagesse a maîtrisé le sort ;
C'est le tyran du faible, et l'esclave du fort.
Nous faisons nos destins, quoi que vous puissiez dire :
L'homme, par sa raison, sur l'homme a quelque empire.
Le remords parle au cœur, on l'écoute à la fin ;
Ou bien cet univers, esclave du destin,
Jouet des passions l'une à l'autre contraires,
Ne serait qu'un amas de crimes nécessaires.
Parlez en reine, en mère ; et ce double pouvoir
Rappellera Thyeste à la voix du devoir.
HIPPODAMIE.
En vain je l'ai tenté ; c'est là ce qui m'accable.
POLÉMON.
Plus criminel qu'Atrée il est moins intraitable ;
Il connaît son erreur.
HIPPODAMIE.
Oui, mais il la chérit.
Je hais son attentat ; sa douleur m'attendrit :
Je le blâme et le plains.
POLÉMON.
Mais la cause fatale
Du malheur qui poursuit la race de Tantale,
Érope, cet objet d'amour et de douleur,
Qui devrait s'arracher aux mains d'un ravisseur,
Qui met la Grèce en feu par ses funestes charmes ?
HIPPODAMIE.
Je n'ai pu d'elle encore obtenir que des larmes :
Je m'en suis séparée ; et, fuyant les mortels,
J'ai cherché la retraite au pied de ces autels.
J'y finirai des jours que mes fils empoisonnent.
POLÉMON.
Quand nous n'agissons point, les dieux nous abandonnent.

Ranimez un courage éteint par le malheur.
Argos m'honore encor d'un reste de faveur;
Le sénat me consulte, et nos tristes provinces
Ont payé trop longtemps les fautes de leurs princes :
Il est temps que leur sang cesse enfin de couler.
Les pères de l'État vont bientôt s'assembler.
Ma faible voix, du moins, jointe à ce sang qui crie,
Autant que pour mes rois sera pour ma patrie.
Mais je crains qu'en ces lieux, plus puissante que nous,
La haine renaissante, éveillant leur courroux,
N'oppose à nos conseils ses trames homicides.
Les méchants sont hardis; les sages sont timides.
Je les ferai rougir d'abandonner l'État :
Et, pour servir les rois, je revole au sénat.

HIPPODAMIE.

Tu serviras leur mère. Ah! cours, et que ton zèle
Lui rende ses enfants qui sont perdus pour elle.

SCÈNE II.

HIPPODAMIE.

Mes fils, mon seul espoir, et mon cruel fléau,
Si vos sanglantes mains m'ont ouvert un tombeau,
Que j'y descende au moins tranquille et consolée !
Venez fermer les yeux d'une mère accablée !
Qu'elle expire en vos bras sans trouble et sans horreur;
A mes derniers moments mêlez quelque douceur.
Le poison des chagrins trop longtemps me consume ;
Vous avez trop aigri leur mortelle amertume.

SCÈNE III.

HIPPODAMIE, ÉROPE, MÉGARE.

ÉROPE, en entrant, pleurant et embrassant Mégare.

Va, te dis-je, Mégare, et cache à tous les yeux
Dans ces antres secrets ce dépôt précieux.

HIPPODAMIE.

Ciel ! Érope, est-ce vous? qui? vous, dans ces asiles !

ACTE I, SCÈNE III.

ÉROPE.

Cet objet odieux des discordes civiles,
Celle à qui tant de maux doivent se reprocher,
Sans doute à vos regards aurait dû se cacher.

HIPPODAMIE.

Qui vous ramène, hélas! dans ce temple funeste,
Menacé par Atrée et souillé par Thyeste?
L'aspect de ce lieu saint doit vous épouvanter.

ÉROPE.

A vos enfants, du moins, il se fait respecter.
Laissez-moi ce refuge; il est inviolable;
N'enviez pas, ma mère, un asile au coupable.

HIPPODAMIE.

Vous ne l'êtes que trop; vos dangereux appas
Ont produit des forfaits que vous n'expierez pas.
Je devrais vous haïr, vous m'êtes toujours chère;
Je vous plains; vos malheurs accroissent ma misère.
Parlez, vous arrivez vers ces dieux en courroux,
Du théâtre de sang où l'on combat pour vous;
De quelque ombre de paix avez-vous l'espérance?

ÉROPE.

Je n'ai que mes terreurs. En vain par sa prudence
Polémon, qui se jette entre ces inhumains,
Prétendait arracher les armes de leurs mains;
Ils sont tous deux plus fiers et plus impitoyables:
Je cherche, ainsi que vous, des dieux moins implacables.
Souffrez, en m'accusant de toutes vos douleurs,
Qu'à vos gémissements j'ose mêler mes pleurs.
Que n'en puis-je être digne!

HIPPODAMIE.

Ah! trop chère ennemie,
Est-ce à vous de vous joindre aux pleurs d'Hippodamie?
A vous qui les causez? Plût au ciel qu'en vos yeux
Ces pleurs eussent éteint le feu pernicieux
Dont le poison trop sûr et les funestes charmes
Ont fait couler longtemps tant de sang et de larmes!
Peut-être que sans vous, cessant de se haïr,
Deux frères malheureux, que le sang doit unir,
N'auraient point rejeté les efforts d'une mère.
Vous m'arrachez deux fils pour avoir trop su plaire.
Mais voulez-vous me croire et vous joindre à ma voix;
Ou vous ai-je parlé pour la dernière fois?

ÉROPE.

Je voudrais que le jour où votre fils Thyeste
Outragea sous vos yeux la justice céleste,
Le jour qu'il vous ravit l'objet de ses amours
Eût été le dernier de mes malheureux jours.
De tous mes sentiments je vous rendrai l'arbitre.
Je vous chéris en mère ; et c'est à ce saint titre
Que mon cœur désolé recevra votre loi :
Vous jugerez, ô reine, entre Thyeste et moi.
Après son attentat, de troubles entourée,
J'ignorai jusqu'ici les sentiments d'Atrée ;
Mais plus il est aigri contre mon ravisseur,
Plus à ses yeux sans doute Érope est en horreur.

HIPPODAMIE.

Je sais qu'avec fureur il poursuit sa vengeance.

ÉROPE.

Vous avez sur un fils encor quelque puissance.

HIPPODAMIE.

Sur les degrés du trône elle s'évanouit ;
L'enfance nous la donne, et l'âge la ravit.
Le cœur de mes deux fils est sourd à ma prière.
Hélas ! c'est quelquefois un malheur d'être mère[1].

ÉROPE.

Madame... il est trop vrai... mais dans ce lieu sacré
Le sage Polémon tout à l'heure est entré.
N'a-t-il point consolé vos alarmes cruelles ?
N'aurait-il apporté que de tristes nouvelles ?

HIPPODAMIE.

J'attends beaucoup de lui ; mais, malgré tous ses soins,
Mes transports douloureux ne me troublent pas moins.
Je crains également la nuit et la lumière.
Tout s'arme contre moi dans la nature entière :
Et Tantale, et Pélops, et mes deux fils, et vous,
Les enfers déchaînés, et les dieux en courroux ;
Tout présente à mes yeux les sanglantes images
De mes malheurs passés et des plus noirs présages :
Le sommeil fuit de moi, la terreur me poursuit ;
Les fantômes affreux, ces enfants de la nuit,

---

1. Vers du *Timoléon* de Laharpe. Dans l'édition stéréotype de Didot, il est ainsi changé :

> Hélas ! c'est bien souvent un malheur d'être mère ! (B.)

Qui des infortunés assiégent les pensées,
Impriment l'épouvante en mes veines glacées.
D'OEnomaüs mon père on déchire le flanc.
Le glaive est sur ma tête; on m'abreuve de sang;
Je vois les noirs détours de la rive infernale,
L'exécrable festin que prépara Tantale,
Son supplice aux enfers, et ces champs désolés
Qui n'offrent à sa faim que des troncs dépouillés.
Je m'éveille mourante aux cris des Euménides,
Ce temple a retenti du nom de parricides.
Ah! si mes fils savaient tout ce qu'ils m'ont coûté,
Ils maudiraient leur haine et leur férocité :
Ils tomberaient en pleurs aux pieds d'Hippodamie.
           ÉROPE.
Madame, un sort plus triste empoisonne ma vie.
Les monstres déchaînés de l'empire des morts
Sont encor moins affreux que l'horreur des remords.
C'en est fait... Votre fils et l'amour m'ont perdue.
J'ai semé la discorde en ces lieux répandue.
Je suis, je l'avouerai, criminelle en effet;
Un dieu vengeur me suit... mais vous, qu'avez-vous fait?
Vous êtes innocente, et les dieux vous punissent!
Sur vous comme sur moi leurs coups s'appesantissent!
Hélas! c'était à vous d'éteindre entre leurs mains
Leurs foudres allumés sur les tristes humains.
C'était à vos vertus de m'obtenir ma grâce.

SCÈNE IV.

HIPPODAMIE, ÉROPE, MÉGARE.

MÉGARE.
Princesse... les deux rois...
           HIPPODAMIE.
                    Qu'est-ce donc qui se passe?
           ÉROPE.
Quoi!... Thyeste!... ce temple!... Ah! qu'est-ce que j'entends?
           MÉGARE.
Les cris de la patrie et ceux des combattants.
La mort suit en ces lieux les deux malheureux frères.

ÉROPE.

Allons, je l'obtiendrai de leurs mains sanguinaires.
Ma mère, montrons-nous à ces désespérés,
Ils me sacrifieront; mais vous les calmerez.
Allons, je suis vos pas.

HIPPODAMIE.

Ah! vous êtes ma fille;
Sauvons de ses fureurs une triste famille,
Ou que mon sang versé par mes malheureux fils
Coule avec tout le sang que je leur ai transmis.

FIN DU PREMIER ACTE.

ACTE DEUXIÈME.

SCÈNE I.

HIPPODAMIE, ÉROPE, POLÉMON.

POLÉMON.
Où courez-vous?... rentrez... que vos larmes tarissent,
Que de vos cœurs glacés les terreurs se bannissent :
Je me trompe, ou je vois ce grand jour arrivé
Qu'à finir tant de maux le ciel a réservé.
Les forfaits ont leur terme, et votre destin change :
La paix revient.
ÉROPE.
Comment !
HIPPODAMIE.
Quel dieu, quel sort étrange,
Quel miracle a fléchi le cœur de mes enfants?
POLÉMON.
L'équité, dont la voix triomphe avec le temps.
Aveugle en son courroux, le violent Atrée
Déjà de ce saint temple allait forcer l'entrée ;
Son courroux sacrilége oubliait ses serments :
Il en avait l'exemple ; et ses fiers combattants,
Prompts à servir ses droits, à venger son outrage,
Vers ces parvis sacrés lui frayaient un passage.
(A Érope.)
Il venait (je ne puis vous dissimuler rien)
Ravir sa propre épouse, et reprendre son bien.
Il le peut ; mais il doit respecter sa parole.
Thyeste est alarmé, vers lui Thyeste vole ;
On combat, le sang coule ; emportés, furieux,
Les deux frères pour vous s'égorgaient à mes yeux.
Je m'avance, et ma main saisit leur main barbare ;
Je me livre à leurs coups ; enfin je les sépare.

Le sénat, qui me suit, seconde mes efforts :
En attestant les lois nous marchons sur des morts.
Le peuple, en contemplant ces juges vénérables,
Ces images des dieux aux mortels favorables,
Laisse tomber le fer à leur auguste aspect ;
Il a bientôt passé des fureurs au respect :
Il conjure à grands cris la discorde farouche ;
Et le saint nom de paix vole de bouche en bouche.

HIPPODAMIE.

Tu nous as tous sauvés.

POLÉMON.

Il faut bien qu'une fois
Le peuple en nos climats soit l'exemple des rois.
Lorsqu'enfin la raison se fait partout entendre,
Vos fils l'écouteront ; vous les verrez se rendre ;
Le sang et la nature, et leurs vrais intérêts,
A leurs cœurs amollis parleront de plus près.
Ils doivent accepter l'équitable partage
Dont leur mère a tantôt reconnu l'avantage.
La concorde aujourd'hui commence à se montrer ;
Mais elle est chancelante ; il la faut assurer.
Thyeste, en possédant la fertile Mycène,
Pourra faire à son gré, dans Sparte ou dans Athène,
Des filles des héros qui leur donnent des lois,
Sans remords et sans crime un légitime choix.
La veuve de Pélops, heureuse et triomphante,
Voyant de tous côtés sa race florissante,
N'aura plus qu'à bénir, au comble du bonheur,
Le dieu qui de son sang est le premier auteur.

HIPPODAMIE.

Je lui rends déjà grâce, et non moins à vous-même.
Et vous, ma fille, et vous que j'ai plainte et que j'aime,
Unissez vos transports et mes remerciements ;
Aux dieux dont nous sortons offrez un pur encens.
Qu'Hippodamie enfin, tranquille et rassurée,
Remette Érope heureuse entre les mains d'Atrée ;
Qu'il pardonne à son frère.

ÉROPE.

Ah, dieux !... et croyez-vous
Qu'il sache pardonner ?

HIPPODAMIE.

Dans ses transports jaloux,

Il sait que par Thyeste en tout temps respectée,
Il n'a point outragé la fille d'Eurysthée,
Qu'au milieu de la guerre il prétendit en vain
Au funeste bonheur de lui donner la main;
Qu'enfin par les dieux même à leurs autels conduite,
Elle a, dans la retraite, évité sa poursuite.
ÉROPE.
Voilà cette retraite où je prétends cacher
Ce qu'un remords affreux me pourrait reprocher.
C'est là qu'aux pieds des dieux on nourrit mon enfance;
C'est là que je reviens implorer leur clémence.
J'y veux vivre et mourir.
HIPPODAMIE.
     Vivez pour un époux;
Cachez-vous pour Thyeste; il est perdu pour vous.
ÉROPE.
Dieux qui me confondez, vous amenez Thyeste!
HIPPODAMIE.
Fuyez-le.
ÉROPE.
  En est-il temps?... Mon sort est trop funeste.
(Elle sort.)

SCÈNE II.

HIPPODAMIE, POLÉMON, THYESTE.

HIPPODAMIE.
Mon fils, qui vous ramène en mes bras maternels?
Osez-vous reparaître au pied de ces autels?
THYESTE.
J'y viens... chercher la paix, s'il en est pour Atrée,
S'il en est pour mon âme au désespoir livrée;
J'y viens mettre à vos pieds ce cœur trop combattu,
Embrasser Polémon, respecter sa vertu,
Expier envers vous ma criminelle offense,
Si de la réparer il est en ma puissance.
POLÉMON.
Vous le pouvez, sans doute, en sachant vous dompter.
Lorsqu'à de tels excès se laissant emporter,
On suit des passions l'empire illégitime,
Quand on donne aux sujets les exemples du crime,

On leur doit, croyez-moi, celui du repentir.
La Grèce enfin s'éclaire, et commence à sortir
De la férocité qui, dans nos premiers âges,
Fit des cœurs sans justice et des héros sauvages.
On n'est rien sans les mœurs. Hercule est le premier
Qui, marchant quelquefois dans ce noble sentier,
Ainsi que les brigands osa dompter les vices.
Son émule Thésée a fait des injustices ;
Le crime dans Tydée a souillé la valeur ;
Mais bientôt leur grande âme, abjurant leur erreur,
N'en aspirait que plus à des vertus nouvelles.
Ils ont réparé tout... imitez vos modèles...
Souffrez encore un mot : si vous persévériez,
Poussé par le torrent de vos inimitiés,
Ou plutôt par les feux d'un amour adultère,
A refuser encore Érope à votre frère,
Craignez que le parti que vous avez gagné
Ne tourne contre vous son courage indigné.
Vous pourriez pour tout prix d'une imprudence vaine,
Abandonné d'Argos, être exclu de Mycène.

THYESTE.

J'ai senti mes malheurs plus que vous ne pensez.
N'irritez point ma plaie ; elle est cruelle assez.
Madame, croyez-moi, je vois dans quel abîme
M'a plongé cet amour que vous nommez un crime.
Je ne m'excuse point (devant vous condamné) .
Sur l'exemple éclatant que vingt rois m'ont donné,
Sur l'exemple des dieux dont on nous fait descendre :
Votre austère vertu dédaigne de m'entendre.
Je vous dirai pourtant qu'avant l'hymen fatal
Que dans ces lieux sacrés célébra mon rival,
J'aimais, j'idolâtrais la fille d'Eurysthée ;
Que, par mes vœux ardents longtemps sollicitée,
Sa mère dans Argos eût voulu nous unir ;
Qu'enfin ce fut à moi qu'on osa la ravir ;
Que si le désespoir fut jamais excusable...

HIPPODAMIE.

Ne vous aveuglez point ; rien n'excuse un coupable.
Oubliez avec moi de malheureux amours
Qui feraient votre honte et l'horreur de vos jours,
Celle de votre frère, et d'Érope, et la mienne.
C'est l'honneur de mon sang qu'il faut que je soutienne ;

C'est la paix que je veux : il n'importe à quel prix.
Atrée, ainsi que vous, est mon sang, est mon fils :
Tous les droits sont pour lui. Je veux dès l'heure même
Remettre en son pouvoir une épouse qu'il aime,
Tenir sans la pencher la balance entre vous,
Réparer votre crime, et nous réunir tous.

SCÈNE III.

THYESTE.

Que deviens-tu, Thyeste ! Eh quoi ! cette paix même,
Cette paix qui d'Argos est le bonheur suprême,
Va donc mettre le comble aux horreurs de mon sort ;
Cette paix pour Érope est un arrêt de mort.
C'est peu que pour jamais d'Érope on me sépare,
La victime est livrée au pouvoir d'un barbare :
Je me vois dans ces lieux sans armes, sans amis,
On m'arrache ma femme ; on peut frapper mon fils.
Mon rival triomphant s'empare de sa proie.
Tous mes maux sont formés de la publique joie.
Ne pourrai-je aujourd'hui mourir en combattant ?
Mycène a des guerriers ; mon amour les attend ;
Et pour quelques moments ce temple est un asile.

SCÈNE IV.

THYESTE, MÉGARE.

THYESTE.
Mégare, qu'a-t-on fait ? Ce temple est-il tranquille ?
Le descendant des dieux est-il en sûreté ?
MÉGARE.
Sous cette voûte antique un séjour écarté,
Au milieu des tombeaux, recèle son enfance.
THYESTE.
L'asile de la mort est sa seule assurance !
MÉGARE.
Celle qui dans le fond de ces antres affreux
Veille aux premiers moments de ses jours malheureux,

Tremble qu'un œil jaloux bientôt ne le découvre.
Érope s'épouvante; et cette âme qui s'ouvre
A toutes les douleurs qui viennent la chercher,
En aigrit la blessure en voulant la cacher.
Elle aime, elle maudit le jour qui le vit naître;
Elle craint dans Atrée un implacable maître;
Et je tremble de voir ses jours ensevelis
Dans le sein des tombeaux qui renferment son fils.

THYESTE.

Enfant de l'infortune, et mère malheureuse,
Qu'on ignore à jamais la prison ténébreuse
Où loin de vos tyrans vous pouvez respirer!

SCÈNE V.

THYESTE, ÉROPE, MÉGARE.

ÉROPE.

Seigneur, aux mains d'Atrée on va donc me livrer!
Votre mère l'ordonne... et je n'ai pour excuse
Que mon crime ignoré, ma rougeur qui m'accuse,
Un enfant malheureux qui sera découvert.

THYESTE.

Tout nous poursuit ici; cet asile nous perd.

ÉROPE.

Auteur de tant de maux, pourquoi m'as-tu séduite!

THYESTE.

Hélas! je vois l'abîme où je vous ai conduite;
Mais cette horrible paix ne s'accomplira pas.
Il me reste pour vous des amis, des soldats,
Mon amour, mon courage; et c'est à vous de croire
Que, si je meurs ici, je meurs pour votre gloire.
Notre hymen clandestin d'une mère ignoré,
Tout malheureux qu'il est, n'en est pas moins sacré.
Ne me reproche plus ma criminelle audace;
Ne nous accusons plus quand le ciel nous fait grâce;
Ses bontés ont fait voir, en m'accordant un fils,
Qu'il approuve l'hymen dont nous sommes unis;
Et Mycène bientôt, à son prince fidèle,
En pourra célébrer la fête solennelle.

ACTE II, SCÈNE VI.

ÉROPE.

Va, ne réclame point ces nœuds infortunés,
Et ces dieux, et l'hymen... ils nous ont condamnés.
Osons-nous nous parler?... Tremblante, confondue,
Devant qui désormais puis-je lever la vue?
Dans ce ciel qui voit tout, et qui lit dans les cœurs,
Le rapt et l'adultère ont-ils des protecteurs?
En remportant sur moi ta funeste victoire,
Cruel, t'es-tu flatté de conserver ma gloire?
Tu m'as fait ta complice... et la fatalité,
Qui subjugue mon cœur contre moi révolté,
Me tient si puissamment à ton crime enchaînée,
Qu'il est devenu cher à mon âme étonnée ;
Que le sang de ton sang, qui s'est formé dans moi,
Ce gage de ton crime est celui de ma foi ;
Qu'il rend indissoluble un nœud que je déteste...
Et qu'il n'est plus pour moi d'autre époux que Thyeste.

THYESTE.

C'est un nom qu'un tyran ne peut plus m'enlever :
La mort et les enfers pourront seuls m'en priver.
Le sceptre de Mycène a pour moi moins de charmes.

SCÈNE VI.

ÉROPE, THYESTE, POLÉMON.

POLÉMON.

Seigneur, Atrée arrive ; il a quitté ses armes ;
Dans ce peuple avec vous il vient jurer la paix.

THYESTE.

Grands dieux! vous me forcez de haïr vos bienfaits.

POLÉMON.

Vous allez à l'autel confirmer vos promesses.
L'encens s'élève aux cieux des mains de nos prêtresses.
Des oliviers heureux les festons désirés
Ont annoncé la fin de ces jours abhorrés
Où la discorde en feu désolait notre enceinte.
On a lavé le sang dont la ville fut teinte ;
Et le sang des méchants qui voudraient nous troubler
Est ici désormais le seul qui doit couler.

Madame, il n'appartient qu'à la reine elle-même
De vous remettre aux mains d'un époux qui vous aime,
Et d'essuyer les pleurs qui coulent de vos yeux.
                    ÉROPE.
Mon sang devait couler... vous le savez, grands dieux !
                    THYESTE, à Polémon.
Il me faut rendre Érope ?
                    POLÉMON.
                        Oui, Thyeste, et sur l'heure :
C'est la loi du traité.
                    THYESTE.
                    Va, que plutôt je meure,
Qu'aux monstres des enfers mes mânes soient livrés !...
                    POLÉMON.
Quoi ! vous avez promis, et vous vous parjurez !
                    THYESTE.
Qui ? moi ! Qu'ai-je promis ?
                    POLÉMON.
                        Votre fougue inutile
Veut-elle rallumer la discorde civile ?
                    THYESTE.
La discorde vaut mieux qu'un si fatal accord.
Il redemande Érope ; il l'aura par ma mort.
                    POLÉMON.
Vous écoutiez tantôt la voix de la justice.
                    THYESTE.
Je voyais de moins près l'horreur de mon supplice.
Je ne le puis souffrir.
                    POLÉMON.
                    Ah ! c'est trop de fureurs ;
C'est trop d'égarements et de folles erreurs ;
Mon amitié pour vous, qui se lasse et s'irrite,
Plaignait votre jeunesse imprudente et séduite ;
Je vous tins lieu de père : et ce père offensé
Ne voit qu'avec horreur un amour insensé.
Je sers Atrée et vous, mais l'État davantage ;
Et si l'un de vous deux rompt la foi qui l'engage,
Moi-même contre lui je cours me déclarer ;
Mais de votre raison je veux mieux espérer,
Et bientôt dans ces lieux l'heureuse Hippodamie
Reverra sa famille en ses bras réunie.
                        (Il sort.)

SCÈNE VII.

ÉROPE, THYESTE.

ÉROPE.
C'en est donc fait, Thyeste; il faut nous séparer.
THYESTE.
Moi! vous, mon fils!... quel trouble a pu vous égarer?
Quel est votre dessein?
ÉROPE.
C'est dans cette demeure,
C'est dans cette prison qu'il est temps que je meure,
Que je meure oubliée, inconnue aux mortels,
Inconnue à l'amour, à ses tourments cruels,
A tous ces vains honneurs de la grandeur suprême;
Au redoutable Atrée, et surtout à vous-même.
THYESTE.
Vous n'accomplirez point ce projet odieux :
Je vous disputerais à mon frère, à nos dieux.
Suivez-moi.
ÉROPE.
Nous marchons d'abîmes en abîmes;
C'est là votre partage, amours illégitimes.

FIN DU DEUXIÈME ACTE.

ACTE TROISIÈME.

SCÈNE I.

HIPPODAMIE, ATRÉE, POLÉMON, IDAS,
GARDES, PEUPLE, PRÊTRES.

HIPPODAMIE.
Généreux Polémon, la paix est votre ouvrage.
Régnez, heureux Atrée, et goûtez l'avantage
De posséder sans trouble un trône où vos aïeux,
Pour le bien des mortels, ont remplacé les dieux.
Thyeste avant la nuit partira pour Mycène.
J'ai vu s'éteindre enfin les flambeaux de la haine,
Dans ma triste maison si longtemps allumés;
J'ai vu mes chers enfants, paisibles, désarmés,
Dans ce parvis du temple étouffant leur querelle,
Commencer dans mes bras leur concorde éternelle.
Vous en serez témoins, vous, peuples réunis :
Prêtres qui m'écoutez, dieux longtemps ennemis,
Vous en serez garants. Ma débile paupière
Peut sans crainte à la fin s'ouvrir à la lumière.
J'attendrai dans la paix un fortuné trépas.
Mes derniers jours sont beaux... je ne l'espérais pas.

ATRÉE.
Idas, autour du temple étendez vos cohortes;
Vous, gardez ce parvis; vous, veillez à ces portes.
(A Hippodamie.)
Qu'une mère pardonne à ces soins ombrageux.
A peine encor sortis de nos temps orageux,
D'Argos ensanglantée à peine encor le maître,
Je préviens des dangers toujours prompts à renaître.
Thyeste a trop pâli, tandis qu'il m'embrassait :
Il a promis la paix; mais il en frémissait.

ACTE III, SCÈNE I.

D'où vient que devant moi la fille d'Eurysthée
Sur vos pas en ces lieux ne s'est point présentée ?
Vous deviez l'amener dans ce sacré parvis.
HIPPODAMIE.
Nos mystères divins, dans la Grèce établis,
La retiennent encore au milieu des prêtresses,
Qui de la paix des cœurs implorent les déesses.
Le ciel est à nos vœux favorable aujourd'hui,
Et vous serez sans doute apaisé comme lui.
ATRÉE.
Rendez-nous, s'il se peut, les immortels propices :
Je ne dois point troubler vos secrets sacrifices.
HIPPODAMIE.
Ce froid et sombre accueil était inattendu.
Je pensais qu'à mes soins vous auriez répondu.
Aux ombres du bonheur imprudemment livrée,
Je vois trop que ma joie était prématurée,
Que j'ai dû peu compter sur le cœur de mon fils.
ATRÉE.
Atrée est mécontent ; mais il vous est soumis.
HIPPODAMIE.
Ah ! je voulais de vous, après tant de souffrance,
Un peu moins de respects et plus de complaisance[1].
J'attendais de mon fils une juste pitié.
Je ne vous parle point des droits de l'amitié,
Je sais que la nature en a peu sur votre âme.
ATRÉE.
Thyeste vous est cher ; il vous suffit, madame.
HIPPODAMIE.
Vous déchirez mon cœur après l'avoir percé.
Il fut par mes enfants assez longtemps blessé...
Je n'ai pu de vos mœurs adoucir la rudesse ;
Vous avez en tout temps repoussé ma tendresse,
Et je n'ai mis au jour que des enfants ingrats.
Allez, mon amitié ne se rebute pas.
Je conçois vos chagrins, et je vous les pardonne.
Je n'en bénis pas moins ce jour qui vous couronne ;
Il n'a pas moins rempli mes désirs empressés.
Connaissez votre mère, ingrat, et rougissez.

---

1. Racine a dit dans *Britannicus*, acte Ier, scène Ire :

Un peu moins de respect et plus de confiance.

SCÈNE II.

ATRÉE, POLÉMON, IDAS, peuple.

ATRÉE, au peuple, à Polémon, et à Idas.

Qu'on se retire... Et vous, au fond de ma pensée,
Voyez tous les tourments de mon âme offensée,
Et ceux dont je me plains, et ceux qu'il faut celer ;
Et jugez si ce trône a pu me consoler.

POLÉMON.

Quels qu'ils soient, vous savez si mon zèle est sincère.
Il peut vous irriter ; mais, seigneur, une mère,
Dans ce temple, à l'aspect des mortels et des dieux,
Devait-elle essuyer l'accueil injurieux
Qu'à ma confusion vous venez de lui faire ?
Ah ! le ciel lui donna des fils dans sa colère.
Tous les deux sont cruels, et tous deux de leurs mains
La mènent au tombeau par de tristes chemins.
C'était de vous surtout qu'elle devait attendre
Et la reconnaissance et l'amour le plus tendre.

ATRÉE.

Que Thyeste en conserve : elle l'a préféré ;
Elle accorde à Thyeste un appui déclaré ;
Contre mes intérêts puisqu'on le favorise,
Puisqu'on n'a point puni son indigne entreprise,
Que Mycène est le prix de ses emportements,
Lui seul à ses bontés doit des remercîments.

POLÉMON.

Vous en devez tous deux ; et la reine et moi-même,
Nous avons de Pélops suivi l'ordre suprême.
Ne vous souvient-il plus qu'au jour de son trépas
Pélops entre ses fils partagea ses États ?
Et vous en possédez la plus riche contrée,
Par votre droit d'aînesse[1] à vous seul assurée.

ATRÉE.

De mon frère en tout temps vous fûtes le soutien.

POLÉMON.

J'ai pris votre intérêt sans négliger le sien.

---

1. Singulière expression dans un sujet grec. (G. A.)

La loi seule a parlé, seule elle a mon suffrage.
ATRÉE.
On récompense en lui le crime qui m'outrage.
POLÉMON.
On déteste son crime, on le doit condamner ;
Et vous, s'il se repent, vous devez pardonner.
Vous n'êtes point placé sur un trône d'Asie,
Ce siége de l'orgueil et de la jalousie,
Appuyé sur la crainte et sur la cruauté,
Et du sang le plus proche en tout temps cimenté.
Vers l'Euphrate un despote ignorant la justice,
Foulant son peuple aux pieds, suit en paix son caprice.
Ici nous commençons à mieux sentir nos droits.
L'Asie a ses tyrans, mais la Grèce a des rois.
Craignez qu'en s'éclairant Argos ne vous haïsse...
Petit-fils de Tantale, écoutez la justice...
ATRÉE.
Polémon, c'est assez, je conçois vos raisons ;
Je n'avais pas besoin de ces nobles leçons ;
Vous n'avez point perdu le grand talent d'instruire.
Vos soins dans ma jeunesse ont daigné me conduire ;
Je dois m'en souvenir, mais il est d'autres temps :
Le ciel ouvre à mes pas des sentiers différents.
Je vous ai dû beaucoup, je le sais ; mais peut-être
Oubliez-vous trop tôt que je suis votre maître.
POLÉMON.
Puisse ce titre heureux longtemps vous demeurer !
Et puissent dans Argos vos vertus l'honorer !

SCÈNE III.

ATRÉE, IDAS.

ATRÉE.
C'est à toi seul, Idas, que ma douleur confie
Les soupçons malheureux qui l'ont encore aigrie,
Le poison qui nourrit ma haine et mon courroux,
La foule des tourments que je leur cache à tous.
IDAS.
Qui peut vous alarmer ?

ATRÉE.
Érope, Hippodamie,
Ma cour... la terre entière est donc mon ennemie !
IDAS.
Ce peuple sous vos lois ne s'est-il pas rangé ?
N'êtes-vous pas roi ?
ATRÉE.
Non, je ne suis pas vengé.
Tu me vois déchiré par d'étranges supplices ;
Mes mains avec effroi rouvrent mes cicatrices :
J'en parle avec horreur ; et je ne puis juger
Dans quel sang odieux il faudra me plonger...
Je veux croire, et je crois qu'Érope avec mon frère
N'a point osé former un hymen adultère...
Moi-même je la vis contre un rapt odieux
Implorer ma vengeance et les foudres des dieux.
Mais il est trop affreux qu'au jour de l'hyménée
Ma femme un seul moment ait été soupçonnée.
Apprends des sentiments plus douloureux cent fois.
Je ne sais si l'objet indigne de mon choix,
Sur mes sens révoltés, que la fureur déchire,
N'aurait point en secret conservé quelque empire.
J'ignore si mon cœur, facile à l'excuser,
Des feux qu'il étouffa peut encor s'embraser ;
Si dans ce cœur farouche, en proie aux barbaries,
L'amour habite encore au milieu des furies.
IDAS.
Vous pouvez sans rougir la revoir et l'aimer.
Contre vos sentiments pourquoi vous animer ?
L'absolu souverain d'Érope et de l'empire
Doit s'écouter lui seul, et peut ce qu'il désire.
De votre mère encor j'ignore les projets ;
Mais elle est comme une autre au rang de vos sujets.
Votre gloire est la sienne ; et, de troubles lassée,
A vous rendre une épouse elle est intéressée.
Son âme est noble et juste ; et jusques à ce jour
Nulle mère à son sang n'a marqué tant d'amour.
ATRÉE.
Non : ma mère insultait à ma douleur jalouse ;
Et j'étais le jouet de mon indigne épouse.
IDAS.
A vos pieds dans ce temple elle doit se jeter ;

Hippodamie enfin doit vous la présenter.
Toutes deux hautement condamnent votre frère.
ATRÉE.
Érope eût pu calmer les flots de ma colère :
Je l'aimai, j'en rougis... J'attendis dans Argos
De ce funeste hymen ma gloire et mon repos.
De toutes les beautés Érope est l'assemblage ;
Les vertus de son sexe étaient sur son visage ;
Et, quand je la voyais, je les crus dans son cœur.
Tu m'as vu détester et chérir mon erreur,
Et tu me vois encor flotter dans cet orage,
Incertain de mes vœux, incertain dans ma rage,
Nourrissant en secret un affreux souvenir,
Et redoutant surtout d'avoir à la punir.
S'il est vrai qu'en ce temple, à son devoir fidèle,
Elle ait prétendu fuir l'audace criminelle
Du rival insolent qui m'osait outrager,
Je puis éteindre encor la soif de me venger ;
Je puis garder la paix que ma bouche a jurée,
Et remettre un bandeau sur ma vue égarée.
Mais je veux que Thyeste, avant la fin du jour,
De son coupable aspect purge enfin ce séjour ;
Qu'il respecte, s'il peut, cette paix si douteuse...
Si l'on m'avait trompé, je la rendrais affreuse.

SCÈNE IV.

ATRÉE, MÉGARE.

ATRÉE.
Mégare, où courez-vous ? arrêtez, répondez.
D'où vient que dans ces lieux, par des prêtres gardés,
Ma malheureuse épouse, à mes bras arrachée,
Est toujours à ma vue indignement cachée ?
D'où vient qu'Hippodamie a soustrait à mes yeux
Cet objet adoré, cet objet odieux,
Cet objet criminel, autrefois plein de charmes,
Qui devrait arroser mes genoux de ses larmes ?
Ce seul prix de la paix que je daigne accorder,
Ce prix que je m'abaisse encore à demander ?
Quoi ! ma femme à mes yeux n'a point osé paraître !

MÉGARE.

Elle attend en tremblant son époux et son maître.
Dans cet asile saint elle invoque à genoux
La faveur de ses dieux, qu'elle implore pour vous.

ATRÉE.

Qu'elle implore la mienne... Apprenez qu'un refuge
N'est qu'un crime nouveau commis contre son juge.
Jusqu'à quand mon épouse, en son indigne effroi,
Se mettra-t-elle encore entre ses dieux et moi ?
J'abhorre ces complots de prêtres et de femmes,
Ce mélange importun de leurs petites trames,
De secrets intérêts, de sourde ambition,
De vanité, de fraude, et de religion [1].
Je veux qu'on vienne à moi, mais sans nul artifice ;
Qu'on n'ait aucun appui qu'en ma seule justice ;
Que l'humble repentir parle avec vérité,
Qu'on fléchisse en tremblant mon courage irrité.
Mais qui croit m'éblouir me trouve inexorable.
Allez ; annoncez-lui cet ordre irrévocable.

MÉGARE.

J'en connais l'importance : elle la sait assez.

ATRÉE.

Il y va de la vie ; allez, obéissez.

---

1. C'est Voltaire qui parle ici sous le masque d'Atrée. (G. A.)

FIN DU TROISIÈME ACTE.

ACTE QUATRIÈME.

SCÈNE I.

ÉROPE, THYESTE.

ÉROPE.
Dans des asiles saints j'étais ensevelie,
J'y cachais mes tourments, j'y terminais ma vie.
C'est donc toi qui me rends à ce jour que je hais !
Thyeste, en tous les temps tu m'as ravi la paix.
THYESTE.
Ce funeste dessein nous faisait trop d'outrage.
ÉROPE.
Ma faute et ton amour nous en font davantage.
THYESTE.
Quoi ! verrai-je en tout temps vos remords douloureux
Empoisonner des jours que vous rendiez heureux !
ÉROPE.
Nous, heureux ! nous, cruel ! ah ! dans mon sort funeste,
Le bonheur est-il fait pour Érope et Thyeste ?
THYESTE.
Vivez pour votre fils.
ÉROPE.
Ravisseur de ma foi,
Tu vois trop que je vis pour mon fils et pour toi.
Thyeste, il t'a donné des droits inviolables,
Et les nœuds les plus saints ont uni deux coupables.
Je t'ai fui, je l'ai dû : je ne puis te quitter ;
Sans horreur avec toi je ne saurais rester ;
Je ne puis soutenir la présence d'Atrée.
THYESTE.
La fatale entrevue est encor différée.
ÉROPE.
Sous des prétextes vains, la reine avec bonté

Écarte encor de moi ce moment redouté.
Mais la paix dans vos cœurs est-elle résolue ?
THYESTE.
Cette paix est promise, elle n'est point conclue.
Mais j'aurai dans Argos encor des défenseurs;
Et Mycène déjà m'a promis des vengeurs.
ÉROPE.
Me préservent les cieux d'une nouvelle guerre !
Le sang pour nos amours a trop rougi la terre.
THYESTE.
Ce n'est que par le sang qu'en cette extrémité
Je puis soustraire Érope à son autorité.
Il faut tout dire enfin ; c'est parmi le carnage
Que dans une heure au moins je vous ouvre un passage.
ÉROPE.
Tu redoubles mes maux, ma honte, mon effroi,
Et l'éternelle horreur que je ressens pour moi.
Thyeste, garde-toi d'oser rien entreprendre
Avant qu'il ait daigné me parler et m'entendre.
THYESTE.
Lui, vous parler !... Mais vous, dans ce mortel ennui,
Qu'avez-vous résolu ?
ÉROPE.
De n'être point à lui...
Va, cruel, à t'aimer le ciel m'a condamnée.
THYESTE.
Je vois donc luire enfin ma plus belle journée.
Ce mot à tous mes vœux en tout temps refusé,
Pour la première fois vous l'avez prononcé :
Et l'on ose exiger que Thyeste vous cède !
Vaincu, je sais mourir ; vainqueur, je vous possède.
Je vais donner mon ordre ; et mon sort en tout temps
Est d'arracher Érope aux mains de nos tyrans.

SCÈNE II.

ÉROPE, MÉGARE.

MÉGARE.
Ah ! madame, le sang va-t-il couler encore ?
ÉROPE.
J'attends mon sort ici, Mégare, et je l'ignore.

####### MÉGARE.

Quel appareil terrible, et quelle triste paix!
On borde de soldats le temple et le palais:
J'ai vu le fier Atrée; il semble qu'il médite
Quelque profond dessein qui le trouble et l'agite.

####### ÉROPE.

Je dois m'attendre à tout sans me plaindre de lui.
Mégare, contre moi tout conspire aujourd'hui!
Ce temple est un asile, et je m'y réfugie.
J'attendris sur mes maux le cœur d'Hippodamie;
J'y trouve une pitié que les cœurs vertueux
Ont pour les criminels quand ils sont malheureux,
Que tant d'autres, hélas! n'auraient point éprouvée.
Aux autels de nos dieux je me crois réservée;
Thyeste m'y poursuit quand je veux m'y cacher;
Un époux menaçant vient encor m'y chercher;
Soit qu'un reste d'amour vers moi le détermine,
Soit que, de son rival méditant la ruine,
Il exerce avec lui l'art de dissimuler,
A son trône, à son lit il ose m'appeler.
Dans quel état, grands dieux! quand le sort qui m'opprime
Peut remettre en ses mains le gage de mon crime,
Quand il peut tous les deux nous punir sans retour,
Moi d'être une infidèle, et mon fils d'être au jour!

####### MÉGARE.

Puisqu'il veut vous parler, croyez que sa colère
S'apaise enfin pour vous, et n'en veut qu'à son frère.
Vous êtes sa conquête... il a su l'obtenir.

####### ÉROPE.

C'en est fait, sous ses lois je ne puis revenir.
La gloire de tous trois doit encor m'être chère;
Je ne lui rendrai point une épouse adultère,
Je ne trahirai point deux frères à la fois.
Je me donnais aux dieux, c'était mon dernier choix:
Ces dieux n'ont point reçu l'offrande partagée
D'une âme faible et tendre en ses erreurs plongée.
Je n'ai plus de refuge, il faut subir mon sort;
Je suis entre la honte et le coup de la mort;
Mon cœur est à Thyeste, et cet enfant lui-même,
Cet enfant qui va perdre une mère qui l'aime,
Est le fatal lien qui m'unit malgré moi
Au criminel amant qui m'a ravi ma foi.

Mon destin me poursuit, il me ramène encore
Entre deux ennemis dont l'un me déshonore,
Dont l'autre est mon tyran, mais un tyran sacré.

SCÈNE III.

ÉROPE, POLÉMON, MÉGARE.

POLÉMON.

Princesse, en ce parvis votre époux est entré;
Il s'apaise, il s'occupe avec Hippodamie
De cette heureuse paix qui vous réconcilie.
Elle m'envoie à vous. Nous connaissons tous deux
Les transports violents de son cœur soupçonneux.
Quoiqu'il termine enfin ce traité salutaire,
Il voit avec horreur un rival dans son frère.
Persuadez Thyeste, engagez-le à l'instant
A chercher dans Mycène un trône qui l'attend;
A ne point différer par sa triste présence
Votre réunion que ce traité commence.

ÉROPE.

L'intérêt de ma vie est peu cher à mes yeux.
Peut-être il en est un plus grand, plus précieux!
Allez, digne soutien de nos tristes contrées,
Que ma seule infortune au meurtre avait livrées :
Je voudrais seconder vos augustes desseins;
J'admire vos vertus; je cède à mes destins.
Puissé-je mériter la pitié courageuse
Que garde encor pour moi cette âme généreuse!
La reine a jusqu'ici consolé mon malheur...
Elle n'en connaît pas l'horrible profondeur.

POLÉMON.

Je retourne auprès d'elle; et pour grâce dernière
Je vous conjure encor d'écouter sa prière.

SCÈNE IV.

ÉROPE, MÉGARE.

MÉGARE.

Vous le voyez, Atrée est terrible et jaloux;
Ne vous exposez point à son juste courroux.

ÉROPE.

Que prétends-tu de moi? Tu connais son injure;
Je ne puis à ma faute ajouter le parjure.
Tout le courroux d'Atrée, armé de son pouvoir,
L'amour même en un mot (s'il pouvait en avoir)
Ne me réduira point jusques à la faiblesse
De flatter, de tromper sa fatale tendresse.
Je fus coupable assez sans encor m'avilir.

MÉGARE.

Il va bientôt paraître.

ÉROPE.

Ah! tu me fais mourir.

MÉGARE.

L'abîme est sous vos pas.

ÉROPE.

Je le sais; mais n'importe.
Je connais mon danger; la vérité l'emporte.

MÉGARE.

Madame, le voici.

ÉROPE.

Je commence à trembler :
Quoi! c'est Atrée! ô ciel! et j'ose lui parler!

SCÈNE V.

ÉROPE, MÉGARE, ATRÉE, gardes.

ATRÉE fait signe à ses gardes et à Mégare de se retirer.

Laissez-nous. Je la vois interdite, éperdue :
D'un époux qu'elle craint elle éloigne sa vue.

ÉROPE.

La lumière à mes yeux semble se dérober...
Seigneur, votre victime à vos pieds vient tomber.
Levez le fer, frappez : une plainte offensante
Ne s'échappera point de ma bouche expirante.
Je sais trop que sur moi vous avez tous les droits,
Ceux d'un époux, d'un maître, et des plus saintes lois :
Je les ai tous trahis. Et quoique votre frère
Opprimât de ses feux l'esclave involontaire,
Quoique la violence ait ordonné mon sort,
L'objet de tant d'affronts a mérité la mort.

Éteignez sous vos pieds ce flambeau de la haine
Dont la flamme embrasait l'Argolide et Mycène ;
Et puissent sur ma cendre, après tant de fureurs,
Deux frères réunis oublier leurs malheurs !
ATRÉE.
Levez-vous : je rougis de vous revoir encore,
Je frémis de parler à qui me déshonore.
Entre mon frère et moi vous n'avez point d'époux ;
Qu'attendez-vous d'Atrée, et que méritez-vous ?
ÉROPE.
Je ne veux rien pour moi.
ATRÉE.
Si ma juste vengeance
De Thyeste et de vous eût égalé l'offense,
Les pervers auraient vu comme je sais punir ;
J'aurais épouvanté les siècles à venir.
Mais quelque sentiment, quelque soin qui me presse,
Vous pourriez désarmer cette main vengeresse ;
Vous pourriez des replis de mon cœur ulcéré
Écarter les serpents dont il est dévoré,
Dans ce cœur malheureux obtenir votre grâce,
Y retrouver encor votre première place,
Et me venger d'un frère en revenant à moi.
Pouvez-vous, osez-vous me rendre votre foi ?
Voici le temple même où vous fûtes ravie,
L'autel qui fut souillé de tant de perfidie,
Où le flambeau d'hymen fut par vous allumé,
Où nos mains se joignaient... où je crus être aimé :
Du moins vous étiez prête à former les promesses
Qui nous garantissaient les plus saintes tendresses.
Jurez-y maintenant d'expier ses forfaits,
Et de haïr Thyeste autant que je le hais.
Si vous me refusez, vous êtes sa complice ;
A tous deux, en un mot, venez rendre justice.
Je pardonne à ce prix ; répondez-moi.
ÉROPE.
Seigneur,
C'est vous qui me forcez à vous ouvrir mon cœur.
La mort que j'attendais était bien moins cruelle
Que le fatal secret qu'il faut que je révèle.
Je n'examine point si les dieux offensés
Scellèrent mes serments à peine commencés.

ACTE IV, SCÈNE V.

J'étais à vous, sans doute, et mon père Eurysthée
M'entraîna vers l'autel où je fus présentée.
Sans feinte et sans dessein, soumise à son pouvoir,
Je me livrais entière aux lois de mon devoir.
Votre frère, enivré de sa fureur jalouse,
A vous, à ma famille, arracha votre épouse ;
Et bientôt Eurysthée, en terminant ses jours,
Aux mains qui me gardaient me laissa sans secours.
Je restai sans parents. Je vis que votre gloire
De votre souvenir bannissait ma mémoire ;
Que disputant un trône, et prompt à vous armer,
Vous haïssiez un frère, et ne pouviez m'aimer...

ATRÉE.

Je ne le devais pas... je vous aimai peut-être.
Mais... Achevez, Érope ; abjurez-vous un traître ?
Aux pieds des immortels remise entre mes bras,
M'apportez-vous un cœur qu'il ne mérite pas ?

ÉROPE.

Je ne saurais tromper ; je ne dois plus me taire.
Mon destin pour jamais me livre à votre frère :
Thyeste est mon époux.

ATRÉE.

Lui !

ÉROPE.

Les dieux ennemis
Éternisent ma faute en me donnant un fils.
Vous allez vous venger de cette criminelle :
Mais que le châtiment ne tombe que sur elle ;
Que ce fils innocent ne soit point condamné.
Conçu dans les forfaits, malheureux d'être né,
La mort entoure encor son enfance première ;
Il n'a vu que le crime en ouvrant la paupière ;
Mais il est après tout le sang de vos aïeux ;
Il est, ainsi que vous, de la race des dieux ;
Seigneur, avec son père on vous réconcilie ;
De mon fils au berceau n'attaquez point la vie :
Il suffit de la mère à votre inimitié.
J'ai demandé la mort, et non votre pitié.

ATRÉE.

Rassurez-vous... le doute était mon seul supplice...
Je crains peu qu'on m'éclaire... et je me rends justice...
Mon frère en tout l'emporte... il m'enlève aujourd'hui

Et la moitié d'un trône, et vous-même avec lui...
De Mycène et d'Érope il est enfin le maître.
Dans sa postérité je le verrai renaître...
Il faut bien me soumettre à la fatalité
Qui confirme ma perte et sa félicité.
Je ne puis m'opposer au nœud qui vous enchaîne,
Je ne puis lui ravir Érope ni Mycène.
Aux ordres du destin je sais me conformer...
Mon cœur n'était pas fait pour la honte d'aimer...
Ne vous figurez pas qu'une vaine tendresse
Deux fois pour une femme ensanglante la Grèce.
Je reconnais son fils pour son seul héritier...
Satisfait de vous perdre et de vous oublier,
Je veux à mon rival vous rendre ici moi-même...
Vous tremblez.

ÉROPE.

Ah! seigneur, ce changement extrême,
Ce passage inouï du courroux aux bontés,
Ont saisi mes esprits que vous épouvantez.

ATRÉE.

Ne vous alarmez point; le ciel parle, et je cède.
Que pourrais-je opposer à des maux sans remède?
Après tout, c'est mon frère... et son front couronné
A la fille des rois peut être destiné...
Vous auriez dû plus tôt m'apprendre sa victoire,
Et de vous pardonner me préparer la gloire...
Cet enfant de Thyeste est sans doute en ces lieux?

ÉROPE.

Mon fils... est loin de moi... sous la garde des dieux.

ATRÉE.

Quelque lieu qui l'enferme, il sera sous la mienne.

ÉROPE.

Sa mère doit, seigneur, le conduire à Mycène.

ATRÉE.

A ses parents, à vous, les chemins sont ouverts;
Je ne regrette rien de tout ce que je perds;
La paix avec mon frère en est plus assurée.
Allez...

ÉROPE, en partant.

Dieux! s'il est vrai... mais dois-je croire Atrée?

SCÈNE VI.

ATRÉE.

Enfin, de leurs complots j'ai connu la noirceur!
La perfide! elle aimait son lâche ravisseur.
Elle me fuit, m'abhorre, elle est toute à Thyeste :
Du saint nom de l'hymen ils ont voilé l'inceste;
Ils jouissent en paix du fils qui leur est né;
Le vil enfant du crime au trône est destiné.
Tu ne goûteras pas, race impure et coupable,
Les fruits des attentats dont l'opprobre m'accable.
Par quel enchantement, par quel prestige affreux,
Tous les cœurs contre moi se déclaraient pour eux!
Polémon réprouvait l'excès de ma colère;
Une pitié crédule avait séduit ma mère;
On flattait leurs amours, on plaignait leurs douleurs;
On était attendri de leurs perfides pleurs;
Tout Argos favorable à leurs lâches tendresses
Pardonne à des forfaits qu'il appelle faiblesses,
Et je suis la victime et la fable à la fois
D'un peuple qui méprise et les mœurs et les lois.
Vous en allez frémir, Grèce légère et vaine,
Détestable Thyeste, insolente Mycène.
Soleil, qui vois ce crime et toute ma fureur,
Tu ne verras bientôt ces lieux qu'avec horreur.
Le voilà, cet enfant, ce rejeton du crime...
Je le tiens : les enfers m'ont livré ma victime;
Je tiens ce glaive affreux sous qui tomba Pélops.
Il te frappe, il t'égorge, il t'étale en lambeaux;
Il fait rentrer ton sang, au gré de ma furie,
Dans le coupable sang qui t'a donné la vie.
Le festin de Tantale est préparé pour eux;
Les poisons de Médée en sont les mets affreux.
Tout tombe autour de moi par cent morts différentes.
Je me plais aux accents de leurs voix expirantes;
Je savoure le sang dont j'étais affamé.
Thyeste, Érope, ingrats! tremblez d'avoir aimé.

IDAS, accourant à lui.

Seigneur, qu'ai-je entendu? quels discours effroyables!
Que vous m'épouvantez par ces cris lamentables!

ATRÉE.
Tu vois l'abîme affreux où le sort m'a conduit...
Mon injure m'accable, et ma raison me fuit.
Des fantômes sanglants ont rempli ma pensée;
Des cris sont échappés de ma bouche oppressée...
Mon esprit égaré par l'excès des tourments
S'étonne du pouvoir qu'ont usurpé mes sens...
Tu me rends à moi-même... Enfin je me retrouve
Pardonne à des fureurs qu'avec toi je réprouve.
Je les repousse en vain... ce cœur désespéré
Est trop plein des serpents dont il est dévoré.

IDAS.
Rendez quelque repos à votre âme égarée.

ATRÉE.
Enfers qui m'appelez, en est-il pour Atrée?

FIN DU QUATRIÈME ACTE.

ACTE CINQUIÈME.

SCÈNE I.

ÉROPE, THYESTE, MÉGARE.

THYESTE, à Érope.
Je ne puis vous blâmer de cet aveu sincère,
Injurieux, terrible, et pourtant nécessaire.
Il a réduit Atrée à ne plus réclamer
Un hymen que le ciel ne saurait confirmer.
ÉROPE.
Ah ! j'aurais dû plutôt expirer et me taire.
THYESTE.
Quoi ! je vous vois sans cesse à vous-même contraire !
ÉROPE.
Je frémis d'avoir dit la dure vérité.
THYESTE.
Il doit sentir au moins quelle fatalité
Dispose en tous les temps du sang des Pélopides.
Il voit qu'après un an de troubles, d'homicides,
Après tant d'attentats, triste fruit des amours,
Un éternel oubli doit terminer leur cours.
Nous ne pouvons enfin retourner en arrière ;
Il ne peut renverser l'éternelle barrière
Que notre hymen élève entre nous deux et lui.
Mes destins ont vaincu ; je triomphe aujourd'hui.
ÉROPE.
Quel triomphe ! Êtes-vous hors de sa dépendance ?
Votre frère avec vous est-il d'intelligence ?
Atrée en me parlant s'est-il bien expliqué ?
Dans ses regards affreux n'ai-je pas remarqué
L'égarement du trouble et de l'inquiétude ?
Polémon de son âme a longtemps fait l'étude ;
Il semble être peu sûr de sa sincérité.

THYESTE.
N'importe, il faut qu'il cède à la nécessité.
C'était le seul moyen (du moins j'ose le croire)
Qui de nous trois enfin pût réparer la gloire.
ÉROPE.
Il est maître d'Argos; nous sommes dans ses mains.
THYESTE.
Dans l'asile où je suis les dieux sont souverains.
ÉROPE.
Eh! qui nous répondra que ces dieux nous protégent?
Peut-être en ce moment les périls nous assiégent.
THYESTE.
Quels périls? entre nous le peuple est partagé,
Et même autour du temple il est déjà rangé.
Mes amis rassemblés arrivent de Mycène,
Ils viennent adorer et défendre leur reine :
Mais il n'est pas besoin de ce nouveau secours :
Le ciel avec la paix veille ici sur vos jours;
La reine et Polémon, dans ce temple tranquille,
Imposent le respect qu'on doit à cet asile.
ÉROPE.
Vous-même, en m'enlevant, l'avez-vous respecté?
THYESTE.
Ah! ne corrompez point tant de félicité.
Pour la première fois la douceur en est pure.

SCÈNE II.

HIPPODAMIE, ÉROPE, THYESTE, POLÉMON,
MÉGARE.

HIPPODAMIE.
Enfin donc désormais tout cède à la nature.
Bannissez, Polémon, ces soupçons recherchés,
A vos conseils prudents quelquefois reprochés.
Vous venez avec moi d'entendre les promesses
Dont mon fils ranimait ma joie et mes tendresses.
Pourquoi tromperait-il par tant de fausseté
L'espoir qu'il vient de rendre au sein qui l'a porté?
Il cède à vos conseils, il pardonne à son frère,
Il approuve un hymen devenu nécessaire;

ACTE V, SCÈNE II.

Il y consent du moins : la première des lois,
L'intérêt de l'État lui parle à haute voix.
Il n'écoute plus qu'elle ; et s'il voit avec peine
Dans ce fatal enfant l'héritier de Mycène,
Consolé par le trône où les dieux l'ont placé,
A la publique paix lui-même intéressé,
Lié par ses serments, oubliant son injure,
Docile à vos leçons, mon fils n'est point parjure.

POLÉMON.

Reine, je ne veux point, dans mes soins défiants,
Jeter sur ses desseins des yeux trop prévoyants.
Mon cœur vous est connu ; vous savez s'il souhaite
Que cette heureuse paix ne soit point imparfaite.

HIPPODAMIE.

La coupe de Tantale en est l'heureux garant.
Nous l'attendons ici ; c'est de moi qu'il la prend ;
Il doit me l'apporter. Il doit avec son frère
Prononcer après moi ce serment nécessaire.

(A Érope et à Thyeste.)

C'est trop se défier : goûtez entre mes bras
Un bonheur, mes enfants, que nous n'attendions pas.
Vous êtes arrivés par une route affreuse
Au but que vous marquait cette fin trop heureuse.
Sans outrager l'hymen, vous me donnez un fils ;
Il a fait nos malheurs, mais il les a finis :
Et je puis à la fin, sans rougir de ma joie,
Remercier le ciel de ce don qu'il m'envoie.
Si vos terreurs encor vous laissent des soupçons,
Confiez-moi ce fils, Érope, et j'en réponds.

THYESTE.

Eh bien ! s'il est ainsi, Thyeste et votre fille
Vont remettre en vos mains l'espoir de leur famille.
Vous, ma mère, et les dieux, vous serez son appui,
Jusqu'à l'heureux moment où je pars avec lui.

ÉROPE.

De mes tristes frayeurs à la fin délivrée,
Je me confie en tout à la mère d'Atrée.
Cours, Mégare.

MÉGARE.

   Ah ! princesse, à quoi m'obligez-vous !

ÉROPE.

Va, dis-je, ne crains rien... Sur vos sacrés genoux,

En présence des dieux, je mettrai sans alarmes
Ce dépôt précieux arrosé de mes larmes.
             THYESTE.
C'est vous qui l'adoptez, et qui m'en répondez.
             HIPPODAMIE.
Oui, j'en réponds.
             THYESTE.
          Voyez ce que vous hasardez.
             POLÉMON.
Je veillerai sur lui.
             ÉROPE.
          Soyez sa protectrice :
Ma mère, s'il est né sous un cruel auspice,
Corrigez de son sort le sinistre ascendant.
             HIPPODAMIE.
On m'ôtera le jour avant que cet enfant...
Vous savez, belle Érope, en tous les temps trop chère,
Si le ciel m'a donné des entrailles de mère.

SCÈNE III.

HIPPODAMIE, ÉROPE, THYESTE, IDAS, POLÉMON.

             IDAS.
Reines, on vous attend. Atrée est à l'autel.
             ÉROPE.
Atrée ?
             IDAS.
       Il doit lui-même, en ce jour solennel,
Commencer sous vos yeux ces heureux sacrifices,
Immoler la victime, en offrir les prémices;
   (A Érope.)
Les goûter avec vous, tandis que dans ces lieux,
Pour confirmer la paix jurée au nom des dieux,
Je dois faire apporter la coupe de ses pères,
Ce gage auguste et saint de vos serments sincères.
C'est à Thyeste, à vous, de venir commencer
La fête qu'il ordonne et qu'il fait annoncer.
             THYESTE.
Mais il pouvait lui-même ici nous en instruire,

Venir prendre sa mère, à l'autel nous conduire.
Il le devait.

IDAS.
Au temple, un devoir plus pressé,
De ces devoirs communs, seigneur, l'a dispensé.
Vous savez que les dieux sont aux rois plus propices
Quand de leurs propres mains ils font les sacrifices.
Les rois des Argiens de ce droit sont jaloux.

THYESTE.
Allons donc, chère Érope... A côté d'un époux
Suivez, sans vous troubler, une mère adorée.
Je ne puis craindre ici l'inimitié d'Atrée;
Engagé trop avant, il ne peut reculer.

ÉROPE.
Pardonne, cher époux, si tu me vois trembler.

HIPPODAMIE.
Venez, ne tardons plus... Le sang des Pélopides
Dans ce jour fortuné n'aura point de perfides.

IDAS.
Non, madame; au courroux dont il fut possédé
Par degrés à mes yeux le calme a succédé.
La paix est dans le cœur du redoutable Atrée :
Lui-même il veut remplir cette coupe sacrée
Que les prêtres des dieux porteront à l'autel,
Où vous prononcerez le serment solennel.

POLÉMON.
Achevons notre ouvrage; entrons, la porte s'ouvre,
De ce saint appareil la pompe se découvre[1].
Enfin je vois Atrée : il avance à pas lents,
Interdit, égaré...

SCÈNE IV.

LES PRÉCÉDENTS; ATRÉE, dans le fond.

HIPPODAMIE.
Écoutez nos serments,
Dieux qui rendez enfin dans ce jour salutaire

---

1. Ici on apporte l'autel avec la coupe. La reine, Érope, et Thyeste, se mettent à un des côtés; Polémon et Idas, en la saluant, se placent de l'autre; on place la coupe sur la table. On voit venir de loin Atrée, qui s'arrête à l'entrée de la scène. (*Note de Voltaire.*)

Les peuples à leurs rois, les enfants à leur mère :
Si du trône des cieux vous ne dédaignez pas
D'honorer d'un coup d'œil les rois et les États,
Prodiguez vos faveurs à la vertu du juste ;
Si le crime est ici, que cette coupe auguste
En lave la souillure, et demeure à jamais
Un monument sacré de vos nouveaux bienfaits.
(A Atrée.)
Approchez-vous, mon fils. D'où naît cette contrainte,
Et quelle horreur nouvelle en vos regards est peinte ?

ATRÉE.

Peut-être un peu de trouble a pu renaître en moi,
En voyant que mon frère a soupçonné ma foi.

HIPPODAMIE.

Ah ! bannissez, mes fils, ces soupçons téméraires,
Honteux entre des rois, cruels entre des frères.
Tout doit être oublié ; la plainte aigrit les cœurs,
Et de ce jour heureux corromprait les douceurs ;
Dans nos embrassements qu'enfin tout se répare.
(A Polémon.)
Donnez-moi cette coupe.

MÉGARE, accourant.

        Arrêtez !

ÉROPE.

              Ah ! Mégare,
Tu reviens sans mon fils !

MÉGARE, se plaçant près d'Érope.

              De farouches soldats
Ont saisi cet enfant dans mes débiles bras...

ÉROPE.

On m'arrache mon sang !

MÉGARE.

           Interdite et tremblante,
Les dieux que j'attestais m'ont laissée expirante.
Craignez tout.

ÉROPE.

    Ah ! courons...

THYESTE.

           Volons, sauvons mon fils...

ATRÉE, toujours dans l'enfoncement.

Du crime de sa vie enfin reçois le prix.
(On frappe Érope derrière la scène.)

ÉROPE.

Je meurs!

ATRÉE.

Tombe avec elle, exécrable Thyeste,
Suis ton infâme épouse, et l'enfant de l'inceste;
Je n'ai pu t'abreuver de ce sang criminel;
Mais tu le rejoindras.

THYESTE, derrière la scène.

Dieux! c'est à votre autel...
Mais je l'avais souillé.

HIPPODAMIE.

Fureurs de la vengeance!
Ciel qui la réservais! implacable puissance!
Monstre que j'ai nourri, monstre de cruauté,
Achève, ouvre ce sein, ces flancs qui t'ont porté.

(On entend le tonnerre, et les ténèbres couvrent la terre.)

ATRÉE, appuyé contre une colonne pendant que le tonnerre gronde.

Destin, tu l'as voulu! c'est d'abîme en abîme
Que tu conduis Atrée à ce comble du crime...
La foudre m'environne, et le soleil me fuit!
L'enfer s'ouvre!... je tombe en l'éternelle nuit.
Tantale, pour ton fils tu viens me reconnaître,
Et mes derniers neveux m'égaleront peut-être.

FIN DES PÉLOPIDES.

VARIANTES

DE LA TRAGÉDIE DES *PÉLOPIDES*

Page 110, vers 2. — Édition stéréotype de Didot :
>Le peuple me conserve un reste de faveur.

Ibid., vers 14. — Même édition :
>Et pour servir nos rois je revole au sénat.

Ibid., avant-dernier vers. — Même édition :
>Le secret de ma vie et le sang de nos dieux.

Page 111, vers 29. — Même édition :
>Ont eu tant de puissance et coûté tant de larmes !

Page 112, vers 11. — Même édition :
>Mais plus il est armé contre mon ravisseur.

Ibid., vers 14. — Même édition :
>Atrée est implacable ; il poursuit sa vengeance.

Page 113, vers 14 :
>ÉROPE.
>Peut-être un sort plus triste empoisonne ma vie.
>Les monstres déchaînés de l'empire des morts
>Sont moins cruels pour moi que l'horreur des remords.

L'édition stéréotype porte :
>*Sont encor plus affreux*, etc.,

ce qui est évidemment un contre-sens.

Page 116, vers 30. — Édition stéréotype de Didot :
>Unissez vos transports à mes remerciments ;
>Aux dieux dont nous sortons offrons un pur encens.

Page 117, vers 8. — Même édition :

Tout ce que mes remords doivent me reprocher.

Ibid., vers 10. — Même édition :

C'est là que je venais, etc.

Page 118, vers 20. — Même édition :

Vous voir banni d'Argos et même de Mycène.

Page 119, vers 6 :

Réparer vos erreurs et { vaincre son courroux... nous réunir tous.

Ibid., vers 17. — Même édition :

Mais je pourrai du moins mourir en combattant.

Page 120, vers 4. — Même édition :

En accroît la blessure, etc.

Ibid., vers 11 :

THYESTE.
Épouse infortunée, et malheureuse mère !
Mais nul ne peut forcer sa prison volontaire ;
De cet asile saint rien ne peut la tirer.

Ibid., vers 16 :

Que je résiste ou non, c'en est fait, tout me perd.
Auteur de tant de maux, pourquoi m'as-tu séduite ?
THYESTE.
O ma chère moitié ! n'en craignez point la suite :
Cette fatale paix ne s'accomplira pas.

Cette variante a été reportée dans le texte de l'édition stéréotype.

Ibid., vers 24 :

N'en est pas moins sacré.
Je me suis trop sans doute accusé devant elle.
Ce n'est pas vous du moins qui fûtes criminelle :
A mon fier ennemi j'enlevai vos appas.
Les dieux n'avaient point mis Érope entre ses bras.
J'éteignis les flambeaux de cette horrible fête :
Malgré vous, en un mot, vous fûtes ma conquête.
Je fus le seul coupable, et je ne le suis plus.
Votre cœur alarmé, vos vœux irrésolus,
M'ont assez reproché ma flamme et mon audace ;
A mon emportement le ciel même a fait grâce.

Cette variante a été reportée dans le texte de l'édition stéréotype.

Page 122, avant-dernier vers. — L'édition stéréotype porte :

> Il est temps qu'en ces lieux l'heureuse Hippodamie
> Voie enfin sa famille en ses bras réunie.

Page 123, vers 7 :

> A ce trouble éternel qui suit le diadème.

Ibid., vers 10. — Édition stéréotype de Didot :

> Je vous dispute encore à mon frère, à nos dieux.

Page 125, vers 9. — Même édition :

> Allez, et, s'il se peut, rendez les dieux propices.

Page 127, vers 3 :

> On condamne son crime : il le doit expier ;
> Et vous, s'il se repent, vous devez l'oublier.

Cette variante a été reportée dans l'édition stéréotype.

Ibid., avant-dernier vers :

> Que je leur cache à tous.
> Mon cœur peut se tromper ; mais dans Hippodamie
> Je crains de rencontrer ma secrète ennemie.
> Polémon n'est qu'un traître, et son ambition
> Peut-être de Thyeste armait la faction.
>
> IDAS.
> Tel est souvent des cours le manége perfide ;
> La vérité les fuit, l'imposture y réside :
> Tout est parti, cabale, injure, ou trahison ;
> Vous voyez la discorde y verser son poison.
> Mais que craindriez-vous d'un parti sans puissance ?
> Tout n'est-il pas soumis à votre obéissance ?
> Ce peuple sous vos lois ne s'est-il pas rangé ?
> Vous êtes maître ici.
> ATRÉE.
> Je n'y suis pas vengé,
> J'y suis en proie, Idas, à d'étranges supplices.

Ces deux derniers vers ont été reportés dans le texte de l'édition stéréotype.

Page 128, vers 22. — Édition stéréotype :

> L'amour n'habite point au milieu des furies.

Ibid., vers 33 :

> Non ; ma fatale épouse, entre mes bras ravie,
> De sa place en mon cœur sera du moins bannie

VARIANTES DES PÉLOPIDES.

IDAS.
A vos pieds, dans ce temple, elle doit se jeter ;
Hippodamie enfin doit vous la présenter.
ATRÉE.
Pour Érope, il est vrai, j'aurais pu sans faiblesse
Garder le souvenir d'un reste de tendresse ;
Mais, pour éteindre enfin tant de ressentiments,
Cette mère qui m'aime a tardé bien longtemps.
Érope n'a point part au crime de mon frère.

Ces cinq derniers vers sont dans le texte de l'édition stéréotype.

Page 129, vers 13. — Fin du troisième acte, dans l'édition de 1775 :

SCÈNE IV.

HIPPODAMIE, ATRÉE, IDAS.

HIPPODAMIE.
Vous revoyez, mon fils, une mère affligée,
Qui, toujours trop sensible et toujours outragée,
Revient vous dire enfin, du pied des saints autels,
Au nom d'Erope, au sien, des adieux éternels.
La malheureuse Érope a désuni deux frères ;
Elle alluma les feux de ces funestes guerres.
Source de tous les maux, elle fuit tous les yeux :
Ses jours infortunés sont consacrés aux dieux.
Sa douleur nous trompait ; ses secrets sacrifices
De celui qu'elle fait n'étaient que les prémices.
Libre au fond de ce temple, et loin de ses amants,
Sa bouche a prononcé ses éternels serments.
Elle ne dépendra que du pouvoir céleste.
Des murs du sanctuaire elle écarte Thyeste ;
Son criminel aspect eût souillé ce séjour.
Qu'il parte pour Mycène avant la fin du jour.
Vivez, régnez heureux... Ma carrière est remplie.
Dans ce tombeau sacré je reste ensevelie.
Je devais cet exemple, au lieu de l'imiter...
Tout ce que je demande, avant de vous quitter,
C'est de vous voir signer cette paix nécessaire,
D'une main qu'à mes yeux conduise un cœur sincère.
Vous n'avez point encore accompli ce devoir.
Nous allons pour jamais renoncer à nous voir :
Séparons-nous tous trois, sans que d'un seul murmure
Nous fassions un moment soupirer la nature.
ATRÉE
A cet affront nouveau je ne m'attendais pas.
Ma femme ose en ces lieux s'arracher à mes bras !
Vos autels, je l'avoue, ont de grands priviléges...
Thyeste les souilla de ses mains sacriléges...
Mais de quel droit Érope ose-t-elle y porter
Ce téméraire vœu qu'ils doivent rejeter ?
Par des vœux plus sacrés elle me fut unie :

Voulez-vous que deux fois elle me soit ravie,
Tantôt par un perfide, et tantôt par les dieux?
Ces vœux, si mal conçus, ces serments odieux,
Au roi comme à l'époux sont un trop grand outrage.
Vous pouvez accomplir le vœu qui vous engage.
Ces lieux faits pour votre âge, au repos consacrés,
Habités par ma mère en seront honorés.
Mais Érope est coupable en suivant votre exemple :
Érope m'appartient, et non pas à ce temple.
Ces dieux, ces mêmes dieux qui m'ont donné sa foi,
Lui commandent surtout de n'obéir qu'à moi.
Est-ce donc Polémon, ou mon frère, ou vous-même,
Qui pensez la soustraire à mon pouvoir suprême?
Vous êtes-vous tous trois en secret accordés
Pour détruire une paix que vous me demandez?
Qu'on rende mon épouse au maître qu'elle offense;
Et si l'on me trahit, qu'on craigne ma vengeance.

HIPPODAMIE.
Vous interprétez mal une juste pitié
Que donnait à ses maux ma stérile amitié.
Votre mère pour vous, du fond de ces retraites,
Forma toujours des vœux, tout cruel que vous êtes.
Entre Thyeste et vous, Érope sans secours
N'avait plus que le ciel.... il était son recours.
Mais puisque vous daignez la recevoir encore,
Puisque vous lui rendez cette main qui l'honore,
Et qu'enfin son époux daigne lui rapporter
Un cœur dont ses appas n'osèrent se flatter,
Elle doit en effet chérir votre clémence :
Je puis me plaindre à vous, mais son bonheur commence.
Cette auguste retraite, asile des douleurs,
Où votre triste épouse aurait caché ses pleurs,
Convenable à moi seule, à mon sort, à mon âge,
Doit s'ouvrir pour la rendre à l'hymen qui l'engage.
Vous l'aimez, c'est assez. Sur moi, sur Polémon,
Vous conceviez, mon fils, un injuste soupçon.
Quels amis trouvera ce cœur dur et sévère,
Si vous vous défiez de l'amour d'une mère?

ATRÉE.
Vous rendez quelque calme à mes esprits troublés;
Vous m'ôtez un fardeau dont mes sens accablés
N'auraient point soutenu le poids insupportable.
Oui, j'aime encore Érope; elle n'est point coupable.
Oubliez mon courroux; c'est à vous que je doi
Le jour plus épuré qui va luire pour moi.
Puisque Érope en ce temple, à son devoir fidèle,
A fui d'un ravisseur l'audace criminelle,
Je peux lui pardonner; mais qu'en ce même jour
De son fatal aspect il purge ce séjour.
Je vais presser la fête, et je la crois heureuse :
Si l'on m'avait trompé... je la rendrais affreuse.

HIPPODAMIE, à Idas.
Idas, il vous consulte; allez et confirmez
Ces justes sentiments dans ses esprits calmés.

SCÈNE V.

HIPPODAMIE.

Disparaissez enfin, redoutables présages,
Pressentiments d'horreurs, effrayantes images,
Qui poursuiviez partout mon esprit incertain.
La race de Tantale a vaincu son destin;
Elle en a détourné la terrible influence.

SCÈNE VI.

HIPPODAMIE, ÉROPE.

HIPPODAMIE.
Enfin votre bonheur passe votre espérance.
Ne pensez plus, ma fille, aux funèbres apprêts
Qui dans ce sombre asile enterraient vos attraits.
Laissez-là ces bandeaux, ces voiles de tristesse,
Dont j'ai vu frissonner votre faible jeunesse.
Il n'est ici de rang ni de place pour vous
Que le trône d'un maître et le lit d'un époux.
Dans tous vos droits, ma fille, heureusement rentrée,
Argos chérit dans vous la compagne d'Atrée.
Ne montrez à ses yeux que des yeux satisfaits ;
D'un pas plus assuré marchez vers le palais ;
Sur un front plus serein posez le diadème :
Atrée est rigoureux, violent, mais il aime.
Ma fille, il faut régner...
ÉROPE.
    Je suis perdue... ah, dieux !
HIPPODAMIE.
Qu'entends-je? et quel nuage a couvert vos beaux yeux !
N'éprouverai-je ici qu'un éternel passage
De l'espoir à la crainte, et du calme à l'orage?
ÉROPE.
Ma mère !... j'ose encore ainsi vous appeler,
Et de trône et d'hymen cessez de me parler ;
Ils ne sont point pour moi... je vous en ferai juge.
Vous m'arrachez, madame, à l'unique refuge
Où je dus fuir Atrée, et Thyeste, et mon cœur.
Vous me rendez au jour, le jour m'est en horreur.
Un dieu cruel, un dieu me suit et nous rassemble,
Vous, vos enfants, et moi, pour nous frapper ensemble.
Ne me consolez plus ; craignez de partager
Le sort qui me menace, en voulant le changer...
C'en est fait.
HIPPODAMIE.
   Je me perds dans votre destinée ;

VARIANTES DES PÉLOPIDES.

>Mais on ne verra point Érope abandonnée
>D'une mère en tout temps prête à vous consoler.
>
>ÉROPE.
>
>Ah! qui protégez-vous?
>
>HIPPODAMIE.
>
>Où voulez-vous aller?
>
>Je vous suis.
>
>ÉROPE.
>
>Que de soins pour une criminelle !
>
>HIPPODAMIE.
>
>Le fût-elle en effet, je ferai tout pour elle.

Page 134, vers 14. — Après ce vers, Polémon ajoutait, dans l'édition de 1775 :

>Vous me voyez chargé des intérêts d'Argos,
>De la gloire d'Atrée et de votre repos.
>Tandis qu'Hippodamie, avec persévérance,
>Adoucit de son fils la sombre violence ;
>Que Thyeste abandonne un séjour dangereux :
>Il deviendrait bientôt fatal à tous les deux.
>Vous devez sur ce prince avoir quelque puissance :
>Le salut de vos jours dépend de son absence.

Page 135, vers 4 :

>N'obtiendront pas de moi que je trompe mon maître :
>Le sort en est jeté.
>
>MÉGARE.
>
>Princesse, il va paraître ;
>Vous n'avez qu'un moment.
>
>ÉROPE.
>
>Ce mot me fait trembler.
>
>MÉGARE.
>
>L'abîme est sous vos pas.
>
>ÉROPE.
>
>N'importe, il faut parler.
>
>MÉGARE.
>
>Le voici.

SCÈNE V.

ÉROPE, MÉGARE, ATRÉE, GARDES.

ATRÉE, après avoir fait signe à ses gardes et à Mégare de se retirer.

>Je la vois interdite, éperdue, etc.

Cette variante a été adoptée dans le texte de l'édition stéréotype.

Page 136, vers 16. — Édition stéréotype :

>Chassez les traits sanglants dont il est déchiré.

Page 139, premier vers. — Même édition :

Enfin de leurs forfaits j'ai connu la noirceur.

Ibid., vers 22. — Fin du quatrième acte, dans l'édition de 1775 :

Cessez, filles du Styx, cessez, troupe infernale,
D'épouvanter les yeux de mon aïeul Tantale :
Sur Thyeste et sur moi venez vous acharner.
Paraissez, dieux vengeurs, je vais vous étonner.

SCÈNE VII.

ATRÉE, POLÉMON, IDAS.

ATRÉE.
Idas, exécutez ce que je vais prescrire.
Polémon, c'en est fait, tout ce que je puis dire,
C'est que j'aurai l'orgueil de ne plus disputer
Un cœur dont la conquête a dû peu me flatter.
La paix est préférable à l'amour d'une femme ;
Ainsi qu'à mes États je la rends à mon âme.
Vous pouvez à mon frère annoncer mes bienfaits...
Si vous les approuvez, mes vœux sont satisfaits.
POLÉMON.
Puisse un pareil dessein, que je conçois à peine,
N'être point en effet inspiré par la haine !
ATRÉE, en sortant.
Craignez-vous pour mon frère ?
POLÉMON.
Oui, je crains pour tous deux.
Seconde-moi, nature, éveille-toi dans eux.
Que de ton feu sacré quelque faible étincelle
Rallume de ta cendre une flamme nouvelle.
Du bonheur de l'État sois l'auguste lien.
Nature, tu peux tout ; les conseils ne font rien.

Page 142, vers 4 :

ÉROPE.
Il est maître en ces lieux, nous sommes dans ses mains.
THYESTE.
Les dieux nos protecteurs y sont seuls souverains.

Cette variante a passé dans le texte de l'édition stéréotype.

Ibid., vers 24. — Édition stéréotype.

Pourquoi tromperait-il, par tant de fausseté,
L'espoir qu'il fait renaître au sein qui l'a porté ?
Il cède à vos conseils ; il pardonne à son frère ;
Il souffre cet hymen devenu nécessaire :
Avec l'humanité, la première des lois,

L'intérêt de l'État lui parle à haute voix ;
Il faut bien qu'il l'écoute...

Page 143, vers 16. — Même édition :

Prononcez devant moi ce serment nécessaire.

Page 144, vers 2. — Même édition :

Ce dépôt malheureux arrosé de mes larmes.

Ibid., vers 9. — Même édition :

Vous savez trop, Érope, en tous les temps si chère.

Page 145, vers 13. — Voici les dernières scènes du cinquième acte, telles qu'elles ont été imprimées jusqu'ici.

SCÈNE IV.

POLÉMON, IDAS.

IDAS.
Vous ne les suivez pas ?
POLÉMON.
Non, je reste en ces lieux ;
Et ces libations qu'on y va faire aux dieux,
Ces apprêts, ces serments, me tiennent en contrainte.
Je vois trop de soldats entourer cette enceinte ;
Vous devez y veiller : je dois compte au sénat
Des suites de la paix qu'il donne à cet État.
Ayez soin d'empêcher que tous ces satellites
De nos parvis sacrés ne passent les limites.
Que font-ils en ces lieux ?... Et vous, répondez-moi ;
Vous aimez la vertu, même en flattant le roi ;
Vous ne voudriez pas de la moindre injustice,
Fût-ce pour le servir, vous rendre le complice ?
IDAS.
C'est m'outrager, seigneur, que me le demander.
POLÉMON.
Mais il règne ; on l'outrage, il peut vous commander
Ces actes de rigueur, ces effets de vengeance,
Qui ne trouvent souvent que trop d'obéissance.
IDAS.
Il n'oserait : sachez, s'il a de tels desseins,
Qu'il ne les confiera qu'aux plus vils des humains.
Osez-vous accuser le roi d'être parjure ?
POLÉMON.
Il a dissimulé l'excès de son injure ;
Il garde un froid silence ; et depuis qu'il est roi,
Ce cœur que j'ai formé s'est éloigné de moi.
La vengeance en tout temps a souillé ma patrie :

VARIANTES DES PÉLOPIDES.

La race de Pélops tient de la barbarie.
Jamais prince en effet ne fut plus outragé.
Ne vous a-t-il pas dit qu'on le verrait vengé [1]?
IDAS.
Oui; mais depuis, seigneur, dans son âme ulcérée,
Ainsi que parmi nous, j'ai vu la paix rentrée.
A ce juste courroux dont il fut possédé,
Par degrés à mes yeux le calme a succédé.
Il est devant les cieux; déjà des sacrifices,
Dans ce moment heureux, on goûte les prémices.
Sur la coupe sacrée on va jurer la paix
Que vos soins ont donnée à nos ardents souhaits [2].
POLÉMON.
Achevons notre ouvrage; entrons, la porte s'ouvre;
De ce saint appareil la pompe se découvre.

(Ici on apporte l'autel avec la coupe. La reine, Érope, et Thyeste, se mettent à un de ses côtés. Polémon et Idas, en la saluant, se placent de l'autre.)

La reine avec Érope avance en ce parvis.
Au nom de nos deux rois à la fin réunis,
On apporte en ces lieux la coupe de Tantale;
Puisse-t-elle à ses fils n'être jamais fatale!

SCÈNE V.

LES PRÉCÉDENTS; ATRÉE, dans le fond.

POLÉMON.
Je vois venir Atrée, et voici les moments
Où vous allez tous trois prononcer les serments.

(Atrée se place derrière l'autel.)

---

1. Ces variantes ont passé dans le texte de l'édition stéréotype, mais avec des changements et des réductions.

IDAS.
Vous ne les suivez pas?
POLÉMON.
Non, je reste en ces lieux.
Ces apprêts, ces serments, que l'on va faire aux dieux,
Vous rassurent, Idas, et redoublent ma crainte.
Je vois trop de soldats entourer cette enceinte :
Nous devons y veiller. Je dois compte au sénat
Des suites de la paix qu'il donne à cet État.
La vengeance en tout temps a souillé ma patrie;
La race de Pélops tient de la barbarie.
Vous savez à quel point Atrée est outragé.
Ne vous a-t-il pas dit qu'on le verrait vengé?

2. Même édition :

Déjà des sacrifices
Dans ce moment heureux on offre les prémices.
De la coupe sacrée ils goûtent à l'autel,
Avant de célébrer le festin solennel.

HIPPODAMIE.

Vous les écouterez, dieux souverains du monde;
Dieux ! auteurs de ma race en malheurs si féconde,
Vous les voulez finir; et la religion
Forme enfin les saints nœuds de la réunion
Qui rend, après des jours de sang et de misère,
Les peuples à leurs rois, les enfants à leur mère;
Si du trône des cieux vous ne dédaignez pas
D'honorer d'un coup d'œil les rois et les États,
Prodiguez vos faveurs à la vertu du juste.
Si le crime est ici, que cette coupe auguste
En lave la souillure, et demeure à jamais
Un monument sacré de vos nouveaux bienfaits.
   (A Atrée.)
Approchez-vous, mon fils. D'où naît cette contrainte?
Et quelle horreur nouvelle en vos regards est peinte?

ATRÉE.

Peut-être un peu de trouble a pu renaître en moi,
En voyant que mon frère a soupçonné ma foi.
Des soldats de Mycène il a mandé l'élite.

THYESTE.

Je veux que mes sujets se rangent à ma suite;
Je les veux pour témoins de mes serments sacrés [1],
Je les veux pour vengeurs, si vous vous parjurez.

HIPPODAMIE.

Ah! bannissez, mes fils, ces soupçons téméraires,
Honteux entre des rois, cruels entre des frères.
Tout doit être oublié : la plainte aigrit les cœurs;
Rien ne doit de ce jour altérer les douceurs :
Dans nos embrassements qu'enfin tout se répare.
   (A Polémon.)
Donnez-moi cette coupe.

MÉGARE, accourant.

Arrêtez!

ÉROPE.

Ah! Mégare,
Tu reviens sans mon fils!

MÉGARE, se plaçant près d'Érope.

De farouches soldats
Ont saisi cet enfant dans mes débiles bras.

ÉROPE.

Quoi! mon fils malheureux!

MÉGARE.

Interdite et tremblante,
Les dieux que j'attestais m'ont laissée expirante.
Craignez tout.

THYESTE.

Ah! mon frère, est-ce ainsi que ta foi
Se conserve à nos dieux, à tes serments, à moi?...

---

1. L'édition stéréotype porte :

   De nos serments, etc.

Ta main tremble en touchant à la coupe sacrée [1]!...
ATRÉE.
Tremble encor plus, perfide, et reconnais Atrée.
ÉROPE.
Dieux! quels maux je ressens! ô ma mère! ô mon fils!...
Je meurs!
(Elle tombe dans les bras d'Hippodamie et de Thyeste.)
POLÉMON.
Affreux soupçons, vous êtes éclaircis.
ATRÉE [2].
Tu meurs, indigne Érope, et tu mourras, Thyeste.
Ton détestable fils est celui de l'inceste;
Et ce vase contient le sang du malheureux :
J'ai voulu de ce sang vous abreuver tous deux.
(La nuit se répand sur la scène, et on entend le tonnerre;
Atrée tire son épée.)
Ce poison m'a vengé! glaive, achève...
THYESTE.
Ah, barbare!
Tu mourras avant moi... la foudre nous sépare.
(Les deux frères veulent courir l'un sur l'autre, le poignard à la main;
Polémon et Idas les désarment.)
ATRÉE.
Crains la foudre et mon bras; tombe, perfide, et meurs!
HIPPODAMIE.
Monstres, sur votre mère épuisez vos fureurs :
Mon sein vous a portés, je suis la plus coupable.
(Elle embrasse Érope, et se laisse tomber auprès d'elle sur une banquette : les éclairs et le tonnerre redoublent.)

1. Même édition :

Cette coupe sacrée!...

2. La fin de cette pièce est ainsi rendue dans l'édition stéréotype :
POLÉMON.
Affreux soupçons, vous êtes éclaircis.
ATRÉE.
J'ai rempli les destins d'Atrée et de Thyeste;
J'ai moi-même égorgé ce fruit de votre inceste;
Et ce vase contient le sang d'un malheureux.
Vous l'avez bu, ce sang, couple ingrat, couple affreux :
Je suis vengé.
THYESTE.
Du moins tu me suivras, barbare!
Tu mourras avec moi... la foudre nous sépare...
(Il tombe auprès d'Érope.)
O ma femme! ô mon fils!
HIPPODAMIE.
Monstre de cruauté,
Achève, ouvre ce sein, ces flancs qui t'ont porté!
(On entend le tonnerre, et les ténèbres couvrent la terre.)
Le soleil fuit... la foudre éclaire tous tes crimes...
Les enfers sous nos pas entr'ouvrent leurs abîmes...
Tantale, applaudis-toi; tes horribles enfants,
Ainsi que tes forfaits partagent tes tourments.
(Pendant qu'Hippodamie parle, Atrée s'appuie contre une colonne,
et est abîmé dans l'horreur de son désespoir.)
Mon Atrée est ton fils, tu dois le reconnaître;
Et ses derniers neveux l'égaleront peut-être.

THYESTE.

Je ne puis t'arracher ta vie abominable,
Va, je finis la mienne.

(Il se tue.)

ATRÉE.

Attends, rival cruel...
Le jour fuit, l'enfer m'ouvre un sépulcre éternel ;
Je porterai ma haine au fond de ses abîmes,
Nous y disputerons de malheurs et de crimes.
Le séjour des forfaits, le séjour des tourments,
O Tantale! ô mon père! est fait pour tes enfants :
Je suis digne de toi; tu dois me reconnaître;
Et mes derniers neveux m'égaleront peut-être.

FIN DES VARIANTES DES PÉLOPIDES.

LES
LOIS DE MINOS

TRAGÉDIE EN CINQ ACTES

NON REPRÉSENTÉE

(1773)

AVERTISSEMENT

POUR LA PRÉSENTE ÉDITION.

Le père de *Sophonisbe* était M. Lantin, celui des *Pélopides* M. Durand, celui des *Lois de Minos* fut M. Duroncel, tous jeunes gens débutant dans la carrière tragique, que Voltaire prenait sous sa protection, sans toutefois convaincre personne de leur existence. Il écrit à d'Argental le 19 janvier 1772 : « Il y a vraiment dans ce drame je ne sais quoi de singulier et de magnifique qui sent son ancienne Grèce, et si les Welches ne s'amusent pas de ces spectacles grecs, ce n'est pas ma faute; je les tiens pour réprouvés à jamais. Pour moi, qui ne suis que Suisse, j'avoue que la pièce m'a fait passer une heure agréable dans mon lit, où je végète depuis longtemps. »

Et le 5 février, il reprend : « Ce qui me plaît de sa drôlerie, c'est qu'elle forme un très-beau spectacle. D'abord des prêtres et des guerriers disant leur avis sur une estrade, une petite fille amenée devant eux qui leur chante pouilles, un contraste de Grecs et de sauvages, un sacrifice, un prince qui arrache sa fille à un évêque tout prêt à lui donner l'extrême-onction; et, à la fin de la pièce, le maître-autel détruit, et la cathédrale en flammes : tout cela peut amuser; rien n'est amené par force, tout est de la plus grande simplicité; et il m'a paru même qu'il n'y avait aucune faute contre la langue, quoique l'auteur soit un provincial. »

Il pensait encore que *les Lois de Minos* seraient bien reçues du chancelier, qui devait s'y reconnaître comme dans un miroir, mais la pièce prêtait à des allusions de plus d'une sorte. « Il y a encore des gens, dit-il, qui croient que c'est l'ancien parlement qu'on joue. Il faut laisser dire le monde. » Ailleurs : « Vous verrez bien que le roi de Crète Teucer est le roi de Pologne Stanislas-Auguste Poniatowski, et que le grand-prêtre est l'évêque de Cracovie; comme aussi vous pourrez prendre le temple de Gortine pour l'église de Notre-Dame de Czenstochova. » Enfin on aurait pu croire que le poëte avait songé à la Suède, quand Gustave III accomplit en quelques heures une révolution qui, du moins, ne coûta pas une goutte de sang. « C'était le roi de Pologne, dit Voltaire à d'Alembert, qui devait jouer le rôle de Teucer, et il se trouve que c'est le roi de Suède qui l'a joué. »

Toutes ces circonstances pouvaient être favorables à la tragédie, et l'auteur comptait sur un succès pour lui faciliter un voyage à Paris; mais ses espérances cette fois encore furent déçues. *Les Lois de Minos* furent imprimées par un libraire parisien nommé Valade, sur une copie fautive et falsifiée. Valade tenait cette copie de Marin, secrétaire général et censeur royal sous M. de Sartines. Voltaire fut obligé de désavouer publiquement cette édition. La tragédie ainsi divulguée, les comédiens ne mirent aucun empressement à la transporter sur la scène, et, en fin de compte, ne la jouèrent point.

« Il semble, dit Laharpe, que Voltaire, dans *les Lois de Minos*, ait voulu revenir au sujet qu'il avait manqué dans *les Guèbres*, et consacrer à la tolérance civile une seconde tragédie... La scène est en Crète, sous le règne de Teucer, successeur de Minos; celui-ci, législateur de Crète, a établi la coutume d'immoler tous les sept ans une jeune captive aux mânes des héros crétois. C'est en conséquence de cette loi, regardée comme inviolable, qu'Astérie, faite prisonnière dans la guerre que les Crétois ont contre les Cydoniens, doit être sacrifiée dans le temple de Gortine. Les Cydoniens sont des peuples du nord de la Crète, encore sauvages, tandis que ceux de Minos sont civilisés ; et il entre dans le dessein de l'auteur d'opposer les vertus naturelles de ces Cydoniens, simples et grossiers, aux mœurs superstitieuses et cruelles des Crétois policés. Teucer les abhorre, ces mœurs; il pense en vrai sage; il voudrait abolir des lois inhumaines et sauver Astérie. Mais son pouvoir est limité par les archontes, et subordonné à la loi de l'État.

« Pendant ce conflit d'autorité, il arrive qu'Astérie est reconnue pour la fille de Teucer, qui avait été enlevée par les Cydoniens et nourrie chez eux. C'est précisément la fable des *Guèbres*. La même méprise que nous y avons vue n'est pas mieux placée dans *les Lois de Minos*. Datame, jeune Cydonien, amant d'Astérie et qui vient pour payer sa rançon, la voit conduire par des soldats qui sont ceux à qui Teucer a confié le soin de la défendre. Il se persuade tout le contraire. Il prend les défenseurs d'Astérie pour ses bourreaux, et se jette avec toute sa suite sur les gardes de Teucer et sur ce prince lui-même. Le dénoûment, au lieu d'être amené par l'autorité suprême, comme dans *les Guèbres*, est amené par la force, mais nullement motivé. Teucer, dont le pouvoir semblait jusque-là restreint dans des bornes si étroites, se trouve tout à coup maître absolu. C'est l'armée qui a fait cette révolution ; mais il fallait la préparer et la fonder. Teucer brûle le temple de Crète, et abolit les sacrifices humains ; le grand-prêtre est tué, comme dans *les Guèbres*, et Datame, le soldat cydonien, épouse la fille du roi. »

Ce qu'on remarque le plus dans cette pièce et dans presque toutes celles du même temps, c'est l'esprit philosophique de l'auteur, devenu celui de tous les personnages. Ce sont, en réalité, plutôt des thèses sous forme dramatique que de véritables pièces de théâtre.

AVERTISSEMENT

DE BEUCHOT.

La tragédie des *Lois de Minos*, commencée le 18 décembre 1771, était achevée le 12 janvier 1772[1]. Suivant son usage, l'auteur y fit ensuite des changements. Il n'avait, au reste, composé la pièce que pour y mettre des notes[2]. Pour ces notes il avait profité[3] du poëme du roi de Prusse, intitulé *la Pologniade, ou la Guerre des confédérés*[4]; c'était déjà ce poëme qui lui avait donné l'idée de sa tragédie[5]. Tout en la donnant sous le nom d'un jeune avocat, qu'il appelait Duroncel[6], il espérait qu'elle lui vaudrait la permission de revenir à Paris[7].

Un manuscrit que possédait Lekain fut vendu à Valade, libraire de Paris, qui en donna une édition en janvier 1773. Voltaire fut d'autant plus contrarié de cette publication qu'il faisait alors imprimer son ouvrage à Genève. D'ailleurs, dans l'édition de Valade[8], des vers avaient été changés ou ajoutés par le marquis de Thibouville[9], qui probablement était aussi l'auteur de la seule note que l'on trouve dans l'édition de Paris. L'édition de Genève n'était pas encore achevée le 17 mars; mais elle dut paraître peu de temps

---

1. Lettre à d'Argental, du 19 janvier 1772.
2. Lettres à Marmontel, 23 octobre 1772 et 29 mars 1773; à Laharpe, 22 janvier et 29 mars 1773; à Mme du Deffant, 29 mars 1773.
3. Lettre au roi de Prusse, du 29 mars 1773.
4. Ce poëme en six chants est dans les *OEuvres posthumes de Frédéric II*. Dans son *Épître dédicatoire au pape Clément XIV*, le royal auteur lui déclare avoir voulu peindre
    Ses prélats crossés et mitrés,
    Jusqu'à *ses* pouilleux tonsurés.
5. Lettre au roi de Prusse, du 5 décembre 1772.
6. Lettres à Vasselier, 2 et 28 mars 1772; à Richelieu, 25 mai 1772.
7. Lettre à Richelieu, du 1er février 1773.
8. *Les Lois de Minos, ou Astérie, tragédie en cinq actes, par M. de Voltaire:* à Genève, et se trouve à Paris chez Valade, 1773, in-8 de ij et 65 pages. Voltaire désavoua hautement cette édition dans une *Déclaration* que le *Mercure* de 1773 a publiée.
9. Lettres à Thibouville, 8 et 22 février 1773.

après. C'est un volume in-8° de plus de quatre cents pages[1], contenant, outre la dédicace et les notes qui paraissaient pour la première fois, plusieurs morceaux en vers ou en prose qui ne sont pas tous de Voltaire[2]. Une réimpression fut bientôt faite à Lausanne avec quelques différences[3].

Voltaire avait fait imprimer sa tragédie après l'avoir retirée au moment où les Comédiens français, à cause des débuts de Mlle Raucourt, différaient de la mettre à l'étude. Il espérait, en la dédiant au maréchal de Richelieu, que ce seigneur n'oublierait pas la promesse qu'il lui avait donnée de la faire jouer aux fêtes pour le mariage du comte d'Artois[4]. Mais il ne paraît pas que le premier gentilhomme de la chambre ait tenu parole. Et c'est sans doute pour cela que la dédicace est supprimée dans l'édition in-4° et dans l'édition encadrée. Voltaire avait, en 1755, dédié à Richelieu l'*Orphelin de la Chine*[5].

Ce n'est guère qu'aux pièces représentées qu'il appartient d'être parodiées. Mais *les Lois de Minos* firent du moins naître une brochure. L'abbé du Vernet, auteur d'une *Vie de Voltaire*[6], publia des *Réflexions critiques et philosophiques sur la tragédie au sujet des Lois de Minos*; 1773, in-8° de 51 pages.

1. Il est intitulé *les Lois de Minos, tragédie, avec les notes de M. de Morza, et plusieurs pièces curieuses détachées;* 1773, in-8° de xvj et 396 pages, plus les faux titre, titre et errata.

2. C'est ainsi qu'on trouve dans ce volume le poëme du marquis de Chimène (c'est de cette manière que Voltaire écrivait le nom du marquis de Ximenès), ayant pour titre : *Les lettres ont autant contribué à la gloire de Louis XIV qu'il avait contribué à leurs progrès.*

3. *Les Lois de Minos, tragédie, par M. de Voltaire, avec les notes de M. de Morza, et plusieurs pièces nouvelles détachées du même auteur;* à Lausanne, chez François Grasset et Cie, 1773, in-8° de xvj et 170 pages. On a supprimé, dans cette édition, les morceaux qui ne sont pas de Voltaire, et quelques-uns qui sont de lui.

4. Ce comte d'Artois a été roi de France sous le nom de Charles X.

5. Voyez *Théâtre*, t. IV, page 295.

6. 1786, in-8° souvent réimprimé. L'édition posthume de 1797 est très-augmentée.

ÉPITRE DÉDICATOIRE

A MONSEIGNEUR LE DUC DE RICHELIEU

PAIR ET MARÉCHAL DE FRANCE
GOUVERNEUR DE GUIENNE, PREMIER GENTILHOMME
DE LA CHAMBRE DU ROI, ETC.

Monseigneur,

Il y a plus de cinquante ans que vous daignez m'aimer. Je dirai à notre doyen de l'Académie[1], avec Varron (car il faut toujours citer quelque ancien, pour en imposer aux modernes) :

Est aliquid sacri in antiquis necessitudinibus.

Ce n'est pas qu'on ne soit aussi très-invariablement attaché à ceux qui nous ont prévenus depuis par des bienfaits, et à qui nous devons une reconnaissance éternelle ; mais *antiqua necessitudo* est toujours la plus grande consolation de la vie.

La nature m'a fait votre doyen, et l'Académie vous a fait le nôtre : permettez donc qu'à de si justes titres je vous dédie une tragédie qui serait moins mauvaise si je ne l'avais pas faite loin de vous. J'atteste tous ceux qui vivent avec moi que le feu de ma jeunesse m'a fait composer ce petit drame en moins de huit jours, pour nos amusements de campagne ; qu'il n'était point destiné au théâtre de Paris, et qu'il n'en est pas meilleur pour tout cela. Mon but était d'essayer encore si l'on pouvait faire réussir en France une tragédie profane qui ne fût pas fondée sur une intrigue

---

1. Richelieu avait été reçu à l'Académie française en 1720, vingt-six ans avant Voltaire. (B.)

d'amour; ce que j'avais tenté autrefois dans *Mérope*, dans *Oreste*, dans d'autres pièces, et ce que j'aurais voulu toujours exécuter. Mais le libraire Valade, qui est sans doute un de vos beaux esprits de Paris, s'étant emparé d'un manuscrit de la pièce, selon l'usage l'a embellie de vers composés par lui ou par ses amis, et a imprimé le tout sous mon nom, aussi proprement que cette rapsodie méritait de l'être [1]. Ce n'est point la tragédie de Valade que j'ai l'honneur de vous dédier; c'est la mienne, en dépit de l'envie.

Cette envie, comme vous savez, est l'âme du monde : elle établit son trône, pour un jour ou deux, dans le parterre à toutes les pièces nouvelles, et s'en retourne bien vite à la cour, où elle demeure la plus grande partie de l'année.

Vous le savez, vous, le digne disciple[2] du maréchal de Villars dans la plus brillante et la plus noble de toutes les carrières. Vous vîtes ce héros qui sauva la France, qui sut si bien faire la guerre et la paix, ne jouir de sa réputation qu'à l'âge de quatre-vingts ans.

Il fallut qu'il enterrât son siècle pour qu'un nouveau siècle lui rendît publiquement justice. On lui reprochait jusqu'à ses prétendues richesses, qui n'approchaient pas à beaucoup près de celles des traitants de ces temps-là; mais ceux qui étaient si bassement jaloux de sa fortune n'osaient pas, dans le fond de leur cœur, envier sa gloire, et baissaient les yeux devant lui.

Quand son successeur vengeait la France et l'Espagne dans l'île de Minorque, l'envie ne criait-elle pas qu'il ne prendrait jamais Mahon, qu'il fallait envoyer un autre général à sa place? Et Mahon était déjà pris [3].

Vous fîtes des jaloux dans plus d'un genre : mais ce n'est ni au général ni au plus aimable des Français que je m'adresse ici; je ne parle qu'à mon doyen. Comme il sait le grec aussi bien que

---

1. L'édition dont parle ici Voltaire est intitulée *les Lois de Minos, ou Astérie, tragédie en cinq actes, par M. de Voltaire;* à Genève; et se trouve à Paris, chez Valade, libraire, rue Saint-Jacques, vis-à-vis celle des Mathurins, 1773, in-8° de ij et 65 pages. Elle ne contient qu'une note sur ce vers de la scène III de l'acte Ier :

S'il naquit parmi vous, s'il lance le tonnerre.

Mais elle est toute différente de celle qu'on lit aujourd'hui. Voyez l'Avertissement de Beuchot.

2. Richelieu était aide de camp du maréchal de Villars à la bataille de Denain, le 24 juillet 1712. (B.)

3. Voyez la *Correspondance,* année 1756.

moi, je lui citerai d'abord Hésiode, qui dans l'Ἔργα καὶ Ἡμέραι, connu de tous les courtisans, dit en termes formels :

> Καὶ κεραμεὺς κεραμεῖ κοτέει, καὶ τέκτονι τέκτων,
> Καὶ πτωχὸς πτωχῷ φθονέει, καὶ ἀοιδὸς ἀοιδῷ. (v. 25, 26.)

Le potier est ennemi du potier, le maçon du maçon, le gueux porte envie au gueux, le chanteur au chanteur.

Horace disait plus noblement[1] :

> Diram qui contulit hydram...
> Comperit invidiam supremo fine domari.

Le vainqueur de l'hydre ne put vaincre l'envie qu'en mourant.

Boileau dit à Racine[2] :

> Sitôt que d'Apollon un génie inspiré
> Trouve loin du vulgaire un chemin ignoré,
> En cent lieux contre lui les cabales s'amassent;
> Ses rivaux obscurcis autour de lui croassent;
> Et son trop de lumière, importunant les yeux,
> De ses propres amis lui fait des envieux.
> La mort seule ici-bas, en terminant sa vie,
> Peut calmer sur son nom l'injustice et l'envie,
> Faire au poids du bon sens peser tous ses écrits,
> Et donner à ses vers leur légitime prix.

Tout cela est d'un ancien usage, et cette étiquette subsistera longtemps. Vous savez que je commentai Corneille, il y a quelques années[3], par une détestable envie ; et que ce commentaire, auquel vous contribuâtes par vos générosités à l'exemple du roi, était fait pour accabler ce qui restait de la famille et du nom de ce grand homme. Vous pouvez voir, dans ce commentaire, que l'abbé d'Aubignac, prédicateur ordinaire de la cour, qui croyait avoir fait une *Pratique du théâtre* et une tragédie, appelait Corneille Mascarille, et le traitait comme le plus méprisable des hommes ; il se mettait contre lui à la tête de toute la canaille de la littérature.

---

1. Livre II, épître Iʳᵉ, vers 10, 12.
2. Épître VII, vers 9-18.
3. Le *Commentaire* fut publié en 1764.

Les ci-devant soi-disant jésuites accusèrent Racine de cabaler pour le jansénisme, et le firent mourir de chagrin. Aujourd'hui, si un homme réussit un peu pour quelque temps, ses rivaux ou ceux qui prétendent l'être disent d'abord que c'est une mode qui passera comme les pantins et les convulsions; ensuite ils prétendent qu'il n'est qu'un plagiaire; enfin ils soupçonnent qu'il est athée; ils en avertissent les porteurs de chaise de Versailles, afin qu'ils le disent à leurs pratiques, et que la chose revienne à quelque homme bien zélé, bien morne, et bien méchant, qui en fera son profit.

Les calomnies pleuvent sur quiconque réussit. Les gens de lettres sont assez comme M. Chicaneau et Mme la comtesse de Pimbêche :

Qu'est-ce qu'on vous a fait? — On m'a dit des injures [1].

Il y aura toujours dans la république des lettres un petit canton où cabalera le *Pauvre Diable* [2] avec ses semblables; mais aussi, monseigneur, il se trouvera toujours en France des âmes nobles et éclairées, qui sauront rendre justice aux talents, qui pardonneront aux fautes inséparables de l'humanité, qui encourageront tous les beaux-arts. Et à qui appartiendra-t-il plus d'en être le soutien qu'au neveu de leur principal fondateur? C'est un devoir attaché à votre nom.

C'est à vous de maintenir la pureté de notre langue, qui se corrompt tous les jours; c'est à vous de ramener la belle littérature et le bon goût, dont nous avons vu les restes fleurir encore. Il vous appartient de protéger la véritable philosophie, également éloignée de l'irréligion et du fanatisme. Quelles autres mains que les vôtres sont faites pour porter au trône les fleurs et les fruits du génie français, et pour en écarter la calomnie qui s'en approche toujours, quoique toujours chassée? A quel autre qu'à vous les académiciens pourraient-ils avoir recours dans leurs travaux et dans leurs afflictions? et quelle gloire pour vous, dans un âge où l'ambition est assouvie, et où les vains plaisirs ont disparu comme un songe, d'être, dans un loisir honorable, le père de vos confrères! L'âme du grand Armand s'applaudirait plus que jamais d'avoir fondé l'Académie française.

Après avoir fait *Œdipe* et *les Lois de Minos*, à près de soixante

---

1. *Les Plaideurs,* acte II, scène ix.
2. Voyez la petite pièce intitulée *le Pauvre Diable.*

années l'un de l'autre [1], et après avoir été calomnié et persécuté pendant ces soixante années, sans en faire que rire, je sors presque octogénaire (c'est-à-dire beaucoup trop tard) d'une carrière épineuse dans lequel un goût irrésistible m'engagea trop longtemps.

Je souhaite que la scène française, élevée dans le grand siècle de Louis XIV au-dessus du théâtre d'Athènes et de toutes les nations, reprenne la vie après moi, qu'elle se purge de tous les défauts que j'y ai portés, et qu'elle acquière les beautés que je n'ai pas connues.

Je souhaite qu'au premier pas que fera dans cette carrière un homme de génie, tous ceux qui n'en ont point ne s'ameutent pas pour le faire tomber, pour l'écraser dans sa chute, et pour l'opprimer par les plus absurdes impostures.

Qu'il ne soit pas mordu par les folliculaires, comme toute chair bien saine l'est par les insectes ; ces insectes et ces folliculaires ne mordant que pour vivre.

Je souhaite que la calomnie ne député point quelques-uns de ses serpents à la cour pour perdre ce génie naissant [2], en cas que la cour, par hasard, entende parler de ses talents.

Puissent les tragédies n'être désormais ni une longue conversation partagée en cinq actes par des violons, ni un amas de spectacles grotesques, appelé par les Anglais *show*, et par nous, la rareté, la curiosité !

Puisse-t-on n'y plus traiter l'amour comme un amour de comédie dans le goût de Térence, avec déclaration, jalousie, rupture, et raccommodement !

Qu'on ne substitue point à ces langueurs amoureuses des aventures incroyables et des sentiments monstrueux, exprimés en vers plus monstrueux encore, et remplis de maximes dignes de Cartouche et de son style.

Que, dans le désespoir secret de ne pouvoir approcher de nos grands maîtres, on n'aille pas emprunter des haillons affreux chez les étrangers, quand on a les plus riches étoffes dans son pays.

Que tous les vers soient harmonieux et bien faits ; mérite absolument nécessaire, sans lequel la poésie n'est jamais qu'un monstre, mérite auquel presque aucun de nous n'a pu parvenir depuis *Athalie*.

---

1. L'*OEdipe* ne fut joué qu'en 1718 ; mais il avait été composé cinq ans auparavant ; voyez *Théâtre*, t. Ier, page 7, note 2.
2. Ces mots désignent Laharpe ; voyez la lettre à d'Alembert, du 8 mai, et celle à Laharpe, du 24 mai 1773. (B.)

Que cet art ne soit pas aussi méprisé qu'il est noble et difficile.

Que le faxhal[1] et les comédiens de bois ne fassent pas absolument déserter *Cinna* et *Iphigénie*.

Que personne n'ose plus se faire valoir par la témérité de condamner des spectacles approuvés, entretenus, payés par les rois très-chrétiens, par les empereurs, par tous les princes de l'Europe entière. Cette témérité serait aussi absurde que l'était la bulle *In cœna Domini*, si sagement supprimée.

Enfin j'ose espérer que la nation ne sera pas toujours en contradiction avec elle-même sur ce grand art comme sur tant d'autres choses.

Vous aurez toujours en France des esprits cultivés et des talents; mais tout étant devenu lieu commun, tout étant problématique à force d'être discuté, l'extrême abondance et la satiété ayant pris la place de l'indigence où nous étions avant le grand siècle, le dégoût du public succédant à cette ardeur qui nous animait du temps des grands hommes, la multitude des journaux, et des brochures, et des dictionnaires satiriques, occupant le loisir de ceux qui pourraient s'instruire dans quelques bons livres utiles, il est fort à craindre que le bon goût ne reste que chez un petit nombre d'esprits éclairés, et que les arts ne tombent chez la nation.

C'est ce qui arriva aux Grecs après Démosthène, Sophocle, et Euripide; ce fut le sort des Romains après Cicéron, Virgile, et Horace; ce sera le nôtre. Déjà pour un homme à talents qui s'élève, dont on est jaloux, et qu'on voudrait perdre, il sort de dessous terre mille demi-talents, qu'on accueille pendant deux jours, qu'on précipite ensuite dans un éternel oubli, et qui sont remplacés par d'autres éphémères.

On est accablé sous le nombre infini de livres faits avec d'autres livres; et dans ces nouveaux livres inutiles, il n'y a rien de nouveau que des tissus de calomnies infâmes, vomies par la bassesse contre le mérite.

La tragédie, la comédie, le poëme épique, la musique, sont des arts véritables : on nous prodigue des leçons, des discussions sur tous ces arts; mais que le grand artiste est rare!

L'écrivain le plus misérable et le plus bas[2] peut dire son

---

1. Voyez la *Lettre à M. Le G... de G......*, ci-dessus, page 42.
2. Antoine Sabatier, né à Castres en 1742, mort à Paris le 15 juin 1817, publia à la fin de 1772, les *Trois Siècles de la littérature française*, 1772, trois vol. in-8. Voltaire en parle souvent. (B.)

avis sur *Trois Siècles* sans en connaître aucun, et calomnier lâchement, pour de l'argent, ses contemporains qu'il connaît encore moins. On le souffre, parce qu'on l'oublie : on laisse tranquillement ces colporteurs, devenus auteurs, juger les grands hommes sur les quais de Paris, comme on laisse les nouvellistes décider dans un café du destin des États; mais si, dans cette fange, un génie s'élève, il faut tout craindre pour lui.

Pardonnez-moi, monseigneur, ces réflexions : je les soumets à votre jugement et à celui de l'Académie, dont j'espère que vous serez longtemps l'ornement et le doyen.

Recevez avec votre bonté ordinaire ce témoignage du respectueux et tendre attachement d'un vieillard plus sensible à votre bienveillance qu'aux maladies dont ses derniers jours sont tourmentés.

PERSONNAGES

TEUCER, roi de Crète.
MÉRIONE, }
DICTIME, } archontes.
PHARÈS, grand-sacrificateur.
AZÉMON, }
DATAME, } guerriers de Cydonie.
ASTÉRIE, captive.
UN HÉRAUT.
PLUSIEURS GUERRIERS CYDONIENS.
SUITE, etc.

La scène est à Gortine, ville de Crète.

LES
LOIS DE MINOS

TRAGÉDIE

ACTE PREMIER.

(Le théâtre représente les portiques d'un temple, des tours sur les côtés, des cyprès sur le devant.)

SCÈNE I.

TEUCER, DICTIME.

TEUCER.

Quoi! toujours, cher ami, ces archontes, ces grands,
Feront parler les lois pour agir en tyrans[1]!
Minos, qui fut cruel, a régné sans partage;
Mais il ne m'a laissé qu'un pompeux esclavage,
Un titre, un vain éclat, le nom de majesté,
L'appareil du pouvoir, et nulle autorité.
J'ai prodigué mon sang, je règne, et l'on me brave.
Ma pitié, ma bonté pour cette jeune esclave
Semble dicter l'arrêt qui condamne ses jours;
Si je l'avais proscrite elle aurait leur secours.
Tel est l'esprit des grands depuis que la naissance
A cessé de donner la suprême puissance:

---

1. « Je crains, écrivait d'Alembert à Voltaire, que les amateurs de l'ancien parlement ne trouvent dans cette pièce, dès le premier acte, et même dès les premiers vers, des choses qui leur déplairont, et que l'auteur, en se mettant à la merci des sots, ne les ait pas assez ménagés. »

Jaloux d'un vain honneur, mais qu'on peut partager,
Ils n'ont choisi des rois que pour les outrager [1].

DICTIME.

Ce trône a ses périls ; je les connais sans doute ;
Je les ai vus de près ; je sais ce qu'il en coûte.
J'aimais Idoménée ; il mourut exilé
En pleurant sur un fils par lui-même immolé [2] :
Par le sang de ce fils il crut plaire à la Crète ;
Mais comment subjuguer la fureur inquiète
De ce peuple inconstant, orageux, égaré,
Vive image des mers dont il est entouré?
Ses flots sont élevés, mais c'est contre le trône ;
Une sombre tempête en tout temps l'environne,
Le sort vous a réduit à combattre à la fois
Les durs Cydoniens et vos jaloux Crétois,
Les uns dans les conseils, les autres par les armes ;
Et chaque instant pour vous redouble nos alarmes :
Hélas! des meilleurs rois c'est souvent le destin ;
Leurs pénibles travaux se succèdent sans fin :
Mais que votre pitié pour cette infortunée,
Par le cruel Pharès à mourir condamnée,
N'ait pas, à votre exemple, attendri tous les cœurs ;
Que ce saint homicide ait des approbateurs ;
Qu'on ait justifié cet usage exécrable ;
C'est là ce qui m'étonne, et cette horreur m'accable.

TEUCER.

Que veux-tu? Ces guerriers sous les armes blanchis,
Vieux superstitieux aux meurtres endurcis,
Destructeurs des remparts où l'on gardait Hélène,

---

1. Il ne faut pas s'imaginer qu'il y eût en Grèce un seul roi despotique. La tyrannie asiatique était en horreur ; ils étaient les premiers magistrats, comme encore aujourd'hui, vers le septentrion, nous voyons plusieurs monarques assujettis aux lois de leur république. On trouve une grande preuve de cette vérité dans l'*OEdipe* de Sophocle ; quand OEdipe, en colère contre Créon, crie : « Thèbes! » Créon dit : « Thèbes, il m'est permis, comme à vous, de crier : Thèbes! Thèbes! » Et il ajoute « qu'il serait bien fâché d'être roi ; que sa condition est beaucoup meilleure que celle d'un monarque ; qu'il est plus libre et plus heureux ». Vous verrez les mêmes sentiments dans l'*Électre* d'Euripide, dans les *Suppliantes*, et dans presque toutes les tragédies grecques. Leurs auteurs étaient les interprètes des opinions et des mœurs de toute la nation. (*Note de Voltaire.*)

2. Le parricide consacré d'Idoménée en Crète n'est pas le premier exemple de ces sacrifices abominables qui ont souillé autrefois presque toute la terre. Voyez les notes suivantes. (*Note de Voltaire.*)

ACTE I, SCÈNE I.

Ont vu d'un œil tranquille égorger Polixène[1].
Ils redoutaient Calchas; ils tremblent à mes yeux
Sous un Calchas nouveau, plus implacable qu'eux.
Tel est l'aveuglement dont la Grèce est frappée :
Elle est encor barbare[2]; et de son sang trempée,
A des dieux destructeurs elle offre ses enfants:
Ses fables sont nos lois, ses dieux sont nos tyrans.
Thèbes, Mycène, Argos, vivront dans la mémoire;

---

1. Les poëtes et les historiens disent qu'on immola Polixène aux mânes d'Achille; et Homère décrit le divin Achille sacrifiant de sa main douze citoyens troyens aux mânes de Patrocle. C'est à peu près l'histoire des premiers barbares que nous avons trouvés dans l'Amérique septentrionale. Il paraît, par tout ce qu'on nous raconte des anciens temps de la Grèce, que ses habitants n'étaient que des sauvages superstitieux et sanguinaires, chez lesquels il y eut quelques bardes qui chantèrent des dieux ridicules et des guerriers très-grossiers vivant de rapine; mais ces bardes étalèrent des images frappantes et sublimes qui subjuguent toute l'imagination. (*Note de Voltaire.*)

2. Il faut bien que les peuples d'Occident, à commencer par les Grecs, fussent des barbares du temps de la guerre de Troie. Euripide, dans un fragment qui nous est resté de la tragédie des *Crétois,* dit que, dans leur île, les prêtres mangeaient de la chair crue aux fêtes nocturnes de Bacchus. On sait d'ailleurs que, dans plusieurs de ces antiques orgies, Bacchus était surnommé *mangeur de chair crue.*

Mais ce n'était pas seulement dans l'usage de cette nourriture que consistait alors la barbarie grecque. Il ne faut qu'ouvrir les poëmes d'Homère pour voir combien les mœurs étaient féroces.

C'est d'abord un grand roi qui refuse avec outrage de rendre à un prêtre sa fille dont ce prêtre apportait la rançon. C'est Achille qui traite ce roi de lâche et de chien. Diomède blesse Vénus et Mars qui revenaient d'Éthiopie, où ils avaient soupé avec tous les dieux. Jupiter, qui a déjà pendu sa femme une fois, la menace de la pendre encore. Agamemnon dit aux Grecs assemblés que Jupiter machine contre lui la plus noire des perfidies. Si les dieux sont perfides, que doivent être les hommes?

Et que dirons-nous de la générosité d'Achille envers Hector ? Achille invulnérable, à qui les dieux ont fait une armure défensive très-inutile; Achille secondé par Minerve, dont Platon fit depuis le Logos divin, le verbe; Achille qui ne tue Hector que parce que la Sagesse, fille de Jupiter, le Logos, a trompé ce héros par le plus infâme mensonge et par le plus abominable prestige; Achille enfin, ayant tué si aisément, pour tout exploit, le pieux Hector, ce prince mourant prie son vainqueur de rendre son corps sanglant à ses parents; Achille lui répond : « Je voudrais te hacher par morceaux, et te manger tout cru. » Cela pourrait justifier les prêtres crétois, s'ils n'étaient pas faits pour servir d'exemple.

Achille ne s'en tient pas là : il perce les talons d'Hector, y passe une lanière, et le traîne ainsi par les pieds dans la campagne. Homère ne dormait pas quand il chantait ces exploits de cannibales; il avait la fièvre chaude, et les Grecs étaient atteints de la rage.

Voilà pourtant ce qu'on est convenu d'admirer de l'Euphrate au mont Atlas, parce que ces horreurs absurdes furent célébrées dans une langue harmonieuse, qui devint la langue universelle. (*Note de Voltaire.*)

D'illustres attentats ont fait toute leur gloire.
La Grèce a des héros, mais injustes, cruels,
Insolents dans le crime, et tremblants aux autels.
Ce mélange odieux m'inspire trop de haine.
Je chéris la valeur, mais je la veux humaine.
Ce sceptre est un fardeau trop pesant pour mon bras
S'il le faut soutenir par des assassinats ;
Je suis né trop sensible : et mon âme attendrie
Se soulève aux dangers de la jeune Astérie ;
J'admire son courage, et je plains sa beauté [1].
Ami, je crains les dieux ; mais dans ma piété
Je croirais outrager leur suprême justice,
Si je pouvais offrir un pareil sacrifice.

DICTIME.

On dit que de Cydon les belliqueux enfants
Du fond de leurs forêts viendront dans peu de temps
Racheter leurs captifs, et surtout cette fille
Que le sort des combats arrache à sa famille.
On peut traiter encore ; et peut-être qu'un jour
De la paix parmi nous le fortuné retour
Adoucirait nos mœurs, à mes yeux plus atroces
Que ces fiers ennemis qu'on nous peint si féroces.
Nos Grecs sont bien trompés : je les crois glorieux
De cultiver les arts, et d'inventer des dieux ;
Cruellement séduits par leur propre imposture,
Ils ont trouvé des arts, et perdu la nature.
Ces durs Cydoniens [2] dans leurs antres profonds
Sans autels et sans trône, errants et vagabonds,
Mais libres, mais vaillants, francs, généreux, fidèles,
Peut-être ont mérité d'être un jour nos modèles ;
La nature est leur règle, et nous la corrompons.

TEUCER.

Quand leur chef paraîtra nous les écouterons ;
Les archontes et moi, selon nos lois antiques,

---

1. Corneille a dit dans *le Cid*, acte II, scène II :

    J'admire ton courage, et je plains ta jeunesse.

2. La petite province de Cydon est au nord de l'île de Crète. Elle défendit longtemps sa liberté, et fut enfin assujettie par les Crétois, qui le furent ensuite à leur tour par les Romains, par les empereurs grecs, par les Sarrasins, par les croisés, par les Vénitiens, par les Turcs. Mais par qui les Turcs le seront-ils? (*Note de Voltaire.*)

ACTE I, SCÈNE II.

Donnerons audience à ces hommes rustiques :
Reçois-les, et surtout qu'ils puissent ignorer
Les sacrés attentats qu'on ose préparer.
Je ne te cèle point combien mon âme émue
De ces Cydoniens abhorre l'entrevue.
Je hais, je dois haïr ces sauvages guerriers,
De ma famille entière insolents meurtriers ;
J'ai peine à contenir cette horreur qu'ils m'inspirent :
Mais ils offrent la paix où tous mes vœux aspirent :
J'étoufferai la voix de mes ressentiments,
Je vaincrai mes chagrins, qui résistaient au temps :
Il en coûte à mon cœur, tu connais sa blessure :
Ils vont renouveler ma perte et mon injure.
Mais faut-il en punir un objet innocent ?
Livrerai-je Astérie à la mort qui l'attend ?
On vient. Puissent les dieux, que ma justice implore,
Ces dieux trop mal servis, ces dieux qu'on déshonore,
Inspirer la clémence, accorder à mes vœux
Une loi moins cruelle et moins indigne d'eux !

SCÈNE II.

TEUCER, DICTIME ; le pontife PHARÈS avance avec LE SACRIFICA-
TEUR à sa droite : le ROI est à sa gauche, accompagné des ARCHONTES
de la Crète.

PHARÈS, au roi et aux archontes.

Prenez place, seigneurs, au temple de Gortine[1] ;
Adorez et vengez la puissance divine.

(Ils montent sur une estrade, et s'asseyent dans le même ordre.
Pharès continue.)

Prêtres de Jupiter, organes de ses lois,
Confidents de nos dieux, et vous, roi des Crétois,
Vous, archontes vaillants, qui marchez à la guerre
Sous les drapeaux sacrés du maître du tonnerre,
Voici le jour de sang, ce jour si solennel,
Où je dois présenter aux marches de l'autel

---

1. La ville de Gortine était la capitale de la Crète, où l'on avait élevé le fameux temple de Jupiter. (*Note de Voltaire.*)

L'holocauste attendu, que notre loi commande.
De sept ans en sept ans [1] nous devons en offrande
Une jeune captive aux mânes des héros ;
Ainsi dans ses décrets nous l'ordonna Minos,

1. Le but de cette tragédie est de prouver qu'il faut abolir une loi quand elle est injuste.

L'histoire ancienne, c'est-à-dire la fable, a dit depuis longtemps que ce grand législateur Minos, propre fils de Jupiter, et tant loué par le divin Platon, avait institué des sacrifices de sang humain.

Ce bon et sage législateur immolait tous les ans sept jeunes Athéniens ; du moins Virgile le dit [*Æn.* VI, 20-22] :

> In foribus lethum Androgei tum pendere pœnas
> Cecropidæ jussi (miserum) septena quotannis
> Corpora natorum...

Ce qui est aujourd'hui moins rare qu'un tel sacrifice, c'est qu'il y a vingt opinions différentes de nos profonds scoliastes sur le nombre des victimes, et sur le temps où elles étaient sacrifiées au monstre prétendu, connu sous le nom de Minotaure, monstre qui était évidemment le petit-fils du sage Minos.

Quel qu'ait été le fondement de cette fable, il est très-vraisemblable qu'on immolait des hommes en Crète comme dans tant d'autres contrées. Sanchoniathon, cité par Eusèbe (*Préparation évangélique,* liv. I), prétend que cet acte de religion fut institué de temps immémorial. Ce Sanchoniathon vivait longtemps avant l'époque où l'on place Moïse, et huit cents ans après Thaut, l'un des législateurs de l'Égypte, dont les Grecs firent depuis le premier Mercure.

Voici les paroles de Sanchoniathon, traduites par Philon de Biblos, rapportées par Eusèbe :

« Chez les anciens, dans les grandes calamités, les chefs de l'État achetaient le salut du peuple en immolant aux dieux vengeurs les plus chers de leurs enfants. Iloüs (ou Chronos, selon les Grecs, ou Saturne, que les Phéniciens appellent Israël, et qui fut depuis placé dans le ciel) sacrifia ainsi son propre fils dans un grand danger où se trouvait la république. Ce fils s'appelait Jeüd ; il l'avait eu d'une fille nommée Annobret, et ce nom de Jeüd signifie en phénicien *premier-né.* »

Telle est la première offrande à l'Être éternel, dont la mémoire soit restée parmi les hommes ; et cette première offrande est un parricide.

Il est difficile de savoir précisément si les Brachmanes avaient cette coutume avant les peuples de Phénicie et de Syrie ; mais il est malheureusement certain que, dans l'Inde, ces sacrifices sont de la plus haute antiquité, et qu'ils n'y sont pas encore abolis de nos jours, malgré les efforts des Mahométans.

Les Anglais, les Hollandais, les Français, qui ont déserté leur pays pour aller commercer et s'égorger dans ces beaux climats, ont vu très-souvent de jeunes veuves riches et belles se précipiter par dévotion sur le bûcher de leurs maris, en repoussant leurs enfants qui leur tendaient les bras, et qui les conjuraient de vivre pour eux. C'est ce que la femme de l'amiral Roussel vit, il n'y a pas longtemps, sur les bords du Gange.

> Tantum religio potuit suadere malorum.
> Luc. I, 102.

Les Égyptiens ne manquaient pas de jeter en cérémonie une fille dans le Nil, quand ils craignaient que ce fleuve ne parvînt pas à la hauteur nécessaire.

Cette horrible coutume dura jusqu'au règne de Ptolémée Lagus ; elle est pro-

ACTE I, SCÈNE II.

Quand lui-même il vengeait sur les enfants d'Égée
La majesté des dieux, et la mort d'Androgée.
Nos suffrages, Teucer, vous ont donné son rang :
Vous ne le tenez point des droits de votre sang ;

bablement aussi ancienne que leur religion et leurs temples. Nous ne citons pas ces coutumes de l'antiquité pour faire parade d'une science vaine, mais c'est en gémissant de voir que les superstitions les plus barbares semblent un instinct de la nature humaine, et qu'il faut un effort de raison pour les abolir.

Lycaon et Tantale, servant aux dieux leurs enfants en ragoût, étaient deux pères superstitieux, qui commirent un parricide par piété. Il est beau que les mythologistes aient imaginé que les dieux punirent ce crime, au lieu d'agréer cette offrande.

S'il y a quelque fait avéré dans l'histoire ancienne, c'est la coutume de la petite nation connue depuis en Palestine sous le nom de Juifs. Ce peuple, qui emprunta le langage, les rites, et les usages de ses voisins, non-seulement immola ses ennemis aux différentes divinités qu'il adora jusqu'à la transmigration de Babylone, mais il immola ses enfants mêmes. Quand une nation avoue qu'elle a été très-longtemps coupable de ces abominations, il n'y a pas moyen de disputer contre elle ; il faut la croire.

Outre le sacrifice de Jephté, qui est assez connu, les Juifs avouent qu'ils brûlaient leurs fils et leurs filles en l'honneur de leur dieu Moloch, dans la vallée de Topheth. Moloch signifie à la lettre le Seigneur. *Ædificaverunt excelsa Topheth, quæ est in valle filii Ennom, ut incenderent filios suos et filias suas igni.* « Ils ont bâti les hauts lieux de Topheth, qui est dans la vallée du fils d'Ennom, pour y mettre en cendre leurs fils et leurs filles par le feu. » (*Jérém.*, VII, 31.)

Si les Juifs jetaient souvent leurs enfants dans le feu pour plaire à la Divinité, ils nous apprennent aussi qu'ils les faisaient mourir quelquefois dans l'eau. Ils leur écrasaient la tête à coups de pierre au bord des ruisseaux. « Vous immolez aux dieux vos enfants dans des torrents sous des pierres. » (*Isaïe*, LVII.)

Il s'est élevé une grande dispute entre les savants sur le premier sacrifice de trente-deux filles, offert au dieu Adonaï, après la bataille gagnée par la horde juive sur la horde madianite, dans le petit désert de Madian arabe, sous le commandement d'Eléazar, du temps de Moïse : on ne sait pas positivement en quelle année.

Le livre sacré intitulé *les Nombres* nous dit (*Nomb.*, XXXI) que les Juifs ayant tué dans le combat tous les mâles de la horde madianite, et cinq rois de cette horde, avec un prophète, et Moïse leur ayant ordonné, après la bataille, de tuer toutes les femmes, toutes les veuves, et tous les enfants à la mamelle, on partagea ensuite le butin qui était de 40,900 livres en or, à compter le sicle à 6 francs de notre monnaie d'aujourd'hui ; plus six cent soixante et quinze mille brebis, soixante et douze mille bœufs, soixante et un mille ânes, trente-deux mille filles vierges, le tout étant le reste des dépouilles, et les vainqueurs étant au nombre de douze mille, dont il n'y en eut pas un de tué.

Or, du butin partagé entre tous les Juifs, il y eut trente-deux filles pour la part du Seigneur.

Plusieurs commentateurs ont jugé que cette part du Seigneur fut un holocauste, un sacrifice de ces trente-deux filles, puisqu'on ne peut dire qu'on les voua aux autels, attendu qu'il n'y eut jamais de religieuses chez les Juifs ; et que, s'il y avait eu des vierges consacrées en Israël, on n'aurait pas pris des Madianites pour le service de l'autel : car il est clair que ces Madianites étaient impurs, puisqu'ils n'étaient pas Juifs. On a donc conclu que ces trente-deux filles avaient

Nous vous avons choisi quand par Idoménée
L'île de Jupiter se vit abandonnée.
Soyez digne du trône où vous êtes monté ;
Soutenez de nos lois l'inflexible équité.

été immolées. C'est un point d'histoire que nous laissons aux doctes à discuter.

Ils ont prétendu aussi que le massacre de tout ce qui était en vie dans Jéricho fut un véritable sacrifice; car ce fut un anathème, un vœu, une offrande; et tout se fit avec la plus grande solennité : après sept processions augustes autour de la ville pendant sept jours, on fit sept fois le tour de la ville, les lévites portant l'arche d'alliance, et devant l'arche sept autres prêtres sonnant du cornet; à la septième procession de ce septième jour, les murs de Jéricho tombèrent d'eux-mêmes. Les Juifs immolèrent tout dans cette cité, vieillards, enfants, femmes, filles, animaux de toute espèce, comme il est dit dans l'histoire de Josué.

Le massacre du roi Agag fut incontestablement un sacrifice, puisqu'il fut immolé par le prêtre Samuel, qui le dépeça en morceaux avec un couperet, malgré la promesse et la foi du roi Saül qui l'avait reçu à rançon comme son prisonnier de guerre.

Vous verrez dans l'*Essai sur les mœurs et l'esprit des nations* les preuves que les Gaulois et les Teutons, ces Teutons dont Tacite fait semblant d'aimer tant les mœurs honnêtes, faisaient de ces exécrables sacrifices aussi communément qu'ils couraient au pillage, et qu'ils s'enivraient de mauvaise bière.

La détestable superstition de sacrifier des victimes humaines semble être si naturelle aux peuples sauvages, qu'au rapport de Procope, un certain Théodebert, petit-fils de Clovis, et roi du pays Messin, immola des hommes pour avoir un heureux succès dans une course qu'il fit en Lombardie pour la piller. Il ne manquait que des bardes tudesques pour chanter de tels exploits.

Ces sacrifices du roi messin étaient probablement un reste de l'ancienne superstition des Francs, ses ancêtres. Nous ne savons que trop à quel point cette exécrable coutume avait prévalu chez les anciens Welches, que nous appelons Gaulois : c'était là cette simplicité, cette bonne foi, cette naïveté gauloise que nous avons tant vantée. C'était le bon temps quand des druides, ayant pour temples des forêts, brûlaient les enfants de leurs concitoyens dans des statues d'osier plus hideuses que ces druides mêmes.

Les sauvages des bords du Rhin avaient aussi des espèces de druidesses, des sorcières sacrées, dont la dévotion consistait à égorger solennellement des petits garçons et des petites filles dans de grands bassins de pierre, dont quelques-uns subsistent encore, et que le professeur Schœpflin a dessinés dans son *Alsatia illustrata*. Ce sont là les monuments de cette partie du monde, ce sont là nos antiquités. Les Phidias, les Praxitèle, les Scopas, les Miron, en ont laissé de différentes.

Jules César, ayant conquis tous ces pays sauvages, voulut les civiliser : il défendit aux druides ces actes de dévotion, sous peine d'être brûlés eux-mêmes, et fit abattre les forêts où ces homicides religieux avaient été commis. Mais ces prêtres persistèrent dans leurs rites; ils immolèrent en secret des enfants, disant qu'il vaut mieux obéir à Dieu qu'aux hommes; que César n'était grand pontife qu'à Rome; que la religion druidique était la seule véritable; et qu'il n'y avait point de salut sans brûler de petites filles dans de l'osier, ou sans les égorger dans de grandes cuves.

Nos sauvages ancêtres ayant laissé dans nos climats la mémoire de nos coutumes, l'Inquisition n'eut pas de peine à les renouveler. Les bûchers qu'elle alluma furent de véritables sacrifices. Les cérémonies les plus augustes de la religion, processions, autels, bénédictions, encens, prières, hymnes chantées à grands

ACTE I, SCÈNE II.

Jupiter veut le sang de la jeune captive
Qu'en nos derniers combats on prit sur cette rive.
On la croit de Cydon. Ces peuples odieux,
Ennemis de nos lois, et proscrits par nos dieux,

chœurs, tout y fut employé; et ces hymnes étaient les propres cantiques de ces mêmes infortunés que nous y traînons, et que nous appelons nos pères et nos maîtres.

Ce sacrifice n'avait nul rapport à la jurisprudence humaine; car assurément ce n'était pas un crime contre la société de manger, dans sa maison, les portes bien fermées, d'un agneau cuit avec des laitues amères, le 14 de la lune de mars. Il est clair qu'en cela on ne fait de mal à personne; mais on péchait contre Dieu, qui avait aboli cette ancienne cérémonie par l'organe de ses nouveaux ministres.

On voulait donc venger Dieu, en brûlant ces Juifs entre un autel et une chaire de vérité dressés exprès dans la place publique. L'Espagne bénira dans les siècles à venir celui qui a émoussé le couteau sacré et sacrilége de l'Inquisition [Aranda]. Un temps viendra enfin où l'Espagne aura peine à croire que l'Inquisition ait existé.

Plusieurs moralistes ont regardé la mort de Jean Hus et de Jérôme de Prague comme le plus pompeux sacrifice qu'on ait jamais fait sur la terre. Les deux victimes furent conduites au bûcher solennel par un électeur palatin et par un électeur de Brandebourg : quatre-vingts princes ou seigneurs de l'empire y assistèrent. L'empereur Sigismond brillait au milieu d'eux, comme le soleil au milieu des astres, selon l'expression d'un savant prélat allemand. Des cardinaux, vêtus de longues robes traînantes, teintes en pourpre, rebrassées d'hermine, couverts d'un immense chapeau aussi de pourpre, auquel pendaient quinze houppes d'or, siégeaient sur la même ligne que l'empereur, au-dessus de tous les princes. Une foule d'évêques et d'abbés étaient au-dessous, ayant sur leurs têtes de hautes mitres étincelantes de pierres précieuses. Quatre cents docteurs, sur un banc plus bas, tenaient des livres à la main : vis-à-vis on voyait vingt-sept ambassadeurs de toutes les couronnes de l'Europe, avec tout leur cortège. Seize mille gentilshommes remplissaient les gradins hors de rang, destinés pour les curieux.

Dans l'arène de ce vaste cirque étaient placés cinq cents joueurs d'instruments qui se faisaient entendre alternativement avec la psalmodie. Dix-huit mille prêtres de tous les pays de l'Europe écoutaient cette harmonie, et sept cent dix-huit courtisanes magnifiquement parées, entremêlées avec eux (quelques auteurs disent dix-huit cents), composaient le plus beau spectacle que l'esprit humain ait jamais imaginé.

Ce fut dans cette auguste assemblée qu'on brûla Jean et Jérôme en l'honneur du même Jésus-Christ qui ramenait la brebis égarée sur ses épaules; et les flammes, en s'élevant, dit un auteur du temps, allèrent réjouir le ciel empyrée.

Il faut avouer, après un tel spectacle, que lorsque le Picard Jean Chauvin offrit le sacrifice de l'Espagnol Michel Servet, dans une pile de fagots verts, c'était donner les marionnettes après l'opéra.

Tous ceux qui ont immolé ainsi d'autres hommes, pour avoir eu des opinions contraires aux leurs, n'ont pu certainement les sacrifier qu'à Dieu.

Que Polyeucte et Néarque, animés d'un zèle indiscret, aillent troubler une fête qu'on célèbre pour la prospérité de l'empereur; qu'ils brisent les autels, les statues, dont les débris écrasent les femmes et les enfants, ils ne sont coupables qu'envers les hommes qu'ils ont pu tuer; et quand on les condamne à mort, ce n'est qu'un acte de justice humaine : mais quand il ne s'agit que de punir des dogmes erronés, des propositions mal sonnantes, c'est un véritable sacrifice à la Divinité.

On pourrait encore regarder comme un sacrifice notre Saint-Barthélemy, dont

Des repaires sanglants de leurs antres sauvages,
Ont cent fois de la Crète infesté les rivages :
Toujours en vain punis, ils ont toujours brisé
Le joug de l'esclavage à leur tête imposé.
Remplissez à la fin votre juste vengeance.
Une épouse, une fille à peine en son enfance,
Aux champs de Bérécinthe, en vos premiers combats,
Sous leurs toits embrasés mourantes dans vos bras,
Demandent à grands cris qu'on apaise leurs mânes.
 Exterminez, grands dieux, tous ces peuples profanes !
Le vil sang d'une esclave, à nos autels versé,
Est d'un bien faible prix pour le ciel offensé.
C'est du moins un tribut que l'on doit à mon temple ;
Et la terre coupable a besoin d'un exemple.

TEUCER.

Vrais soutiens de l'État, guerriers victorieux,
Favoris de la gloire, et vous, prêtres des dieux,
Dans cette longue guerre où la Crète est plongée,
J'ai perdu ma famille, et ce fer l'a vengée ;
Je pleure encor sa perte ; un coup aussi cruel
Saignera pour jamais dans ce cœur paternel.
J'ai dans les champs d'honneur immolé mes victimes ;
Le meurtre et le carnage alors sont légitimes ;
Nul ne m'enseignera ce que mon bras vengeur
Devait à ma famille, à l'État, à mon cœur :
Mais l'autel ruisselant du sang d'une étrangère
Peut-il servir la Crète, et consoler un père ?
 Plût aux dieux que Minos, ce grand législateur,
De notre république auguste fondateur,
N'eût jamais commandé de pareils sacrifices !

---

nous célébrons l'anniversaire dans cette année centenaire 1772, s'il y avait eu plus d'ordre et de dignité dans l'exécution.

Ne fut-ce pas un vrai sacrifice que la mort d'Anne Dubourg, prêtre et conseiller au parlement, également respecté dans ces deux ministères? N'a-t-on pas vu d'autres barbaries plus atroces, qui soulèveront longtemps les esprits attentifs et les cœurs sensibles dans l'Europe entière? N'a-t-on pas vu dévouer à une mort affreuse, et à la torture, plus cruelle que la mort, deux enfants qui ne méritaient qu'une correction paternelle? Si ceux qui ont commis cette atrocité ont des enfants, s'ils ont eu le loisir de réfléchir sur cette horreur, si les reproches qui ont frappé leurs oreilles de toutes parts ont pu amollir leurs cœurs, peut-être verseront-ils quelques larmes en lisant cet écrit. Mais aussi n'est-il pas juste que les auteurs de cet horrible assassinat public soient à jamais en exécration au genre humain? (*Note de Voltaire.*)

L'homicide en effet rend-il les dieux propices?
Avons-nous plus d'États, de trésors, et d'amis,
Depuis qu'Idoménée eut égorgé son fils?
Guerriers, c'est par vos mains qu'aux feux vengeurs en proie,
J'ai vu tomber les murs de la superbe Troie,
Nous répandons le sang des malheureux mortels;
Mais c'est dans les combats, et non point aux autels.
Songez que de Calchas et de la Grèce unie
Le ciel n'accepta point le sang d'Iphigénie[1].
Ah! si pour nous venger le glaive est dans nos mains,
Cruels aux champs de Mars, ailleurs soyons humains;
Ne peut-on voir la Crète heureuse et florissante
Que par l'assassinat d'une fille innocente?
Les enfants de Cydon seront-ils plus soumis?
Sans en être plus craints nous serons plus haïs.
Au souverain des dieux rendons un autre hommage:
Méritons ses bontés, mais par notre courage:
Vengeons-nous, combattons, qu'il seconde nos coups;
Et vous, prêtres des dieux, faites des vœux pour nous,

PHARÈS.

Nous les formons, ces vœux; mais ils sont inutiles
Pour les esprits altiers et les cœurs indociles.
La loi parle, il suffit: vous n'êtes en effet
Que son premier organe et son premier sujet;
C'est Jupiter qui règne: il veut qu'on obéisse;
Et ce n'est pas à vous de juger sa justice.
S'il daigna devant Troie accorder un pardon
Au sang que dans l'Aulide offrait Agamemnon,
Quand il veut, il fait grâce: écoutez en silence
La voix de sa justice ou bien de sa clémence;
Il commande à la terre, à la nature, au sort;
Il tient entre ses mains la naissance et la mort.
Quel nouvel intérêt vous agite et vous presse?
Nul de nous ne montra ces marques de faiblesse
Pour le dernier objet qui fut sacrifié;
Nous ne connaissons point cette fausse pitié.

---

1. Plusieurs anciens auteurs assurent qu'Iphigénie fut en effet sacrifiée; d'autres imaginèrent la fable de Diane et de la biche. Il est encore plus vraisemblable que, dans ces temps barbares, un père ait sacrifié sa fille, qu'il ne l'est qu'une déesse, nommée Diane, ait enlevé cette victime, et mis une biche à sa place: mais cette fable prévalut; elle eut cours dans toute l'Asie comme dans la Grèce, et servit de modèle à d'autres fables. (*Note de Voltaire.*)

Vous voulez que Cydon cède au joug de la Crète ;
Portez celui des dieux dont je suis l'interprète :
Mais voici la victime¹.

(On amène Astérie, couronnée de fleurs et enchaînée.)

SCÈNE III.

LES PRÉCÉDENTS, ASTÉRIE.

DICTIME.

A son aspect, seigneur,
La pitié qui vous touche a pénétré mon cœur.
Que dans la Grèce encore il est de barbarie !
Que ma triste raison gémit sur ma patrie !

PHARÈS.

Captive des Crétois, remise entre mes mains,
Avant d'entendre ici l'arrêt de tes destins,
C'est à toi de parler, et de faire connaître
Quel est ton nom, ton rang, quels mortels t'ont fait naître.

ASTÉRIE.

Je veux bien te répondre. Astérie est mon nom ;
Ma mère est au tombeau ; le vieillard Azémon,
Mon digne et tendre père, a, dès mon premier âge,
Dans mon cœur qu'il forma fait passer son courage.
De rang, je n'en ai point ; la fière égalité
Est notre heureux partage, et fait ma dignité.

PHARÈS.

Sais-tu que Jupiter ordonne de ta vie ?

ASTÉRIE.

Le Jupiter de Crète, aux yeux de ma patrie,
Est un fantôme vain que ton impiété
Fait servir de prétexte à ta férocité.

PHARÈS.

Apprends que ton trépas, qu'on doit à tes blasphèmes,
Est déjà préparé par mes ordres suprêmes.

ASTÉRIE.

Je le sais, de ma mort indigne et lâche auteur ;
Je le sais, inhumain, mais j'espère un vengeur.

---

1. Tantôt Pharès apparaissait à Voltaire sous les traits de l'évêque de Cracovie, tantôt sous la figure de Christophe de Beaumont, archevêque de Paris. (G. A.)

Tous mes concitoyens sont justes et terribles ;
Tu les connais, tu sais s'ils furent invincibles.
Les foudres de ton dieu, par un aigle portés,
Ne te sauveront pas de leurs traits mérités :
Lui-même, s'il existe, et s'il régit la terre,
S'il naquit parmi vous, s'il lance le tonnerre[1],
Il saura bien sur toi, monstre de cruauté,
Venger son divin nom si longtemps insulté.
Puisse tout l'appareil de ton infâme fête,
Tes couteaux, ton bûcher, retomber sur ta tête !
Puisse le temple horrible où mon sang va couler,
Sur ma cendre, sur toi, sur les tiens s'écrouler !
Périsse ta mémoire ! et s'il faut qu'elle dure,
Qu'elle soit en horreur à toute la nature !
Qu'on abhorre ton nom ! qu'on déteste tes dieux !

---

1. Les Crétois disaient Minos fils de dieu, comme les Thébains disaient Bacchus et Hercule fils de dieu, comme les Argiens le disaient de Castor et de Pollux, les Romains de Romulus, comme enfin les Tartares l'ont dit de Gengis-kan, comme toute la fable l'a chanté de tant de héros et de législateurs, ou de gens qui ont passé pour tels.

Les doctes ont examiné sérieusement si ce Jupiter, le maître des dieux et le père de Minos, était né véritablement en Crète, et si Jupiter avait été enterré à Gortis, ou Gortine, ou Cortine.

C'est dommage que Jupiter soit un nom latin. Les doctes ont prétendu encore que ce nom latin venait de *Jovis*, dont on avait fait *Jovis pater, Jov piter, Jupiter*, et que ce *Jov* venait de *Jehovah* ou *Hiao*, ancien nom de Dieu en Syrie, en Égypte, en Phénicie.

Ceux qu'on appelle théologiens, dit Cicéron (*de Natura deorum*, lib. III), comptent trois Jupiter, deux d'Arcadie et un de Crète. *Principio Joves tres numerant ii qui theologi appellantur.*

Il est à remarquer que tous les peuples qui ont admis ce Jupiter, ce Jov, l'ont tous armé du tonnerre. Ce fut l'attribut réservé au souverain des dieux en Asie, en Grèce, à Rome ; non pas en Égypte, parce qu'il n'y tonne presque jamais. La théologie dont parle Cicéron ne fut pas établie par les philosophes. Celui qui a dit :

   Primus in orbe deos fecit timor, ardua cœlo
   Fulmina quum caderent.

n'a pas eu tort. Il y a bien plus de gens qui craignent qu'il n'y en a qui raisonnent et qui aiment. S'ils avaient raisonné, ils auraient conçu que Dieu, l'auteur de la nature, envoie la rosée comme le tonnerre et la grêle ; qu'il a fait les lois suivant lesquelles le temps est serein dans un canton, tandis qu'il est orageux dans un autre, et que ce n'est point du tout par mauvaise humeur qu'il fait tomber la foudre à Babylone, tandis qu'il ne lance jamais sur Memphis. La résignation aux ordres éternels et immuables de la Providence universelle est une vertu ; mais l'idée qu'un homme frappé du tonnerre est puni par les dieux, n'est qu'une pusillanimité ridicule. (*Note de Voltaire*.) — Le passage latin cité par Voltaire dans cette note est dans les fragments de Pétrone. Le *Primus in orbe deos fecit timor* est répété dans la *Thébaïde* de Stace, chant III, vers 661. (B.)

Voilà mes vœux, mon culte, et mes derniers adieux.
　Et toi, que l'on dit roi, toi, qui passes pour juste,
Toi, dont un peuple entier chérit l'empire auguste,
Et qui, du tribunal où les lois t'ont porté,
Sembles tourner sur moi des yeux d'humanité,
Plains-tu mon infortune en voulant mon supplice ?
Non, de mes assassins tu n'es pas le complice.

MÉRIONE, archonte, à Teucer.

On ne peut faire grâce, et votre autorité
Contre un usage antique, et partout respecté,
Opposerait, seigneur, une force impuissante.

TEUCER.

Que je livre au trépas sa jeunesse innocente !...

MÉRIONE.

Il faut du sang au peuple, et vous le connaissez ;
Ménagez ses abus, fussent-ils insensés.
La loi qui vous révolte est injuste peut-être ;
Mais en Crète elle est sainte, et vous n'êtes pas maître
De secouer un joug dont l'État est chargé.
Ton pouvoir a sa borne, et cède au préjugé.

TEUCER.

Quand il est trop barbare, il faut qu'on l'abolisse.

MÉRIONE.

Respectons plus Minos.

TEUCER.

　　　　　　Aimons plus la justice.
Et pourquoi dans Minos voulez-vous révérer
Ce que dans Busiris on vous vit abhorrer ?
Oui, j'estime en Minos le guerrier politique ;
Mais je déteste en lui le maître tyrannique.
Il obtint dans la Crète un absolu pouvoir :
Je suis moins roi que lui, mais je crois mieux valoir ;
En un mot à mes yeux votre offrande est un crime.

(A Dictime.)

Viens, suis-moi.

PHARÈS se lève, les sacrificateurs aussi, et descendent de l'estrado.

　　　　　Qu'aux autels on traîne la victime.

TEUCER.

Vous osez !...

SCÈNE IV.

LES PRÉCÉDENTS ; UN HÉRAUT arrive, le caducée à la main.

(Le roi, les archontes, les sacrificateurs, sont debout.)

LE HÉRAUT.
De Cydon les nombreux députés
Ont marché vers nos murs, et s'y sont présentés.
De l'olivier sacré les branches pacifiques,
Symbole de concorde, ornent leurs mains rustiques :
Ils disent que leur chef est parti de Cydon,
Et qu'il vient des captifs apporter la rançon.
PHARÈS.
Il n'est point de rançon, quand le ciel fait connaître
Qu'il demande à nos mains un sang dont il est maître.
TEUCER.
La loi veut qu'on diffère, elle ne souffre pas
Que l'étendard de paix et celui du trépas
Étalent à nos yeux un coupable assemblage.
Aux droits des nations nous ferions trop d'outrage.
Nous devons distinguer (si nous avons des mœurs)
Le temps de la clémence et le temps des rigueurs :
C'est par là que le ciel, si l'on en croit nos sages,
Des malheureux humains attira les hommages ;
Ce ciel peut-être enfin lui veut sauver le jour.
Allez, qu'on la ramène en cette même tour
Que je tiens sous ma garde, et dont on l'a tirée
Pour être en holocauste à vos glaives livrée.
Sénat, vous apprendrez un jour à pardonner.
ASTÉRIE.
Je te rends grâce, ô roi, si tu veux m'épargner ;
Mon supplice est injuste autant qu'épouvantable :
Et, quoique j'y portasse un front inaltérable,
Quoique aux lieux où le ciel a daigné me nourrir,
Nos premières leçons soient d'apprendre à mourir,
Le jour m'est cher... hélas ! Mais s'il faut que je meure,
C'est une cruauté que d'en différer l'heure.

(On l'emmène.)

TEUCER.
Le conseil est rompu. Vous, braves combattants,

Croyez que de Cydon les farouches enfants
Pourront malaisément désarmer ma colère.
Si je vois en pitié cette jeune étrangère,
Le glaive que je porte est toujours suspendu
Sur ce peuple ennemi par qui j'ai tout perdu.
Je sais qu'on doit punir, comme on doit faire grâce,
Protéger la faiblesse, et réprimer l'audace :
Tels sont mes sentiments. Vous pouvez décider
Si j'ai droit à l'honneur d'oser vous commander,
Et si j'ai mérité ce trône qu'on m'envie.
Allez ; blâmez le roi, mais aimez la patrie ;
Servez-la ; mais surtout, si vous craignez les dieux,
Apprenez d'un monarque à les connaître mieux.

FIN DU PREMIER ACTE.

ACTE DEUXIÈME.

SCÈNE I.

DICTIME, gardes; DATAME, les cydoniens, dans le fond.

DICTIME.
Où sont ces députés envoyés à mon maître ?
Qu'on les fasse approcher... Mais je les vois paraître,
Quel est celui de vous dont Datame est le nom ?
DATAME.
C'est moi.
DICTIME.
Quel est celui qui porte une rançon,
Et qui croit, par des dons aux Crétois inutiles,
Racheter des captifs enfermés dans nos villes ?...
DATAME.
Nous ne rougissons pas de proposer la paix.
Je l'aime, je la veux, sans l'acheter jamais.
Le vieillard Azémon, que mon pays révère,
Qui m'instruisit à vaincre, et qui me sert de père,
S'est chargé, m'a-t-il dit, de mettre un digne prix
A nos concitoyens par les vôtres surpris.
Nous venons les tirer d'un infâme esclavage,
Nous venons pour traiter.
DICTIME.
Est-il ici ?
DATAME.
Son âge
A retardé sa course, et je puis, en son nom,
De la belle Astérie annoncer la rançon.
Du sommet des rochers qui divisent les nues
J'ai volé, j'ai franchi des routes inconnues,
Tandis que ce vieillard, qui nous suivra de près,

A percé les détours de nos vastes forêts ;
Par le fardeau des ans sa marche est ralentie.
DICTIME.
Il apporte, dis-tu, la rançon d'Astérie ?
DATAME.
Oui. J'ignore à ton roi ce qu'il peut présenter ;
Cydon ne produit rien qui puisse vous flatter.
Vous allez ravir l'or au sein de la Colchide ;
Le ciel nous a privés de ce métal perfide ;
Dans notre pauvreté que pouvons-nous offrir ?
DICTIME.
Votre cœur et vos bras, dignes de nous servir.
DATAME.
Il ne tiendra qu'à vous ; longtemps nos adversaires,
Si vous l'aviez voulu, nous aurions été frères.
Ne prétendez jamais parler en souverains ;
Remettez, dès ce jour, Astérie en nos mains.
DICTIME.
Sais-tu quel est son sort ?
DATAME.
    Elle me fut ravie.
A peine ai-je touché cette terre ennemie,
J'arrive : je demande Astérie à ton roi,
A tes dieux, à ton peuple, à tout ce que je vois ;
Je viens ou la reprendre ou périr avec elle.
Une Hélène coupable, une illustre infidèle,
Arma dix ans vos Grecs indignement séduits ;
Une cause plus juste ici nous a conduits ;
Nous vous redemandons la vertu la plus pure :
Rendez-moi mon seul bien ; réparez mon injure.
Tremblez de m'outrager ; nous avons tous promis
D'être jusqu'au tombeau vos plus grands ennemis ;
Nous mourrons dans les murs de vos cités en flammes,
Sur les corps expirants de vos fils, de vos femmes...
 (A Dictime.)
Guerrier, qui que tu sois, c'est à toi de savoir
Ce que peut le courage armé du désespoir.
Tu nous connais : préviens le malheur de la Crète.
DICTIME.
Nous savons réprimer cette audace indiscrète.
J'ai pitié de l'erreur qui paraît t'emporter.
Tu demandes la paix, et viens nous insulter !

Calme tes vains transports; apprends, jeune barbare,
Que pour toi, pour les tiens, mon prince se déclare;
Qu'il épargne souvent le sang qu'on veut verser;
Qu'il punit à regret, qu'il sait récompenser;
Qu'intrépide aux combats, clément dans la victoire,
Il préfère surtout la justice à la gloire;
Mérite de lui plaire.

DATAME.
Et quel est donc ce roi?
S'il est grand, s'il est bon, que ne vient-il à moi?
Que ne me parle-t-il?... La vertu persuade.
Je veux l'entretenir.

DICTIME.
Le chef de l'ambassade
Doit paraître au sénat avec tes compagnons.
Il faut se conformer aux lois des nations.

DATAME.
Est-ce ici son palais?

DICTIME.
Non; ce vaste édifice
Est le temple où des dieux j'ai prié la justice
De détourner de nous les fléaux destructeurs,
D'éclairer les humains, de les rendre meilleurs.
Minos bâtit ces murs fameux dans tous les âges,
Et cent villes de Crète y portent leurs hommages.

DATAME.
Qui? Minos? ce grand fourbe, et ce roi si cruel?
Lui, dont nous détestons et le trône et l'autel;
Qui les teignit de sang? lui, dont la race impure
Par des amours affreux étonna la nature[1]?

---

[1]. Non-seulement Platon et Aristote attestent que Minos, ce lieutenant de police des enfers, autorisa l'amour des garçons, mais les aventures de ses deux filles ne supposent pas qu'elles eussent reçu une excellente éducation. N'admirez-vous pas les scoliastes, qui, pour sauver l'honneur de Pasiphaé, imaginèrent qu'elle avait été amoureuse d'un gentilhomme crétois, nommé Tauros, que Minos fit mettre à la Bastille de Crète, sous la garde de Dédale?

Mais n'admirez-vous pas davantage les Grecs, qui imaginèrent la fable de la vache d'airain ou de bois, dans laquelle Pasiphaé s'ajusta si bien que le vrai taureau dont elle était folle y fut trompé?

Ce n'était pas assez de mouler cette vache, il fallait qu'elle fût en chaleur, ce qui était difficile. Quelques commentateurs de cette fable abominable ont osé dire que la reine fit entrer d'abord une génisse amoureuse dans le creux de cette statue, et se mit ensuite à sa place. L'amour est ingénieux; mais voilà un bien exécrable emploi du génie. Il est vrai qu'à la honte, non pas de l'humanité, mais d'une vile

Lui, qui du poids des fers nous voulut écraser,
Et qui donna des lois pour nous tyranniser?
Lui, qui du plus pur sang que votre Grèce honore
Nourrit sept ans ce monstre appelé Minotaure?
Lui, qu'enfin vous peignez, dans vos mensonges vains,
Au bord de l'Achéron jugeant tous les humains,
Et qui ne mérita, par ses fureurs impies,
Que d'éternels tourments sous les mains des furies?
Parle : est-ce là ton sage? est-ce là ton héros?
Crois-tu nous effrayer à ce nom de Minos?
Oh! que la renommée est injuste et trompeuse !
Sa mémoire à la Grèce est encor précieuse;
Ses lois et ses travaux sont par nous abhorrés.
On méprise en Cydon ce que vous adorez;
On y voit en pitié les fables ridicules
Que l'imposture étale à vos peuples crédules.

DICTIME.

Tout peuple a ses abus, et les nôtres sont grands;
Mais nous avons un prince ennemi des tyrans,
Ami de l'équité, dont les lois salutaires
Aboliront bientôt tant de lois sanguinaires.

espèce d'hommes brute et dépravée, ces horreurs ont été trop communes, témoin le fameux *novimus et qui te* de Virgile [*Eclog. III*, vers 8]; témoin le bouc qui eut les faveurs d'une belle Égyptienne de Mendès, lorsque Hérodote était en Égypte; témoin les lois juives portées contre les hommes et les femmes qui s'accouplent avec les animaux, et qui ordonnent qu'on brûle l'homme et la bête; témoin la notoriété publique de ce qui se passe encore en Calabre; témoin l'avis nouvellement imprimé d'un bon prêtre luthérien de Livonie, qui exhorte les jeunes garçons de Livonie et d'Estonie à ne plus tant fréquenter les génisses, les ânesses, les brebis et les chèvres.

La grande difficulté est de savoir au juste si ces conjonctions affreuses ont jamais pu produire quelques monstres. Le grand nombre des amateurs du merveilleux, qui prétendent avoir vu des fruits de ces accouplements, et surtout des singes avec les filles, n'est pas une raison invincible pour qu'on les admette; ce n'est pas non plus une raison absolue de les rejeter. Nous ne connaissons pas assez tout ce que peut la nature. Saint Jérôme rapporte des histoires de centaures et de satyres, dans son livre des *Pères du désert*. Saint Augustin, dans son trente-troisième sermon à ses frères du désert, a vu des hommes sans tête, qui avaient deux gros yeux sur leur poitrine, et d'autres qui n'avaient qu'un œil au milieu du front; mais il faudrait avoir une bonne attestation pour toute l'histoire de Minos, de Pasiphaé, de Thésée, d'Ariane, de Dédale, et d'Icare. On appelait autrefois esprits forts ceux qui avaient quelque doute sur cette tradition.

On prétend qu'Euripide composa une tragédie de *Pasiphaé;* elle est du moins comptée parmi celles qui lui sont attribuées, et qui sont perdues. Le sujet était un peu scabreux; mais quand on a lu *Polyphème*, on peut croire que *Pasiphaé* fut mise sur le théâtre. (*Note de Voltaire.*)

Prends confiance en lui, sois sûr de ses bienfaits :
Je jure par les dieux...
DATAME.
Ne jure point ; promets...
Promets-nous que ton roi sera juste et sincère ;
Qu'il rendra dès ce jour Astérie à son pere...
De ses autres bienfaits nous pouvons le quitter.
Nous n'avons rien à craindre et rien à souhaiter ;
La nature pour nous fut assez bienfaisante :
Aux creux de nos vallons sa main toute-puissante
A prodigué ses biens pour prix de nos travaux ;
Nous possédons les airs, et la terre, et les eaux ;
Que nous faut-il de plus ? Brillez dans vos cent villes
De l'éclat fastueux de vos arts inutiles ;
La culture des champs, la guerre, sont nos arts ;
L'enceinte des rochers a formé nos remparts :
Nous n'avons jamais eu, nous n'aurons point de maître.
Nous voulons des amis ; méritez-vous de l'être ?
DICTIME.
Oui, Teucer en est digne ; oui, peut-être aujourd'hui,
En le connaissant mieux, vous combattrez pour lui.
DATAME.
Nous !
DICTIME.
Vous-même. Il est temps que nos haines finissent,
Que, pour leur intérêt, nos deux peuples s'unissent.
Je ne te réponds pas que ta dure fierté
Ne puisse de mon roi blesser la dignité ;
(A sa suite.)
Mais il l'estimera. Vous, allez ; qu'on prépare
Ce que les champs de Crète ont produit de plus rare ;
Qu'on traite avec respect ces guerriers généreux.
(Ils sortent.)
Puissent tous les Crétois penser un jour comme eux !
Que leur franchise est noble, ainsi que leur courage !
Le lion n'est point né pour souffrir l'esclavage :
Qu'ils soient nos alliés, et non pas nos sujets.
Leur mâle liberté peut servir nos projets.
J'aime mieux leur audace et leur candeur hautaine
Que les lois de la Crète, et tous les arts d'Athène.

SCÈNE II.

TEUCER, DICTIME, gardes.

TEUCER.

Il faut prendre un parti : ma triste nation
N'écoute que la voix de la sédition ;
Ce sénat orgueilleux contre moi se déclare ;
On affecte ce zèle implacable et barbare
Que toujours les méchants feignent de posséder,
A qui souvent les rois sont contraints de céder :
J'entends de mes rivaux la funeste industrie
Crier de tous côtés : Religion, patrie !
Tout prêts à m'accuser d'avoir trahi l'État
Si je m'oppose encore à cet assassinat.
Le nuage grossit, et je vois la tempête
Qui, sans doute, à la fin tombera sur ma tête.

DICTIME.

J'oserais proposer, dans ces extrémités,
De vous faire un appui des mêmes révoltés,
Des mêmes habitants de l'âpre Cydonie,
Dont nous pourrions guider l'impétueux génie :
Fiers ennemis d'un joug qu'ils ne peuvent subir,
Mais amis généreux, ils pourraient nous servir.
Il en est un surtout, dont l'âme noble et fière
Connaît l'humanité dans son audace altière :
Il a pris sur les siens, égaux par la valeur,
Ce secret ascendant que se donne un grand cœur ;
Et peu de nos Crétois ont connu l'avantage
D'atteindre à sa vertu, quoique dure et sauvage.
Si de pareils soldats pouvaient marcher sous vous,
On verrait tous ces grands si puissants, si jaloux
De votre autorité qu'ils osent méconnaître,
Porter le joug paisible, et chérir un bon maître.
Nous voulions asservir des peuples généreux :
Faisons mieux, gagnons-les ; c'est là régner sur eux.

TEUCER.

Je le sais. Ce projet peut sans doute être utile ;
Mais il ouvre la porte à la guerre civile :

A ce remède affreux faut-il m'abandonner?
Faut-il perdre l'État pour le mieux gouverner?
Je veux sauver les jours d'une jeune barbare;
Du sang des citoyens serai-je moins avare?
Il le faut avouer, je suis bien malheureux!
N'ai-je donc des sujets que pour m'armer contre eux?
Pilote environné d'un éternel orage,
Ne pourrai-je obtenir qu'un illustre naufrage?
Ah! je ne suis pas roi si je ne fais le bien.

DICTIME.

Quoi donc! contre les lois la vertu ne peut rien!
Le préjugé fait tout! Pharès impitoyable
Maintiendra malgré vous cette loi détestable!
Il domine au sénat! on ne veut désormais
Ni d'offres de rançon, ni d'accord, ni de paix!

TEUCER.

Quel que soit son pouvoir, et l'orgueil qui l'anime,
Va, le cruel du moins n'aura point sa victime;
Va, dans ces mêmes lieux, profanés si longtemps,
J'arracherai leur proie à ces monstres sanglants.

DICTIME.

Puissiez-vous accomplir cette sainte entreprise!

TEUCER.

Il faut bien qu'à la fin le ciel la favorise.
Et lorsque les Crétois, un jour plus éclairés,
Auront enfin détruit ces attentats sacrés
(Car il faut les détruire, et j'en aurai la gloire),
Mon nom, respecté d'eux, vivra dans la mémoire.

DICTIME.

La gloire vient trop tard, et c'est un triste sort.
Qui n'est de ses bienfaits payé qu'après la mort,
Obtint-il des autels, est encor trop à plaindre.

TEUCER.

Je connais, cher ami, tout ce que je dois craindre;
Mais il faut bien me rendre à l'ascendant vainqueur
Qui parle en sa défense, et domine en mon cœur.
Gardes, qu'en ma présence à l'instant on conduise
Cette Cydonienne, entre nos mains remise.

(Les gardes sortent.)

Je prétends lui parler avant que, dans ce jour,
On ose l'arracher du fond de cette tour,
Et la rendre au cruel armé pour son supplice,

Qui presse au nom des dieux ce sanglant sacrifice.
Demeure. La voici : sa jeunesse, ses traits,
Toucheraient tous les cœurs, hors celui de Pharès.

SCÈNE III.

TEUCER, DICTIME, ASTÉRIE, GARDES.

ASTÉRIE.
Que prétend-on de moi? Quelle rigueur nouvelle,
Après votre promesse, à la mort me rappelle?
Allume-t-on les feux qui m'étaient destinés?
O roi! vous m'avez plainte, et vous m'abandonnez!
TEUCER.
Non ; je veille sur vous, et le ciel me seconde.
ASTÉRIE.
Pourquoi me tirez-vous de ma prison profonde?
TEUCER.
Pour vous rendre au climat qui vous donna le jour;
Vous reverrez en paix votre premier séjour :
Malheureuse étrangère, et respectable fille,
Que la guerre arracha du sein de sa famille,
Souvenez-vous de moi loin de ces lieux cruels.
Soyez prête à partir... Oubliez nos autels...
Une escorte fidèle aura soin de vous suivre.
Vivez... Qui mieux que vous a mérité de vivre!
ASTÉRIE.
Ah, seigneur! ah, mon roi! je tombe à vos genoux;
Tout mon cœur qui m'échappe a volé devant vous;
Image des vrais dieux, qu'ici l'on déshonore,
Recevez mon encens : en vous je les adore.
Vous seul, vous m'arrachez aux monstres infernaux
Qui, me parlant en dieux, n'étaient que des bourreaux.
Malgré ma juste horreur de servir sous un maître,
Esclave auprès de vous, je me plairais à l'être.
TEUCER.
Plus je l'entends parler, plus je suis attendri...
Est-il vrai qu'Azémon, ce père si chéri,
Qui, près de son tombeau, vous regrette et vous pleure,
Pour venir vous reprendre a quitté sa demeure?

ACTE II, SCÈNE III.

ASTÉRIE.

On le dit. J'ignorais, au fond de ma prison,
Ce qui s'est pu passer dans ma triste maison.

TEUCER.

Savez-vous que Datame, envoyé par un père,
Venait nous proposer un traité salutaire,
Et que des jours de paix pouvaient être accordés?

ASTÉRIE.

Datame! lui, seigneur! que vous me confondez!
Il serait dans les mains du sénat de la Crète?
Parmi mes assassins?

TEUCER.

              Dans votre âme inquiète
J'ai porté, je le vois, de trop sensibles coups;
Ne craignez rien pour lui. Serait-il votre époux?
Vous serait-il promis? Est-ce un parent, un frère?
Parlez; son amitié m'en deviendra plus chère;
Plus on vous opprima, plus je veux vous servir.

ASTÉRIE.

De quel ombre de joie, hélas! puis-je jouir?
Qui vous porte à me tendre une main protectrice?
Quels dieux en ma faveur ont parlé?

TEUCER.

                    La justice.

ASTÉRIE.

Les flambeaux de l'hymen n'ont point brillé pour moi,
Seigneur; Datame m'aime, et Datame a ma foi;
Nos serments sont communs, et ce nœud vénérable
Est plus sacré pour nous, et plus inviolable
Que tout cet appareil formé dans vos Etats
Pour asservir des cœurs qui ne se donnent pas.
Le mien n'est plus à moi. Le généreux Datame
Allait me rendre heureuse en m'obtenant pour femme,
Quand vos lâches soldats, qui, dans les champs de Mars,
N'oseraient sur Datame arrêter leurs regards,
Ont ravi loin de lui des enfants sans défense,
Et devant vos autels ont traîné l'innocence :
Ce sont là les lauriers dont ils se sont couverts.
Un prêtre veut mon sang, et j'étais dans ses fers.

TEUCER.

Ses fers!... ils sont brisés, n'en soyez point en doute;
C'est pour lui qu'ils sont faits; et, si le ciel m'écoute,

Il peut tomber un jour au pied de cet autel
Où sa main veut sur vous porter le coup mortel.
Je vous rendrai l'époux dont vous êtes privée,
Et pour qui du trépas les dieux vous ont sauvée;
Il vous suivra bientôt : rentrez; que cette tour,
De la captivité jusqu'ici le séjour,
Soit un rempart du moins contre la barbarie.
On vient. Ce sera peu d'assurer votre vie;
J'abolirai nos lois, ou j'y perdrai le jour.

ASTÉRIE.

Ah! que vous méritez, seigneur, une autre cour,
Des sujets plus humains, un culte moins barbare!

TEUCER.

Allez : avec regret de vous je me sépare;
Mais de tant d'attentats, de tant de cruauté,
Je dois venger mes dieux, vous, et l'humanité.

ASTÉRIE.

Je vous crois, et de vous je ne puis moins attendre.

SCÈNE IV.

TEUCER, DICTIME, MÉRIONE.

MÉRIONE[1].

Seigneur, sans passion pourrez-vous bien m'entendre?

TEUCER.

Parlez.

MÉRIONE.

Les factions ne me gouvernent pas,
Et vous savez assez que, dans nos grands débats,
Je ne me suis montré le fauteur ni l'esclave
Des sanglants préjugés d'un peuple qui vous brave.
Je voudrais, comme vous, exterminer l'erreur
Qui séduit sa faiblesse, et nourrit sa fureur.
Vous pensez arrêter d'une main courageuse
Un torrent débordé dans sa course orageuse;
Il vous entraînera, je vous en averti.

---

1. On voulut voir dans Mérione le Suédois d'Hessenstein; Voltaire protesta en déclarant que Mérione n'était qu'un petit fanatique, et qu'il n'avait pas la noblesse d'âme du comte suédois. (G. A.)

ACTE II, SCÈNE IV.

Pharès a pour sa cause un violent parti,
Et d'autant plus puissant contre le diadème
Qu'il croit servir le ciel et vous venger vous-même.
« Quoi! dit-il, dans nos champs la fille de Teucer,
A son père arrachée, expira sous le fer;
Et, du sang le plus vil indignement avare,
Teucer dénaturé respecte une barbare!...
Lui seul est inhumain, seul à la cruauté
Dans son cœur insensible il joint l'impiété;
Il veut parler en roi quand Jupiter ordonne;
L'encensoir du pontife offense sa couronne :
Il outrage à la fois la nature et le ciel,
Et contre tout l'empire il se rend criminel... »
Il dit; et vous jugez si ces accents terribles
Retentiront longtemps sur ces âmes flexibles,
Dont il peut exciter ou calmer les transports,
Et dont son bras puissant gouverne les ressorts.

TEUCER.

Je vois qu'il vous gouverne, et qu'il sut vous séduire.
M'apportez-vous son ordre, et pensez-vous m'instruire?

MÉRIONE.

Je vous donne un conseil.

TEUCER.

Je n'en ai pas besoin.

MÉRIONE.

Il vous serait utile.

TEUCER.

Épargnez-vous ce soin;
Je sais prendre, sans vous, conseil de ma justice.

MÉRIONE.

Elle peut sous vos pas creuser un précipice :
Tout noble, dans notre île, a le droit respecté [1]

---

[1]. C'est le *liberum veto* des Polonais, droit cher et fatal qui a causé beaucoup plus de malheurs qu'il n'en a prévenu. C'était le droit des tribuns de Rome, c'était le bouclier du peuple entre les mains de ses magistrats; mais quand cette arme est dans les mains de quiconque entre dans une assemblée, elle peut devenir une arme offensive trop dangereuse, et faire périr toute une république. Comment a-t-on pu convenir qu'il suffirait d'un ivrogne pour arrêter les délibérations de cinq ou six mille sages, supposé qu'un pareil nombre de sages puisse exister? Le feu roi de Pologne, Stanislas Leczinski, dans son loisir en Lorraine, écrivit souvent contre ce *liberum veto*, et contre cette anarchie dont il prévit les suites. Voici les paroles mémorables qu'on trouve dans son livre intitulé *la Voix du citoyen*, imprimé en 1749 : « Notre tour viendra, sans doute, où nous serons la proie de

De s'opposer d'un mot à toute nouveauté.

TEUCER.

Quel droit!

MÉRIONE.

Notre pouvoir balance ainsi le vôtre;
Chacun de nos égaux est un frein l'un à l'autre.

TEUCER.

Oui, je le sais; tout noble est tyran tour à tour.

MÉRIONE.

De notre liberté condamnez-vous l'amour?

TEUCER.

Elle a toujours produit le public esclavage.

MÉRIONE.

Nul de nous ne peut rien, s'il lui manque un suffrage.

TEUCER.

La discorde éternelle est la loi des Crétois.

MÉRIONE.

Seigneur, vous l'approuviez quand de vous on fit choix.

TEUCER.

Je la blâmais dès lors; enfin je la déteste :
Soyez sûr qu'à l'État elle sera funeste.

MÉRIONE.

Au moins, jusqu'à ce jour, elle en fut le soutien :
Mais vous parlez en prince.

TEUCER.

En homme, en citoyen;
Et j'agis en guerrier quand mon honneur l'exige :
A ce dernier parti gardez qu'on ne m'oblige.

MÉRIONE.

Vous pourriez hasarder, dans ces dissensions,
De véritables droits pour des prétentions...
Consultez mieux l'esprit de notre république.

TEUCER.

Elle a trop consulté la licence anarchique.

---

quelque fameux conquérant; peut-être même les puissances voisines s'accorderont-elles à partager nos États » (page 19). La prédiction vient de s'accomplir : le démembrement de la Pologne est le châtiment de l'anarchie affreuse dans laquelle un roi sage, humain, éclairé, pacifique, a été assassiné dans sa capitale, et n'a échappé à la mort que par un prodige. Il lui reste un royaume plus grand que la France, et qui pourra devenir un jour florissant, si on peut y détruire l'anarchie, comme elle vient d'être détruite dans la Suède, et si la liberté peut y subsister avec la royauté. (*Note de Voltaire.*)

ACTE II, SCÈNE IV.

MÉRIONE.
Seigneur, entre elle et vous marchant d'un pas égal,
Autrefois votre ami, jamais votre rival,
Je vous parle en son nom.

TEUCER.
Je réponds, Mérione,
Au nom de la nature, et pour l'honneur du trône.

MÉRIONE.
Nos lois...

TEUCER.
Laissez vos lois, elles me font horreur ;
Vous devriez rougir d'être leur protecteur.

MÉRIONE.
Proposez une loi plus humaine et plus sainte ;
Mais ne l'imposez pas : seigneur, point de contrainte ;
Vous révoltez les cœurs, il faut persuader.
La prudence et le temps pourront tout accorder.

TEUCER.
Que le prudent me quitte, et le brave me suive.
Il est temps que je règne, et non pas que je vive.

MÉRIONE.
Régnez ; mais redoutez les peuples et les grands.

TEUCER.
Ils me redouteront. Sachez que je prétends
Être impunément juste, et vous apprendre à l'être.
Si vous ne m'imitez, respectez votre maître...
Et nous, allons, Dictime, assembler nos amis,
S'il en reste à des rois insultés et trahis.

FIN DU DEUXIÈME ACTE.

ACTE TROISIÈME.

SCÈNE I.

DATAME, CYDONIENS.

DATAME.

Pensent-ils m'éblouir par la pompe royale,
Par ce faste imposant que la richesse étale?
Croit-on nous amollir? Ces palais orgueilleux
Ont de leur appareil effarouché mes yeux;
Ce fameux labyrinthe, où la Grèce raconte
Que Minos autrefois ensevelit sa honte,
N'est qu'un repaire obscur, un spectacle d'horreur;
Ce temple, où Jupiter avec tant de splendeur
Est descendu, dit-on, du haut de l'empyrée,
N'est qu'un lieu de carnage à sa première entrée [1];

---

[1]. C'était à l'entrée du temple qu'on tuait les victimes. Le sanctuaire était réservé pour les oracles, les consultations et les autres simagrées. Les bœufs, les moutons, les chèvres, étaient immolés dans le périptère.

Ces temples des anciens, excepté ceux de Vénus et de Flore, n'étaient au fond que des boucheries en colonnades. Les aromates qu'on y brûlait étaient absolument nécessaires pour dissiper un peu la puanteur de ce carnage continuel; mais quelque peine qu'on prît pour jeter au loin les restes des cadavres, les boyaux, la fiente de tant d'animaux, pour laver le pavé couvert de sang, de fiel, d'urine, et de fange, il était bien difficile d'y parvenir.

L'historien Flavien Josèphe dit qu'on immola deux cent cinquante mille victimes en deux heures de temps, à la pâque qui précéda la prise de Jérusalem. On sait combien ce Josèphe était exagérateur; quelles ridicules hyperboles il employa pour faire valoir sa misérable nation; quelle profusion de prodiges impertinents il étala; avec quel mépris ces mensonges furent reçus par les Romains; comme il fut relancé par Apion, et comme il répondit par de nouvelles hyperboles à celles qu'on lui reprochait. On a remarqué qu'il aurait fallu plus de cinquante mille prêtres bouchers pour examiner, pour tuer en cérémonie, pour dépecer, pour partager tant d'animaux. Cette exagération est inconcevable; mais enfin il est certain que les victimes étaient nombreuses dans cette boucherie comme dans toutes les autres. L'usage de réserver les meilleurs morceaux pour les prêtres était établi

ACTE III, SCÈNE I.

Et les fronts de béliers égorgés et sanglants
Sont de ces murs sacrés les honteux ornements :
Ces nuages d'encens, qu'on prodigue à toute heure,
N'ont point purifié son infecte demeure.
Que tous ces monuments, si vantés, si chéris,
Quand on les voit de près, inspirent de mépris!

UN CYDONIEN.

Cher Datame, est-il vrai qu'en ces pourpris funestes
On n'offre que du sang aux puissances célestes?
Est-il vrai que ces Grecs, en tous lieux renommés,
Ont immolé des Grecs aux dieux qu'ils ont formés?
La nature à ce point serait-elle égarée?

DATAME.

A des flots d'imposteurs on dit qu'elle est livrée,
Qu'elle n'est plus la même, et qu'elle a corrompu
Ce doux présent des dieux, l'instinct de la vertu :
C'est en nous qu'il réside, il soutient nos courages :
Nous n'avons point de temple en nos déserts sauvages;
Mais nous servons le ciel, et ne l'outrageons pas
Par des vœux criminels et des assassinats.
Puissions-nous fuir bientôt cette terre cruelle,
Délivrer Astérie, et partir avec elle!

LE CYDONIEN.

Rendons tous les captifs entre nos mains tombés,

par toute la terre connue, excepté dans les Indes et dans les pays au delà du Gange. C'est ce qui a fait dire à un célèbre poëte anglais :

The priests eat roast beef, and the people stare.
Les prêtres sont à table, et le sot peuple admire.

On ne voyait dans les temples que des étaux, des broches, des grils, des couteaux de cuisine, des écumoires, de longues fourchettes de fer, des cuillers ou des cuillères à pot, de grandes jarres pour mettre la graisse, et tout ce qui peut inspirer le dégoût et l'horreur. Rien ne contribuait plus à perpétuer cette dureté et cette atrocité de mœurs qui porta enfin les hommes à sacrifier d'autres hommes, et jusqu'à leurs propres enfants; mais les sacrifices de l'Inquisition, dont nous avons tant parlé, ont été cent fois plus abominables. Nous avons substitué les bourreaux aux bouchers.

Au reste, de toutes les grosses masses appelées temples en Égypte et à Babylone, et du fameux temple d'Éphèse, regardé comme la merveille des temples, aucun ne peut être comparé en rien à Saint-Pierre de Rome, pas même à Saint-Paul de Londres, pas même à Sainte-Geneviève de Paris, que bâtit aujourd'hui M. Soufflot, et auquel il destine un dôme plus svelte que celui de Saint-Pierre, et d'un artifice admirable. Si les anciennes nations revenaient au monde, elles préféreraient sans doute les belles musiques de nos églises à des boucheries, et les sermons de Tillotson et de Massillon à des augures. (*Note de Voltaire.*)

Par notre pitié seule au glaive dérobés,
Esclave pour esclave; et quittons la contrée
Où notre pauvreté, qui dut être honorée,
N'est, aux yeux des Crétois, qu'un objet de dédain ;
Ils descendaient vers nous par un accueil hautain.
Leurs bontés m'indignaient. Regagnons nos asiles,
Fuyons leurs dieux, leurs mœurs, et leurs bruyantes villes.
Ils sont cruels et vains, polis et sans pitié.
La nature entre nous mit trop d'inimitié.

DATAME.

Ah! surtout de leurs mains reprenons Astérie.
Pourriez-vous reparaître aux yeux de la patrie
Sans lui rendre aujourd'hui son plus bel ornement ?
Son père est attendu de moment en moment :
En vain je la demande aux peuples de la Crète;
Aucun n'a satisfait ma douleur inquiète,
Aucun n'a mis le calme en mon cœur éperdu ;
Par des pleurs qu'il cachait un seul m'a répondu.
Que veulent, cher ami, ce silence et ces larmes ?
Je voulais à Teucer apporter mes alarmes ;
Mais on m'a fait sentir que, grâces à leurs lois,
Des hommes tels que nous n'approchent point les rois :
Nous sommes leurs égaux dans les champs de Bellone :
Qui peut donc avoir mis entre nous et leur trône
Cet immense intervalle, et ravir aux mortels
Leur dignité première et leurs droits naturels ?
Il ne fallait qu'un mot, la paix était jurée;
Je voyais Astérie à son époux livrée ;
On payait sa rançon, non du brillant amas
Des métaux précieux que je ne connais pas,
Mais des moissons, des fruits, des trésors véritables,
Qu'arrachent à nos champs nos mains infatigables :
Nous rendions nos captifs; Astérie avec nous
Revolait à Cydon dans les bras d'un époux.
Faut-il partir sans elle, et venir la reprendre
Dans des ruisseaux de sang et des monceaux de cendre ?

SCÈNE II.

LES PRÉCÉDENTS ; UN CYDONIEN, arrivant.

LE CYDONIEN.
Ah ! savez-vous le crime ?...
DATAME.
O ciel ! que me dis-tu ?
Quel désespoir est peint sur ton front abattu ?
Parle, parle.
LE CYDONIEN.
Astérie...
DATAME.
Eh bien ?
LE CYDONIEN.
Cet édifice,
Ce lieu qu'on nomme temple est prêt pour son supplice.
DATAME.
Pour Astérie !
LE CYDONIEN.
Apprends que, dans ce même jour,
En cette même enceinte, en cet affreux séjour,
De je ne sais quels grands la horde forcenée
Aux bûchers dévorants l'a déjà condamnée :
Ils apaisent ainsi Jupiter offensé.
DATAME.
Elle est morte !
LE PREMIER CYDONIEN.
Ah ! grand dieu !
LE SECOND CYDONIEN.
L'arrêt est prononcé ;
On doit l'exécuter dans ce temple barbare :
Voilà, chers compagnons, la paix qu'on nous prépare !
Sous un couteau perfide, et qu'ils ont consacré,
Son sang, offert aux dieux, va couler à leur gré,
Et dans un ordre auguste ils livrent à la flamme
Ces restes précieux adorés par Datame.
DATAME.
Je me meurs.
(Il tombe entre les bras d'un Cydonien.)

LE PREMIER CYDONIEN.
Peut-on croire un tel excès d'horreurs?
UN CYDONIEN.
Il en est encore un bien cruel à nos cœurs,
Celui d'être en ces lieux réduits à l'impuissance
D'assouvir sur eux tous notre juste vengeance,
De frapper ces tyrans de leurs couteaux sacrés,
De noyer dans leur sang ces monstres révérés.
DATAME, revenant à lui.
Qui? moi! je ne pourrais, ô ma chère Astérie,
Mourir sur les bourreaux qui t'arrachent la vie!...
Je le pourrai sans doute... O mes braves amis,
Montrez ces sentiments que vous m'avez promis:
Périssez avec moi. Marchons.
(On entend une voix d'une des tours.)
Datame, arrête!
DATAME.
Ciel!... d'où part cette voix? Quels dieux ont sur ma tête
Fait au loin dans les airs retentir ces accents?
Est-ce une illusion qui vient troubler mes sens?
(La même voix.)
Datame!...
DATAME.
C'est la voix d'Astérie elle-même!
Ciel! qui la fis pour moi, dieu vengeur, dieu suprême!
Ombre chère et terrible à mon cœur désolé,
Est-ce du sein des morts qu'Astérie a parlé?
UN CYDONIEN.
Je me trompe, ou du fond de cette tour antique
Sa voix faible et mourante à son amant s'explique.
DATAME.
Je n'entends plus ici la fille d'Azémon;
Serait-ce là sa tombe? Est-ce là sa prison?
Les Crétois auraient-ils inventé l'une et l'autre?
LE CYDONIEN.
Quelle horrible surprise est égale à la nôtre!
DATAME.
Des prisons! est-ce ainsi que ces adroits tyrans
Ont bâti, pour régner, les tombeaux des vivants?
UN CYDONIEN.
N'aurons-nous point de traits, d'armes, et de machines!
Ne pourrons-nous marcher sur leurs vastes ruines?

<small>DATAME avance vers la tour.</small>

Quel nouveau bruit s'entend? Astérie! ah! grands dieux!
C'est elle, je la vois, elle marche en ces lieux...
Mes amis, elle marche à l'affreux sacrifice;
Et voilà les soldats armés pour son supplice.
Elle en est entourée.

<small>(On voit dans l'enfoncement Astérie entourée de la garde que le roi Teucer lui avait donnée. Datame continue.)</small>

     Allons, c'est à ses pieds
Qu'il faut, en la vengeant, mourir sacrifiés.

SCÈNE III.

<small>LES CYDONIENS, DICTIME.</small>

<small>DICTIME.</small>

Où pensez-vous aller? et qu'est-ce que vous faites?
Quel transport vous égare, aveugles que vous êtes?
Dans leur course rapide ils ne m'écoutent pas.
Ah! que de cette esclave ils suivent donc les pas;
Qu'ils s'écartent surtout de ces autels horribles,
Dressés par la vengeance à des dieux inflexibles;
Qu'ils sortent de la Crète. Ils n'ont vu parmi nous
Que de justes sujets d'un éternel courroux :
Ils nous détesteront; mais ils rendront justice
A la main qui dérobe Astérie au supplice;
Ils aimeront mon roi dans leurs affreux déserts...
Mais de quels cris soudains retentissent les airs!
Je me trompe, ou de loin j'entends le bruit des armes.
Que ce jour est funeste, et fait pour les alarmes!
Ah! nos mœurs, et nos lois, et nos rites affreux,
Ne pouvaient nous donner que des jours malheureux!
Revolons vers le roi.

SCÈNE IV.

<small>TEUCER, DICTIME.</small>

<small>TEUCER.</small>
    Demeure, cher Dictime,
Demeure. Il n'est plus temps de sauver la victime;

Tous mes soins sont trahis; ma raison, ma bonté,
Ont en vain combattu contre la cruauté;
En vain, bravant des lois la triste barbarie,
Au sein de ses foyers je rendais Astérie;
L'humanité plaintive, implorant mes secours,
Du fer déjà levé défendait ses beaux jours;
Mon cœur s'abandonnait à cette pure joie
D'arracher aux tyrans leur innocente proie :
Datame a tout détruit.
DICTIME.
Comment? quels attentats?
TEUCER.
Ah! les sauvages mœurs ne s'adoucissent pas!
Datame...
DICTIME.
Quelle est donc sa fatale imprudence!
TEUCER.
Il payera de sa tête une telle insolence.
Lui, s'attaquer à moi! tandis que ma bonté
Ne veillait, ne s'armait que pour sa sûreté;
Lorsque déjà ma garde, à mon ordre attentive,
Allait loin de ce temple enlever la captive,
Suivi de tous les siens il fond sur mes soldats.
Quel est donc ce complot que je ne connais pas?
Étaient-ils contre moi tous deux d'intelligence?
Était-ce là le prix qu'on dût à ma clémence?
J'y cours; le téméraire, en sa fougue emporté,
Ose lever sur moi son bras ensanglanté :
Je le presse, il succombe, il est pris avec elle.
Ils périront: voilà tout le fruit de mon zèle;
Je faisais deux ingrats. Il est trop dangereux
De vouloir quelquefois sauver des malheureux.
J'avais trop de bonté pour un peuple farouche
Qu'aucun frein ne retient, qu'aucun respect ne touche,
Et dont je dois surtout à jamais me venger.
Où ma compassion m'allait-elle engager!
Je trahissais mon sang, je risquais ma couronne;
Et pour qui?
DICTIME.
Je me rends, et je les abandonne.
Si leur faute est commune, ils doivent l'expier;
S'ils sont tous deux ingrats, il les faut oublier.

TEUCER.
Ce n'est pas sans regret; mais la raison l'ordonne.
DICTIME.
L'inflexible équité, la majesté du trône,
Ces parvis tout sanglants, ces autels profanés,
Votre intérêt, la loi, tout les a condamnés.
TEUCER.
D'Astérie en secret la grâce, la jeunesse,
Peut-être malgré moi, me touche et m'intéresse;
Mais je ne dois penser qu'à servir mon pays;
Ces sauvages humains sont mes vrais ennemis.
Oui, je réprouve encore une loi trop sévère :
Mais il est des mortels dont le dur caractère,
Insensible aux bienfaits, intraitable, ombrageux,
Exige un bras d'airain toujours levé sur eux.
D'ailleurs ai-je un ami dont la main téméraire
S'armât pour un barbare et pour une étrangère?
Ils ont voulu périr, c'en est fait; mais du moins
Que mes yeux de leur mort ne soient pas les témoins.

SCÈNE V.

TEUCER, DICTIME, UN HÉRAUT.

TEUCER.
Que sont-ils devenus?
LE HÉRAUT.
Leur fureur inouïe
D'un trépas mérité sera bientôt suivie :
Tout le peuple à grands cris presse leur châtiment :
Le sénat indigné s'assemble en ce moment.
Ils périront tous deux dans la demeure sainte
Dont ils ont profané la redoutable enceinte.
TEUCER.
Ainsi l'on va conduire Astérie au trépas.
LE HÉRAUT.
Rien ne peut la sauver.
TEUCER.
Je lui tendais les bras;
Ma pitié me trompait sur cette infortunée :

Ils ont fait, malgré moi, leur noire destinée.
L'arrêt est-il porté?

LE HÉRAUT.

Seigneur, on doit d'abord
Livrer sur nos autels Astérie à la mort;
Bientôt tout sera prêt pour ce grand sacrifice;
On réserve Datame aux horreurs du supplice :
On ne veut point sans vous juger son attentat;
Et la seule Astérie occupe le sénat.

TEUCER.

C'est Datame, en effet, c'est lui seul qui l'immole;
Mes efforts étaient vains, et ma bonté frivole.
Revolons aux combats; c'est mon premier devoir,
C'est là qu'est ma grandeur, c'est là qu'est mon pouvoir :
Mon autorité faible est ici désarmée :
J'ai ma voix au sénat, mais je règne à l'armée.

LE HÉRAUT.

Le père d'Astérie, accablé par les ans,
Les yeux baignés de pleurs, arrive à pas pesants,
Se soutenant à peine, et d'une voix tremblante
Dit qu'il apporte ici pour sa fille innocente
Une juste rançon dont il peut se flatter
Que votre cœur humain pourra se contenter.

TEUCER.

Quelle simplicité dans ces mortels agrestes!
Ce vieillard a choisi des moments bien funestes;
De quel trompeur espoir son cœur s'est-il flatté?
Je ne le verrai point : il n'est plus de traité.

LE HÉRAUT.

Il a, si je l'en crois, des présents à vous faire
Qui vous étonneront.

TEUCER.

Trop infortuné père!
Je ne puis rien pour lui. Dérobez à ses yeux
Du sang qu'on va verser le spectacle odieux.

LE HÉRAUT.

Il insiste; il nous dit qu'au bout de sa carrière
Ses yeux se fermeraient sans peine à la lumière
S'il pouvait à vos pieds se jeter un moment.
Il demandait Datame avec empressement.

TEUCER.

Malheureux!

DICTIME.
Accordons, seigneur, à sa vieillesse
Ce vain soulagement qu'exige sa faiblesse.
TEUCER.
Ah! quand mes yeux ont vu, dans l'horreur des combats,
Mon épouse et ma fille expirer dans mes bras,
Les consolations, dans ce moment terrible,
Ne descendirent point dans mon âme sensible;
Je n'en avais cherché que dans mes vains projets
D'éclairer les humains, d'adoucir mes sujets,
Et de civiliser l'agreste Cydonie :
Du ciel qui conduit tout la sagesse infinie
Réserve, je le vois, pour de plus heureux temps
Le jour trop différé de ces grands changements.
Le monde avec lenteur marche vers la sagesse[1],
Et la nuit des erreurs est encor sur la Grèce.

Que je vous porte envie, ô rois trop fortunés,
Vous qui faites le bien dès que vous l'ordonnez!
Rien ne peut captiver votre main bienfaisante,
Vous n'avez qu'à parler, et la terre est contente.

---

1. A ne juger que par les apparences, et suivant les faibles conjectures humaines, par quelle multitude épouvantable de siècles et de révolutions n'a-t-il pas fallu passer avant que nous eussions un langage tolérable, une nourriture facile, des vêtements et des logements commodes! Nous sommes d'hier, et l'Amérique est de ce matin.

Notre occident n'a aucun monument antique : et que sont ceux de la Syrie, de l'Égypte, des Indes, de la Chine? Toutes ces ruines se sont élevées sur d'autres ruines. Il est très-vraisemblable que l'île Atlantide (dont les îles Canaries sont des restes), étant engloutie dans l'Océan, fit refluer les eaux vers la Grèce, et que vingt déluges locaux détruisirent tout vingt fois avant que nous existassions. Nous sommes des fourmis qu'on écrase sans cesse, et qui se renouvellent; et pour que ces fourmis rebâtissent leurs habitations, et pour qu'elles inventent quelque chose qui ressemble à une police et à une morale, que de siècles de barbarie! Quelle province n'a pas ses sauvages!

Tout philosophe peut dire :

In qua *scribebam* barbara terra fuit.

OVID., *Trist.*, livre III, élég. I, vers 18.

(*Note de Voltaire.*)

FIN DU TROISIÈME ACTE.

ACTE QUATRIÈME.

SCENE I.

LE VIEILLARD AZÉMON, accompagné d'UN ESCLAVE
qui lui donne la main.

AZÉMON.
Quoi ! nul ne vient à moi dans ces lieux solitaires !
Je ne retrouve point mes compagnons, mes frères !
Ces portiques fameux, où j'ai cru que les rois
Se montraient en tout temps à leurs heureux Crétois,
Et daignaient rassurer l'étranger en alarmes,
Ne laissaient voir au loin que des soldats en armes ;
Un silence profond règne sur ces remparts :
Je laisse errer en vain mes avides regards ;
Datame, qui devait dans cette cour sanglante
Précéder d'un vieillard la marche faible et lente,
Datame devant moi ne s'est point présenté ;
On n'offre aucun asile à ma caducité.
Il n'en est pas ainsi dans notre Cydonie ;
Mais l'hospitalité loin des cours est bannie.
O mes concitoyens, simples et généreux,
Dont le cœur est sensible autant que valeureux,
Que pourrez-vous penser quand vous saurez l'outrage
Dont la fierté crétoise a pu flétrir mon âge !
Ah ! si le roi savait ce qui m'amène ici,
Qu'il se repentirait de me traiter ainsi !
Une route pénible et la triste vieillesse
De mes sens fatigués accablent la faiblesse.
                                (Il s'assied.)
Goûtons sous ces cyprès un moment de repos :
Le ciel bien rarement l'accorde à nos travaux.

SCÈNE II.

AZÉMON, sur le devant; TEUCER, dans le fond, précédé du HÉRAUT.

AZÉMON, au héraut.

Irai-je donc mourir aux lieux qui m'ont vu naître
Sans avoir dans la Crète entretenu ton maître !

LE HÉRAUT.

Étranger malheureux, je t'annonce mon roi ;
Il vient avec bonté : parle, rassure-toi.

AZÉMON.

Va, puisqu'à ma prière il daigne condescendre,
Qu'il rende grâce aux dieux de me voir, de m'entendre.

TEUCER.

Eh bien ! que prétends-tu, vieillard infortuné?
Quel démon destructeur, à ta perte obstiné,
Te force à déserter ton pays, ta famille,
Pour être ici témoin du malheur de ta fille?

AZÉMON, s'étant levé.

Si ton cœur est humain, si tu veux m'écouter,
Si le bonheur public a de quoi te flatter,
Elle n'est point à plaindre, et, grâces à mon zèle,
Un heureux avenir se déploiera pour elle ;
Je viens la racheter.

TEUCER.

    Apprends que désormais
Il n'est plus de rançon, plus d'espoir, plus de paix.
Quitte ce lieu terrible; une âme paternelle
Ne doit point habiter cette terre cruelle.

AZÉMON.

Va, crains que je ne parte.

TEUCER.

    Ainsi donc de son sort
Tu seras le témoin ! Tes yeux verront sa mort !

AZÉMON.

Elle ne mourra point. Datame a pu t'instruire
Du dessein qui m'amène et qui dut le conduire.

TEUCER.

Datame de ta fille a causé le trépas.

Loin de l'affreux bûcher précipite tes pas ;
Retourne, malheureux, retourne en ta patrie ;
Achève en gémissant les restes de ta vie.
La mienne est plus cruelle ; et, tout roi que je suis,
Les dieux m'ont éprouvé par de plus grands ennuis :
Ton peuple a massacré ma fille avec sa mère ;
Tu ressens comme moi la douleur d'être père.
Va, quiconque a vécu dut apprendre à souffrir ;
On voit mourir les siens avant que de mourir.
Pour toi, pour ton pays, Astérie est perdue ;
Sa mort par mes bontés fut en vain suspendue ;
La guerre recommence, et rien ne peut tarir
Les nouveaux flots de sang déjà prêts à courir.

AZÉMON.

Je pleurerais sur toi plus que sur ma patrie,
Si tu laissais trancher les beaux jours d'Astérie.
Elle vivra, crois-moi ; j'ai des gages certains
Qui toucheraient les cœurs de tous ses assassins.

TEUCER.

Ah ! père infortuné ! quelle erreur te transporte !

AZÉMON.

Quand tu contempleras la rançon que j'apporte,
Sois sûr que ces trésors à tes yeux présentés
Ne mériteront pas d'en être rebutés ;
Ceux qu'Achille reçut du souverain de Troie
N'égalaient pas les dons que mon pays t'envoie.

TEUCER.

Cesse de t'abuser ; remporte tes présents.
Puissent les dieux plus doux consoler tes vieux ans !
Mon père, à tes foyers j'aurai soin qu'on te guide.

SCÈNE III.

TEUCER, DICTIME, AZÉMON, LE HÉRAUT, GARDES.

DICTIME.

Ah ! quittez les parvis de ce temple homicide,
Seigneur ; du sacrifice on fait tous les apprêts :
Ce spectacle est horrible, et la mort est trop près.
Le seul aspect des rois, ailleurs si favorable,

Porte partout la vie, et fait grâce au coupable :
Vous ne verriez ici qu'un appareil de mort ;
D'un barbare étranger on va trancher le sort.
Mais vous savez quel sang d'abord on sacrifie ;
Quel zèle a préparé cet holocauste impie.
Comme on est aveuglé ! Mes raisons ni mes pleurs
N'ont pu de notre loi suspendre les rigueurs.
Le peuple, impatient de cette mort cruelle,
L'attend comme une fête auguste et solennelle ;
L'autel de Jupiter est orné de festons ;
On y porte à l'envi son encens et ses dons.
Vous entendrez bientôt la fatale trompette :
A ce lugubre son, qui trois fois se répète,
Sous le fer consacré la victime à genoux...
Pour la dernière fois, seigneur, retirons-nous,
Ne souillons point nos yeux d'un culte abominable.

TEUCER.

Hélas ! je pleure encor ce vieillard vénérable,
Va, surtout qu'on ait soin de ses malheureux jours,
Dont la douleur bientôt va terminer le cours :
Il est père, et je plains ce sacré caractère.

AZÉMON.

Je te plains encor plus... et cependant j'espère.

TEUCER.

Fuis, malheureux, te dis-je.

AZÉMON, l'arrêtant.

Avant de me quitter
Écoute encore un mot : tu vas donc présenter
D'Astérie à tes dieux les entrailles fumantes ?
De tes prêtres crétois les mains toutes sanglantes
Vont chercher l'avenir dans son sein déchiré !
Et tu permets ce crime ?

TEUCER.

Il m'a désespéré,
Il m'accable d'effroi ; je le hais, je l'abhorre ;
J'ai cru le prévenir, je le voudrais encore :
Hélas ! je prenais soin de ses jours innocents ;
Je rendais Astérie à ses tristes parents.
Je sens quelle est ta perte et ta douleur amère...
C'en est fait.

AZÉMON.

Tu voulais la remettre à son père?

Va, tu la lui rendras.
(Deux Cydoniens apportent une cassette couverte de lames d'or. Azémon continue.)
Enfin donc en ces lieux
On apporte à tes pieds ces dons dignes des dieux.

TEUCER.

Que vois-je!

AZÉMON.

Ils ont jadis embelli tes demeures,
Ils t'ont appartenu... Tu gémis et tu pleures!...
Ils sont pour Astérie; il faut les conserver :
Tremble, malheureux roi, tremble de t'en priver.
Astérie est le prix qu'il est temps que j'obtienne.
Elle n'est point ma fille... apprends qu'elle est la tienne.

TEUCER.

O ciel!

DICTIME.

O Providence!

AZÉMON.

Oui, reçois de ma main
Ces gages, ces écrits, témoins de son destin,
(Il tire de la cassette un écrit qu'il donne à Teucer, qui l'examine en tremblant.)
Ce pyrope éclatant qui brilla sur sa mère,
Quand le sort des combats, à nous deux si contraire,
T'enleva ton épouse, et qu'il la fit périr ;
Voilà cette rançon que je venais t'offrir ;
Je te l'avais bien dit, elle est plus précieuse
Que tous les vains trésors de ta cour somptueuse.

TEUCER, s'écriant.

Ma fille!

DICTIME.

Justes dieux!

TEUCER, embrassant Azémon.

Ah! mon libérateur
Mon père! mon ami! mon seul consolateur!

AZÉMON.

De la nuit du tombeau mes mains l'avaient sauvée,
Comme un gage de paix je l'avais élevée ;
Je l'ai vu croître en grâce, en beautés, en vertus :
Je te la rends ; les dieux ne la demandent plus.

TEUCER, à Dictime.

Ma fille!... Allons, suis-moi.

DICTIME.
Quels moments!
TEUCER.
Ah! peut-être
On l'entraîne à l'autel! et déjà le grand-prêtre...
Gardes qui me suivez, secondez votre roi...
(On entend la trompette.)
Ouvrez-vous, temple horrible [1]! Ah! qu'est-ce que je vois?
Ma fille!

PHARÈS.
Qu'elle meure!
TEUCER.
Arrête! qu'elle vive!
AZÉMON.
Astérie!

PHARÈS, à Teucer.
Oses-tu délivrer ma captive?
TEUCER.
Misérable! oses-tu lever ce bras cruel?...
Dieux! bénissez les mains qui brisent votre autel;
C'était l'autel du crime.
(Il renverse l'autel et tout l'appareil du sacrifice.)

PHARÈS.
Ah! ton audace impie,
Sacrilége tyran, sera bientôt punie.

ASTÉRIE, à Teucer.
Sauveur de l'innocence, auguste protecteur,
Est-ce vous dont le bras équitable et vengeur
De mes jours malheureux a renoué la trame?
Ah! si vous les sauvez, sauvez ceux de Datame;
Étendez jusqu'à lui vos secours bienfaisants.
Je ne suis qu'une esclave.

DICTIME.
O bienheureux moments!
TEUCER.
Vous esclave! ô mon sang! sang des rois! fille chère!
Ma fille! ce vieillard t'a rendue à ton père.

---

1. Il enfonce la porte; le temple s'ouvre. On voit Pharès entouré de sacrificateurs. Astérie est à genoux au pied de l'autel; elle se retourne vers Pharès en étendant la main, et en le regardant avec horreur; et Pharès, le glaive à la main, est prêt à frapper. (*Note de Voltaire.*)

ASTÉRIE.

Qui ? moi !

TEUCER.

Mêle tes pleurs aux pleurs que je répands ;
Goûte un destin nouveau dans mes embrassements ;
Image de ta mère, à mes vieux ans rendue,
Joins ton âme étonnée à mon âme éperdue.

ASTÉRIE.

O mon roi !

TEUCER.

Dis mon père... il n'est point d'autre nom.

ASTÉRIE.

Hélas ! est-il bien vrai, généreux Azémon ?

AZÉMON.

J'en atteste les dieux.

TEUCER.

Tout est connu.

ASTÉRIE.

Mon père !

TEUCER, à ses gardes.

Qu'on délivre Datame en ce moment prospère...
Vous, écoutez.

ASTÉRIE.

O ciel ! ô destins inouïs !
Oui, si je suis à vous, Datame est votre fils ;
Je vois, je reconnais, votre âme paternelle.

DICTIME.

Seigneur, voyez déjà la faction cruelle
Dans le fond de ce temple environner Pharès :
Déjà de la vengeance ils font tous les apprêts ;
On court de tous côtés ; des troupes fanatiques
Vont, le fer dans les mains, inonder ces portiques.
Regardez Mérione, on marche autour de lui ;
Tout votre ami qu'il est, il paraît leur appui.
Est-ce là ce héros que j'ai vu devant Troie ?
Quelle fureur aveugle à mes yeux se déploie ?
L'inflexible Pharès a-t-il dans tous les cœurs
Des poisons de son âme allumé les ardeurs ?
Il n'entendit jamais la voix de la nature ;
Il va vous accuser de fraude, d'imposture.
Datame, en sa puissance, et de ses fers chargé,
A reçu son arrêt, et doit être égorgé.

ACTE IV, SCÈNE III.

ASTÉRIE.

Datame! ah! prévenez le plus grand de ses crimes.

TEUCER.

Va, ni lui ni ses dieux n'auront plus de victimes ;
Va, l'on ne verra plus de pareils attentats.

DICTIME.

Tranquille il frapperait votre fille en vos bras ;
Et le peuple à genoux, témoin de son supplice,
Des dieux dans son trépas bénirait la justice.

TEUCER.

Quand il saura quel sang sa main voulut verser,
Le barbare, crois-moi, n'osera m'offenser.
Quoi que Datame ait fait, je veux qu'on le révère.
Tout prend dans ce moment un nouveau caractère :
Je ferai respecter les droits des nations.

DICTIME.

Ne vous attendez pas, dans ces émotions,
Que l'orgueil de Pharès s'abaisse à vous complaire :
Il atteste les lois, mais il prétend les faire.

TEUCER.

Il y va de sa vie, et j'aurais de ma main,
Dans ce temple, à l'autel, immolé l'inhumain
Si le respect des dieux n'eût vaincu ma colère.
Je n'étais point armé contre le sanctuaire ;
Mais tu verras qu'enfin je sais être obéi.
S'il ne me rend Datame, il en sera puni,
Dût sous l'autel sanglant tomber mon trône en cendre.

(A Astérie.)

Je cours y donner ordre, et vous pouvez m'attendre.

ASTÉRIE.

Seigneur!... sauvez Datame... approuvez notre amour :
Mon sort est en tout temps de vous devoir le jour.

TEUCER, au héraut.

Prends soin de ce vieillard qui lui servit de père
Sur les sauvages bords d'une terre étrangère ;
Veille sur elle.

AZÉMON.

O roi ! ce n'est qu'en ton pays
Que ton cœur paternel aura des ennemis...

(Teucer sort avec Dictime et ses gardes.)

O toi, Divinité qui régis la nature,
Tu n'as pas foudroyé cette demeure impure,

Qu'on ose nommer temple, et qu'avec tant d'horreur
Du sang des nations on souille en ton honneur !
C'est en ces lieux de mort, en ce repaire infâme,
Qu'on allait immoler Astérie et Datame !
Providence éternelle, as-tu veillé sur eux ?
Leur as-tu préparé des destins moins affreux ?
Nous n'avons point d'autels où le faible t'implore[1] :

[1]. Plusieurs peuples furent longtemps sans temples et sans autels, et surtout les peuples nomades. Les petites hordes errantes, qui n'avaient point encore de ville forte, portaient de village en village leurs dieux dans des coffres, sur des charrettes traînées par des bœufs ou par des ânes, ou sur le dos des chameaux, ou sur les épaules des hommes. Quelquefois leur autel était une pierre, un arbre, une pique.

Les Iduméens, les peuples de l'Arabie Pétrée, les Arabes du désert de Syrie, quelques Sabéens, portaient dans des cassettes les représentations grossières d'une étoile.

Les Juifs, très-longtemps avant de s'emparer de Jérusalem, eurent le malheur de porter sur une charrette l'idole du dieu Moloch, et d'autres idoles dans le désert. « Portastis tabernaculum Moloch vestro [*Amos*, chap. v, v. 26], et imaginem idolorum vestrorum, sidus dei vestri, quæ fecistis vobis. »

Il est dit, dans l'*Histoire des juges*, qu'un Jonathan, fils de Gersam, fils aîné de Moïse, fut le prêtre d'une idole portative que la tribu de Dan [*Juges*, chap. XVIII] avait dérobée à la tribu d'Éphraïm.

Les petits peuples n'avaient donc que des dieux de campagne, s'il est permis de se servir de ce mot, tandis que les grandes nations s'étaient signalées depuis plusieurs siècles par des temples magnifiques. Hérodote vit l'ancien temple de Tyr, qui était bâti douze cents ans avant celui de Salomon. Les temples d'Égypte étaient beaucoup plus anciens. Platon, qui voyagea longtemps dans ce pays, parle de leurs statues qui avaient dix mille ans d'antiquité, ainsi que nous l'avons déjà remarqué ailleurs, sans pouvoir trouver de raisons dans les livres profanes, ni pour le nier, ni pour le croire.

Voici les propres paroles de Platon, au second livre des *Lois :* « Si on veut y faire attention, on trouvera en Égypte des ouvrages de peinture et de sculpture, faits depuis dix mille ans, qui ne sont pas moins beaux que ceux d'aujourd'hui, et qui furent exécutés précisément suivant les mêmes règles. Quand je dis dix mille ans, ce n'est pas une façon de parler, c'est dans la vérité la plus exacte. »

Ce passage de Platon, qui ne surprit personne en Grèce, ne doit pas nous étonner aujourd'hui. On sait que l'Égypte a des monuments de sculpture et de peinture qui durent depuis quatre mille ans au moins ; et dans un climat si sec et si égal, ce qui a subsisté quarante siècles en peut subsister cent, humainement parlant.

Les chrétiens, qui, dans les premiers temps, étaient des hommes simples, retirés de la foule, ennemis des richesses et du tumulte, des espèces de thérapeutes, d'esséniens, de caraïtes, de brachmanes (si on peut comparer le saint au profane) ; les chrétiens, dis-je, n'eurent ni temples ni autels pendant plus de cent quatre-vingts ans. Ils avaient en horreur l'eau lustrale, l'encens, les cierges, les processions, les habits pontificaux. Ils n'adoptèrent ces rites des nations, ne les épurèrent, et ne les sanctifièrent, qu'avec le temps. « Nous sommes partout, excepté dans les temples », dit Tertullien. Athénagore, Origène, Tatien, Théophile, déclarent qu'il ne faut point de temple aux chrétiens. Mais celui de tous qui en rend raison

ACTE IV, SCÈNE III.

Dans nos bois, dans nos champs, je te vois, je t'adore ;
Ton temple est, comme toi, dans l'univers entier :
Je n'ai rien à t'offrir, rien à sacrifier ;

avec le plus d'énergie est Minutius Félix, écrivain du troisième siècle de notre ère vulgaire.

« Putatis autem nos occultare quod colimus, si delubra et aras non habemus ? Quod enim simulacrum Deo fingam, cum, si recte existimes, sit Dei homo ipse simulacrum ? Templum quod exstruam, cum totus hic mundus, ejus opere fabricatus, eum capere non possit ; et cum homo latius maneam, intra unam ædiculam vim tantæ majestatis includam ? Nonne melius in nostra dedicandus est mente, in nostro imo consecrandus est pectore ? » [*Octavius*, XXXII.]

« Pensez-vous que nous cachions l'objet de notre culte, pour n'avoir ni autel ni temple ? Quelle image pourrions-nous faire de Dieu, puisqu'aux yeux de la raison l'homme est l'image de Dieu même ? Quel temple lui élèverai-je, lorsque le monde qu'il a construit ne peut le contenir ? Comment enfermerai-je la majesté de Dieu dans une maison, quand moi, qui ne suis qu'un homme, je m'y trouverais trop serré ? Ne vaut-il pas mieux lui dédier un temple dans notre esprit, et le consacrer dans le fond de notre cœur ? »

Cela prouve que non-seulement nous n'avions alors aucun temple, mais que nous n'en voulions point ; et qu'en cachant aux gentils nos cérémonies et nos prières, nous n'avions aucun objet de nos adorations à dérober à leurs yeux.

Les chrétiens n'eurent donc des temples que vers le commencement du règne de Dioclétien, ce héros guerrier et philosophe qui les protégea dix-huit années entières, mais séduit enfin et devenu persécuteur. Il est probable qu'ils auraient pu obtenir longtemps auparavant, du sénat et des empereurs, la permission d'ériger des temples, comme les Juifs avaient celle de bâtir des synagogues à Rome ; mais il est encore plus probable que les Juifs, qui payaient très-chèrement ce droit, empêchèrent les chrétiens d'en jouir. Il les regardaient comme des dissidents, comme des frères dénaturés, comme des branches pourries de l'ancien tronc. Ils les persécutaient, les calomniaient, avec une fureur implacable.

Aujourd'hui plusieurs sociétés chrétiennes n'ont point de temples : tels sont les primitifs, nommés quakers, les anabaptistes, les dunkards, les piétistes, les moraves, et d'autres. Les primitifs mêmes de Pensylvanie n'y ont point érigé de ces temples superbes qui ont fait dire à Juvénal :

> Dicite, pontifices, in sancto quid facit aurum ?

et qui ont fait dire à Boileau avec plus de hardiesse et de sévérité :

> Le prélat, par la brigue aux honneurs parvenu,
> Ne sut plus qu'abuser d'un ample revenu ;
> Et, pour toute vertu, fit, au dos d'un carrosse,
> A côté d'une mitre armorier sa crosse.

Mais Boileau, en parlant ainsi, ne pensait qu'à quelques prélats de son temps, ambitieux, ou avares, ou persécuteurs : il oubliait tant d'évêques généreux, doux, modestes, indulgents, qui ont été les exemples de la terre.

Nous ne prétendons pas inférer de là que l'Égypte, la Chaldée, la Perse, les Indes, aient cultivé les arts depuis les milliers de siècles que tous ces peuples s'attribuent. Nous nous en rapportons à nos livres sacrés, sur lesquels il ne nous est pas permis de former le moindre doute. (*Note de Voltaire.*) — Le vers latin cité dans l'avant-dernier alinéa n'est point de Juvénal, mais de Perse, satire II, 69 ; les vers de Boileau sont dans le *Lutrin*, chant VI, vers 39-42. (B.)

C'est toi qui donnes tout. Ciel! protége une vie
Qu'à celle de Datame, hélas! j'avais unie.
ASTÉRIE.
S'il nous faut périr tous, si tel est notre sort,
Nous savons, vous et moi, comme on brave la mort;
Vous me l'avez appris, vous gouvernez mon âme;
Et je mourrai du moins entre vous et Datame.

FIN DU QUATRIÈME ACTE.

ACTE CINQUIÈME.

SCÈNE I.

TEUCER, AZÉMON, MÉRIONE, LE HÉRAUT, SUITE.

TEUCER, au héraut.

Allez, dites-leur bien que, dans leur arrogance,
Trop longtemps pour faiblesse ils ont pris ma clémence;
Que de leurs attentats mon courage est lassé;
Que cet autel affreux, par mes mains renversé,
Est mon plus digne exploit et mon plus grand trophée;
Que de leurs factions enfin l'hydre étouffée,
Sur mon trône avili, sur ma triste maison,
Ne distillera plus les flots de son poison;
Il faut changer de lois, il faut avoir un maître.

(Le héraut sort.)

(A Mérione.)

Et vous, qui ne savez ce que vous devez être,
Vous qui, toujours douteux entre Pharès et moi,
Vous êtes cru trop grand pour servir votre roi,
Prétendez-vous encore, orgueilleux Mérione,
Que vous pouvez abattre ou soutenir mon trône?
Ce roi dont vous osez vous montrer si jaloux,
Pour vaincre et pour régner n'a pas besoin de vous:
Votre audace aujourd'hui doit être détrompée.
Ou pour ou contre moi tirez enfin l'épée:
Il faut, dans le moment, les armes à la main,
Me combattre, ou marcher sous votre souverain.

MÉRIONE.

S'il faut servir vos droits, ceux de votre famille,
Ceux qu'un retour heureux accorde à votre fille,
Je vous offre mon bras, mes trésors, et mon sang :
Mais si vous abusez de ce suprême rang

Pour fouler à vos pieds les lois de la patrie,
Je la défends, seigneur, au péril de ma vie.
Père et monarque heureux, vous avez résolu
D'usurper malgré nous un empire absolu,
De courber sous le joug de la grandeur suprême
Les ministres des dieux, et les grands, et moi-même;
Des vils Cydoniens vous osez vous servir
Pour opprimer la Crète, et pour nous asservir;
Mais, de quelque grand nom qu'en ces lieux on vous nomme
Sachez que tout l'État l'emporte sur un homme.

TEUCER.

Tout l'État est dans moi... Fier et perfide ami,
Je ne vous connais plus que pour mon ennemi :
Courez à vos tyrans.

MÉRIONE.
Vous le voulez?

TEUCER.
J'espère
Vous punir tous ensemble. Oui, marchez, téméraire;
Oui, combattez sous eux, je n'en suis point jaloux;
Je les méprise assez pour les joindre avec vous.

(Mérione sort.)

(A Azémon.)

Et toi, cher étranger, toi, dont l'âme héroïque
M'a forcé, malgré moi, d'aimer ta république;
Toi, sans qui j'eusse été, dans ma triste grandeur,
Un exemple éclatant d'un éternel malheur;
Toi, par qui je suis père, attends sous ces ombrages
Ou le comble ou la fin de mes sanglants outrages :
Va! tu me reverras mort ou victorieux.

(Il sort.)

AZÉMON.

Ah! tu deviens mon roi... Rendez-moi, justes dieux,
Avec mes premiers ans, la force de le suivre!
Que ce héros triomphe, ou je cesse de vivre!
Datame et tous les siens, dans ces lieux rassemblés,
N'y seraient-ils venus que pour être immolés?
Que devient Astérie?... Ah! mes douleurs nouvelles
Me font encor verser des larmes paternelles.

SCÈNE II.

ASTÉRIE, AZÉMON, GARDES.

ASTÉRIE.
Ciel! où porter mes pas? et quel sera mon sort?
AZÉMON.
Garde-toi d'avancer vers les champs de la mort.
Ma fille! de ce nom mon amitié t'appelle,
Digne sang d'un vrai roi, fuis l'enceinte cruelle,
Fuis le temple exécrable où les couteaux levés
Allaient trancher les jours que j'avais conservés.
Tremble.

ASTÉRIE.
  Qui? moi, trembler! vous, qui m'avez conduite,
Ce n'était pas ainsi que vous m'aviez instruite.
Le roi, Datame, et vous, vous êtes en danger;
C'est moi seule, c'est moi qui dois le partager.
AZÉMON.
Ton père le défend.
ASTÉRIE.
  Mon devoir me l'ordonne.
AZÉMON.
Sans armes et sans force, hélas! tout m'abandonne.
Aux combats autrefois ces lieux m'ont vu courir:
Va, nous ne pouvons rien.
ASTÉRIE, *voulant sortir.*
  Ne puis-je pas mourir?
AZÉMON, *se mettant au-devant d'elle.*
Tu n'en fus que trop près.
ASTÉRIE.
  Cette mort que j'ai vue
Sans doute était horrible à mon âme abattue:
Inutile au héros qui vivait dans mon cœur,
J'expirais en victime et tombais sans honneur;
La mort avec Datame est du moins généreuse:
La gloire adoucira ma destinée affreuse.
Les filles de Cydon, toujours dignes de vous,
Suivent dans les combats leurs parents, leurs époux,
Et quand la main des dieux me donne un roi pour père,

Quand je connais mon sang, faut-il qu'il dégénère?
Les plaintes, les regrets et les pleurs sont perdus.
Reprenez avec moi vos antiques vertus,
Et, s'il en est besoin, raffermissez mon âme.
J'ai honte de pleurer sans secourir Datame.

SCÈNE III.

LES PRÉCÉDENTS, DATAME.

DATAME.
Il apporte à tes pieds sa joie et sa douleur.
ASTÉRIE.
Que dis-tu?
AZÉMON.
Quoi! mon fils?
ASTÉRIE.
Teucer n'est pas vainqueur?
DATAME.
Il l'est, n'en doutez pas; je suis le seul à plaindre.
ASTÉRIE.
Vous vivrez tous les deux : qu'aurais-je encore à craindre?
O ciel! ô Providence! enfin triomphe aussi
De tous ces dieux affreux que l'on adore ici!
DATAME.
Il avait à combattre, en ce jour mémorable,
Des tyrans de l'État le parti redoutable,
Les archontes, Pharès, un peuple furieux,
Qui, trahissant ton père, a cru servir ses dieux.
Nous entendions leurs cris, tels que sur nos rivages
Les sifflements des vents appellent les orages;
Et nous étions réduits au désespoir honteux
De ne pouvoir mourir en combattant contre eux.
 Teucer a pénétré dans la prison profonde
Où, cachés aux rayons du grand astre du monde,
On nous avait chargés du poids honteux des fers,
Pour être avec toi-même en sacrifice offerts,
Ainsi que leurs agneaux, leurs béliers, leurs génisses,
Dont le sang, disent-ils, plaît à leurs dieux propices;
Il nous arme à l'instant. Je reprends mon carquois,

Mes dards, mes javelots, dont ma main tant de fois
Moissonna dans nos champs leur troupe fugitive.
Bientôt de ces Crétois une foule craintive
Fuit, et laisse un champ libre au héros que je sers.
La foudre est moins rapide en traversant les airs.
Il vole à ce grand chef, à ce fier Mérione ;
Il l'abat à ses pieds : aux fers on l'abandonne ;
On l'enchaîne à mes yeux. Ceux qui, le glaive en main,
Couraient pour le venger, l'accompagnent soudain :
Je les vois, sous mes coups, roulant dans la poussière.
Tout couvert de leur sang, je vole au sanctuaire,
A cette enceinte horrible et si chère aux Crétois,
Où de leur Jupiter les détestables lois
Avaient proscrit ta tête en holocauste offerte ;
Où, des voiles de mort indignement couverte,
On t'a vue à genoux, le front ceint d'un bandeau,
Prête à verser ton sang sous les coups d'un bourreau :
Ce bourreau sacrilége était Pharès lui-même ;
Il conservait encor l'autorité suprême
Qu'un délire sacré lui donna si longtemps
Sur les serfs odieux de ce temple habitants.
Ils l'entouraient en foule, ardents à le défendre,
Appelant Jupiter qui ne peut les entendre,
Et poussant jusqu'au ciel des hurlements affreux.
Je les écarte tous ; je vole au milieu d'eux ;
Je l'atteins, je le perce ; il tombe, et je m'écrie :
« Barbare, je t'immole à ma chère Astérie ! »
De ma juste vengeance et d'amour transporté,
J'ai traîné jusqu'à toi son corps ensanglanté :
Tu peux le voir, tu peux jouir de ta victime ;
Tandis que tous les siens, étonnés de leur crime,
Sont tombés en silence, et saisis de terreur,
Le front dans la poussière, aux pieds de leur vainqueur.

AZÉMON.

Mon fils ! je meurs content.

ASTÉRIE.

O nouvelle patrie !
Ce jour est donc pour moi le plus beau de ma vie !
Cher amant ! cher époux !

DATAME.

J'ai ton cœur, j'ai ta foi ;
Mais ce jour de ta gloire est horrible pour moi.

ASTÉRIE.
Est-il quelque danger que mon amant redoute?
Non, Datame est heureux.

DATAME.
Je l'eusse été sans doute,
Lorsque, dans nos forêts et parmi nos égaux,
Ton grand cœur attendri donnait à mes travaux
Sur cent autres guerriers la noble préférence;
Quand ta main fut le prix de ma persévérance,
Je me croyais à toi : la fille d'Azémon
Pouvait avec plaisir s'honorer de mon nom.
Tu le sais, digne ami, ta bonté paternelle
Encourageait l'amour qui m'enflamma pour elle.

AZÉMON.
Et je dois l'approuver encor plus que jamais.

ASTÉRIE.
Tes exploits, mon estime, et tes nouveaux bienfaits,
Seraient-ils un obstacle au succès de ta flamme?
Qui, dans le monde entier, peut m'ôter à Datame?

DATAME.
Au sortir du combat, à ton père, à ton roi,
J'ai demandé ta main, j'ai réclamé ta foi,
Non pas comme le prix de mon faible service,
Mais comme un bien sacré fondé sur la justice,
Un bien qui m'appartient, puisque tu l'as promis;
Sanglant, environné de morts et d'ennemis,
Je vivais, je mourais pour la seule Astérie.

ASTÉRIE.
Eh bien! est-il en Crète une âme assez hardie
Pour t'oser disputer le prix de ton amour?

DATAME.
Ceux qu'on appelle grands dans cette étrange cour,
Et qui semblent prétendre à cet honneur insigne,
Déclarent qu'un soldat ne peut en être digne...
S'ils osaient devant moi...

AZÉMON.
Respectable soldat,
Astérie est ta femme, ou Teucer est ingrat.

ASTÉRIE.
Il ne peut l'être.

DATAME.
On dit que, dans cette contrée,

La majesté des rois serait déshonorée.
Je ne m'attendais pas que d'un pareil affront,
Dans les champs de la Crète, on pût couvrir mon front.
####### ASTÉRIE.
Il fait rougir le mien.
####### DATAME.
              La main d'une princesse
Ne peut favoriser qu'un prince de la Grèce.
Voilà leurs lois, leurs mœurs.
####### ASTÉRIE.
                    Elles sont à mes yeux
Ce que la Crète entière a de plus odieux.
De ces fameuses lois, qu'on vante avec étude,
La première, en ces lieux, serait l'ingratitude !...
La loi qui m'immolait à leurs dieux en fureur
Ne fut pas plus injuste et n'eut pas plus d'horreur.
Je respecte mon père, et je me sens peut-être
Digne du sang des rois où j'ai puisé mon être ;
Je l'aime : il m'a deux fois ici donné le jour ;
Mais je jure par lui, par toi, par mon amour,
Que, s'il tentait la foi que ce cœur t'a donnée,
Si du plus grand des rois il m'offrait l'hyménée,
Je lui préférerais Datame et mes déserts :
Datame est mon seul bien dans ce vaste univers.
Je foulerais aux pieds trône, sceptre, couronne.
Datame est plus qu'un roi.

SCÈNE IV.

LES PRÉCÉDENTS, TEUCER ; MÉRIONE, enchaîné ;
CYDONIENS, SOLDATS, PEUPLE.

####### TEUCER.
                 Ton père te le donne ;
Il est à toi. Nos lois se taisent devant lui.
####### ASTÉRIE.
Ah ! vous seul êtes juste.
####### TEUCER.
                  Oui, tout change aujourd'hui ;

Oui, je détruis en tout l'antique barbarie :
Commençons tous les trois une nouvelle vie.
Qu'Azémon soit témoin de vos nœuds éternels ;
Ma main va les former à de nouveaux autels.
Soldats, livrez ce temple aux fureurs de la flamme[1] :

(On voit le temple en feu, et une partie qui tombe dans le fond du théâtre.)

Pour mon digne héritier reconnaissez Datame ;
Reconnaissez ma fille, et servez-nous tous trois
Sous de plus justes dieux, sous de plus saintes lois.

(A Astérie.)

Le peuple, en apprenant de qui vous êtes née,
En détestant la loi qui vous a condamnée,
Éperdu, consterné, rentre dans son devoir,
Abandonne à son prince un suprême pouvoir[2]...

(A Mérione.)

Vis, mais pour me servir, superbe Mérione :
Ton maître t'a vaincu, ton maître te pardonne.
La cabale et l'envie avaient pu t'éblouir ;
Et ton seul châtiment sera de m'obéir...
Braves Cydoniens, goûtez des jours prospères ;
Libres ainsi que moi, ne soyez que mes frères :
Aimez les lois, les arts ; ils vous rendront heureux...
Honte du genre humain, sacrifices affreux,
Périsse pour jamais votre indigne mémoire,
Et qu'aucun monument n'en conserve l'histoire !...
Nobles, soyez soumis, et gardez vos honneurs...
Prêtres, et grands, et peuple, adoucissez vos mœurs ;

---

1. Voici l'exposition que Voltaire faisait de cette tragédie : « D'abord des prêtres et des guerriers disant leur avis sur une estrade, une petite fille amenée devant eux qui leur chante pouilles, un contraste de Grecs et de sauvages, un sacrifice, un prince qui arrache sa fille à un évêque tout prêt à lui donner l'extrême-onction ; et, à la fin de la pièce, le maître-autel détruit, et la cathédrale en flammes... » Voyez l'avertissement, page 163.

2. On n'entend pas ici par suprême pouvoir cette autorité arbitraire, cette tyrannie que le jeune Gustave troisième, si digne de ce grand nom de Gustave, vient d'abjurer et de proscrire solennellement, en rétablissant la concorde, et en faisant régner les lois avec lui. On entend par suprême pouvoir cette autorité raisonnable, fondée sur les lois mêmes, et tempérée par elles ; cette autorité juste et modérée, qui ne peut sacrifier la liberté et la vie d'un citoyen à la méchanceté d'un flatteur, qui se soumet elle-même à la justice, qui lie inséparablement l'intérêt de l'État à celui du trône, qui fait d'un royaume une grande famille gouvernée par un père. Celui qui donnerait une autre idée de la monarchie serait coupable envers le genre humain. (*Note de Voltaire.*)

Servez Dieu désormais dans un plus digne temple,
Et que la Grèce instruite imite votre exemple.
DATAME.
Demi-dieu sur la terre, ô grand homme! ô grand roi!
Règne, règne à jamais sur mon peuple et sur moi.
Je ne méritais pas le trône où l'on m'appelle ;
Mais j'adore Astérie, et me crois digne d'elle.

FIN DES LOIS DE MINOS.

VARIANTES

DE LA TRAGÉDIE DES *LOIS DE MINOS*

Page 175, vers 3. — Voltaire avait d'abord mis :

    Minos fut despotique, et laissa pour partage
    Aux rois ses successeurs un pompeux esclavage.

Voyez la lettre à d'Argental du 19 juin 1772. (B.)

Page 188, vers 17 :

              MÉRIONE.
    Tout pouvoir a son terme, et cède au préjugé.
              TEUCER.
    Il le faut abolir quand il est trop barbare.
              MÉRIONE.
    Mais la loi de Minos contre vous se déclare.

Page 196, premier vers :

              TEUCER.
    Ainsi le fanatisme et la sédition
    Animeront toujours ma triste nation;
    Ce conseil de guerriers contre moi se déclare.
    On affecte... etc.

Page 199, vers 3 :

    Savez-vous que Datame, envoyé par un père
    Pour venir proposer une paix salutaire,
    Est encore en ces lieux aux meurtres destinés?
              ASTÉRIE.
    Quel trouble a pénétré dans mes sens étonnés!
    Datame!... Il est connu du grand roi de la Crète!
    Datame est parmi vous...
              TEUCER.
              Dans votre âme inquiète... etc.

Ibid., vers 12 :

    Parlez, son amitié m'en deviendra plus chère.

ASTÉRIE.
Seigneur, l'hymen encor ne nous a point unis ;
Mais Datame a ma foi ; ce guerrier m'est promis :
Nos serments sont communs... etc.

Page 205, avant-dernier vers :

Délivrer Astérie, et partir avec elle.
Son père et son amant viennent la demander.
Sans elle point de paix ; rien ne peut s'accorder.
Sans elle, en ce séjour, on ne m'eût vu descendre
Que pour l'ensanglanter et le réduire en cendre.

Ces vers terminaient la scène.

Page 211, vers 12 :

Exige un bras d'airain toujours levé sur eux.
Je sauvais Astérie, et je voulais encore
Détruire pour jamais un temple que j'abhorre.
Il n'y faut plus penser : nos amis incertains
Sont loin de seconder nos généreux desseins ;
Ils n'entreprendront point un combat téméraire,
Pour les jours d'un soldat et ceux d'une étrangère.

Page 213, vers 14. — L'auteur a supprimé les quatre vers suivants :

Les dieux me sont témoins que si j'avais voulu
Exercer sur la Crète un pouvoir absolu,
C'eût été pour sauver ma triste république
D'une loi détestable et d'un joug tyrannique.
Que je vous porte envie... etc.

Page 221, premier vers :

Ah! prévenez ce crime épouvantable.
TEUCER.
Je sais que le faux zèle est toujours implacable ;
Mais je ne craindrai plus de pareils attentats.

Page 225, vers 9 :

Je suis roi, je suis père, et veux agir en maître.

Page 226, vers 10 :

Sachez qu'un peuple entier l'emporte sur un homme.

Page 227, vers 14 :
ASTÉRIE.
Ne puis-je pas mourir?
La mort avec Datame est du moins glorieuse.
La gloire adoucira ma destinée affreuse.
J'irai, j'imiterai ces compagnes de Mars

Qu'Ilion vit combattre au pied de ses remparts,
Que Teucer admira, qui vivront d'âge en âge.
Pour de plus chers objets je ferai davantage.
Dois-je ici des tyrans attendre en paix les coups
Levés sur mon amant, sur mon père, et sur vous?
Cessez de me contraindre et d'avilir mon âme :
J'ai honte de pleurer sans secourir Datame.

Page 230, vers 7 :

Quand ton cœur fut à moi, la fille d'Azémon
Pouvait avec plaisir s'honorer de mon nom.
Le flambeau de l'hymen, porté par la Victoire,
Eût de nos deux maisons éternisé la gloire.
Les lauriers de ton père allaient s'unir aux miens,
Respectés et chéris de nos concitoyens.
Tu le sais, Azémon : ta bonté paternelle
Approuva cet amour qui m'enflamma pour elle.

Page 233, vers 3 :

DATAME.

Après avoir détruit de funestes erreurs,
Ta clémence, grand prince, a subjugué nos cœurs.
Je ne méritais pas le trône où tu m'appelle;
Mais j'adore Astérie : il me rend digne d'elle.
Demi-dieu sur la terre! ô grand homme! ô grand roi!
Règne, règne à jamais sur mon peuple et sur moi.
Aux serments que je fais également fidèle,
Brûlant d'amour pour toi, pour mon roi plein de zèle,
Puissé-je, en l'imitant, justifier son choix,
Mais toujours son sujet, suivre toujours ses lois!

FIN DES VARIANTES DES LOIS DE MINOS.

DON PÈDRE

TRAGÉDIE EN CINQ ACTES

NON REPRÉSENTÉS

AVERTISSEMENT

DE BEUCHOT.

La tragédie de *Don Pèdre* a été faite, ou du moins commencée, en 1761; mais Voltaire l'abandonna bientôt après, la reprit au bout d'un mois, et la promit pour dans deux ans. Il s'y remit enfin après un long intervalle, et la fit imprimer à la fin de 1774. L'édition que je crois l'originale est intitulée *Don Pèdre, roi de Castille, tragédie, et autres pièces*, 1775. Les pièces qu'on trouve à la suite de la tragédie sont :

I. *Éloge historique de la raison, prononcé dans une académie de province, par M. de Chambon.* Ce morceau est daté de 1774.

II. *De l'Encyclopédie.*

III. *Dialogue de Pégase et du Vieillard,* avec des *Notes de M. de Morza.*

IV. *La Tactique,* suivie d'une longue note.

En tête de la tragédie sont l'*Épître dédicatoire à M. d'Alembert* et le *Discours historique et critique sur la tragédie de Don Pèdre.* L'*Épître dédicatoire* a été composée en janvier 1775, entre l'élection de Malesherbes à l'Académie française, qui est de la fin de décembre 1774, et sa réception, qui est du 16 février 1775. Cette tragédie n'a pas été représentée.

ÉPITRE DÉDICATOIRE

A M. D'ALEMBERT

SECRÉTAIRE PERPÉTUEL DE L'ACADÉMIE FRANÇAISE,
MEMBRE DE L'ACADÉMIE DES SCIENCES, ETC.

PAR L'ÉDITEUR DE LA TRAGÉDIE DE *DON PÈDRE*.

―――

Monsieur,

Vous êtes assurément une de ces âmes privilégiées dont l'auteur de *Don Pèdre* parle dans son discours[1]. Vous êtes de ce petit nombre d'hommes qui savent embellir l'esprit géométrique par l'esprit de la littérature. L'Académie française a bien senti, en vous choisissant pour son secrétaire perpétuel[2], et en rendant cet hommage à la profondeur des mathématiques, qu'elle en rendait un autre au bon goût et à la vraie éloquence. Elle vous a jugé comme l'Académie des sciences a jugé M. le marquis de Condorcet[3]; et tout le public a pensé comme ces deux compagnies respectables. Vous faites tous deux revivre ces anciens temps où les plus grands philosophes de la Grèce enseignaient les principes de l'éloquence et de l'art dramatique.

Permettez, monsieur, que je vous dédie la tragédie de mon ami, qui, étant actuellement trop éloigné de la France, ne peut avoir l'honneur de vous la présenter lui-même. Si je mets votre nom à la tête de cette pièce, c'est parce que j'ai cru voir en elle

―――
1. Voyez le *Discours historique et critique* qui suit.
2. L'élection de d'Alembert à cette place est du 9 avril 1772. Il succédait à Duclos.
3. Condorcet, membre de l'Académie des sciences depuis 1769, en avait été nommé secrétaire perpétuel au mois de mars 1773. Il n'était alors âgé que de trente ans.

un air de vérité assez éloigné des lieux communs et de l'emphase que vous réprouvez.

Le jeune auteur, en y travaillant sous mes yeux, il y a un mois, dans une petite ville, loin de tout secours, n'était soutenu que par l'idée qu'il travaillait pour vous plaire.

Ut caneret paucis *ignoto* in pulvere verum [1].

Il n'a point ambitionné de donner cette pièce au théâtre. Il sait très-bien qu'elle n'est qu'une esquisse ; mais les portraits ressemblent : c'est pourquoi il ne la présente qu'aux hommes instruits. Il me disait d'ailleurs que le succès au théâtre dépend entièrement d'un acteur ou d'une actrice ; mais qu'à la lecture il ne dépend que de l'arrêt équitable et sévère d'un juge et d'un écrivain tel que vous. Il sait qu'un homme de goût ne tolère aujourd'hui ni déclamation ampoulée de rhétorique, ni fade déclaration d'amour à ma princesse, encore moins ces insipides barbaries en style visigoth, qui déchirent l'oreille sans jamais parler à la raison et au sentiment, deux choses qu'il ne faut jamais séparer.

Il désespérait de parvenir à être aussi correct que l'Académie l'exige, et aussi intéressant que les loges le désirent. Il ne se dissimulait pas les difficultés de construire une pièce d'intrigue et de caractère, et la difficulté encore plus grande de l'écrire en vers. Car enfin, monsieur, les vers, dans les langues modernes, étant privés de cette mesure harmonieuse des deux seules belles langues de l'antiquité, il faut avouer que notre poésie ne peut se soutenir que par la pureté continue du style.

Nous répétions souvent ensemble ces deux vers de Boileau, qui doivent être la règle de tout homme qui parle ou qui écrit [2],

> Sans la langue, en un mot, l'auteur le plus divin
> Est toujours, quoi qu'il fasse, un méchant écrivain ;

et nous entendions par les défauts du langage non-seulement les solécismes et les barbarismes dont le théâtre a été infecté, mais l'obscurité, l'impropriété, l'insuffisance, l'exagération, la sécheresse, la dureté, la bassesse, l'enflure, l'incohérence des expressions. Quiconque n'a pas évité continuellement tous ces écueils ne sera jamais compté parmi nos poëtes.

---

1. Lucain, *Pharsale*, IX, 377.
2. *Art poétique*, I, 161-62.

Ce n'est que pour apprendre à écrire tolérablement en vers français que nous nous sommes enhardis à offrir cet ouvrage à l'Académie en vous le dédiant. J'en ai fait imprimer très-peu d'exemplaires[1], comme dans un procès par écrit on présente à ses juges quelques mémoires imprimés que le public lit rarement.

Je demande pour le jeune auteur l'arrêt de tous les académiciens qui ont cultivé assidûment notre langue. Je commence par le philosophe inventeur, qui, ayant fait une description si vraie et si éloquente du corps humain, connaît l'homme moral aussi bien qu'il observe l'homme physique[2].

Je veux pour juge le philosophe profond qui a percé jusque dans l'origine de nos idées, sans rien perdre de sa sensibilité[3].

Je veux pour juge l'auteur du *Siège de Calais*[4], qui a communiqué son enthousiasme à la nation, et qui, ayant lui-même composé une tragédie de *Don Pèdre*, doit regarder mon ami comme le sien, et non comme un rival.

Je veux pour juge l'auteur de *Spartacus*[5], qui a vengé l'humanité dans cette pièce remplie de traits dignes du grand Corneille : car la véritable gloire est dans l'approbation des maîtres de l'art. Vous avez dit que rarement un amateur raisonnera de l'art avec autant de lumière qu'un habile artiste[6] ; pour moi, j'ai toujours vu que les artistes seuls rendaient une exacte justice... quand ils n'étaient pas jaloux.

> C'est aux esprits bien faits
> A voir la vertu pleine en ses moindres effets ;
> C'est d'eux seuls qu'on reçoit la véritable gloire[7].

Et je vous avouerai que j'aimerais mieux le seul suffrage de celui qui a ressuscité le style de Racine dans *Mélanie*, que de me voir applaudi un mois de suite au théâtre[8].

---

1. On peut croire, d'après cette expression, qu'une première édition de *Don Pèdre* ne fut pas mise en vente. (B.)
2. M. de Buffon.
3. M. l'abbé de Condillac.
4. Du Belloy ; sa tragédie de *Pierre le Cruel* avait été jouée en 1772.
5. Saurin.
6. *Essai sur les gens de lettres.*
7. Acte V des *Horaces.*
8. J'ose dire hardiment que je n'ai point vu de pièce mieux écrite que *Mélanie*. Ce mérite si rare a été senti par les étrangers qui apprennent notre langue par principes et par l'usage. L'héritier de la plus vaste monarchie de notre hémisphère, étonné de n'entendre que très-difficilement le jargon de quelques-uns de nos

Je présente la tragédie de *Don Pèdre* à l'académicien[1] qui a fait parler si dignement Bélisaire dans son admirable quinzième chapitre dicté par la vertu la plus pure, comme par l'éloquence la plus vraie, et que tous les princes doivent lire pour leur instruction et pour notre bonheur. Je la soumets à la saine critique de ceux qui, dans des discours couronnés par l'Académie, ont apprécié avec tant de goût les grands hommes du siècle de Louis XIV. Je m'en remets entièrement à la décision de l'auteur éclairé du poëme de la Peinture[2], qui seul a donné les vraies règles de l'art qu'il chante, et qui le connaît à fond, ainsi que celui de la poésie.

Je m'en rapporte au traducteur de Virgile[3], seul digne de le traduire parmi tous ceux qui l'ont tenté; à l'illustre auteur des *Saisons*[4], si supérieur à Thomson et à son sujet; tous juges irréfragables dans l'art des vers très-peu connu, et qui ont été proclamés pour jamais dans le temple de la gloire par les cris mêmes de l'envie.

Je suis bien persuadé que le jeune homme qui met sur la scène don Pèdre et Guesclin, préférerait aux applaudissements passagers du parterre l'approbation réfléchie de l'officier aussi instruit de cet art que de celui de la guerre, qui, ayant fait parler si noblement le célèbre connétable de Bourbon, et le plus célèbre chevalier Bayard, a donné l'exemple à notre auteur de ne point prodiguer sa pièce sur le théâtre[5].

Il souhaite, sans doute, d'être jugé par le peintre de François Ier, d'autant plus que ce savant et profond historien[6] sait mieux que personne que, si on dut appeler le roi Charles V habile, ce fut Henri de Transtamare qu'on dut nommer cruel.

---

auteurs nouveaux, et d'entendre avec autant de plaisir que de facilité cette pièce de *Melanie*, et *l'Éloge de Fénelon*, a répandu sur l'auteur les bienfaits les plus honorables : il a fait par goût ce que Louis XIV fit autrefois par un noble amour de la gloire. (*Note de Voltaire.*) — L'auteur de *Melanie* et de *l'Éloge de Fenelon* est Laharpe, en faveur de qui Voltaire avait fait une généreuse déclaration en 1768. (B.)

1. Marmontel.
2. Claude-Henri Watelet, né en 1718, mort en 1786, avait publié, en 1760, *l'Art de peindre, poëme avec des réflexions sur les différentes parties de la peinture.*
3. La première édition de la traduction des *Géorgiques*, par Delille, est de 1769.
4. Saint-Lambert, dont le poëme avait aussi paru en 1769.
5. M. de Guibert. — François-Apolline, comte de Guibert, né à Montauban le 12 novembre 1743, mort le 16 mai 1790, est auteur d'un *Essai général de tactique*, 1772, deux volumes in-8°; 1773, deux volumes in-4°; et d'une tragédie intitulée *le Connétable de Bourbon*.
6. Gaillard (Gabriel-Henri), né en 1726, mort en 1806, auteur d'une *Histoire de François Ier*, dont la première édition est de 1766-69, sept volumes in-12.

J'attends l'opinion des deux académiciens philosophes[1], vos dignes confrères[2], qui ont confondu de lâches et sots délateurs par une réponse aussi énergique que sage et délicate, et qui savent juger comme écrire.

Voilà, monsieur, l'aréopage dont vous êtes l'organe, et par qui je voudrais être condamné ou absous, si jamais j'osais faire à mon tour une tragédie, dans un temps où les sujets des pièces de théâtre semblent épuisés ; dans un temps où le public est dégoûté de tous ses plaisirs, qui passent comme ses affections ; dans un temps où l'art dramatique est prêt à tomber en France, après le grand siècle de Louis XIV, et à être entièrement sacrifié aux ariettes, comme il l'a été en Italie après le siècle des Médicis.

Je vous dis à peu près ce que disait Horace[3] :

> Plotius et Varius, Mæcenas, Virgiliusque,
> Valgius, et probet hæc Octavius optimus, atque
> Fuscus, et hæc utinam Viscorum laudet uterque, etc.

Et voyez, s'il vous plaît, comme Horace met Virgile à côté de Mécène. Le même sentiment échauffait Ovide dans les glaces qui couvraient les bords du Pont-Euxin, lorsque, dans sa dernière élégie *de Ponto*, il daigna essayer de faire rougir un de ces misérables folliculaires qui insultent à ceux qu'ils croient infortunés, et qui sont assez lâches pour calomnier un citoyen au bord de son tombeau.

Combien de bons écrivains dans tous les genres sont-ils cités par Ovide dans cette élégie! Comme il se console par le suffrage des Cotta, des Messala, des Fuscus, des Marius, des Gracchus, des Varus, et de tant d'autres dont il consacre les noms à l'immortalité! Comme il inspire pour lui la bienveillance de tout honnête homme, et l'horreur pour un regrattier qui ne sait être que détracteur!

Le premier des poëtes italiens, et peut-être du monde entier, l'Arioste[4], nomme, dans son quarante-sixième chant, tous les gens

---

1. M. Suard et l'abbé Arnaud.
2. Il nous est tombé entre les mains, depuis peu, une réponse de M. l'abbé Arnaud à je ne sais quelle prétendue dénonciation de je ne sais quel prétendu théologien, devant je ne sais quel prétendu tribunal. Cette réponse m'a paru très-supérieure à tous les ouvrages polémiques de l'autre Arnauld. (*Note de Voltaire.*) — L'opuscule dont parle ici Voltaire est intitulé *Observations sur une dénonciation de* la Gazette littéraire, *faite à l'archevêque de Paris* (1765), in-8° de 63 pages. Ces *Observations* ne sont pas de l'abbé Arnaud, mais de l'abbé Morellet. (B.)
3. Livre Ier, satire x, vers 81-83.
4. On ne le connaît guère en France que par des traductions très-insipides en prose. C'est le maître du Tasse et de La Fontaine. (*Note de Voltaire.*)

de lettres de son temps pour lesquels il travaillait sans avoir pour objet la multitude. Il en nomme dix fois plus que je n'en désigne ; et l'Italie n'en trouva pas la liste trop longue. Il n'oublie point les dames illustres, dont le suffrage lui était si cher.

Boileau, ce premier maître dans l'art difficile des vers français, Boileau, moins galant que l'Arioste, dit, dans sa belle épître à son ami, l'inimitable Racine [1] :

> Et qu'importe à nos vers que Perrin les admire,
> Que l'auteur de Jonas s'empresse pour les lire...
> Pourvu qu'ils puissent plaire au plus puissant des rois ;
> Qu'à Chantilly Condé les souffre quelquefois ;
> Qu'Enghien en soit touché ; que Colbert et Vivonne,
> Que La Rochefoucauld, Marsillac, et Pompone,
> Et mille autres qu'ici je ne puis faire entrer,
> A leurs traits délicats se laissent pénétrer.

J'avoue que j'aime mieux le *Mæcenas Virgiliusque*, dans Horace, que *le plus puissant des rois* dans Boileau, parce qu'il est plus beau, ce me semble, et plus honnête de mettre Virgile et le premier ministre de l'empire sur la même ligne, quand il s'agit du goût, que de préférer le suffrage de Louis XIV et du grand Condé à celui des Coras et des Perrin, ce qui n'était pas un grand effort. Mais enfin, monsieur, vous voyez que depuis Horace jusqu'à Boileau, la plupart des grands poëtes ne cherchent à plaire qu'aux esprits bien faits.

Puisque Boileau désirait avec tant d'ardeur l'approbation de l'immortel Colbert, pourquoi ne travaillerions-nous pas à mériter celle d'un homme qui a commencé son ministère mieux que lui, qui est beaucoup plus instruit que lui dans tous les arts que nous cultivons, et dont l'amitié vous a été si précieuse depuis longtemps, ainsi qu'à tous ceux qui ont eu le bonheur de le connaître [2] ? Pourquoi n'ambitionnerions-nous pas les suffrages de ceux qui ont rendu des services essentiels à la patrie, soit par une paix nécessaire, soit par de très-belles actions à la guerre, ou par un mérite moins brillant et non moins utile dans les ambassades, ou dans les parties essentielles du ministère ?

Si ce même Boileau travaillait pour plaire aux La Rochefou-

---

1. Épître VII, vers 87-88, 93-98.
2. M. Turgot. — Anne-Robert-Jacques Turgot, nommé contrôleur général des finances, le 24 août 1774, se démit de cette place en mars 1776. Il est mort en 1781.

cauld de son siècle, nous blâmerait-on de souhaiter le suffrage des personnes qui font aujourd'hui tant d'honneur à ce nom? à moins que nous ne fussions tout à fait indignes d'occuper un moment leur loisir.

Y a-t-il un seul homme de lettres en France qui ne se sentît très-encouragé par le suffrage de deux de vos confrères, dont l'un a semblé rappeler le siècle des Médicis en cueillant les fleurs du Parnasse avant de siéger dans le Vatican[1], et l'autre, dans un rang non moins illustre, est toujours favorisé des Muses et des Grâces lorsqu'il parle dans vos assemblées, et qu'il y lit ses ouvrages[2]? C'est en ce sens qu'Horace a dit[3] :

> Principibus placuisse viris non ultima laus est.

Je dis dans le même sens à un homme d'un grand nom[4], auteur d'un livre profond, *De la Félicité publique :* Mon ami doit être trop heureux si vous ne désapprouvez pas *Don Pèdre;* c'est à vous de juger les rois et les connétables ; j'en dis autant au magistrat qui entre aujourd'hui dans l'Académie : puisse-t-il être chargé un jour du soin de cette félicité publique[5] !

J'ajouterai encore que le divin Arioste ne se borne pas à nommer les hommes de son temps qui faisaient honneur à l'Italie, et pour lesquels il écrivait ; il nomme l'illustre Julie de Gonzague et la veuve immortelle du marquis de Pescara, et des princesses de la maison d'Este et de Malatesta, et des Borgia, des Sforce, des Trivulce, et surtout des dames célèbres seulement par leur esprit, leur goût, et leur talent. On en pourrait faire autant en France, si on avait un Arioste. Je vous nommerais plus d'une dame dont le suffrage doit décider avec vous du sort d'un ouvrage, si je ne craignais d'exposer leur mérite et leur modestie aux sarcasmes de quelques pédants grossiers qui n'ont ni l'un ni l'autre, ou de quelques futiles petits-maîtres qui pensent ridiculiser toute vertu par une plaisanterie.

Si un folliculaire dit que je n'ai donné de si justes éloges à

---

1. M. le cardinal de Bernis.
2. M. le duc de Nivernais.
3. Livre Ier, épître XVII, vers 35.
4. Le marquis de Chastellux. Voyez le troisième des *Articles extraits du journal de politique et de littérature*. Il est sur le livre de Chastellux, intitulé *De la Félicité publique*. (B.)
5. M. de Malesherbes. — Malesherbes avait, sans le solliciter, été élu à la place vacante dans l'Académie française, par la mort de Dupré de Saint-Maur, arrivée le 1er décembre 1774.

ceux que je prends pour juges de mon ami qu'afin de les lui rendre favorables, je réponds d'avance que je confirme ces éloges si mon ami est condamné. J'ai demandé pour lui une décision, et non des louanges.

Les folliculaires me diront encore que mon ami n'est pas si jeune; mais je ne leur montrerai pas son extrait baptistaire. Ils voudront deviner son nom; car c'est un très-grand plaisir de satiriser les gens en personne; mais son nom ne rendrait la pièce ni meilleure ni plus mauvaise.

Le vôtre, monsieur, nous est aussi cher que vous l'avez rendu illustre; et, après votre amitié, vos ouvrages sont la plus grande consolation de ma vie. Agréez ou pardonnez cet hommage.

DISCOURS

HISTORIQUE ET CRITIQUE

SUR

LA TRAGÉDIE DE *DON PÈDRE*.

Il est très-inutile de savoir quel est le jeune auteur de cette tragédie nouvelle, qui, dans la foule des pièces de théâtre dont l'Europe est accablée, ne pourra être lue que d'un très-petit nombre d'amateurs qui en parcourront quelques pages. Lorsque l'art dramatique est parvenu à sa perfection chez une nation éclairée, on le néglige, on se tourne avec raison vers d'autres études. Les Aristote et les Platon succèdent aux Sophocle et aux Euripide. Il est vrai que la philosophie devrait former le goût, mais souvent elle l'émousse ; et, si vous exceptez quelques âmes privilégiées, quiconque est profondément occupé d'un art est d'ordinaire insensible à tout le reste.

S'il est encore quelques esprits qui consentent à perdre une demi-heure dans la lecture d'une tragédie nouvelle, on doit leur dire d'abord que ce n'est point celle de M. du Belloy qu'on leur présente. L'illustre auteur du *Siège de Calais* a donné au théâtre de Paris une tragédie de *Pierre le Cruel*, mais ne l'a point imprimée[1]. Il y a longtemps que l'auteur de *Don Pèdre* avait esquissé quelque chose d'un plan de ce sujet[2]. M. du Belloy, qui le sut, eut la condescendance de lui écrire qu'il renonçait en ce cas à le traiter. Dès ce moment, l'auteur de *Don Pèdre* n'y pensa plus, et il n'y a travaillé sur un plan nouveau que sur la fin de 1774, lorsque M. du Belloy a paru persister à ne point publier son ouvrage.

Après ce petit éclaircissement, dont le seul but est de montrer

---

1. Elle l'a été en 1777. (B.)
2. Voyez l'avertissement de Beuchot, p. 239.

les égards que de véritables gens de lettres se doivent, nous donnons ce discours historique et critique tel que nous l'avons de la main même de l'auteur de *Don Pèdre*.

Henri de Transtamare, l'un des nombreux bâtards du roi de Castille Alfonse, onzième du nom, fit à son frère et à son roi don Pèdre une guerre qui n'était qu'une révolte, en se faisant déclarer roi légitime de Castille par sa faction. Guesclin, depuis connétable de France, l'aida dans cette entreprise.

Cet illustre Guesclin était alors précisément ce qu'on appelait en Italie et en Espagne un *condottiero*. Il rassembla une troupe de bandits et de brigands, avec lesquels il rançonna d'abord le pape Urbain IV dans Avignon. Il fut entièrement défait à Navarette par le roi don Pèdre et par le grand prince Noir, souverain de Guienne, dont le nom est immortel. C'était ce même prince qui avait pris le roi Jean de Poitiers, et qui prit du Guesclin à Navarette. Henri de Transtamare s'enfuit en France. Cependant le parti des bâtards subsista toujours en Espagne. Transtamare, protégé par la France, eut le crédit de faire excommunier le roi son frère par le pape, qui siégeait encore dans Avignon, et qui, depuis peu, était lié d'intérêt avec Charles V et avec le bâtard de Castille. Le roi don Pèdre fut solennellement déclaré *bulgare et incrédule*, ce sont les termes de la sentence, et ce qui est encore plus étrange, c'est que le prétexte était que le roi avait des maîtresses.

Ces anathèmes étaient alors aussi communs que les intrigues d'amour chez les excommuniés et chez les excommuniants ; et ces amours se mêlaient aux guerres les plus cruelles. Les armes des papes étaient plus dangereuses qu'aujourd'hui : les princes les plus adroits disposaient de ces armes. Tantôt des souverains en étaient frappés, et tantôt ils en frappaient. Les seigneurs féodaux les achetaient à grand prix.

La détestable éducation qu'on donnait alors aux hommes de tout rang et sans rang, et qu'on leur donna si longtemps, en fit des brutes féroces que le fanatisme déchaînait contre tous les gouvernements. Les princes se faisaient un devoir sacré de l'usurpation. Un rescrit donné dans une ville d'Italie, en une langue ignorée de la multitude, conférait un royaume en Espagne et en Norvége ; et les ravisseurs des États, les déprédateurs les plus inhumains, plongés dans tous les crimes, étaient réputés saints, et souvent invoqués, quand ils s'étaient fait revêtir en mourant d'une robe de frère prêcheur ou de frère mineur.

M. Thomas, dans son discours à l'Académie [1], a dit « que les temps d'ignorance furent toujours les temps des férocités ». J'aime à répéter des paroles si vraies, dont il vaut mieux être l'écho que le plagiaire.

Transtamare revint en Espagne, une bulle dans une main, et l'épée dans l'autre. Il y ranima son parti. Le grand prince Noir était malade à la mort dans Bordeaux; il ne pouvait plus secourir don Pèdre.

Guesclin fut envoyé une seconde fois en Espagne par le roi Charles V, qui profitait du triste état où le prince Noir était réduit. Guesclin prit don Pèdre prisonnier dans la bataille de Montiel, entre Tolède et Séville. Ce fut immédiatement après cette journée que Henri de Transtamare, entrant dans la tente de Guesclin, où l'on gardait le roi son frère désarmé, s'écria : « Où est ce juif, ce fils de p..... qui se disait roi de Castille? » et il l'assassina à coups de poignard.

L'assassin, qui n'avait d'autre droit à la couronne que d'être lui-même ce juif bâtard, titre qu'il osait donner au roi légitime, fut cependant reconnu roi de Castille; et sa maison a régné toujours en Espagne, soit dans la ligne masculine, soit par les femmes.

Il ne faut pas s'étonner après cela si les historiens ont pris le parti du vainqueur contre le vaincu. Ceux qui ont écrit l'histoire en Espagne et en France n'ont pas été des Tacites; et M. Horace Walpole, envoyé d'Angleterre en Espagne, a eu bien raison de dire dans ses *Doutes sur Richard III*, comme nous l'avons remarqué ailleurs [2] : « Quand un roi heureux accuse ses ennemis, tous les historiens s'empressent de lui servir de témoins. » Telle est la faiblesse de trop de gens de lettres; non qu'ils soient plus lâches et plus bas que les courtisans d'un prince criminel et heureux, mais leurs lâchetés sont durables.

Si quelque vieux leude de Charlemagne s'avisait autrefois de lire un manuscrit de Frédégaire ou du moine de Saint-Gall, il pouvait s'écrier : *Ah, le menteur!* mais il s'en tenait là; personne ne relevait l'ignorance et l'absurdité du moine : il était cité dans les siècles suivants; il devenait une autorité; et dom Ruinart rapportait son témoignage dans ses *Actes sincères*. C'est ainsi que toutes les légendes du moyen âge sont remplies des plus ridicules fables; et l'histoire ancienne assurément n'en est pas exempte.

---

1. *Discours de réception*, prononcé à l'Académie française le 22 janvier 1767.
2. *Pyrrhonisme de l'histoire*, chap. XVII.

Ceux qui mentent ainsi au genre humain sont encore animés souvent par la sottise de la rivalité nationale. Il n'y a guère d'historien anglais qui ait manqué l'occasion de faire la satire des Français, et quelquefois avec un peu de grossièreté. Velli et Villaret dénigrent les Anglais autant qu'ils le peuvent. Mézerai n'épargna jamais les Espagnols. Un Tite-Live ne pouvait connaître cette partialité; il vivait dans un temps où sa nation existait seule dans le monde connu, *Romanos rerum dominos*[1]; toutes les autres étaient à ses pieds. Mais aujourd'hui que notre Europe est partagée entre tant de dominations qui se balancent toutes; aujourd'hui que tant de peuples ont leurs grands hommes en tout genre, quiconque veut trop flatter son pays court risque de déplaire aux autres, si par hasard il en est lu, et doit peu s'attendre à la reconnaissance du sien. On n'a jamais tant aimé la vérité que dans ce temps-ci : il ne reste plus qu'à la trouver.

Dans les querelles qui se sont élevées si souvent entre toutes les cours de l'Europe, il est bien difficile de découvrir de quel côté est le droit; et, quand on l'a reconnu, il est dangereux de le dire. La critique, qui aurait dû, depuis près d'un siècle, détruire les préjugés sous lesquels l'histoire est défigurée, a servi plus d'une fois à substituer de nouvelles erreurs aux anciennes. On a tant fait que tout est devenu problématique, depuis la loi salique jusqu'au système de Law : et à force de creuser, nous ne savons plus où nous en sommes.

Nous ne connaissons pas seulement l'époque de la création des sept électeurs en Allemagne, du parlement en Angleterre, de la pairie en France. Il n'y a pas une seule maison souveraine dont on puisse fixer l'origine. C'est dans l'histoire que le chaos est le commencement de tout. Qui pourra remonter à la source de nos usages et de nos opinions populaires?

Pourquoi donna-t-on le surnom de *bon* à ce roi Jean qui commença son règne par faire mourir en sa présence son connétable sans forme de procès, qui assassina quatre principaux chevaliers dans Rouen; qui fut vaincu par sa faute; qui céda la moitié de la France, et ruina l'autre?

Pourquoi donna-t-on à ce don Pèdre, roi légitime de Castille, le nom de *cruel*, qu'il fallait donner au bâtard Henri de Transtamare, assassin de don Pèdre, et usurpateur?

Pourquoi appelle-t-on encore *bien-aimé* ce malheureux Charles VI, qui déshérita son fils en faveur d'un étranger ennemi

---

1. Virgile, *Æn.*, I, 286.

et oppresseur de sa nation, et qui plongea tout l'État dans la subversion la plus horrible dont on ait conservé la mémoire ? Tous ces surnoms, ou plutôt tous ces sobriquets, que les historiens répètent sans y attacher de sens, ne viennent-ils pas de la même cause qui fait qu'un marguillier qui ne sait pas lire répète les noms d'Albert le Grand, de Grégoire Thaumaturge, de Julien l'Apostat, sans savoir ce que ces noms signifient? Telle ville fut appelée la *sainte*, ou la *superbe*, dans laquelle il n'y eut ni sainteté ni grandeur; tel vaisseau fut nommé *le Foudroyant, l'Invincible*, qui fut pris en sortant du port.

L'histoire n'ayant donc été trop souvent que le récit des fables et des préjugés, quand on entreprend une tragédie tirée de l'histoire, que fait-on? L'auteur choisit la fable ou le préjugé qui lui plaît davantage. Celui-ci, dans sa pièce, pourra regarder Scévola comme le respectable vengeur de la liberté publique, comme un héros qui punit sa main de s'être méprise en tuant un autre que le fatal ennemi de Rome ; celui-là pourra ne se représenter Scévola que comme un vil espion, un assassin fanatique, un Poltrot, un Balthazar Gérard, un Jacques Clément. Des critiques penseront qu'il n'y a point eu de Scévola, et que c'est une fable, ainsi que toutes les histoires des premiers temps de tout peuple sont des fables ; et ces critiques pourront bien avoir raison. Tel Espagnol ne verra dans François Ier qu'un capitaine très-courageux et très-imprudent, mauvais politique, et manquant à sa parole ; un professeur du Collège royal[1] le mettra dans le ciel, pour avoir protégé les lettres ; un luthérien d'Allemagne le plongera en enfer, pour avoir fait brûler des luthériens dans Paris, tandis qu'il les soudoyait dans l'Empire ; et si les ex-jésuites font encore des pièces de théâtre, ils ne manqueront pas de dire avec Daniel « qu'il aurait fait aussi brûler le dauphin, si ce dauphin n'avait pas cru aux indulgences ; tant ce grand roi avait de piété ! »

Nous avons une tragi-comédie espagnole, où Pierre, que nous appelons le *Cruel*, n'est jamais appelé que le *Justicier*, titre que lui donna toujours Philippe II. J'ai connu un jeune homme qui avait fait une tragédie d'*Adonias et de Salomon*. Il y représentait Salomon comme le plus barbare et le plus lâche de tous les parricides ou fratricides. « Savez-vous bien, lui dit-on, que le Seigneur dans un songe lui donna la sagesse? — Cela peut-être, dit-il ; mais il ne lui donna pas l'humanité à son réveil. »

Il y a des déclamations de collège, sous le nom d'histoires ou

---

1. Ce collège a été fondé par François Ier.

de drames, ou sous d'autres noms, dans lesquelles la nation qu'on célèbre est toujours la première du monde ; ses soldats mal payés, les premiers héros du monde, quoiqu'ils se soient enfuis ; la ville capitale, qui n'avait guère que des maisons de bois, la première ville du monde ; le fauteuil à clous dorés, sur lequel un roi goth ou alain s'asseyait, le premier trône du monde ; et l'auteur, qui se croit le premier dans sa sphère, serait alors peut-être le plus sot homme du monde s'il ne se trouvait des gens encore plus sots qui font pour vingt sous la critique raisonnée de la pièce nouvelle ; critique qui s'en va le lendemain avec la pièce dans l'abîme de l'éternel oubli.

On élève aussi quelquefois au ciel d'anciens chevaliers défenseurs ou oppresseurs des femmes et des églises, superstitieux et débauchés, tantôt voleurs, tantôt prodigues, combattant à outrance les uns contre les autres pour l'honneur de quelques princesses qui avaient très-peu d'honneur. Tout ce qu'on peut faire de mieux (ce me semble) quand on s'amuse à les mettre sur la scène, c'est de dire avec Horace[1] :

> Seditione, dolis, scelere, atque libidine, et ira,
> Iliacos intra muros peccatur et extra.

1. Livre Iᵉʳ, épître II, vers 15-16.

FRAGMENT[1]

D'UN

DISCOURS HISTORIQUE ET CRITIQUE

SUR *DON PÈDRE*.

Les raisonneurs, qui sont comme moi sans génie, et qui dissertent aujourd'hui sur le siècle du génie, répètent souvent cette antithèse de La Bruyère, que Racine a peint les hommes tels qu'ils sont, et Corneille tels qu'ils devraient être. Ils répètent une insigne fausseté, car jamais ni Bajazet, ni Xipharès, ni Britannicus, ni Hippolyte, n'ont fait l'amour comme ils le font galamment dans les tragédies de Racine ; et jamais César n'a dû dire, dans le *Pompée* de Corneille, à Cléopâtre, qu'il n'avait combattu à Pharsale que pour mériter son amour avant de l'avoir vue ; il n'a jamais dû lui dire que son *glorieux titre de premier du monde, à présent effectif, est ennobli par celui de captif* de la petite Cléopâtre, âgée de quinze ans, qu'on lui amena dans un paquet de linge. Ni Cinna ni Maxime n'ont dû être tels que Corneille les a peints. Le devoir de Cinna ne pouvait être d'assassiner Auguste pour plaire à une fille qui n'existait point. Le devoir de Maxime n'était pas d'être amoureux de cette même fille, et de trahir à la fois Auguste, Cinna, et sa maîtresse. Ce n'était pas là ce Maxime à qui Ovide écrivait qu'il était digne de son nom :

> Maxime, qui tanti mensuram nominis imples.

Le devoir de Félix, dans *Polyeucte*, n'était pas d'être un lâche barbare qui faisait couper le cou à son gendre,

---

1. Ce fragment se trouvait imprimé à la suite de la tragédie de *Don Pèdre* dans les éditions précédentes. (K.) — Je n'ai trouvé ce fragment ni dans l'édition originale de *Don Pèdre*, ni dans le tome X de l'édition encadrée des OEuvres de Voltaire, ni dans le tome XXVI de l'édition in-4°, daté de 1777. (B.)

Pour acquérir par là de plus puissants appuis
Qui me mettraient plus haut cent fois que je ne suis.

On a beaucoup et trop écrit depuis Aristote sur la tragédie. Les deux grandes règles sont que les personnages intéressent, et que les vers soient bons; j'entends d'une bonté propre au sujet. Écrire en vers pour les faire mauvais est la plus haute de toutes les sottises.

On m'a vingt fois rebattu les oreilles de ce prétendu discours de Pierre Corneille : « Ma pièce est finie; je n'ai plus que les vers à faire. » Ce propos fut tenu par Ménandre plus de deux mille ans avant Corneille, si nous en croyons Plutarque dans sa question : « si les Athéniens ont plus excellé dans les armes que dans les lettres? » Ménandre pouvait à toute force s'exprimer ainsi, parce que des vers de comédie ne sont pas les plus difficiles; mais dans l'art tragique, la difficulté est presque insurmontable, du moins chez nous.

Dans le siècle passé il n'y eut que le seul Racine qui écrivit des tragédies avec une pureté et une élégance presque continue; et le charme de cette élégance a été si puissant que les gens de lettres et de goût lui ont pardonné la monotonie de ses déclarations d'amour, et la faiblesse de quelques caractères, en faveur de sa diction enchanteresse.

Je vois dans l'homme illustre qui le précéda des scènes sublimes dont ni Lope de Véga, ni Calderon, ni Shakespeare, n'avaient même pu concevoir la moindre idée, et qui sont très-supérieures à ce qu'on admira dans Sophocle et dans Euripide; mais aussi j'y vois des tas de barbarismes et de solécismes qui révoltent, et de froids raisonnements alambiqués qui glacent; j'y vois enfin vingt pièces entières dans lesquelles à peine y a-t-il un morceau qui demande grâce pour le reste. La preuve incontestable de cette vérité est, par exemple, dans les deux *Bérénices* de Racine et de Corneille. Le plan de ces deux pièces est également mauvais, également indigne du théâtre tragique; ce défaut même va jusqu'au ridicule. Mais par quelle raison est-il impossible de lire la *Bérénice* de Corneille? Par quelle raison est-elle au-dessous des pièces de Pradon, de Riuperoux, de Danchet, de Péchantré, de Pellegrin? Et d'où vient que celle de Racine se fait lire avec tant de plaisir, à quelques fadeurs près? D'où vient qu'elle arrache des larmes?... C'est que les vers sont bons; ce mot comprend tout : sentiment, vérité, décence, naturel, pureté de diction, noblesse, force, harmonie, élégance, idées profondes, idées fines, surtout idées claires, images touchantes, images terribles, et toujours placées à propos. Otez ce mérite à la divine tragédie d'*Athalie*, il ne lui restera rien ; ôtez ce mérite au quatrième livre de l'*Énéide*, et au discours de Priam à Achille dans Homère, ils seront insipides. L'abbé Dubos a très-grande raison : la poésie ne charme que par les beaux détails.

Si tant d'amateurs savent par cœur des morceaux admirables des *Horaces*, de *Cinna*, de *Pompée*, de *Polyeucte*, et quatre vers d'*Héraclius*[1], c'est que ces vers sont très-bien faits ; et si on ne peut lire ni *Théodore*, ni *Pertharite*, ni *Don Sanche d'Aragon*, ni *Attila*, ni *Agésilas*, ni *Pulchérie*, ni *la Toison d'or*, ni *Suréna*, etc., etc., c'est que presque tous les vers en sont détestables. Il faut être de bien mauvaise foi pour s'efforcer de les excuser contre sa conscience. Quelquefois même de misérables écrivains ont osé donner des éloges à cette foule de pièces aussi plates que barbares, parce qu'ils sentaient bien que les leurs étaient écrites dans ce goût. Ils demandaient grâce pour eux-mêmes.

1. « O malheureux Phocas, etc. »

PERSONNAGES.

DON PÈDRE, roi de Castille.
TRANSTAMARE, frère du roi, bâtard légitimé.
DU GUESCLIN, général de l'armée française.
LÉONORE DE LA CERDA, princesse du sang.
ELVIRE, confidente de Léonore.
ALMÈDE,
MENDOSE,
ALVARE,
MONCADE,
} officiers espagnols.
SUITE.

La scène est dans le palais de Tolède.

DON PÈDRE

TRAGÉDIE

ACTE PREMIER.

SCÈNE I.

TRANSTAMARE, ALMÈDE.

TRANSTAMARE.
De la cour de Vincenne aux remparts de Tolède,
Tu m'es enfin rendu, cher et prudent Almède.
Reverrai-je en ces lieux ce brave du Guesclin?
ALMÈDE.
Il vient vous seconder.
TRANSTAMARE.
Ce mot fait mon destin.
Pour soutenir ma cause, et me venger d'un frère,
Le secours des Français m'est encor nécessaire.
Des révolutions voici le temps fatal :
J'attends tout du roi Charle et de son général.
Qu'as-tu vu? qu'a-t-on fait? Dis-moi ce qu'on prépare
Dans la cour de Vincenne au prince Transtamare.
ALMÈDE.
Charle était incertain : j'ai longtemps attendu
L'effet d'un grand projet qu'on tenait suspendu.
Le monarque éclairé, prudent avec courage,
Chez les bouillants Français peut-être le seul sage,
A tous ses courtisans dérobant ses secrets,
A pesé mes raisons avec ses intérêts.
Enfin il vous protége; et sur le bord du Tage

Ce valeureux Guesclin, ce héros de notre âge,
Suivi de son armée, arrive sur mes pas.
TRANSTAMARE.
Je dois tout à son roi.
ALMÈDE.
Ne vous y trompez pas.
Charle, en vous soutenant au bord du précipice,
Vous tend par politique une main protectrice ;
En divisant l'Espagne, afin de l'affaiblir,
Il veut frapper don Pèdre autant que vous servir :
Pour son intérêt seul il entreprend la guerre.
Don Pèdre eut pour appui la superbe Angleterre ;
Le fameux prince Noir était son protecteur :
Mais ce guerrier terrible, et de Guesclin vainqueur,
Au milieu de sa gloire achevant sa carrière,
Touche enfin, dans Bordeaux, à son heure dernière.
Son génie accablait et la France et Guesclin ;
Et quand des jours si beaux touchent à leur déclin,
Ce Français, dont le bras aujourd'hui vous seconde,
Demeure avec éclat seul en spectacle au monde.
Charle a choisi ce temps. L'Anglais tombe épuisé ;
L'Empire a trente rois, et languit divisé ;
L'Espagnol est en proie à la guerre civile ;
Charle est le seul puissant ; et, d'un esprit tranquille,
Ébranlant à son gré tous les autres États,
Il triomphe à Paris sans employer son bras.
TRANSTAMARE.
Qu'il exerce à loisir sa politique habile,
Qu'il soit prudent, heureux ; mais qu'il me soit utile.
ALMÈDE.
Il vous promet Valence et les vastes pays
Que vous laissait un père, et qu'on vous a ravis ;
Il vous promet surtout la main de Léonore,
Dont l'hymen à vos droits va réunir encore
Ceux qui lui sont transmis par les rois ses aïeux.
TRANSTAMARE.
Léonore est le bien le plus cher à mes yeux.
Mon père, tu le sais, voulut que l'hyménée
Fît revivre par moi les rois dont elle est née.
Il avait gagné Rome ; elle approuvait son choix ;
Et l'Espagne à genoux reconnaissait mes droits.
Dans un asile saint Léonore enfermée

Fuyait les factions de Tolède alarmée ;
Elle fuyait don Pèdre... Il la fait enlever.
De mes biens, en tout temps, ardent à me priver,
Il la retient ici captive avec sa mère.
Voudrait-il seulement l'arracher à son frère ?
Croit-il, de tant d'objets trop heureux séducteur,
De ce cœur simple et vrai corrompre la candeur ?
Craindrait-il en secret les droits que Léonore
Au trône castillan peut conserver encore ?
Prétend-il l'épouser, ou d'un nouvel amour
Étaler le scandale à son indigne cour ?
Veut-il des La Cerda déshonorer la fille,
La traîner en triomphe après Laure et Padille,
Et, d'un peuple opprimé bravant les vains soupirs,
Insulter aux humains du sein de ses plaisirs ?

ALMÈDE.

Les femmes, en tous lieux souveraines suprêmes,
Ont égaré des rois ; et les cours sont les mêmes.
Mais peut-être Guesclin dédaignera d'entrer
Dans ces petits débats qu'il semblait ignorer.
Son esprit mâle et ferme, et même un peu sauvage,
Des faiblesses d'amour entend peu le langage.
Honoré par son roi du nom d'ambassadeur,
Il soutiendra vos droits avant que sa valeur
Se serve ici pour vous, dignement occupée,
Des dernières raisons, les canons et l'épée.
Mais jusque-là don Pèdre est le maître en ces lieux.

TRANSTAMARE.

Lui, le maître ! ah ! bientôt tu nous connaîtras mieux.
Il veut l'être en effet ; mais un pouvoir suprême
S'élève et s'affermit au-dessus du roi même.
Dans son propre palais les états convoqués
Se sont en ma faveur hautement expliqués ;
Le sénat castillan me promet son suffrage.
A don Pèdre égalé, je n'ai pas l'avantage
D'être né d'un hymen approuvé par la loi ;
Mais tu sais qu'en Europe on a vu plus d'un roi,
Par soi-même élevé, faire oublier l'injure
Qu'une loi trop injuste a faite à la nature.
Tout est au plus heureux, et c'est la loi du sort.
Un bâtard, échappé des pirates du Nord,
A soumis l'Angleterre ; et, malgré tous leurs crimes,

Ses heureux descendants sont des rois légitimes ;
J'ose attendre en Espagne un aussi grand destin.
ALMÈDE.
Guesclin vous le promet ; et je me flatte enfin
Que don Pèdre à vos pieds peut tomber de son trône,
Si le Français l'attaque, et l'Anglais l'abandonne.
TRANSTAMARE.
Tout annonce sa chute ; on a su soulever
Les esprits mécontents qu'il n'a pu captiver.
L'opinion publique est une arme puissante ;
J'en aiguise les traits. La ligue menaçante
Ne voit plus dans son roi qu'un tyran criminel ;
Il n'est plus désigné que du nom de cruel.
Ne me demande point si c'est avec justice :
Il faut qu'on le déteste afin qu'on le punisse.
La haine est sans scrupule : un peuple révolté
Écoute les rumeurs, et non la vérité.
On avilit ses mœurs, on noircit sa conduite ;
On le rend odieux à l'Europe séduite ;
On le poursuit dans Rome à ce vieux tribunal
Qui, par un long abus, peut-être trop fatal,
Sur tant de souverains étend son vaste empire.
Je l'y fais condamner, et je puis te prédire
Que tu verras l'Espagne, en sa crédulité,
Exécuter l'arrêt dès qu'il sera porté.
Mais un soin plus pressant m'agite et me dévore.
A ses sacrés autels il ravit Léonore ;
De cette cour profane il faut bien la sauver :
Arrachons-la des mains qui m'en osent priver.
Sans doute il s'est flatté du grand art de séduire,
De sa vaine beauté, de ce frivole empire
Qu'il eut sur tant de cœurs aisés à conquérir :
Tout cet éclat trompeur avec lui va périr.
Peut-être qu'aujourd'hui la guerre déclarée
Vers la princesse ici m'interdirait l'entrée ;
Profitons du seul jour où je puis l'enlever.
Va m'attendre au sénat ; je cours t'y retrouver :
Nous y concerterons tout ce que je dois faire
Pour ravir Léonore et le trône à mon frère.
La voici : le destin favorise mes vœux.

SCÈNE II.

TRANSTAMARE, LÉONORE, ELVIRE.

LÉONORE.

Prince, en ces temps de trouble, en ces jours malheureux,
Je n'ai que ce moment pour vous parler encore.
Bientôt vous connaîtrez ce qu'était Léonore,
Quelle était sa conduite et son nouveau devoir ;
Mais au palais du roi gardez de me revoir.
Je veux, je dois sauver d'une guerre intestine
Et vous et tout l'État penchant vers sa ruine.
Le roi vient sur mes pas ; j'ignore ses projets ;
Il donne, en frémissant, quelques ordres secrets[1] :
Il vous nomme, il s'emporte ; et vous devez connaître
Quel sort on se prépare en luttant contre un maître.
Je vous en avertis : épargnez à ses yeux
D'un superbe ennemi l'aspect injurieux.
C'est ma seule prière.

TRANSTAMARE.
      Ah ! qu'osez-vous me dire ?

LÉONORE.
Ce que je dois penser, ce que le ciel m'inspire.

TRANSTAMARE.
Quoi ! vous que ce ciel même a fait naître pour moi,
Dont mon père, en mourant, me destina la foi,
Vous, dont Rome et la France ont conclu l'hyménée,
Vous que l'Europe entière à moi seul a donnée,
Je ne vous reverrais que pour vous éviter !
Vous ne me parleriez que pour mieux m'écarter !

LÉONORE.
Le devoir, la raison, votre intérêt l'exige.
Tout ce que j'aperçois m'épouvante et m'afflige.
Seigneur, d'assez de sang nos champs sont inondés,
Et vous devez sentir ce que vous hasardez.

---

1. Voltaire avait dit, dans *Mariamne*, III, III :

             Il donne en frémissant
Quelques ordres secrets.

TRANSTAMARE.

Je sais bien que don Pèdre est injuste, intraitable,
Qu'il peut m'assassiner.

LÉONORE.

Il en est incapable.
A l'insulter ainsi c'est trop vous appliquer.
Puisse enfin la nature à tous deux s'expliquer!
Elle parle par moi; seigneur, je vous conjure
De ne point faire au roi cette nouvelle injure.
Ménagez, évitez votre frère offensé,
Violent comme vous, profondément blessé :
Ne vous efforcez point de le rendre implacable;
Laissez-moi l'apaiser.

TRANSTAMARE.

Non : chaque mot m'accable.
Je vous parle des nœuds qui nous ont engagés;
Et vous me répondez que vous me protégez!
Je ne vous connais plus. Que cette cour altère
Vos premiers sentiments et votre caractère!

LÉONORE.

Mes justes sentiments ne sont point démentis :
Je chérirai le sang dont nous sommes sortis;
Et les rois nos aïeux vivront dans ma mémoire.
Pour la dernière fois, si vous daignez m'en croire,
Dans son propre palais gardez-vous d'outrager
Celui qui règne encore, et qui peut se venger.

TRANSTAMARE.

Que vous importe à vous que mon aspect l'offense?

LÉONORE.

Je veux qu'envers un frère il use de clémence.

TRANSTAMARE.

La clémence en don Pèdre! Épargnez-vous ce soin;
De la mienne bientôt il peut avoir besoin.
Je n'en dirai pas plus; mais, quoi que j'exécute,
Léonore est un bien qu'un tyran me dispute :
Je n'ai rien entrepris que pour vous posséder;
Vous me verrez mourir plutôt que vous céder.
Vous me verrez, madame.

(Il sort.)

SCÈNE III.

LÉONORE, ELVIRE.

LÉONORE.
                Où me suis-je engagée?
ELVIRE.
Je frémis des périls où vous êtes plongée,
Entre deux ennemis qui, s'égorgeant pour vous,
Pourront dans le combat vous percer de leurs coups.
Promise à Transtamare, à son frère donnée,
Prête à former ces nœuds d'un secret hyménée,
Dans l'orage qui gronde en ce triste séjour,
Quelle cruelle fête, et quel temps pour l'amour!
LÉONORE.
Elvire, il faut t'ouvrir mon âme tout entière.
Je voulais consacrer ma pénible carrière
Au vénérable asile où, dans mes premiers jours,
J'avais goûté la paix loin des perfides cours.
Le sombre Transtamare, en cherchant à me plaire,
M'attachait encor plus à ma retraite austère.
D'une mère sur moi tu connais le pouvoir;
Elle a détruit ma paix, et changé mon devoir.
Dans les dissensions de l'Espagne affligée,
Au parti de don Pèdre en secret engagée,
Pleine de cet orgueil qu'elle tient de son sang,
Elle me précipite en ce suprême rang :
Elle me donne au roi. Le puissant Transtamare
Ne pardonnera point le coup qu'on lui prépare.
Je replonge l'Espagne en un trouble nouveau ;
De la guerre, en tremblant, j'allume le flambeau,
Moi, qui de tout mon sang aurais voulu l'éteindre.
Plus on croit m'élever, plus ma chute est à craindre.
Le roi, qui voit l'État contre lui conjuré,
Cache encor mon secret dans Tolède ignoré :
Notre cour le soupçonne et paraît incertaine.
Je me vois exposée à la publique haine,
Aux fureurs des partis, aux bruits calomnieux ;
Et, de quelque côté que je tourne les yeux,
Ce trône m'épouvante.

ELVIRE.
Ou je suis abusée,
Ou votre âme à ce choix ne s'est point opposée.
Si les périls sont grands, si, dans tous les États,
Les cours ont leurs dangers, le trône a ses appas.

LÉONORE.
Jamais le rang du roi n'éblouit ma jeunesse.
Peut-être que mon cœur, avec trop de faiblesse,
Admira sa valeur et ses grands sentiments.
Je sais quel fut l'excès de ses égarements ;
J'en frémis : mais son âme est noble et généreuse ;
Elvire, elle est sensible autant qu'impétueuse ;
Et, s'il m'aime en effet, j'ose encore espérer
Que des jours moins affreux pourront nous éclairer.
L'auguste La Cerda, dont le ciel me fit naître,
M'inspira ce projet en me donnant un maître.
Ah ! si le roi voulait, si je pouvais un jour
Voir ce trône ébranlé raffermi par l'amour !
Si, comme je l'ai cru, les femmes étaient nées
Pour calmer des esprits les fougues effrénées,
Pour faire aimer la paix aux féroces humains,
Pour émousser le fer en leurs sanglantes mains !
Voilà ma passion, mon espoir et ma gloire.

ELVIRE.
Puissiez-vous remporter cette illustre victoire !
Mais elle est bien douteuse ; et je vous vois marcher
Sur des feux que la cendre à peine a pu cacher.

LÉONORE.
J'ai peu vu cette cour, Elvire, et je l'abhorre.
Quel séjour orageux ! Mais il se peut encore
Que dans le cœur du roi je réveille aujourd'hui
Les premières vertus qu'on admirait en lui.
Ses maîtresses peut-être ont corrompu son âme,
Le fond en était pur.

ELVIRE.
Il vient à vous, madame :
Osez donc parler.

SCÈNE IV.

DON PÈDRE, LÉONORE, ELVIRE.

LÉONORE.

Sire, ou plutôt cher époux,
Souffrez que Léonore embrasse vos genoux.
(Il la retient.)
Ma mère est votre sang, et sa main m'a donnée
Au maître généreux qui fait ma destinée.
Vous avez exigé qu'aux yeux de votre cour
Ce grand événement se cache encore un jour ;
Mais vous m'avez promis de m'accorder la grâce
Qu'implorerait de vous mon excusable audace.
Puis-je la demander ?

DON PÈDRE.

N'ayez point la rigueur
De douter d'un empire établi sur mon cœur.
Votre couronnement d'un seul jour se diffère ;
Il me faut ménager un sénat téméraire,
Un peuple effarouché : mais ne redoutez rien.
Parlez, qu'exigez-vous ?

LÉONORE.

Votre bonheur, le mien,
Celui de la Castille : une paix nécessaire.
Seigneur, vous le savez, la princesse ma mère
M'a remise en vos mains dans un espoir si beau.
Les ans et les chagrins l'approchent du tombeau.
Je joins ici ma voix à sa voix expirante ;
Comme elle, en ces moments, la patrie est mourante.
La Discorde en fureur en ces lieux alarmés
Peut se calmer encor, seigneur, si vous m'aimez.
Ne m'ouvrez point au trône un horrible passage
Parmi des flots de sang, au milieu du carnage ;
Et puissent vos sujets, bénissant votre loi,
Par vous rendus heureux, vous aimer comme moi !

DON PÈDRE.

Plus que vous ne pensez votre discours me touche ;
La raison, la vertu, parlent par votre bouche.
Hélas ! vous êtes jeune, et vous ne savez pas
Qu'un roi qui fait le bien ne fait que des ingrats.

Allez, des factieux n'aiment jamais leur maître :
Quoi qu'il puisse arriver, je le suis, je veux l'être¹;
Ils subiront mes lois : mais daignez m'en donner;
Vous pouvez tout sur moi ; que faut-il ?
LÉONORE.
Pardonner.
DON PÈDRE.
A qui?
LÉONORE.
Puis-je le dire?
DON PÈDRE.
Eh bien?
LÉONORE.
A Transtamare.
DON PÈDRE.
Quoi! vous me prononcez le nom de ce barbare!
Du criminel objet de mon juste courroux?
LÉONORE.
Peut-être il est puni, puisque je suis à vous.
Alfonse votre père à sa main m'a promise;
Il lui donna Valence, et vous l'avez conquise.
Je lui portais pour dot d'assez vastes États;
Il les espère encore, et n'en jouira pas.
Sire, je ne veux point que la France jalouse,
Votre sénat, les grands, accusent votre épouse
D'avoir immolé tout à son ambition,
Et de n'être en vos bras que par la trahison.
De ces soupçons affreux la triste ignominie
Empoisonnerait trop ma malheureuse vie.
DON PÈDRE.
Écoutez : je vous aime ; et ce sacré lien,
En vous donnant à moi, joint votre honneur au mien.
Sachez qu'il n'est ici de perfide et de traître
Que ce prince rebelle, et qui s'obstine à l'être.
Trompé par une femme, et par l'âge affaibli,
Mettant près du tombeau tous mes droits en oubli,
Alfonse, mauvais roi, non moins que mauvais père
(Car je parle sans feinte, et ma bouche est sincère),
Alfonse, en égalant son bâtard à son fils,
Nous fit imprudemment pour jamais ennemis.

---

1. Ce dernier hémistiche est dans *la Mort de César*, acte II, scène II.

D'une province entière on faisait son partage ;
La moitié de mon trône était son héritage.
Que dis-je? on vous donnait!... Plus juste possesseur,
J'ai repris tous mes biens des mains du ravisseur.
Le traître, avec Guesclin vaincu dans Navarette,
Par une fausse paix réparant sa défaite,
Attire à son parti nos peuples aveuglés.
Il impose au sénat, aux états assemblés ;
Faible dans les combats, puissant dans les intrigues,
Artisan ténébreux de fraudes et de brigues,
Il domine en secret dans mon propre palais.
Il croit déjà régner. Ne me parlez jamais
De ce dangereux fourbe et de ce téméraire :
Cessez.

LÉONORE.
Je vous parlais, seigneur, de votre frère.

DON PÈDRE.
Mon frère! Transtamare!... Il doit n'être à vos yeux
Qu'un opprobre nouveau du sang de nos aïeux,
Un enfant d'adultère, un rejeton du crime :
Et l'étrange intérêt qui pour lui vous anime
Est un coup plus cruel à mon esprit blessé
Que tous ses attentats, qui m'ont trop offensé.

LÉONORE.
De quoi vous plaignez-vous quand je le sacrifie?
Quand, vous donnant mon cœur et hasardant ma vie,
Mon sort à vos destins s'abandonne aujourd'hui?
Ma tendresse pour vous et ma pitié pour lui
A vos yeux irrités sont-elles une offense?
Je vous vois menacé des armes de la France :
Les états, le sénat, unis contre vos droits,
Ont élevé déjà leurs redoutables voix.
M'est-il donc défendu de craindre un tel orage?

DON PÈDRE.
Non, mais rassurez-vous du moins sur mon courage.

LÉONORE.
Vous n'en avez que trop ; et, dans ces jours affreux,
Ce courage, peut-être, est funeste à tous deux.

DON PÈDRE.
Rien n'est funeste aux rois que leur propre faiblesse.

LÉONORE.
Ainsi votre refus rebute ma tendresse :

A peine l'hyménée est prêt de nous unir,
Je vous déplais, seigneur, en voulant vous servir.
DON PÈDRE.
Allez plaindre don Pèdre et flatter Transtamare.
LÉONORE.
Ah! vous ne craignez point que mon esprit s'égare
Jusqu'à le comparer à don Pèdre, à mon roi.
Je vous parlais pour vous, pour l'Espagne, et pour moi :
Je vois qu'il faut suspendre une plainte indiscrète ;
Qu'une femme est esclave, et qu'elle n'est point faite
Pour se jeter, seigneur, entre le peuple et vous.
J'ai cru que la prière apaisait le courroux ;
Qu'on pouvait opposer à vos armes sanglantes
De la compassion les armes innocentes...
Mais je dois respecter de si grands intérêts...
J'avais trop présumé... je sors, et je me tais.

(Elle sort.)

SCÈNE V.

DON PÈDRE.

Qu'une telle démarche et m'étonne et m'offense !
Transtamare avec elle est-il d'intelligence ?
M'aurait-elle trompé sous le voile imposteur
Qui fascinait mes yeux par sa fausse candeur ?
Croit-elle, en abusant du pouvoir de ses charmes,
Vaincre par sa faiblesse, et m'arracher mes armes ?
Est-ce amour ? est-ce crainte ? est-ce une trahison ?
Quels nouveaux attentats confondent ma raison ?
Régné-je, juste ciel! et respiré-je encore ?
Tout m'abandonnerait !... et jusqu'à Léonore !...
Non... je ne le crois point... mais mon cœur est percé.
  Monarque malheureux, amant trop offensé,
Oppose à tant d'assauts un cœur inébranlable ;
Mais surtout garde-toi de la trouver coupable.

FIN DU PREMIER ACTE.

ACTE DEUXIÈME.

SCÈNE I.

LÉONORE, ELVIRE.

LÉONORE.
Je n'avais pas connu, jusqu'à ce triste jour,
Le danger d'être simple et d'ignorer la cour.
Je vois trop qu'en effet il est des conjonctures
Où les cœurs les plus droits, les vertus les plus pures,
Ne servent qu'à produire un indigne soupçon.
Dans ces temps malheureux tout se tourne en poison.
Au fond de mes déserts pourquoi m'a-t-on cherchée?
Au séjour de la paix pourquoi suis-je arrachée?
Ah! si l'on connaissait le néant des grandeurs,
Leurs tristes vanités, leurs fantômes trompeurs,
Qu'on en détesterait le brillant esclavage!
ELVIRE.
Ne pensez qu'à don Pèdre, au nœud qui vous engage.
Songez que, dans ces temps de trouble et de terreur,
De lui seul, après tout, dépend votre bonheur.
LÉONORE.
Le bonheur! ah! quel mot ta bouche me prononce!
Le bonheur! à nos yeux l'illusion l'annonce,
L'illusion l'emporte, et s'enfuit loin de nous.
Mon malheur, chère Elvire, est d'aimer mon époux :
Il m'entraîne en tombant, il me rend la victime
D'un peuple qui le hait, d'un sénat qui l'opprime,
De Transtamare enfin, dont la témérité
Ose me reprocher une infidélité;
Comme si, de mon cœur s'étant rendu le maître,
Par ma lâche inconstance il eût cessé de l'être,
Et si, déjà formée aux vices de la cour,

Je trahissais ma foi par un nouvel amour!
C'est là surtout, c'est là l'insupportable injure
Dont j'ai le plus senti la profonde blessure.

SCÈNE II.

LÉONORE, ELVIRE, TRANSTAMARE, suite.

TRANSTAMARE.

Oui, je vous poursuivrai dans ces murs odieux,
Souillés par mes tyrans, et pleins de nos aïeux ;
Ces lieux où des états l'autorité sacrée
A toute heure à mes pas donne une libre entrée ;
Où ce roi croit dicter ses ordres absolus,
Que déjà dans Tolède on ne reconnaît plus.
C'est dans le sénat même assis pour le détruire,
C'est au temple, en un mot, que je veux vous conduire ;
C'est là qu'est votre honneur et votre sûreté ;
C'est là que votre amant vous rend la liberté.

LÉONORE.

De tant de violence indignée et surprise,
Fidèle à mes devoirs, à mon maître soumise,
Mais écoutant encore un reste de pitié
Que cet excès d'audace a mal justifié,
Je voulais vous servir, vous rapprocher d'un frère,
Rappeler de la paix quelque ombre passagère.
De ces vœux mal conçus mon cœur fut occupé ;
Mais tous deux, à l'envi, vous l'avez détrompé.
Dans ces tristes moments, tout ce que je puis dire,
C'est que mon sang, mon Dieu, ce jour que je respire,
Ce palais où je suis, tout m'impose la loi
De chérir ma patrie et d'obéir au roi.

TRANSTAMARE.

Il n'est point votre roi ; vous êtes mon épouse ;
Vous n'échapperez point à ma fureur jalouse.
Oui, vous m'appartenez : la pompe des autels,
L'appareil des flambeaux, les serments solennels,
N'ajoutent qu'un vain faste aux promesses sacrées
Par un père et par vous dès l'enfance jurées.
Ces nœuds, ces premiers nœuds dont nous sommes liés
N'ont point été par vous encor désavoués :

Rome les consacra, rien ne peut les dissoudre :
N'attirez point sur vous les éclats de sa foudre.
Quoi ! l'air empoisonné que nous respirons tous
A-t-il dans ce palais pénétré jusqu'à vous ?
Pourriez-vous préférer à ce nœud respectable
La vanité trompeuse et l'orgueil méprisable
De captiver un roi dont tant d'autres beautés
Partageaient follement les infidélités ?
Vous n'avilirez point le sang qui vous fit naître
Jusqu'à leur disputer la conquête d'un traître,
D'un monarque flétri par d'indignes amours,
Et qui, si l'on en croit de fidèles discours,
Jaloux sans être tendre, a, dans sa frénésie,
De sa femme au tombeau précipité la vie.

LÉONORE.

Quoi ! vous cherchez sans cesse à le calomnier !

TRANSTAMARE.

Et vous vous abaissez à le justifier !
Tremblez de partager le poids insupportable
Dont la haine publique a chargé ce coupable.
Il faut me suivre ; il faut dans les bras du sénat...

LÉONORE.

Si vous entrepreniez cet horrible attentat,
Si vous osiez jamais...

SCÈNE III.

LÉONORE, TRANSTAMARE, sur le devant avec sa suite ;
DON PÈDRE, dans le fond, avec la sienne ; MENDOSE.

DON PÈDRE, à Mendose, dans l'enfoncement.

Tu vois ce téméraire,
Qui jusqu'en ma maison vient braver ma colère ;
Ce protégé de Charle. Il vient à ses vainqueurs
Apporter des Français les insolentes mœurs...
Aux yeux de la princesse il ose ici paraître !
Sans frein, sans retenue, il marche, il parle en maître...

(A Transtamare.)

Comte, un tel entretien ne vous est point permis.
Dans la foule des grands, à votre rang admis,
Vous pourrez, dans les jours de pompe solennelle,

Vous présenter de loin, prosterné devant elle.
Entrez dans le sénat, prenez place aux états ;
La loi vous le permet ; je ne vous y crains pas ;
Vous y pouvez tramer vos cabales secrètes ;
Mais respectez ces lieux, et songez qui vous êtes.
TRANSTAMARE.
Le fils du dernier roi prend plus de liberté ;
Il s'explique en tous lieux ; il peut être écouté ;
Il peut offrir sans crainte un pur et noble hommage.
Rome, le roi de France, et des grands le suffrage,
Ont quelque poids encore, et pourront balancer
Tout ce qu'à ma poursuite on voudrait opposer.
Léonore est à moi, sa main fut mon partage.
DON PÈDRE.
Et moi, je vous défends d'y penser davantage.
TRANSTAMARE.
Vous me le défendez?
DON PÈDRE.
Oui.
TRANSTAMARE.
De mes ennemis
Les ordres quelquefois m'ont trouvé peu soumis.
DON PÈDRE.
Mais quelquefois aussi, malgré Rome et la France,
En Castille on punit la désobéissance.
TRANSTAMARE.
Le sénat et mon bras m'affranchissent assez
De ce grand châtiment dont vous me menacez.
DON PÈDRE.
Ils vous ont mal servi dans les champs de la gloire :
Vous devriez du moins en garder la mémoire.
TRANSTAMARE.
Les temps sont bien changés. Vos maîtres et les miens,
Les états, le sénat, tous les vrais citoyens,
Ont enfin rappelé la liberté publique :
On ne redoute plus ce pouvoir tyrannique,
Ce monstre, votre idole, horreur du genre humain,
Que votre orgueil trompé veut rétablir en vain.
Vous n'êtes plus qu'un homme avec un titre auguste,
Premier sujet des lois, et forcé d'être juste.
DON PÈDRE.
Eh bien! crains ma justice, et tremble en tes desseins,

####### TRANSTAMARE.

S'il en est une au ciel, c'est pour vous que je crains.
Gardez-vous de lasser sa longue patience.

####### DON PÈDRE, tirant à moitié son épée.

Tu mets à bout la mienne avec tant d'insolence.
Perfide, défends-toi contre ce fer vengeur.

####### TRANSTAMARE, mettant aussi la main à l'épée.

Sire, oseriez-vous bien me faire cet honneur?

####### LÉONORE, se jetant entre eux, tandis que Mendose et Almède les séparent.

Arrêtez, inhumains; cessez, barbares frères!
Cieux toujours offensés! destins toujours contraires!
Verrai-je en tous les temps ces deux infortunés
Prêts à souiller leurs mains du sang dont ils sont nés?
N'entendront-ils jamais la voix de la nature?

####### DON PÈDRE.

Ah! je n'attendais pas cette nouvelle injure,
Et que, pour dernier trait, Léonore aujourd'hui
Pût, en nous égalant, me confondre avec lui.
C'en est trop.

####### LÉONORE.

Quoi! c'est vous qui m'accusez encore!

####### DON PÈDRE.

Et vous me trahiriez! vous, dis-je, Léonore!

####### LÉONORE.

Et vous me reprochez, dans ce désordre affreux,
De vouloir épargner un crime à tous les deux!
Vous me connaissez mal: apprenez l'un et l'autre
Quels sont mes sentiments, et mon sort, et le vôtre.
Transtamare, sachez que vous n'aurez enfin,
Quand vous seriez mon roi, ni mon cœur, ni ma main.
Sire, tombe sur moi la justice éternelle,
Si jusqu'à mon trépas je ne vous suis fidèle!
Mais la guerre civile est horrible à mes yeux;
Et je ne puis me voir entre deux furieux,
Misérable sujet de discorde et de haine,
Toujours dans la terreur, et toujours incertaine
Si le seul de vous deux qui doit régner sur moi
Ne me fait pas l'affront de douter de ma foi.
Vous m'arrachiez, seigneur, au solitaire asile
Où mon cœur, loin de vous, était du moins tranquille.
Je me vois exilée en ce cruel séjour,
Dans cet antre sanglant que vous nommez la cour.

Je la fuis ; je retourne à la tombe sacrée
Où j'étais morte au monde, et du monde ignorée.
Qu'une autre se complaise à nourrir dans les cœurs
Les tourments de l'amour, et toutes ses fureurs ;
A mêler sans effroi ses langueurs tyranniques
Aux tumultes sanglants des discordes publiques ;
Qu'elle se fasse un jeu du malheur des humains,
Et des feux de la guerre attisés par ses mains ;
Qu'elle y mette, à son gré, sa gloire et son mérite :
Cette gloire exécrable est tout ce que j'évite.
Mon cœur, qui la déteste, est encore étonné
D'avoir fui cette paix pour qui seule il est né ;
Cette paix qu'on regrette au milieu des orages.
Je vais, loin de Tolède, et de ces grands naufrages,
M'ensevelir, vous plaindre, et servir à genoux
Un maître plus puissant et plus clément que vous.

(Elle sort.)

SCÈNE IV.

DON PÈDRE, TRANSTAMARE, SUITE.

DON PÈDRE.

Elle échappe à ma vue, elle fuit, et sans peine !
J'ai soupçonné son cœur, j'ai mérité sa haine.
(A sa suite.)
Léonore !... Courez, qu'on vole sur ses pas ;
Mes amis, suivez-la ; qu'on ne la quitte pas ;
Veillez avec les miens sur elle et sur sa mère...
   Toi, qui t'oses parer du saint nom de mon frère,
Va, rends grâce à ce sang par toi déshonoré,
Rends grâce à mes serments : j'ai promis, j'ai juré
De respecter ici la liberté publique.
Tu m'osais reprocher un pouvoir tyrannique !
Tu vis, c'en est assez pour me justifier ;
Tu vis, et je suis roi !... Garde-toi d'oublier
Qu'il me reste en Espagne encor quelque puissance.
Cabale avec les tiens dans Rome et dans la France ;
Intrigue en ton sénat, soulève les états :
Va ; mais attends le prix de tes noirs attentats.

TRANSTAMARE, en sortant avec sa suite.
Sire, j'attends beaucoup de la clémence auguste
Du frère le plus tendre et du roi le plus juste.

SCÈNE V.

DON PÈDRE, MENDOSE.

DON PÈDRE.
Tremblez, tyrans des rois; le châtiment vous suit.
Que dis-je! malheureux! à quoi suis-je réduit!
J'ai laissé de ses pleurs Léonore abreuvée,
Ainsi que mes sujets, contre moi soulevée.
Quoi! toujours de mes mains j'ourdirai mes malheurs!
C'était donc mon destin d'éloigner tous les cœurs!
J'ai d'une tendre épouse affligé l'innocence;
Mon peuple m'abandonne et le Français s'avance.
Prêt de faire une reine, et d'aller aux combats,
A tant de soins pressants mon cœur ne suffit pas.
Allons... il faut porter le fardeau qui m'accable.
MENDOSE.
Sire, vous permettez qu'un ami véritable
(Je hasarde ce nom, si rare auprès des rois),
Libre en ses sentiments, s'ouvre à vous quelquefois.
Vos soldats, il est vrai, s'approchent de Tolède;
Mais les grands, le sénat, que Transtamare obsède,
Les organes des lois, du peuple révérés,
De la religion les ministres sacrés,
Tout s'unit, tout menace; un dernier coup s'apprête.
Déjà même Guesclin, dirigeant la tempête,
Marche aux rives du Tage et vient y rallumer
La foudre qui s'y forme et va tout consumer.
Peut-être il serait temps qu'un peu de politique
Tempérât prudemment ce courage héroïque;
Que vous attendissiez, chaque jour offensé,
Le moment de punir sans avoir menacé.
De vos fiers ennemis nourrissant l'insolence,
Vous les avertissez de se mettre en défense.
De Léonore ici je ne vous parle pas:
L'amour, bien mieux que moi, finira vos débats.
Vous êtes violent, mais tendre, mais sincère;

Seigneur, un mot de vous calmera sa colère.
Mais, quand le péril presse et peut vous accabler,
Avec vos oppresseurs il faut dissimuler.
DON PÈDRE.
A ma franchise, ami, cet art est trop contraire ;
C'est la vertu du lâche... Ah ! d'un maître sévère,
D'un cruel, d'un tyran, s'ils m'ont donné le nom,
Je veux le mériter à leur confusion.
Trop heureux les humains dont les âmes dociles
Se livrent mollement aux passions tranquilles !
Ma vie est un orage ; et, dans les flots plongé,
Je me plais dans l'abîme où je suis submergé.
Rien ne me changera, rien ne pourra m'abattre.
MENDOSE.
Mon prince, à vos côtés vous m'avez vu combattre,
Vous m'y verrez mourir. Mais portez vos regards
Sur ces gouffres profonds ouverts de toutes parts ;
Voyez de vos rivaux la fatale industrie,
Par des bruits mensongers séduisant la patrie,
S'appliquant sans relâche à vous rendre odieux,
Tromper l'Europe entière, et croire armer les cieux ;
Des superstitions faire parler l'idole ;
Vous poursuivre à Paris, vous perdre au Capitole ;
Et par le seul mépris vous avez repoussé
Tous ces traits qu'on vous lance et qui vous ont blessé !
Vous laissez l'imposture, attaquant votre gloire,
Jusque dans l'avenir flétrir votre mémoire !
DON PÈDRE.
Ah ! dure iniquité des jugements humains !
Fantômes élevés par des caprices vains !
J'ai dédaigné toujours votre vile fumée ;
Je foule aux pieds l'erreur qui fait la renommée.
On ne m'a vu jamais fatiguer mes esprits
A chercher un suffrage à Rome ou dans Paris.
J'ai vaincu, j'ai bravé la rumeur populaire :
Je ne me sens point né pour flatter le vulgaire :
Ou tombons, ou régnons. L'heureux est respecté ;
Le vainqueur devient cher à la postérité ;
Et les infortunés sont condamnés par elle.
Rome de Transtamare embrasse la querelle ;
Rome sera pour moi quand j'aurai combattu,
Quand on verra ce traître, à mes pieds abattu,

Me rendre, en expirant, ma puissance usurpée.
Je ne veux plus de droits que ceux de mon épée...
Mais quel jour! Léonore!... Il devait être heureux...
Pour son couronnement quel appareil affreux!
Que ce triomphe, hélas! peut devenir horrible!
Je me faisais, cruelle! un plaisir trop sensible
De détruire un rival au fond de votre cœur;
C'est là que j'aspirais à régner en vainqueur...
On m'ose disputer mon trône et Léonore!
Allons, ils sont à moi : je les possède encore.

SCÈNE VI.

DON PÈDRE, MENDOSE, ALVARE.

ALVARE.
Le sénat castillan vous demande, seigneur.
DON PÈDRE.
Il me demande? moi!
ALVARE.
     Nous attendons l'honneur
De vous voir présider à l'auguste assemblée
Par qui l'Espagne enfin se verra mieux réglée.
Le prince votre frère a déjà préparé
L'édit qui sous vos yeux doit être déclaré.
DON PÈDRE.
Qui! mon frère!
ALVARE.
    Au sénat que faut-il que j'annonce?
DON PÈDRE.
Je suis son roi. Sortez... et voilà ma réponse.
ALVARE.
Vous apprendrez la leur.

SCÈNE VII.

DON PÈDRE, MENDOSE, MONCADE, SUITE.

DON PÈDRE, à sa suite.
     Eh bien! vous le voyez,
Les ordres de mes rois me sont signifiés;

Transtamare les signe ; il commande, il est maître :
On me traite en sujet !... je serais fait pour l'être,
Pour servir enchaîné, si le même moment
Qui voit de tels affronts ne voit leur châtiment.
(A Moncade.)
Chef de ma garde ! à moi... Je connais ton audace.
Serviras-tu ton roi, qu'on trahit, qu'on menace,
Qu'on ose mépriser ?
MONCADE.
Comme vous j'en rougis :
Mon cœur est indigné. Commandez, j'obéis.
DON PÈDRE.
Ne ménageons plus rien. Fais saisir Transtamare,
Et le perfide Almède, et l'insolent Alvare :
Tu seras soutenu. Mes valeureux soldats
Aux portes de Tolède avancent à grands pas.
Étonnons par ce coup ces graves téméraires
Qui détruisent l'Espagne et s'en disent les pères.
Leur siége est-il un temple ? et, grâce aux préjugés,
Est-ce le Capitole où les rois sont jugés ?
Nous verrons aujourd'hui leur audace abaissée :
Va, d'autres intérêts occupent ma pensée.
Exécute mon ordre au milieu du sénat
Où le traître à présent règne avec tant d'éclat.
MONCADE.
Cette entreprise est juste aussi bien que hardie ;
Et je vais l'accomplir au péril de ma vie.
Mais craignez de vous perdre.
DON PÈDRE.
A ce point confondu,
Si je ne risque tout, crois-moi, tout est perdu.
MENDOSE.
Arrêtez un moment... daignez songer encore
Que vous bravez des lois qu'à Tolède on adore.
DON PÈDRE.
Moi ! je respecterais ces gothiques ramas
De priviléges vains que je ne connais pas,
Éternels aliments de troubles, de scandales,
Que l'on ose appeler nos lois fondamentales ;
Ces tyrans féodaux, ces barons sourcilleux,
Sous leurs rustiques toits indigents orgueilleux :
Tous ces nobles nouveaux, ce sénat anarchique,

Érigeant la licence en liberté publique ;
Ces états désunis dans leurs vastes projets,
Sous les débris du trône écrasant les sujets !
Ils aiment Transtamare, ils flattent son audace ;
Ils voudraient l'opprimer, s'il régnait en ma place.
Je les punirai tous. Les armes d'un sénat
N'ont pas beaucoup de force en un jour de combat[1].

MENDOSE.

Souvent le fanatisme inspire un grand courage.

DON PÈDRE.

Ah ! l'honneur et l'amour en donnent davantage.

---

1. Ce beau couplet peint en toute vérité les anciens parlementaires et leurs prétentions. Les deux derniers vers rappellent le coup d'État Maupeou. (G. A.)

FIN DU DEUXIÈME ACTE.

ACTE TROISIÈME.

SCÈNE I.

DON PÈDRE, MENDOSE.

MENDOSE.
Il est entre vos mains surpris et désarmé.
Disposez de ce tigre avec peine enfermé,
Prêt à dévorer tout si l'on brise sa chaîne.
Des grands de la Castille une troupe hautaine
Rassemble avec éclat ce cortége nombreux
D'écuyers, de vassaux, qu'ils traînent après eux ;
Restes encor puissants de cette barbarie
Qui vint des flancs du Nord inonder ma patrie.
Ils se sont réunis à ce grand tribunal
Qui pense que leur prince est au plus leur égal :
Ils soulèvent Tolède à leur voix trop docile.
DON PÈDRE.
Je le sais... Mes soldats sont enfin dans la ville.
MENDOSE.
Le tonnerre à la main, nous pouvons l'embraser,
Frapper les citoyens, mais non les apaiser.
Animé par les grands, tout un peuple en alarmes
Porte aux murs du palais des flambeaux et des armes ;
Jusqu'en votre maison je vois autour de vous
Des courtisans ingrats vous servant à genoux,
Mais, servant encor plus la cabale des traîtres,
Préférer Transtamare au pur sang de leurs maîtres :
La triste vérité ne peut se déguiser.
DON PÈDRE.
J'aime qu'on me la dise, et sais la mépriser.
Que m'importent ces flots dont l'inutile rage
Se dissipe en grondant, et se brise au rivage?

Que m'importent ces cris des vulgaires humains ?
La seule Léonore est tout ce que je crains.
Léonore !... Crois-tu que son âme offensée,
Rendue à mon amour, ait pu dans sa pensée
Étouffer pour jamais le cuisant souvenir
D'un affront dont sa haine aurait dû me punir ?

MENDOSE.

Vous l'avez assez vu, son retour est sincère.

DON PÈDRE.

Son ingénuité, qui dut toujours me plaire,
Laisse échapper des traits d'une mâle fierté
Qui joint un grand courage à sa simplicité.

MENDOSE.

Sa conduite envers vous était d'une âme pure.
Vertueuse sans art, ignorant l'imposture,
Voulant que ce grand jour fût un jour de bienfaits,
Au sein de la discorde elle a cherché la paix.
Ce cœur qui n'est pas né pour des temps si coupables
Se figurait des biens qui sont impraticables :
Sa vertu la trompait. Je vois avec douleur
Que tout corrompt ici votre commun bonheur.
Quel parti prenez-vous ? et que devra-t-on faire
De cet inébranlable et terrible adversaire
Qui dans sa prison même ose encor vous braver ?

DON PÈDRE.

Léonore !... à ce point as-tu su captiver
Un cœur si détrompé, si las de tant de chaînes,
Dont le poids trop chéri fit ma honte et mes peines ?
J'abjurais les amours et leurs folles erreurs.
Quoi ! dans ces jours de sang, et parmi tant d'horreurs,
Cette candeur naïve et sa noble innocence
Sur mon âme étonnée ont donc plus de puissance
Que n'en eurent jamais ces fatales beautés
Qui subjuguaient mes sens de leurs fers enchantés,
Et, des séductions déployant l'artifice,
Égaraient ma raison soumise à leur caprice !
Padille m'enchaînait et me rendait cruel ;
Pour venger ses appas je devins criminel.
Ces temps étaient affreux. Léonore adorée
M'inspire une vertu que j'avais ignorée ;
Elle grave en mon cœur, heureux de lui céder,
Tout ce que tu m'as dit sans me persuader :

Je crois entendre un dieu qui s'explique par elle ;
Et son âme à mes sens donne une âme nouvelle.
MENDOSE.
Si vous aviez plus tôt formé ces chastes nœuds,
Votre règne, sans doute, eût été plus heureux.
On a vu quelquefois, par des vertus tranquilles,
Une reine écarter les discordes civiles.
Padille les fit naître ; et j'ose présumer
Que Léonore seule aurait pu les calmer.
C'est don Pèdre, c'est vous, et non le roi, qu'elle aime ;
Les autres n'ont chéri que la grandeur suprême.
Elle revient vers vous, et je cours de ce pas
Contenir, si je puis, le peuple et les soldats,
A vos ordres sacrés toujours prêt à me rendre.
DON PÈDRE.
Je te joindrai bientôt, cher ami ; va m'attendre.

SCÈNE II.

DON PÈDRE, LÉONORE.

DON PÈDRE.
Vous pardonnez enfin ; vos mains daignent orner
Ce sceptre que l'Espagne avait dû vous donner.
Compagne de mes jours trop orageux, trop sombres,
Vous seule éclaircirez la noirceur de leurs ombres.
Les farouches esprits, que je n'ai pu gagner,
Haïront moins don Pèdre en vous voyant régner.
Dans ces cœurs soulevés, dans celui de leur maître,
Le calme qui nous fuit pourra bientôt renaître.
Je suis loin maintenant d'offrir à vos désirs
D'une brillante cour la pompe et les plaisirs :
Vous ne les cherchez pas. Le trône où je vous place
Est entouré du crime, assiégé par l'audace :
Mais, s'il touche à sa chute, il sera relevé,
Et dans un sang impur heureusement lavé :
Écrasant sous vos pieds la ligue terrassée,
Il reprendra par vous sa splendeur éclipsée.
LÉONORE.
Vous connaissez mon cœur ; il n'a rien de caché.
Lorsque j'ai vu le vôtre à la fin détaché

Des indignes objets de votre amour volage,
J'ai sans peine à mon prince offert un pur hommage.
Vainement votre père, expirant dans mes bras,
Et prétendant régner au delà du trépas,
Pour son fils Transtamare aveugle en sa tendresse,
Avait en sa faveur exigé ma promesse :
Bientôt par ma raison son ordre fut trahi ;
Et plus je vous ai vu, plus j'ai mal obéi.
Enfin j'aimais don Pèdre, en fuyant sa couronne ;
Et je ne pense pas que son cœur me soupçonne
D'avoir pu désirer cette triste grandeur,
Qui sans vous aujourd'hui ne me ferait qu'horreur.
Mais si de mon hymen la fête est différée,
Si je ne règne pas, je suis déshonorée.
Vous pouvez, par mépris pour la commune erreur,
Braver la voix publique ; et je la crains, seigneur.
Je veux qu'on me respecte, et qu'après vos faiblesses
On ne me compte pas au rang de vos maîtresses :
Ma gloire s'en irrite ; et, dans ces tristes jours,
La retraite, ou le trône, était mon seul recours :
Votre épouse à vos yeux se sent trop outragée.
                    DON PÈDRE.
Avant la fin du jour vous en serez vengée.
                    LÉONORE.
Je ne prétends pas l'être. Écoutez seulement
Tous les justes sujets de mon ressentiment.
J'ai peu du cœur humain la fatale science ;
Mais j'ouvre enfin les yeux : ma prompte expérience
M'apprend ce qu'on éprouve à la suite des rois.
Je vois comme on s'empresse à condamner leur choix.
On accuse de tout quiconque a pu leur plaire.
De l'estrade des grands descendant au vulgaire,
Le mensonge sans frein, sans pudeur, sans raison,
S'accroît de bouche en bouche, et s'enfle de poison.
C'est moi, si l'on en croit votre cour téméraire,
C'est moi dont l'artifice a perdu votre frère :
C'est moi qui l'ai plongé dans la captivité,
Pour garder ma conquête avec impunité.
Vous dirai-je encor plus ? Une troupe effrénée,
Qui devrait souhaiter, bénir mon hyménée,
D'une voix mensongère insulte à nos amours :
Mon oreille a frémi de leurs affreux discours.

Je vois lancer sur vous des regards de colère :
On déteste le roi qu'on dut chérir en père.
Pouvez-vous endurer tant d'horribles clameurs,
De menaces, de cris, et surtout tant de pleurs?
Pour la dernière fois écartez de ma vue
Ce spectacle odieux qui m'indigne et me tue.
Faut-il passer mes jours à gémir, à trembler?
Détournez ces fléaux unis pour m'accabler.
Il en est encor temps. Le Castillan rebelle,
Pour peu qu'il soit flatté, par orgueil est fidèle.
Ah! si vous opposiez au glaive des Français
Le plus beau bouclier, l'amour de vos sujets!
En spectacle à l'Espagne, en butte à tant d'envie,
Je ne puis supporter l'horreur d'être haïe.
Je crains, en vous parlant, de réveiller en vous
L'affreuse impression d'un sentiment jaloux.
Je puis aller trop loin; je m'emporte; mais j'aime;
Consultez votre gloire, et jugez-vous vous-même.

DON PÈDRE.

J'ai pesé chaque mot, et je prends mon parti.

(A sa suite.)

Déchaînez Transtamare, et qu'on l'amène ici.

LÉONORE.

Prenez garde, cher prince, arrêtez... Sa présence
Peut vous porter encore à trop de violence.
Craignez.

DON PÈDRE.

C'est trop de crainte; et vous vous abusez.

LÉONORE.

J'en ressens, il est vrai... C'est vous qui la causez.

SCÈNE III.

DON PÈDRE, LÉONORE, TRANSTAMARE, suite.

DON PÈDRE.

Approche, malheureux, dont la rage ennemie
Attaqua tant de fois mon honneur et ma vie.
Esclave des Français, qui t'es cru mon égal,
Audacieux amant, qui t'es cru mon rival,
Ton œil se baisse enfin, ta fierté me redoute;

ACTE III, SCÈNE III.

Tu mérites la mort, tu l'attends... mais écoute.
  Tu connais cet usage en Espagne établi,
Qu'aucun roi de mon sang n'ose mettre en oubli :
A son couronnement, une nouvelle reine,
Opposant sa clémence à la justice humaine,
Peut sauver à son gré l'un de ces criminels
Que, pour être en exemple au reste des mortels,
L'équité vengeresse au supplice abandonne :
Voici ta reine enfin.

TRANSTAMARE.
Léonore !
DON PÈDRE.
                      Elle ordonne
Que, malgré tes forfaits, malgré toutes les lois,
Et malgré l'intérêt des peuples et des rois,
Ton monarque outragé daigne te laisser vivre :
J'y consens... Vous, soldats, soyez prêts à le suivre.
Vous conduirez ses pas, dès ce même moment,
Jusqu'aux lieux destinés pour son bannissement.
Veillez toujours sur lui, mais sans lui faire outrage,
Sans me faire rougir de mon juste avantage.
Tout indigne qu'il est du sang dont il est né,
Ménagez de mon père un reste infortuné...
En est-ce assez, madame ? Êtes-vous satisfaite ?

LÉONORE.
Il faudra qu'à vos pieds ce fier sénat se jette.
Continuez, seigneur, à mêler hautement
Une sage clémence au juste châtiment.
Le sénat apprendra bientôt à vous connaître ;
Il saura révérer, et même aimer un maître ;
Vous le verrez tomber aux genoux de son roi.

TRANSTAMARE.
Léonore, on vous trompe ; et le sénat et moi
Nous ne descendons point encore à ces bassesses.
Vous pouvez, d'un tyran ménageant les tendresses,
Céder à cet éclat si trompeur et si vain
D'un sceptre malheureux qui tombe de sa main.
Il peut, dans les débris d'un reste de puissance,
M'insulter un moment par sa fausse clémence,
Me bannir d'un palais qui peut-être aujourd'hui
Va se voir habité par d'autres que par lui.
Il a dû se hâter. Jouissez, infidèle,

D'un moment de grandeur où le sort vous appelle.
Cet éclat vous aveugle; il passe, il vous conduit
Dans le fond de l'abîme où votre erreur vous suit.
DON PÈDRE.
Qu'on le remène; allez: qu'il parte, et qu'on le suive.

SCÈNE IV.

DON PÈDRE, LÉONORE, MONCADE, TRANSTAMARE,
SUITE.

MONCADE.
Seigneur, en ce moment Guesclin lui-même arrive.
LÉONORE.
O ciel!
TRANSTAMARE, en se retournant vers don Pèdre.
Je suis vengé plus tôt que tu ne crois :
Va, je ne compte plus don Pèdre au rang des rois.
Frappe avant de tomber; verse le sang d'un frère;
Tu n'as que cet instant pour servir ta colère.
Ton heure approche, frappe : oses-tu?
DON PÈDRE.
C'est en vain
Que tu cherches l'honneur de périr de ma main :
Tu n'en étais pas digne, et ton destin s'apprête;
C'est le glaive des lois que je tiens sur ta tête.
(On emmène Transtamare.) (A Moncade.)
Qu'on l'entraîne..... Et Guesclin?
MONCADE.
Il est près des remparts :
Le peuple impatient vole à ses étendards;
Il invoque Guesclin comme un dieu tutélaire.
LÉONORE.
Quoi! je vous implorais pour votre indigne frère!
Mes soins trop imprudents voulaient vous réunir!
Je devais vous prier, seigneur, de le punir.
Que faire, cher époux, dans ce péril extrême?
DON PÈDRE.
Que faire? le braver, couronner ce que j'aime,
Marcher aux ennemis, et, dans ce même jour,
Au prix de tout mon sang mériter votre amour.

MONCADE.
Un chevalier français en ces murs le devance,
Et pour son général il demande audience...
DON PÈDRE.
Cette offre me surprend, je ne puis le céler :
Quoi! lorsqu'il faut combattre un Français veut parler?
MONCADE.
Il est ambassadeur et général d'armée.
DON PÈDRE.
Si j'en crois tous les bruits dont l'Espagne est semée,
Il est plus fier qu'habile ; et, dans cet entretien,
L'orgueil de ce Breton pourrait choquer le mien.
Je connais sa valeur, et j'en prends peu d'alarmes :
En Castille avec lui j'ai mesuré mes armes ;
Il doit s'en souvenir; mais, puisqu'il veut me voir,
Je suis prêt en tout temps à le bien recevoir,
Soit au palais des rois, soit aux champs de la gloire.
(A Léonore.)
Enfin, je vais chercher la mort ou la victoire :
Mais, avant le combat, hâtez-vous d'accepter
Le bandeau qu'après moi votre front doit porter.
Je pouvais, j'aurais dû, dans cette auguste fête,
De mon lâche ennemi vous présenter la tête ;
Sur son corps tout sanglant recevoir votre main ;
Mais je ne serai pas ce don Pèdre inhumain,
Dont on croit pour jamais flétrir la renommée :
Et, du pied de l'autel, je vole à mon armée
Montrer aux nations que j'ai su mériter
Ce trône et cette main qu'on m'ose disputer.

FIN DU TROISIÈME ACTE.

ACTE QUATRIÈME.

SCÈNE I.

DON PÈDRE, MENDOSE.

MENDOSE.
Quoi! vous vous exposiez à ce nouveau danger!
Quoi! don Pèdre, autrefois si prompt à se venger,
De ce grand ennemi n'a pas proscrit la tête!
DON PÈDRE.
Léonore a parlé, ma vengeance s'arrête.
Elle n'a point voulu qu'aux marches de l'autel
Notre hymen fût souillé du sang d'un criminel.
Sans elle, cher ami, j'aurais été barbare ;
J'aurais de ma main même immolé Transtamare :
Je l'aurais dû... n'importe.
MENDOSE.
                Et voilà ces Français,
Dont le premier exploit et le premier succès
Est de vous enlever, par un sanglant outrage,
Ce prisonnier d'État qui vous servait d'otage!
Jugez de quel espoir le sénat est flatté ;
Comme il est insolent avec sécurité ;
Comme, au nom de Guesclin, sa voix impérieuse
Conduit d'un peuple vain la fougue impétueuse!
Tandis que Léonore a du bandeau royal
(Présent si digne d'elle, et peut-être fatal),
Orné son front modeste où la vertu réside,
D'arrogants factieux une troupe perfide
Abjurait votre empire, et, presque sous vos yeux,
Élevait Transtamare au rang de vos aïeux.
A peine ce Guesclin touchait à nos rivages,
Tous les grands à l'envi, lui portant leurs hommages,

Accouraient dans son camp, le nommaient à grands cris
L'ange de la Castille envoyé de Paris.
Il commande, il s'érige un tribunal suprême,
Où lui seul va juger la Castille et vous-même.
Scipion fut moins fier et moins audacieux,
Quand il nous apporta ses aigles et ses dieux.
Mais ce qui me surprend, c'est qu'agissant en maître,
Il prétende apaiser les troubles qu'il fait naître ;
Qu'il vienne en ce palais, vous ayant insulté ;
Et qu'armé contre vous il propose un traité.

DON PÈDRE.

Il ne fait qu'obéir au roi qui me l'envoie.
L'orgueil de ce Guesclin se montre et se déploie,
Comme un ressort puissant avec art préparé
Qu'un maître industrieux fait mouvoir à son gré.
Dans l'Europe aujourd'hui tu sais comme on les nomme ;
Charle a le nom de Sage, et Guesclin de grand homme.
Et qui suis-je auprès d'eux, moi qui fus leur vainqueur?
Je pourrais des Français punir l'ambassadeur,
Qui, m'osant outrager, à ma foi se confie.
Plus d'un roi s'est vengé par une perfidie ;
Et les succès heureux de ces grands coups d'État
Souvent à leurs auteurs ont donné quelque éclat :
Leurs flatteurs ont vanté cette infâme prudence.
Ami, je ne veux point d'une telle vengeance.
Dans mes emportements et dans mes passions,
Je respecte plus qu'eux les droits des nations.
J'ai déjà sur Guesclin ce premier avantage ;
Et nous verrons bientôt s'il l'emporte en courage.
Un Français peut me vaincre, et non m'humilier.
Je suis roi, cher ami ; mais je suis chevalier ;
Et si la politique est l'art que je méprise,
On rendra pour le moins justice à ma franchise.
Mais surtout Léonore est-elle en sûreté?

MENDOSE.

Vous avez donné l'ordre, il est exécuté.
La garde castillane est rangée auprès d'elle,
Prête à fondre avec moi sur le parti rebelle ;
Aux portes du palais les Africains placés
En défendent l'approche aux mutins dispersés ;
Vos soldats sont postés dans la ville sanglante ;
Toute l'armée enfin frémit, impatiente,

Demande le combat, brûle de vous venger
Du lâche Transtamare, et d'un fier étranger.
               DON PÈDRE.
Je n'ai point envoyé Transtamare au supplice...
Mon épée est plus noble, et m'en fera justice.
Sous les yeux de Guesclin je vais le prévenir :
Va, c'est dans les combats qu'il est beau de punir...
Je regrette, il est vrai, dans cette juste guerre,
Ce fameux prince Noir, ce dieu de l'Angleterre,
Ce vainqueur de deux rois, qui meurt, et qui gémit,
Après tant de combats, d'expirer dans son lit.
C'eût été pour ma gloire un moment plein de charmes,
De le revoir ici compagnon de mes armes.
Je pleure ce grand homme; et don Pèdre aujourd'hui,
Heureux ou malheureux, sera digne de lui...
   Mais je vois s'avancer une foule étrangère,
Qui se joint, sous mes yeux, aux drapeaux de l'Ibère,
Et qui semble annoncer un ministre de paix :
C'est Guesclin qui s'avance au gré de mes souhaits.
Ami, près de ton roi prends la première place.
Voyons quelle est son offre et quelle est son audace.

SCÈNE II.

DON PÈDRE se place sur son trône; MENDOSE à côté de lui, avec quelques GRANDS d'Espagne; GUESCLIN, après avoir salué le roi, qui se lève, s'assied vis-à-vis de lui. Les GARDES sont derrière le trône du roi, et des OFFICIERS FRANÇAIS derrière la chaise de Guesclin.

               GUESCLIN.
Sire, avec sûreté je me présente à vous,
Au nom d'un roi puissant de son honneur jaloux,
Qui d'un vaste royaume est aujourd'hui le père,
Qui l'est de ses voisins, qui l'est de votre frère,
Et dont la généreuse et prudente équité
N'a fait verser de sang que par nécessité.
J'apporte, au nom de Charle, ou la paix ou la guerre.
Faut-il ensanglanter, faut-il calmer la terre?
C'est à vous de choisir : je viens prendre vos lois.
               DON PÈDRE.
Vous-même expliquez-vous, déterminez mon choix.

Mais dans votre conduite on pourrait méconnaître
Cette rare équité de votre auguste maître,
Qui, sans m'en avertir, dévastant mes États,
Me demande la paix par vingt mille soldats.
Sont-ce là les traités qu'à Vincenne on prépare ?
(Il se lève; Guesclin se lève aussi.)
De quel droit osez-vous m'enlever Transtamare ?
GUESCLIN.
Du droit que vous aviez de le charger de fers.
Vous l'avez opprimé, seigneur, et je le sers.
DON PÈDRE.
De tous nos différends vous êtes donc l'arbitre ?
GUESCLIN.
Mon roi l'est.
DON PÈDRE.
Je voudrais qu'il méritât ce titre ;
Mais vous, qui vous fait juge entre mon peuple et moi ?
GUESCLIN.
Je vous l'ai déjà dit : votre allié, mon roi,
Que votre père Alfonse, en fermant la paupière,
Chargea d'exécuter sa volonté dernière ;
Le vainqueur des Anglais, sur le trône affermi ;
Et quand vous le voudrez, en un mot, votre ami.
DON PÈDRE.
De l'amitié des rois l'univers se défie ;
Elle est souvent perfide, elle est souvent trahie.
Mais quel prix y met-il ?
GUESCLIN.
La justice, seigneur.
DON PÈDRE.
Ces grands mots consacrés de justice, d'honneur,
Ont des sens différents qu'on a peine à comprendre.
GUESCLIN.
J'en serai l'interprète, et vous allez m'entendre.
Rendez à votre frère, injustement proscrit,
Léonore et les biens qu'un père lui promit,
Tous ses droits reconnus d'un sénat toujours juste,
Dans Rome confirmés par un pouvoir auguste ;
Des états castillans n'usurpez point les droits ;
Pour qu'on vous obéisse, obéissez aux lois :
C'est là ce qu'à ma cour on déclare équitable ;
Et Charle est à ce prix votre ami véritable.

DON PÈDRE.
Instruit de ses desseins, et non pas effrayé,
Je préfère sa haine à sa fausse amitié.
S'il feint de protéger l'enfant de l'adultère,
Le rebelle insolent qu'il appelle mon frère,
Je sais qu'il n'a donné ces secours dangereux
Que pour mieux s'agrandir en nous perdant tous deux.
Divisez pour régner, voilà sa politique :
Mais il en est une autre où don Pèdre s'applique ;
C'est de vaincre ; et Guesclin ne doit pas l'ignorer.
Agent de Transtamare, osez-vous déclarer
Que vous lui destinez la main de Léonore ?
Léonore est ma femme... Apprenez plus encore :
Sachez que votre roi, qui semble m'accabler,
Des secrets de mon lit ne doit point se mêler ;
Que de l'hymen des rois Rome n'est point le juge.
Je demeure surpris que, pour dernier refuge,
Au tribunal de Rome on ose en appeler,
Et qu'un guerrier français s'abaisse à m'en parler.
Oubliez-vous, monsieur, qu'on vous a vu vous-même,
Vous qui me vantez Rome et son pouvoir suprême,
Extorquer ses tributs, rançonner ses États,
Et forcer son pontife à payer vos soldats ?

GUESCLIN.
On dit qu'en tous les temps ma cour a su connaître
Et séparer les droits du monarque et du prêtre :
Mais, peu fait pour toucher ces ressorts délicats,
Je combats pour mon prince, et je ne l'instruis pas.
Qu'on ait lancé sur vous ce qu'on nomme anathème,
Que l'épouse d'un frère ou vous craigne ou vous aime,
Je n'examine point ces intrigues des cours,
Ces abus des autels, encor moins vos amours.
Vous ne voyez en moi qu'un organe fidèle
D'un roi l'ami de Rome, et qui s'arme pour elle.
On va verser le sang, et l'on peut l'épargner :
Fléchissez, croyez-moi, si vous voulez régner.

DON PÈDRE.
J'entends ; vous exigez ma prompte déférence
A ces rescrits de Rome émanés de la France.
Charle adore à genoux ces étonnants décrets,
Ou les foule à ses pieds, suivant ses intérêts ;
L'orgueil me les apporte au nom de l'artifice !

Vous m'offrez un pardon, pourvu que j'obéisse !
Écoutez... Si j'allais, du même zèle épris,
Envoyer une armée aux remparts de Paris ;
Si l'un de mes soldats disait à votre maître :
« Sire, cédez le trône où Dieu vous a fait naître,
Cédez le digne objet pour qui seul vous vivez ;
Et de tous ces trésors à vos mains enlevés
Enrichissez un traître, un fils d'une étrangère,
Indigne de la France, indigne de son père ;
Gardez-vous de donner vos ordres absolus
Pour former des soldats, pour lever des tributs ;
Attendez humblement qu'un pontife l'ordonne ;
Remettez au sénat les droits de la couronne ;
Et don Pèdre à ce prix veut bien vous protéger... »
Votre maître, à ce point se sentant outrager,
Pourrait-il écouter sans un peu de colère
Ce discours insultant d'un soldat téméraire ?

GUESCLIN.

Je veux bien avouer que votre ambassadeur
S'expliquerait fort mal avec tant de hauteur :
Rien ne justifierait l'orgueil et l'imprudence
De donner des leçons et des lois à la France.
Charle s'en tient, seigneur, à la foi des traités.
Songez aux derniers mots par Alfonse dictés ;
Ils ont rendu mon roi le tuteur et le père
De celui que don Pèdre eût dû traiter en frère.

DON PÈDRE.

Le tuteur d'un rebelle ! ah, noble chevalier !
Qu'il vous coûte en secret de le justifier !
J'en appelle à vous-même, à l'honneur, à la gloire.
Votre prince est-il juste ?

GUESCLIN.

     Un sujet doit le croire.
Je suis son général, et le sers contre tous,
Comme je servirais si j'étais né sous vous.
Je vous ai déclaré les arrêts qu'il prononce ;
Je n'y veux rien changer, et j'attends la réponse ;
Donnez-la sans réserve : il faut vous consulter.
Je viens pour vous combattre, et non pour disputer.
Vous m'appelez soldat ; et je le suis sans doute.
Ce n'est plus qu'en soldat que Guesclin vous écoute.
Cédez, ou prononcez votre dernier refus.

DON PÈDRE.
Vous l'aviez dû prévoir, et vous n'en doutez plus :
Je vous refuse tout, excepté mon estime.
Je considère en vous le guerrier magnanime,
Qui combat pour son roi par zèle et par honneur ;
Mais je ne puis en vous souffrir l'ambassadeur.
Portez à vos Français les ordres despotiques
De ce roi renommé parmi les politiques,
Qui, du fond de Vincenne, à l'abri des dangers,
Sème en paix la discorde entre les étrangers.
Sa sourde ambition, qu'on appelle prudence,
Croit sur mon infortune établir sa puissance.
Il viole chez moi les droits des souverains,
Qu'il a dans ses États soutenus par vos mains.
Pour vous, noble instrument de sa froide injustice,
Vous, dont il acheta le sang et le service,
Vous, chevalier breton, qui m'osez présenter
Un combat généreux qu'il n'oserait tenter,
Votre valeur me plaît, quoique très-indiscrète ;
Mais ressouvenez-vous des champs de Navarette.

GUESCLIN.
Sire, le prince anglais, je ne puis le nier,
Vainquit à Navarette et m'y fit prisonnier ;
Je ne l'oublierai point. Une telle infortune
A de meilleurs guerriers en tout temps fut commune ;
Et je ne viens ici que pour la réparer.

DON PÈDRE.
Dans les champs de l'honneur hâtez-vous donc d'entrer.
Toujours prêt, comme vous, d'en ouvrir la barrière,
Et de recommencer cette noble carrière,
Je vous donne le choix et des lieux et du temps ;
La route a dû lasser vos braves combattants.
En quel jour, en quel lieu, voulez-vous la bataille[1] ?

---

1. C'était encore l'usage en ce temps-là. Le dernier exemple qu'on en connaisse fut celui de la bataille d'Azincourt, où les généraux français envoyèrent demander le jour et le lieu au roi d'Angleterre. Cet usage venait des peuples du nord ; il y était très-ancien. Bijorix, roi ou général des Cimbres, demanda le jour et le lieu de la bataille à Marius, qui, craignant qu'un refus ne parût aux barbares une marque de timidité, et n'augmentât leur courage, lui assigna le surlendemain, et la plaine de Verceil. (*Note de Voltaire.*) — Les éditions données du vivant de l'auteur ne contiennent que la moitié de la première ligne de cette note. Le reste a paru pour la première fois dans les éditions de Kehl. (B.)

GUESCLIN.
Dès ce moment, seigneur, et sous cette muraille.
A vous voir d'assez près j'ai su les préparer ;
Et cet honneur si grand ne peut se différer.
DON PÈDRE.
Marchons, et laissons là ces disputes frivoles ;
Venez revoir encor les lances espagnoles.
Mais, jusqu'à ce moment de nous deux souhaité,
Usez ici des droits de l'hospitalité...
Cher Mendose, ayez soin qu'une de vos escortes
Le guide avec honneur au delà de nos portes.
(A Guesclin.)
Acceptez mon épée.
GUESCLIN.
Une telle faveur
Est pour un chevalier le comble de l'honneur.
Plût au ciel que je pusse avec quelque justice,
Sire, ne la tirer que pour votre service[1] !

1. Linguet comparait cette scène à celle de Sertorius et de Pompée dans Corneille. (G. A.)

FIN DU QUATRIÈME ACTE.

ACTE CINQUIÈME.

SCÈNE I.

LÉONORE, ELVIRE.

LÉONORE.
Succomberai-je enfin sous tant de coups du sort ?
Une mère à mes yeux dans les bras de la mort...
Un époux que j'adore, et que sa destinée
Fait voler aux combats du lit de l'hyménée...
Un peuple gémissant, dont les cris insensés
M'imputent tous les maux sur l'Espagne amassés...
De Transtamare enfin la détestable audace,
Dont le fer me poursuit, dont l'amour me menace...
Ai-je une âme assez forte, un cœur assez altier,
Pour contempler mes maux et pour les défier ?
Avant que l'infortune accablât ma jeunesse,
Je ne me connaissais qu'en sentant ma faiblesse.
Peut-être qu'éprouvé par la calamité
Mon esprit s'affermit contre l'adversité.
Il me semble du moins, au fort de cet orage,
Que plus j'aime don Pèdre, et plus j'ai de courage.
ELVIRE.
Notre sexe, madame, en montre quelquefois
Plus que ces chevaliers vantés par leurs exploits.
Surtout l'amour en donne, et d'une âme timide
Ce maître impérieux fait une âme intrépide :
Il développe en nous d'étonnantes vertus
Dont les germes cachés nous étaient inconnus.
L'amour élève l'âme ; et, faibles que nous sommes,
Nous avons su donner des exemples aux hommes.
LÉONORE.
Ah ! je me trompe, Elvire ; un noir abattement

ACTE V, SCÈNE I.

A cette fermeté succède à tout moment...
Don Pèdre! cher époux! que n'ai-je pu te suivre,
Et tomber avec toi si tu cesses de vivre!
ELVIRE.
A vaincre Transtamare il est accoutumé :
Que votre cœur sensible, un moment alarmé,
Reprenne son courage et sa mâle assurance.
LÉONORE.
Oui, don Pèdre, il est vrai, me rend mon espérance.
Mais Guesclin!
ELVIRE.
      Vous pourriez redouter sa valeur!
LÉONORE.
Je brave Transtamare, et crains son protecteur.
Si don Pèdre est vaincu, sa mort est assurée.
Je le connais trop bien : sa main désespérée
Cherchera, je le vois, la mort de rang en rang,
Déchirera son sein, s'entr'ouvrira le flanc,
Plutôt que de tomber dans les mains d'un rebelle.
ELVIRE.
Détournez loin de vous cette image cruelle.
Reine, le ciel est juste, il ne donnera pas
Cet exemple exécrable à tous les potentats,
Qu'un traître, un révolté, l'enfant de l'adultère,
Opprime impunément son monarque et son frère.
LÉONORE.
Quoique le ciel soit juste, il permet bien souvent
Que l'iniquité règne, et marche en triomphant;
Et si, pour nous venger, Elvire, il ne nous reste
Que le recours du faible au jugement céleste,
Et l'espoir incertain qu'enfin dans l'avenir,
Quand nous ne serons plus, le ciel saura punir,
Cet avenir caché, si loin de notre vue,
Nous console bien peu quand le présent nous tue.
Pardonne, je m'égare; et le trouble et l'effroi,
Plus forts que la raison, m'entraînent malgré moi.
Tu vois avec pitié ce passage rapide
De l'excès du courage au désespoir timide.
Telle est donc la nature!... Il me faut donc lutter
Contre tous ses assauts!... et je veux l'emporter!
    N'entends-tu pas de loin la trompette guerrière,
Les cris des malheureux roulants dans la poussière,

Des peuples, des soldats, les confuses clameurs,
Et les chants d'allégresse, et les cris des vainqueurs?
Le tumulte redouble, et l'on me laisse, Elvire...
Je ne me soutiens plus... On vient à moi... J'expire.

ELVIRE.

C'est Mendose; c'est lui, c'est l'ami de son roi :
Il paraît consterné.

SCÈNE II.

LÉONORE, MENDOSE, ELVIRE.

MENDOSE.

Fiez-vous à ma foi,
Venez, reine, cédez à nos destins contraires;
Fuyez, s'il en est temps, du palais de vos pères;
Il doit vous faire horreur.

LÉONORE.

Ah! c'en est fait enfin!
Transtamare est vainqueur?

MENDOSE.

Non : c'est le seul Guesclin;
C'est Guesclin, dont le bras et le puissant génie
Ont soumis la Castille à la France ennemie.
Henri de Transtamare, indigne d'être heureux,
Ne fait qu'en abuser... et par un crime affreux...

LÉONORE.

Quel crime? ah! juste Dieu!

(Elle tombe dans son fauteuil.)

MENDOSE.

Si l'excès du courage
Suffisait dans les camps pour donner l'avantage,
Le roi, n'en doutez point, aurait vu sous ses pieds
Ses vainqueurs dans la poudre expirer foudroyés.
Mais il a négligé ce grand art de la guerre,
Que le héros français apprit de l'Angleterre.
Guesclin avec le temps s'est formé dans cet art
Qui conduit la valeur, et commande au hasard.
Don Pèdre était guerrier, et Guesclin capitaine.
Hélas! dispensez-moi, trop malheureuse reine,
Du récit douloureux d'un combat inégal,

ACTE V, SCÈNE II.

Dont le triste succès, à nos neveux fatal,
Faisant passer le sceptre en une autre famille,
A changé pour jamais le sort de la Castille.
Par sa valeur trompé, don Pèdre s'est perdu ;
Sous son coursier mourant ce héros abattu,
A bientôt du roi Jean subi la destinée.
Il tombe, on le saisit.

LÉONORE.
Exécrable journée !
Tu n'es pas à ton comble ! il vit du moins ?

(En se relevant.)

MENDOSE.
Hélas !
Le généreux Guesclin le reçoit dans ses bras.
Il étanche son sang, il le plaint, le console,
Le sert avec respect, engage sa parole
Qu'il sera des vainqueurs en tout temps honoré
Comme un prince absolu de sa cour entouré.
Alors il le présente à l'heureux Transtamare.
Dieu vengeur ! qui l'eût cru ?... le lâche, le barbare,
Ivre de son bonheur, aveugle en son courroux,
A tiré son poignard, a frappé votre époux ;
Il foule aux pieds ce corps étendu sur le sable...
Fuyez, dis-je, évitez l'aspect épouvantable
De ce lâche ennemi, né pour vous opprimer,
De ce monstre assassin qui vous osait aimer.

LÉONORE.
Moi, fuir... et dans quels lieux ?... O cher et saint asile,
Où je devais mourir oubliée et tranquille,
Recevras-tu ma cendre ?

MENDOSE.
On peut à vos vainqueurs
Dérober leur victime et leur cacher vos pleurs.
Tout blessé que je suis, le courage et le zèle
Donnent à ma faiblesse une force nouvelle.

LÉONORE.
C'en est trop... Cher Mendose... ayez soin de vos jours.

MENDOSE.
Le temps presse, acceptez mes fidèles secours ;
Regagnons vos États, ces biens de vos ancêtres.

LÉONORE.
Moi, des biens ! des États !... je n'ai plus que des maîtres...

Mène-moi chez ma mère, au fond de ce palais,
Que j'expire avec elle, et que je meure en paix...
Ah! don Pèdre...
(Elle retombe.)

SCÈNE III.

LÉONORE, MENDOSE, TRANSTAMARE, ELVIRE,
SUITE.

TRANSTAMARE.
    Arrêtez. Qu'on garde l'infidèle,
Qu'on arrête Mendose, et qu'on veille autour d'elle...
    Madame, c'est ici que je viens rappeler
Des serments qu'un tyran vous a fait violer.
Vous n'êtes plus soumise au joug honteux d'un traître,
Qui, perfide envers moi, vous obligeait à l'être.
J'ajoute la Castille à tant d'autres États
Envahis par don Pèdre et gagnés par mon bras :
Le diadème et vous, vous êtes ma conquête.
Vainqueur de mon tyran, ma main est toujours prête
A mettre à vos genoux trois sceptres réunis,
Qu'aujourd'hui la valeur et le sort m'ont remis.
Rome me les donnait par ses décrets augustes,
Que le succès confirme et rend encor plus justes.
J'ai pour moi le sénat, le pontife, les grands,
Le jugement de Dieu qui punit les tyrans...
C'est lui qui me conduit au trône de Castille ;
C'est lui qui de nos rois met en mes mains la fille,
Qui rend à Léonore un légitime époux,
Et qui sanctifiera les droits que j'ai sur vous.
J'ai honte, en ce moment, de vous aimer encore ;
Mais, puisqu'un ennemi m'enleva Léonore,
Je reprends tous mes droits que vous avez trahis.
Lorsque j'ai combattu, vous en étiez le prix.
Vous avez tant changé dans ce jour mémorable,
Qu'un changement de plus ne vous rend point coupable.
Partagez ma fortune, ou servez sous mes lois.
    LÉONORE, se soulevant sur le siége où elle est penchée.
Entre ces deux partis il est un autre choix
Qui demande peut-être un peu plus de courage...

Il pourrait effrayer et mon sexe et mon âge...
Il est coupable... affreux... mais vous m'y réduisez...
Le voici.
(Elle se tue.)

SCÈNE IV.

LÉONORE, renversée dans un fauteuil; ELVIRE, la soutenant; TRANSTAMARE ALMÈDE, auprès d'elle; GUESCLIN et la SUITE, au fond du théâtre.

GUESCLIN, entrant au moment où Léonore parlait.

Ciel! mes yeux seraient-ils abusés?
Don Pèdre assassiné! Léonore expirante!
TRANSTAMARE, courant à Léonore.
Tu meurs! ô jour sanglant d'horreur et d'épouvante!
LÉONORE.
Laisse-moi, malheureux! Que t'importent mes jours?
Va, je hais ta pitié, j'abhorre ton secours...
(Elle fait effort pour prononcer ces deux vers-ci :)
A ta seule clémence, ô Dieu! je m'abandonne!
Pardonne-moi ma mort : c'est lui qui me la donne.
TRANSTAMARE.
Où suis-je? et qu'ai-je fait!
GUESCLIN.
              Deux crimes que le ciel
Aurait dû prévenir d'un supplice éternel...
Enfin vous régnerez, barbare que vous êtes,
Vous jouirez en paix des horreurs que vous faites :
Vous aurez des flatteurs à vous plaire assidus,
Des suppôts du mensonge à vos ordres vendus,
Qui tous, dissimulant une action si noire,
Se déshonoreront pour sauver votre gloire :
Moi, qui n'ai jamais su ni feindre ni plier,
Je vous dégrade ici du rang de chevalier :
Vous en êtes indigne, et ce coup détestable
Envers l'honneur et moi vous a fait trop coupable.
Tyran, songez-vous bien qu'un frère infortuné,
Assassiné par vous, vous avait pardonné?
Je retourne à Paris faire rougir mon maître
Qui vous a protégé ne pouvant vous connaître;

Et je vous punirais, si j'osais prévenir
Les ordres de mon roi, qu'il me faut obtenir,
Si je pouvais agir par ma propre conduite,
Si je livrais mon cœur au courroux qui l'irrite.
Puisse Dieu, par pitié pour vos tristes sujets,
Vous donner des remords égaux à vos forfaits!
Puissiez-vous expier le sang de votre frère!
Mais, puisque vous régnez, mon cœur en désespère.

TRANSTAMARE.

Je m'en dis encor plus... Au crime abandonné...
Léonore, et mon frère, et Dieu, m'ont condamné.

FIN DE DON PÈDRE.

L'HOTE

ET L'HOTESSE

DIVERTISSEMENT

(1776)

AVERTISSEMENT

POUR LA PRÉSENTE ÉDITION.

Le comte de Provence, frère du roi, voulait donner à sa belle-sœur, la jeune reine Marie-Antoinette, une fête brillante dans son château de Brunoy. Le surintendant des bâtiments et des finances de Monsieur, Cromot du Bourg, s'avisa de demander un divertissement à Voltaire, qui répondit avec empressement : « Il y a une fête fort célèbre à Vienne, qui est celle de l'Hôte et de l'Hôtesse : l'empereur est l'hôte, et l'impératrice est l'hôtesse. Ils reçoivent tous les voyageurs qui viennent souper et coucher chez eux, et donnent un bon repas à table d'hôte. Tous les voyageurs sont habillés à l'ancienne mode du pays; chacun fait de son mieux pour cajoler respectueusement l'hôtesse; après quoi, tous dansent ensemble. Il y a juste soixante ans que cette fête (appelée *Wurtchafft*) n'a pas été célébrée à Vienne : Monsieur voudrait-il la donner à Brunoy ? »

Voltaire attendait beaucoup d'avantages de la protection de la jeune reine, s'il parvenait à se l'assurer. Il écrit à d'Argental, 18 octobre 1776 : « On lui mande (à l'auteur du divertissement) que ces petits versiculets, tout plats qu'ils sont, n'ont pas été mal reçus de la belle et brillante Antoinette et de sa cour. Il en est fort aise, quoiqu'il ne soit pas courtisan. Il s'imagine qu'on pourrait aisément obtenir la protection de cette divine Antoinette en faveur d'*Olympie* la brûlée. Il s'imagine encore que, dans certaines occasions, certain vieux amateur de certaines vérités pourrait se mettre sous la sauvegarde de certaine famille, contre les méchancetés de certains pédants en robe noire qui ont toujours une dent contre un certain solitaire. »

AVERTISSEMENT

DE BEUCHOT.

Cette pièce a été imprimée, pour la première fois, dans les éditions de Kehl. Elle était précédée de trois lettres à M. de Cromot, qu'on trouvera à leurs dates dans la *Correspondance* (20 septembre, 22 septembre, et 10 octobre 1776). M. de Cromot était surintendant des finances du comte de Provence (depuis Louis XVIII). Ce prince voulant donner, à Brunoy, une fête à la reine Marie-Antoinette, avait fait demander à Voltaire un petit divertissement. L'idée en était prise dans une ancienne fête donnée quelquefois dans la patrie de la reine, et dont Voltaire avait parlé dans un chapitre de son *Histoire de Pierre le Grand*. La pièce de Voltaire avait été composée rapidement. Des vers qu'il envoya après coup (voyez la lettre à Cromot du 10 octobre 1776) arrivèrent trop tard (voyez la lettre à Mme Saint-Julien, du 30 octobre).

L'HOTE
ET L'HOTESSE

DIVERTISSEMENT

(Au fond d'un salon très-bien décoré, on voit les apprêts d'un festin.)

La symphonie commence, et L'ORDONNATEUR chante :

Allons, enfants, à qui mieux mieux ;
Jeunes garçons, jeunes fillettes,
Dépêchez, préparez ces lieux ;
Trémoussez-vous, paresseux que vous êtes.
    Mettez-moi cela
      Là ;
    Rendez ce buffet
      Net ;
Songez bien à ce que vous faites
Allons, enfants, etc. [1]

Il faut que tous les curieux
Soient bien traités dans nos guinguettes.
    Mettez-moi cela
      Là ;
    Rendez ce buffet
      Net.

Que tous les étrangers soient reçus poliment,
Chevaliers, écuyers, jeunes, vieux, femme, fille ;
    Que d'auprès de notre famille
Jamais aucun mortel ne sorte mécontent.

---

1. Voltaire emprunte ce couplet à son esquisse d'opéra-comique *les Deux Tonneaux*. (Voyez pages 3-4.)

LE MAÎTRE D'HÔTEL DE L'HÔTELLERIE.

C'est bien dit. Le maître et la maîtresse de la maison ne cessent de me recommander d'être bien honnête, bien prévenant, bien empressé; mais comment être honnête une journée tout entière? Rien n'est plus insupportable. On est accablé de gens qui, parce qu'ils n'ont rien à faire, croient que je n'ai rien à faire aussi qu'à amuser leur oisiveté. Ils s'imaginent que je suis fait pour leur plaire du soir au matin. Ils ont ouï dire que nous aurons ici une voyageuse qui passe tout son temps à gagner les cœurs, et à qui cela ne coûte aucune peine. On accourt pour la voir de tous les coins du monde. Écoutez, garçons de l'hôtellerie, la foule est trop grande; ne laissez entrer que ceux qui viendront deux à deux : que cet ordre soit crié à son de trompe à toutes les portes.

MUSIQUE.

Chacun et chacune
Entrez deux à deux :
C'est un nombre heureux;
Un tiers importune.
Voyager seul est ennuyeux.
Soit blonde, soit brune,
Entrez deux à deux :
C'est un nombre heureux.

Ah! cela réussit; il y a moins de foule. Voyons qui sont les curieux qui se présentent. Voilà d'abord deux personnes qui me paraissent venir de bien loin.

(Ces deux personnages qui entrent les premiers sont vêtus à la chinoise, coiffés d'un petit bonnet à houppes rouges; ils se couchent jusqu'à terre, et font des génuflexions.)

LE MAÎTRE D'HÔTEL.

Ces gens-là sont d'une civilité à faire enrager.

(Il leur rend leurs révérences.)

Messieurs, peut-on, sans manquer au respect qu'on vous doit, vous demander qui vous êtes?

LE CHINOIS.

Chi hom ham hi tu su.

LE MAÎTRE D'HÔTEL.

Ah! ce sont des Chinois; ils seront bien attrapés. Il est vrai qu'ils verront notre belle voyageuse, mais ils ne l'entendront pas... Mettez-vous là, monsieur et madame.

(Il y a une ottomane qui règne le long de la salle; le Chinois et la Chinoise s'y accroupissent. Un Tartare et une Tartare paraissent sans saluer personne : ils ont un arc en main et un carquois sur l'épaule; ils se couchent auprès des Chinois.)

DIVERTISSEMENT.

LE MAÎTRE D'HÔTEL.

Ceux-ci ne sont pas si grands faiseurs de révérences. Messieurs les Tartares, pourquoi êtes-vous armés ? Venez-vous enlever notre voyageuse ? Nous la défendrions contre toute la Tartarie, entendez-vous ?

LE TARTARE.

Freik krank roc, roc krank freik.

LE MAÎTRE D'HÔTEL.

J'entends ; vous le voudriez bien, mais vous ne l'osez pas. Ah ! voici deux Lapons : comment ceux-là peuvent-ils venir deux à deux ? Il me semble que, si j'étais Lapon, mon premier soin serait de ne me jamais trouver avec une Lapone... Allons, passez là, pauvres gens.

(Ils se placent à côté des Tartares.)

Ah ! voici de l'autre côté des gens de connaissance, des Espagnols, des Allemands, des Italiens : c'est une consolation.

(Un Espagnol et une Espagnole, un Allemand et une Allemande, un Italien et une Italienne, paraissent sur la scène à la fois. L'Espagnol, vêtu à la mode antique, salue la reine en disant :)

Respeto y silencio.

(L'Allemand dit :)

Sieh die liebe tochter von unsern kaisern [1].

(L'Italienne dit :)

Questi parlano, e noi cantiamo.

(Elle chante :)

Qui regna il vero amore.
Non è tiranno,
Non fa inganno,
Non tormenta il cuore.
Pura fiamma s'accende,
Non arde, ma risplende.
Qui regna il vero amore.
Non tormenta il cuore.

(Les Asiatiques et les Européens se prennent par la main et dansent : le fond de la salle s'ouvre ; une troupe de danseurs de l'Opéra paraît ; un chanteur est à la tête, et chante ce couplet :)

Quoi ! l'on danse en ces lieux, et nous n'en sommes pas !
Nous dont la danse est l'apanage !
Le plaisir conduit tous nos pas.

1. Vois la fille chérie de nos empereurs. (G. A.)

Je vois des étrangers dans ces heureux climats,
    Courir aux fêtes de village.
    Partageons, surpassons leurs jeux ;
    C'est au peuple le plus heureux
        A danser davantage.
    Le menuet est sur son déclin :
    Hélas ! nous avons vu la fin
De la courante et de la sarabande ;
Nous pouvons célébrer de plus nobles attraits :
    Aimons, adorons à jamais
        La divine Allemande.

(Tous les personnages ensemble)

    Aimons, adorons à jamais
        La divine allemande.

GRAND BALLET.

(Après ce divertissement, on passe dans un bosquet illuminé. L'ordonnateur demande au guide des étrangers, ou à celui qui représente l'hôte, dans quel pays tous ces voyageurs comptent aller... Celui-ci répond :)

Monsieur, ces messieurs et ces dames, tant Chinois que Tartares, Lapons, Espagnols, ou Allemands, courent le monde depuis longtemps pour trouver le palais de la Félicité. Des gens malins leur ont prédit qu'ils courraient toute leur vie. C'est ici qu'habitent les génies des quatre éléments : Gnomes, Salamandres, Ondins, et Sylphes. Si le bonheur habite quelque part, on peut s'en informer à eux.

(Entrée des quatre espèces de Génies qui président aux éléments. Après la danse, DÉMOGORGON, le souverain des Génies, chante :)

    Vous cherchez le parfait bonheur ;
    C'est une parfaite chimère.
    Il est toujours bon qu'on l'espère :
    C'est bien assez pour votre cœur.

    On court après, il prend la fuite ;
    Il vous échappe tous les jours.
    A la chasse et dans les amours
    Le plaisir est dans la poursuite.

    Mortels, si la félicité
    N'est pas toujours votre partage,
    En ce lieu, du monde écarté,
    Contemplez du moins son image.

Vous voyez l'aimable assemblage
De la vertu, de la beauté;
L'esprit, la grâce, la gaité;
Et tout cela dans le bel âge.

Quiconque en aurait tout autant,
Et qui même serait sensible,
N'aurait pas tout le bien possible;
Mais il devrait être content.

(Le temple du Bonheur parfait est dans le fond, mais il n'y a point de porte.)

L'ORDONNATEUR, aux danseurs.

Messieurs, qui courez par tout le monde pour chercher le bonheur parfait, il est dans ce temple; mais il faut l'escalader : on n'arrive pas au bonheur sans peine[1].

(Les danseurs escaladent le temple au son d'une symphonie bruyante; le temple tombe, et il en part un feu d'artifice.)

---

1. C'était probablement ici que devaient se réciter les divers couplets contenus dans la lettre du 10 octobre 1776 à Cromot, mais qui arrivèrent trop tard. (B.)

FIN DE L'HÔTE ET L'HÔTESSE.

IRÈNE

TRAGÉDIE EN CINQ ACTES

REPRÉSENTÉE SUR LE THÉATRE-FRANÇAIS LE 16 MARS 1778.

AVERTISSEMENT

POUR LA PRÉSENTE ÉDITION.

Voltaire a quatre-vingt-deux ans, et, en dépit de l'âge, les projets de tragédie fermentent encore dans sa tête. Le 15 décembre 1776, il écrit au comte d'Argental : « Je me démêlerai peut-être aussi des affaires très-embrouillées et très-mal conduites de notre pauvre petit pays de Gex ; mais je ne me tirerai pas si bien de l'entreprise dont Mme de Saint-Julien vous a donné si bonne opinion. Si ce n'est pas elle qui vous en a parlé, c'est l'abbé Mignot. Le commencement de l'ouvrage me donnait à moi-même de très-grandes espérances ; mais je ne vois sur la fin que du ridicule. J'ai bien peur qu'on ne se moque d'une femme qui se tue de peur de coucher avec le vainqueur et le meurtrier de son mari, quand elle n'aime point ce mari, et qu'elle adore ce meurtrier... D'ailleurs, la pièce, roulant uniquement sur le remords continuel d'aimer à la fureur le meurtrier de son mari, ne pouvait comporter cinq actes. J'étais obligé de me réduire à trois, et cela me paraissait avoir l'air d'un drame de M. Mercier. C'est bien dommage, car il y avait du neuf dans cette bagatelle, et les passions m'y paraissaient assez bien traitées. Il y avait quelques peintures assez vraies ; mais rien ne répare le vice d'un sujet qui n'est pas dans la nature... *Bérénice*, qui est le plus mince et le plus petit sujet d'une pièce de théâtre, était beaucoup plus fécond que le mien, comme beaucoup plus naturel. Cela me fâche et m'humilie. Un père n'est pas bien aise de se voir obligé de tordre le cou à son enfant. Voilà trois mois entiers de perdus, et le temps est cher à mon âge. »

Ce moment de découragement passe vite. Voltaire est rassuré par Mme Denis : « La peur m'a pris quand j'ai relu ma petite drôlerie tragique ; et ma peur a été si grande que je ne voulais pas montrer cet abrégé de tragédie à Mme Denis. Hier, j'ai surmonté mon dégoût et ma crainte ; je lui ai donné la pièce à lire ; elle a pleuré, et cela m'a rassuré. Quand je dis rassuré, ce n'est pas auprès du parterre : car vous savez qu'à présent votre ville est divisée en factions. J'ai contre moi le parti anglais, le parti juif, le parti dévot, la foule des méchants auteurs, tous les journalistes, et Dieu sait quelle joie quand toute cette canaille se réunira pour siffler un vieux fou qui, dans sa quatre-vingt-troisième année, abandonne toutes ses affaires pour donner un embryon de tragédie au public ! Je suis assez fat pour croire que le rôle de mon impératrice est très-honnête, très-touchant, et même, si on veut, assez théâtral. Mais où mon gros abbé Mignot a-t-il pêché que le style est dans le goût de *Sémiramis* et de *Mahomet?* Je vous jure qu'il n'en est rien. Je ne le crois pas rampant, mais je le crois beaucoup plus approchant du naïf que du sublime : c'est un combat éternel de l'amour et de la vertu. Le fond de l'étoffe est agréable; mais elle ne peut pas être nuancée. »

Pendant qu'il est en train de remplir ce canevas, un autre projet de tragédie séduit son imagination. « Vous croyez, écrit-il à d'Argental le 4 février 1777, vous croyez, vous et M. de Thibouville, que je ne vous ai invités qu'à un petit souper de trois services; il faut que je vous avoue que j'en prépare un autre de cinq (il s'agit d'*Agathocle*). Le rôti est déjà à la broche, mais le menu m'embarrasse. Je crains bien de n'être qu'un vieux cuisinier dont le goût est absolument dépravé. Vous êtes le plus indulgent des convives; mais il y a tant de gens qui s'empressent à vous donner à souper, j'ai tant de rivaux qui me traiteront de gargotier, que je tremble de vous donner mes deux repas. Je vois évidemment qu'il faut remettre cette partie à une saison plus favorable. Il suffirait qu'il y eût un ragoût manqué pour que tout le monde, jusqu'aux valets de l'auberge, me traitât de vieil empoisonneur. Il viendra peut-être un temps où l'on aura plus d'indulgence. »

D'*Agathocle* Voltaire revient à *Irène*, et à force d'envisager le sujet sous toutes ses faces, il trouve le moyen de lui donner les cinq actes sans lesquels une tragédie « a l'air d'un drame de M. Mercier ». Il s'enthousiasme pour son *Alexis,* ainsi qu'il nomme encore sa pièce. « On dit qu'*Alexis* est ce que j'ai fait de moins indigne de vous. Si on ne me trompe pas, si cela déchire l'âme d'un bout à l'autre, comme on me l'assure, c'est donc pour *Alexis* que je vous implore; c'est ma dernière volonté, c'est mon testament... *Agathocle* pourra un jour paraître et être souffert en faveur de son frère *Alexis;* mais à présent, mes chers anges, il n'y a qu'*Alexis* qui puisse me procurer le bonheur de venir passer quelques jours avec vous, de vous serrer dans mes bras, et de pouvoir m'y consoler (25 octobre 1777). »

Irène fut reçue à l'unanimité par la Comédie-Française le 2 janvier 1778. La distribution des rôles ne se fit pas sans difficulté. Voltaire aurait souhaité que Lekain se chargeât du rôle de l'ermite Léonce, « qui n'a pas de ces passions qui ruinent la poitrine ». Lekain le refusait, à la grande indignation des amis de Voltaire. La mort vint trancher ce débat. Le grand tragédien, âgé de cinquante ans, tomba malade le 24 janvier et mourut le 8 février.

Deux jours après, Voltaire entrait à Paris. Depuis longtemps il comptait sur un succès au théâtre pour expliquer et motiver ce voyage. *Irène* lui parut propre à fournir l'occasion souhaitée. L'avénement d'un nouveau monarque était d'ailleurs une circonstance favorable. Ce n'est pas ici le lieu de tracer l'histoire de ce retour quasi triomphal. « Voltaire, retiré en Suisse depuis plus de vingt ans, n'avait pas créé seulement Ferney et Versoix, dit Sainte-Beuve, il avait fait Paris à son image, et il l'avait fait de loin. Ce n'est pas le résultat le moins singulier de cette merveilleuse existence. » Nous nous attacherons spécialement à ce qui concerne *Irène*, que l'auteur, suivant le précepte de Boileau, ne cessait de corriger.

Recevant une députation de la Comédie-Française le 14 février, il faisait allusion à ces retouches auxquelles il se livrait jour et nuit, en disant à Mme Vestris, qui devait jouer le rôle d'Irène : « Madame, j'ai travaillé pour vous cette nuit comme un jeune homme de vingt ans. »

Il s'éleva une grosse question à propos du rôle de Zoé. Le maréchal de Richelieu aurait désiré qu'il fût donné à Mme Molé. Voltaire voulait Mlle Sainval cadette. Sophie Arnould fut employée dans les négociations qui eurent lieu sur ce sujet. Dans un post-scriptum à une lettre du 19 février 1778, Voltaire écrit à d'Argental :

« Dix heures et demie du soir.

« Mlle Arnould revient de chez Mlle Sainval la cadette, qui lui a promis de jouer Zoé. Il ne s'agit plus que d'obtenir de M. Molé de convertir sa femme, à laquelle on promet un rôle fait pour elle dans *le Droit du seigneur,* qui est entièrement changé et qu'on pourrait jouer à la suite d'*Irène,* si cette *Irène* avait un peu de succès. » Le lendemain, tout était arrangé, et le poëte écrivait ce petit billet aux époux Molé : « Le vieux malade de Ferney n'a point de terme pour exprimer la reconnaissance qu'il doit à l'amitié que M. Molé veut bien lui témoigner, et aux extrêmes bontés de Mme Molé. Elle lui sacrifie ce qui n'était pas digne d'elle et ce qu'elle embellira lorsqu'elle daignera le reprendre ; il est pénétré de ce qu'il doit à sa complaisance ; il espère l'être de ses talents quand il aura le plaisir de l'entendre. Il lui présente ses respectueux remerciements (20 février 1778). »

Les répétitions commencèrent dans les premiers jours de mars. Voltaire ne fut pas satisfait des interprètes d'*Irène*, à commencer par Mme Vestris, dont la tranquillité imperturbable l'exaspérait. Il lui dit : « Madame, je me rappelle Mlle Duclos que j'ai vue, il y a cinquante ans, faire pleurer une assemblée nombreuse en prononçant un seul mot ; un : *mon père, mon amant,* dit par elle, faisait fondre en larmes tous les spectateurs. »

Cette fois encore la tradition a recueilli bien des traits de vivacité plaisants, de piquantes boutades, et aussi des répliques irrespectueuses des comédiens. Tout cela n'est pas d'une authenticité incontestable ; la riposte de Brizard notamment : « Il suffit, monsieur, que vous me le disiez pour que je ne le fasse pas », n'est pas vraisemblable, si l'on songe que le même Brizard fut l'acteur chargé de poser la couronne sur le front du grand homme dans l'apothéose du 30 mars, et que Voltaire lui réserva le rôle d'Agathocle. Mais il n'en résulte pas moins que le poëte octogénaire avait toujours, quand il s'agissait de ses œuvres dramatiques, l'humeur aussi bouillante, la fibre aussi irritable [1].

---

1. « A une des répétitions d'*Irène*, M. de Voltaire, mécontent des comédiens, se tourmentait beaucoup pour leur donner le sens de quelques morceaux. Un duc se trouvait là, je ne sais trop lequel, il y en a tant ! Il osa dire à l'auteur de la pièce qu'il avait tort de s'enflammer, qu'il lui paraissait que les comédiens rendaient fort bien ses vers. « Cela peut être fort bon pour un duc, dit Voltaire ; « mais pour moi cela ne vaut rien. » *Correspondance secrète, politique et littéraire* (Londres, J. Adamson), de Paris, le 23 juillet 1778.

Le 14 eut lieu la répétition générale devant M"'° Denis, à défaut de Voltaire encore souffrant. La première représentation était fixée pour le surlendemain. Voltaire avait eu, relativement aux affiches qui devaient annoncer cette représentation, une idée qui était singulièrement en avance sur le temps à venir. Il eût voulu qu'on affichât : *Le Théâtre-Français donnera,* au lieu de : *les Comédiens ordinaires du roi donneront.* Il écrivait à Molé le 11 mars : « Un mourant qui aime passionnément sa patrie consulte M. Molé pour savoir s'il ne conviendrait pas de mettre sur les affiches : *Le Théâtre-Français donnera un tel jour,* etc. N'est-il pas honteux que le premier théâtre de l'Europe, et le seul qui fasse honneur à la France, soit au-dessous du spectacle bizarre et étranger de l'Opéra ? On attend pour *Irène* une décoration qui contienne un salon avec de grandes arcades à travers desquelles on voie la mer et des tours. » Molé lui fut dépêché pour lui dire que ce changement ne dépendait pas de leur volonté ; mais il ne put voir le malade. On a peine à croire, du reste, que le poëte pût se faire illusion sur la possibilité d'une réforme qui eût paru blessante pour le roi. Les Comédiens ne cessèrent, à quatorze ans de là, d'être les comédiens ordinaires du roi que pour devenir les Comédiens du théâtre de la Nation ; puis les Comédiens ordinaires de l'empereur, puis du roi encore, et ce n'est qu'en 1830, croyons-nous, que la formule fut changée.

La première représentation fut très-brillante. *Irène* fut donnée avec *le Tuteur,* petite comédie de Dancourt. Tout ce que Paris comptait de plus illustre s'était donné rendez-vous à la Comédie. La reine Marie-Antoinette, le comte d'Artois, le duc et la duchesse de Bourbon, y assistaient. Il ne s'agissait pas de juger la pièce, mais de rendre hommage au grand homme du siècle. « Le public a très-bien fait son devoir, dit Laharpe ; il a applaudi toutes les traces de talent qui s'offraient dans cet ouvrage, où l'on voit une belle nature affaiblie, et a gardé dans tout le reste un silence de respect, à quelques murmures près qui ont été assez légers. La cabale des Gilbert, des Clément, des Fréron, était contenue par la foule des honnêtes gens qui remplissaient le parterre, devenu ce jour-là le rendez-vous de la bonne compagnie, qui s'était fait un devoir de défendre la vieillesse contre les outrages de l'envie [1]. »

A la deuxième représentation, le parterre demanda des nouvelles de l'auteur. Monvel, qui faisait le personnage de Nicéphore, répondit : « La santé de M. de Voltaire n'est pas aussi bonne que nous le désirerions pour vos plaisirs et pour notre intérêt. » Cependant le poëte se rétablissait une fois encore. Le 19 mars, l'Académie lui envoya une députation pour le féliciter du succès d'*Irène*. Voltaire sollicita la permission de dédier sa pièce à la célèbre assemblée. Il lui soumit son épître ; elle fut lue ; on demanda à l'auteur quelques légères modifications qu'il s'empressa d'exécuter, après quoi la dédicace fut approuvée et acceptée avec reconnaissance.

Aussitôt remis sur pied, l'auteur d'*Irène* fut de nouveau occupé de sa pièce ; il en redemanda au souffleur le manuscrit entre la troisième et la

---

[1]. *Correspondance littéraire,* Paris, Migneret, 1804, tome II, p, 208.

quatrième représentation. Il se convainquit que des changements avaient été opérés à son insu. Il tombe dans un accès de fureur dont on n'a pas d'idée. Mme Denis, obligée d'avouer qu'elle avait consenti à ces changements, est bousculée violemment; d'Argental est obligé de se sauver. D'Argental, Thibouville, Laharpe, étaient les auteurs du méfait. Voltaire les traite avec la dernière dureté; puis, sa colère ayant eu son cours, il demande pardon à ses amis. Il écrit à Thibouville : « J'étais au désespoir; je l'avoue, je me croyais méprisé et avili par les amis les plus respectables. La constance de leurs bontés guérit la blessure horrible de mon cœur, et m'empêche de mourir de chagrin plus que de mon vomissement de sang. Que j'aie la consolation de vous voir avant que vous ne sortiez. » Il écrit à d'Argental : « Pardon, mon ange, ma tête de quatre-vingt-quatre ans n'en a que quinze; mais vous devez avoir pitié d'un homme blessé qui crie, ne pouvant parler. Songez que je meurs, songez qu'en mourant j'ai achevé *Irène, Agathocle*, le *Droit du seigneur,* et fait quatre actes d'*Atrée* [1]. Songez que Molé m'a mutilé indignement, sottement, et insolemment; qu'il ne veut point jouer son rôle dans le *Droit du seigneur,* etc. Je suis mort, et il faut que je coure chez les premiers gentilshommes de la chambre. Voyez s'il ne m'est pas permis de crier. Cependant j'avoue que je ne devrais pas crier si fort. Je suis à vous, mon ange, à toute heure. »

Ainsi passa ce nouvel orage. Nous voici au lundi 30 mars, qui fut comme le couronnement de l'existence de Voltaire. On sait que, dans l'après-midi, il alla à l'Académie, où il y eut une séance toute consacrée à sa glorification. De l'Académie, à travers les flots d'une foule curieuse qui l'acclamait, il se rendit à la Comédie où se donnait la sixième représentation d'*Irène*. M. Gustave Desnoiresterres a rassemblé, dans le dernier volume de ses études sur Voltaire, le plus de détails qu'il a pu sur cette fameuse soirée.

« Lorsque l'auteur parut dans la salle, dit-il, ce fut d'autres cris, d'autres trépignements. Il alla gagner, aux secondes, la loge des gentilshommes de la chambre, qui était en face de celle du comte d'Artois. Mme Denis et Mme de Villette étaient déjà installées. Voltaire paraissait vouloir demeurer derrière elles, mais il fallut qu'il cédât au vœu du parterre et qu'il consentît à demeurer sur le devant, entre sa nièce et *Belle et bonne*. « La couronne! » cria-t-on alors. Le comédien Brizard entra au même instant, tenant une couronne de laurier qu'il posa sur la tête du poëte : « Ah! Dieu! vous voulez donc « me faire mourir à force de gloire! » articula le vieillard d'une voix étranglée par l'émotion, la joie et les larmes. Mais il la retirait tout aussitôt avec une hâte pudique, et la passait à la jeune marquise, à laquelle le public, ivre, criait de la remettre sur le front du Sophocle français. Celle-ci s'empressa d'obéir. Voltaire ne voulait pas le permettre; il se débattait, se refusait à cette idolâtrie, quand le prince de Beauvau, s'emparant du laurier, en ceignit derechef le front du patriarche, qui vit bien qu'il ne serait pas le plus fort. »

« Toutes les femmes étaient debout, dit Grimm; il y avait plus de monde

---

1. Il remaniait ces deux dernières pièces.

dans les couloirs que dans les loges. Toute la Comédie, avant la toile levée, s'était avancée sur le bord du théâtre. On s'étouffait jusqu'à l'entrée du parterre, où plusieurs femmes étaient descendues, n'ayant pas pu trouver ailleurs des places pour voir l'objet de tant d'adorations. J'ai vu le moment où la partie du parterre qui se trouve sous les loges allait se mettre à genoux, désespérant de le voir d'une autre manière. Toute la salle était obscurcie par la poussière qu'excitaient le flux et le reflux de la multitude agitée. Ce transport, cette espèce de délire universel, a duré plus de vingt minutes, et ce n'est pas sans peine que les comédiens ont pu enfin commencer la pièce. »

La tragédie fut applaudie d'un bout à l'autre. A peine était-elle achevée que la toile se releva, laissant voir aux spectateurs le buste de Voltaire placé au milieu de la scène, entouré de tous les comédiens, de tous les comparses, qui vinrent, Brizard en tête, déposer, l'un après l'autre, une couronne sur son front. La cérémonie terminée, Mme Vestris s'avança et eut bien de la peine à faire écouter les vers suivants, que le marquis de Saint-Marc venait d'improviser :

> Aux yeux de Paris enchanté,
> Reçois en ce jour un hommage
> Que confirmera d'âge en âge
> La sévère postérité.
> Non, tu n'as pas besoin d'atteindre au noir rivage
> Pour jouir des honneurs de l'immortalité.
> Voltaire, reçois la couronne
> Que l'on vient de te présenter ;
> Il est beau de la mériter
> Quand c'est la France qui la donne.

« Ces vers, bien dits, continue M. Desnoiresterres, furent accueillis avec transport. On cria bis ! Il fallut que Mme Vestris les répétât, et mille copies circulaient en un instant dans toute la salle. Un étranger, jeté au milieu de cette frénésie, se fût cru dans une maison de fous. Mlle Fanier, qui avait arraché ces vers à Saint-Marc, baisa le buste avec transport, quand ce fut son tour, et, l'exemple donné, tous ses camarades en firent autant. »

Cette scène indescriptible a été saisie et reproduite par Moreau avec une vérité merveilleuse. « Les loges, l'orchestre, le parquet ont les yeux fixés sur l'auteur d'*Irène* qui est, dans des proportions microscopiques, d'une ressemblance remarquable : les acteurs, même les moindres, occupent la place où ils se trouvaient alors, dans le costume de leur emploi [1]. C'est une page d'histoire anecdotique à laquelle le temps n'a rien ôté de sa valeur. Mais ce que le prospectus d'un marchand d'estampes ne pouvait dire, c'est que l'artiste ne s'est pas borné à cette reproduction fidèle. Ainsi l'on aperçoit le comte d'Artois, le corps à demi hors de sa loge ; vis-à-vis de lui, la duchesse de Chartres et Mme de Cossé, donnant le signal des applaudisse-

---

1. *Prospectus* d'une estampe représentant le couronnement de Voltaire, de Gaucher ; à Mme la marquise de Villette, dame de Ferney-Voltaire (1782).

ments; et, pour contraster avec tout ce délire, le poëte Gilbert, protestant par son attitude plus que significative. Nous disions que pas une voix ne s'était élevée contre tant d'idolâtrie : s'il fallait en croire les *Nouvelles à la main* de Metra, le satirique n'aurait pu se contenir jusqu'au bout. En sortant du spectacle, il se serait écrié, non sans courir le risque d'être littéralement assommé par les assistants, « qu'il n'y avait plus ni mœurs ni religion, et « qu'enfin tout était perdu [1] ».

Après *Irène*, les comédiens jouèrent *Nanine*, qui fut accueillie avec le même parti-pris d'enthousiasme. Le départ de Voltaire et son retour jusqu'à l'hôtel des Théatins donna lieu aux mêmes scènes et aux mêmes acclamations.

Irène, dans une pareille soirée, n'avait été qu'un prétexte aux transports du public. Elle eut encore une représentation avant la clôture de Pâques, puis fut retirée. « *Irène* fut bientôt oubliée, dit Laharpe, mais on n'oubliera jamais ce triomphe du génie, décerné sur le théâtre de Paris à l'homme extraordinaire qui, sentant sa fin prochaine, était venu chercher la récompense de soixante ans de travaux, et qui, sans finir, comme Sophocle, par un chef-d'œuvre, méritait comme lui de mourir sous des lauriers. »

---

1. On essaya de parodier cette scène du couronnement dans une estampe satirique représentant Voltaire Couronné non plus par les comédiens français, mais par les comédiens italiens. Dans cette estampe satirique, ce n'est plus la France qui décerne une couronne au buste du poëte, c'est Arlequin :

<pre>
Il est beau de la recevoir,
Quand c'est Arlequin qui la donne.
</pre>

AVERTISSEMENT

DE BEUCHOT.

La tragédie d'*Irène* a été composée en 1776; et l'on voit, par la lettre à d'Argental, du 15 décembre, que la pièce était sur le métier depuis trois mois; mais Voltaire n'avait pu en tirer que trois actes. Il parvint à en faire cinq au mois de fevrier 1777. Toutefois ce ne fut qu'au mois d'octobre[1] que les cinq actes furent envoyés à Paris. L'impatience d'être joué était naturelle à l'âge de l'auteur; une autre raison l'augmentait encore. Il y voyait une occasion de venir à Paris[2]. *Irène* avait été jouée à Ferney, en novembre 1777, pour le mariage du marquis de Villette; mais, selon son usage, l'auteur ne cessait d'y faire des corrections. Il en annonce de nombreuses dans la lettre à Thibouville, du 15 janvier 1778. Arrivé à Paris le 10 février, il s'occupa des nouvelles corrections en même temps que des répétitions; et *Irène* fut jouée le 16 mars. Ce fut le 30 du même mois, à la sixième représentation, qu'en sa présence son buste fut couronné sur le théâtre. L'élite de la société de Paris remplissait la salle. Le comte d'Artois (depuis Charles X) y était, et envoya le prince d'Henin complimenter le chantre de Henri IV et de Jeanne d'Arc.

Après la septième représentation, qui est du 4 avril, Voltaire retira sa pièce. On voit, par la lettre (ou dédicace) à l'Académie française, qu'elle dut alors être imprimée à *quelques exemplaires*. L'édition pour le public ne parut qu'après la mort de l'auteur, et en 1779.

Ducroisy, secrétaire rédacteur du Tribunat, ayant eu à sa disposition un manuscrit contenant quelques corrections, et, de la main de Voltaire, les indications de la manière de jouer le rôle d'Irène, avait pris copie du tout. C'est là que j'ai pris les variantes des pages suivantes : 344, vers 15; 356, dernier vers; 375, premier vers; 375, vers 3. J'ai négligé des corrections écrites de la main de Laharpe, et probablement de cet auteur.

1. Lettre à d'Argental, 10 octobre 1777.
2. Lettre, 25 octobre 1777.

LETTRE

DE M. DE VOLTAIRE

A L'ACADÉMIE FRANÇAISE [1]

Messieurs,

Daignez recevoir le dernier hommage de ma voix mourante, avec les remerciements tendres et respectueux que je dois à vos extrêmes bontés.

Si votre compagnie fut nécessaire à la France par son institution [2], dans un temps où nous n'avions aucun ouvrage de génie écrit d'un style pur et noble, elle est plus nécessaire que jamais dans la multitude des productions que fait naître aujourd'hui le goût généralement répandu de la littérature.

Il n'est permis à aucun membre de l'académie de la Crusca de prendre ce titre à la tête de son livre, si l'académie ne l'a déclaré écrit avec la pureté de la langue toscane. Autrefois, quand j'osais cultiver, quoique faiblement, l'art des Sophocles, je consultais toujours M. l'abbé d'Olivet, notre confrère, qui, sans me nommer, vous proposait mes doutes; et lorsque je commentai le grand Corneille, j'envoyai toutes mes remarques à M. Duclos, qui vous les communiqua. Vous les examinâtes; et cette édition de Corneille semble être aujourd'hui regardée comme un livre classique, pour les remarques que je n'ai données que sur votre décision.

Je prends aujourd'hui la liberté de vous demander des leçons sur les fautes où je suis tombé dans la tragédie d'*Irène*. Je n'en fais tirer quelques exemplaires que pour avoir l'honneur de vous consulter, et pour suivre les avis de ceux d'entre vous qui vou-

---

1. Dans sa *Lettre à l'Académie française*, lue dans la séance du 25 août 1776, Voltaire rabaissait beaucoup Shakespeare. Mme de Montague y répondit par une *Apologie* de son compatriote (voyez ma note, page 330). La dédicace d'*Irène*, ou *Lettre* (nouvelle) *à l'Académie française*, est une réplique à Mme de Montague. (B.)

2. Voyez le chapitre relatif à l'établissement de l'Académie française. (B.)

dront bien m'en donner. La vieillesse passe pour incorrigible ; et moi, messieurs, je crois qu'on doit penser à se corriger à cent ans. On ne peut se donner du génie à aucun âge, mais on peut réparer ses fautes à tout âge. Peut-être cette méthode est la seule qui puisse préserver la langue française de la corruption qui semble, dit-on, la menacer.

Racine, celui de nos poëtes qui approcha le plus de la perfection, ne donna jamais au public aucun ouvrage sans avoir écouté les conseils de Boileau et de Patru : aussi c'est ce véritablement grand homme qui nous enseigna par son exemple l'art difficile de s'exprimer toujours naturellement, malgré la gêne prodigieuse de la rime ; de faire parler le cœur avec esprit sans la moindre ombre d'affectation ; d'employer toujours le mot propre, souvent inconnu au public étonné de l'entendre. *Invenit verba quibus deberent loqui*, dit si bien Pétrone[1] : « il inventa l'art de s'exprimer. »

Il mit dans la poésie dramatique cette élégance, cette harmonie continue qui nous manquait absolument, ce charme secret et inexprimable, égal à celui du quatrième livre de Virgile, cette douceur enchanteresse qui fait que, quand vous lisez au hasard dix ou douze vers d'une de ses pièces, un attrait irrésistible vous force de lire tout le reste.

C'est lui qui a proscrit chez tous les gens de goût, et malheureusement chez eux seuls, ces idées gigantesques et vides de sens, ces apostrophes continuelles aux dieux, quand on ne sait pas faire parler les hommes ; ces lieux communs d'une politique ridiculement atroce, débités dans un style sauvage ; ces épithètes fausses et inutiles ; ces idées obscures, plus obscurément rendues ; ce style aussi dur que négligé, incorrect et barbare ; enfin tout ce que j'ai vu applaudi par un parterre composé alors de jeunes gens dont le goût n'était pas encore formé.

Je ne parle pas de l'artifice imperceptible des poëmes de Racine, de son grand art de conduire une tragédie, de renouer l'intérêt par des moyens délicats, de tirer un acte entier d'un seul sentiment ; je ne parle que de l'art d'écrire. C'est sur cet art si nécessaire, si facile aux yeux de l'ignorance, si difficile au génie même, que le législateur Boileau a donné ce précepte[2] :

> Et que tout ce qu'il dit, facile à retenir,
> De son ouvrage en vous laisse un long souvenir.

---

1. C'est de Sophocle et d'Euripide que Pétrone, dans son chap. II, a dit *Invenerunt verba quibus deberent loqui*. (B.)
2. *Art poét.*, III, 155-56.

Voilà ce qui est arrivé toujours au seul Racine, depuis *Andromaque* jusqu'au chef-d'œuvre d'*Athalie*[1].

J'ai remarqué ailleurs que, dans les livres de toute espèce,

---

[1]. Le P. Brumoy, dans son Discours sur le parallèle des théâtres, a dit de nos spectateurs : « Ce n'est que le sang-froid qui applaudit la beauté des vers. » Si ce savant avait connu notre public, il aurait vu que tantôt il applaudit de sang-froid des maximes vraies ou fausses, tantôt il applaudit avec transport des tirades de déclamation, soit pleines de beautés, soit pleines de ridicules, n'importe; et qu'il est toujours insensible à des vers qui ne sont que bien faits et raisonnables.

Je demandai un jour à un homme qui avait fréquenté assidûment cette cave obscure appelée parterre, comment il avait pu applaudir à ces vers si étranges et si déplacés [*Mort de Pompée*, III, v] :

> César, car le destin, que dans tes fers je brave,
> Me fait ta prisonnière, et non pas ton esclave;
> Et tu ne prétends pas qu'il m'abatte le cœur
> Jusqu'à te rendre hommage, et te nommer seigneur...

Comme si le mot seigneur était sur notre théâtre autre chose qu'un terme de politesse, et comme si la jeune Cornélie avait pu s'avilir en parlant décemment à César! Pourquoi, lui dis-je, avez-vous tant battu des mains à ces étonnantes paroles [*Mort de Pompée*, IV, iv] :

> Rome le veut ainsi : son adorable front
> Aurait de quoi rougir d'un trop honteux affront,
> De voir en même jour, après tant de conquêtes,
> Sous un indigne fer ses deux plus nobles têtes.
> Son grand cœur, qu'à tes lois en vain tu crois soumis,
> En veut au criminel plus qu'à ses ennemis,
> Et tiendrait à malheur le bien de se voir libre,
> Si l'attentat du Nil affranchissait le Tibre.
> Comme autre qu'un Romain n'a pu l'assujettir,
> Autre aussi qu'un Romain ne l'en doit garantir.
> Tu tomberais ici sans être sa victime :
> Au lieu d'un châtiment, ta mort serait un crime;
> Et, sans que tes pareils en conçussent d'effroi,
> L'exemple que tu dois périrait avec toi.
> Venge-la de l'Égypte à son appui fatale,
> Et je la vengerai, si je puis, de Pharsale.
> Va; ne perds point le temps, il presse. Adieu; tu peux
> Te vanter qu'une fois j'ai fait pour toi des vœux.

Vous sentez bien aujourd'hui qu'il n'est guère convenable qu'une jeune femme, absolument dépendante de César, protégée, secourue, vengée par lui, et qui doit être à ses pieds, lui fasse en antithèses si recherchées, et dans un style si obscur, de le faire condamner à la mort pour servir d'exemple, et finisse enfin par lui dire : « Adieu, César, tu peux te vanter que j'ai fait pour toi des vœux une fois en ma vie. » Avez-vous pu seulement entendre ce froid raisonnement, aussi faux qu'alambiqué : « Comme autre qu'un Romain n'a pu asservir Rome, autre qu'un Romain ne l'en peut garantir? »

Il n'y a point d'homme un peu accoutumé aux affaires de ce monde qui ne sente combien de tels vers sont contraires à toutes les bienséances, à la nature, à la raison, et même aux règles de la poésie, qui veulent que tout soit clair, et que rien ne soit forcé dans l'expression.

Dites-moi donc par quel prestige vous avez applaudi sans cesse des tirades aussi embrouillées, aussi obscures, aussi déplacées? Mais dites-moi surtout pourquoi vous n'avez jamais marqué par la moindre acclamation votre juste contente-

dans les sermons mêmes, dans les oraisons funèbres, les orateurs ont souvent employé les tours de phrase de cet élégant écrivain, ses expressions pittoresques, *verba quibus deberent loqui*[1]. Cheminais, Massillon, ont été célèbres, l'un pendant quelque temps, l'autre pour toujours, par l'imitation du style de Racine. Ils se servaient de ses armes pour combattre en public un genre de

---

ment des véritables beaux vers que débite Andromaque, dans une situation encore plus douloureuse que celle de Cornélie [*Andromaque*, IV, 1] :

> Je confie à tes soins mon unique trésor.
> Si tu vivais pour moi, vis pour le fils d'Hector...
> Fais connaître à mon fils les héros de sa race ;
> Autant que tu pourras conduis-le sur leur trace :
> Dis-lui par quels exploits leurs noms ont éclaté :
> Plutôt ce qu'ils ont fait que ce qu'ils ont été...
> Qu'il ait de ses aïeux un souvenir modeste :
> Il est du sang d'Hector, mais il en est le reste ;
> Et pour ce reste enfin, j'ai moi-même, en un jour,
> Sacrifié mon sang, ma haine, et mon amour.

Les hommes de cabinet, qui réfléchissent, qui ont une sensibilité si fine et si juste, les gens de lettres les plus gâtés par un vain savoir, les barbares mêmes des écoles, tous s'accordent à reconnaître l'extrême beauté de ces vers si simples d'*Andromaque*. Cependant pourquoi cette beauté n'a-t-elle jamais été applaudie par le parterre?

Cet homme de bon sens et de bonne foi me répondit : Quand nous battions des mains au clinquant de Cornélie, nous étions des écoliers élevés par des pédants, toujours idolâtres du faux merveilleux en tout genre. Nous admirions les vers ampoulés, comme nous étions saisis de vénération à l'aspect du saint Christophe de Notre-Dame. Il nous fallait du gigantesque. A la fin nous nous aperçûmes à la vérité que ces figures colossales étaient bien mal dessinées ; mais enfin elles étaient colossales, et cela suffisait à notre mauvais goût.

Les vers que vous me citez de Racine étaient parfaitement écrits ; ils respiraient la bienséance, la vérité, la modestie, la mollesse élégante : nous le sentions ; mais la modestie et la bienséance ne transportent jamais l'âme. Donnez-moi une grosse actrice d'une physionomie frappante, qui ait une voix forte, qui soit bien impérieuse, bien insolente, qui parle à César comme à un petit garçon, qui accompagne ses discours injurieux d'un geste méprisant, et qui surtout termine son couplet par un grand éclat de voix, nous applaudirons encore ; et si vous êtes dans le parterre, vous battrez peut-être des mains avec nous ; tant l'homme est subjugué par ses organes et par l'exemple.

De pareils prestiges peuvent durer un siècle entier ; et l'aveuglement le plus absurde a quelquefois duré plusieurs siècles.

Quant à certaines prétendues tragédies écrites en vers allobroges ou vandales, que la cour et la ville ont élevées jusqu'au ciel avec des transports inouïs, et qui sont ensuite oubliées pour jamais, il ne faut regarder ce délire que comme une maladie passagère qui attaque une nation, et qui se guérit enfin de soi-même. (*Note de Voltaire*.)

— Les tragédies en vers allobroges, dont Voltaire parle dans le dernier alinéa de cette note, sont celles de Crébillon qu'on avait tant loué pour rabaisser l'auteur de *Mérope*. (B.)

1. Voyez, dans la *Correspondance*, la lettre au duc de La Vallière, d'avril ou de mai 1761.

littérature dont ils étaient idolâtres en secret. Ce peintre charmant de la vertu, cet aimable Fénelon, votre autre confrère, tant persécuté pour des disputes aujourd'hui méprisées, et si cher à la postérité par ses persécutions mêmes, forma sa prose élégante sur la poésie de Racine, ne pouvant l'imiter en vers ; car les vers sont une langue qu'il est donné à très-peu d'esprits de posséder ; et quand les plus éloquents et les plus savants hommes, les sublimes Bossuet, les touchants Fénelon, les érudits Huet, ont voulu faire des vers français, ils sont tombés de la hauteur où les plaçait leur génie ou leur science dans cette triste classe qui est au-dessous de la médiocrité.

Mais les ouvrages de prose dans lesquels on a le mieux imité le style de Racine sont ce que nous avons de meilleur dans notre langue. Point de vrai succès aujourd'hui sans cette correction, sans cette pureté qui seule met le génie dans tout son jour, et sans laquelle ce génie ne déploierait qu'une force monstrueuse, tombant à chaque pas dans une faiblesse plus monstrueuse encore, et du haut des nues dans la fange.

Vous entretenez le feu sacré, messieurs ; c'est par vos soins que, depuis quelques années, les compositions pour les prix décernés par vous sont enfin devenues de véritables pièces d'éloquence. Le goût de la saine littérature s'est tellement déployé qu'on a vu quelquefois trois ou quatre ouvrages suspendre vos jugements, et partager vos suffrages ainsi que ceux du public.

Je sens combien il est peu convenable, à mon âge de quatre-vingt-quatre ans, d'oser arrêter un moment vos regards sur un des fruits dégénérés de ma vieillesse. La tragédie d'*Irène* ne peut être digne de vous ni du théâtre français ; elle n'a d'autre mérite que la fidélité aux règles données aux Grecs par le digne précepteur d'Alexandre, et adoptées chez les Français par le génie de Corneille, le père de notre théâtre.

A ce grand nom de Corneille, messieurs, permettez que je joigne ma faible voix à vos décisions souveraines sur l'éclat éternel qu'il sut donner à cette langue française peu connue avant lui, et devenue après lui la langue de l'Europe.

Vous éclairâtes mes doutes, et vous confirmâtes mon opinion il y a deux ans, en voulant bien lire dans une de vos assemblées publiques la lettre que j'avais eu l'honneur de vous écrire sur Corneille et sur Shakespeare. Je rougis de joindre ensemble ces deux noms ; mais j'apprends qu'on renouvelle au milieu de Paris cette incroyable dispute. On s'appuie de l'opinion de Mme Montague, estimable citoyenne de Londres, qui montre pour sa patrie une passion si pardonnable. Elle préfère Shakespeare aux auteurs d'*Iphigénie* et d'*Athalie*, de *Polyeucte* et de *Cinna*. Elle a fait un livre entier [1] pour lui assurer cette supériorité ; et ce livre est écrit avec la sorte d'enthousiasme que la nation anglaise retrouve dans quelques beaux morceaux de Shakespeare, échappés à la grossièreté de son siècle. Elle met Shakespeare au-dessus de tout, en faveur de ces morceaux qui sont en effet naturels et énergiques, quoique défigurés presque toujours par une familiarité basse. Mais est-il permis de préférer deux vers d'Ennius à tout Virgile, ou de Lycophron à tout Homère ?

On a représenté, messieurs, les chefs-d'œuvre de la France devant toutes les cours, et dans les académies d'Italie. On les joue depuis les rivages de la mer Glaciale jusqu'à la mer qui sépare l'Europe de l'Afrique. Qu'on fasse le même honneur à une seule pièce de Shakespeare, et alors nous pourrons disputer.

Qu'un Chinois vienne nous dire : « Nos tragédies composées sous la dynastie des Yven font encore nos délices après cinq cents années. Nous avons sur le théâtre des scènes en prose, d'autres en vers rimés, d'autres en vers non rimés. Les discours de politique et les grands sentiments y sont interrompus par des chansons, comme dans votre *Athalie*. Nous avons de plus des sorciers qui descendent des airs sur un manche à balai, des vendeurs d'orviétan, et des gilles, qui, au milieu d'un entretien sérieux, viennent faire leurs grimaces, de peur que vous ne preniez à la pièce un intérêt trop tendre qui pourrait vous attrister. Nous faisons paraître des savetiers avec des mandarins, et des fossoyeurs avec des princes, pour rappeler aux hommes leur égalité primitive. Nos tragédies n'ont ni exposition, ni nœud, ni dénoûment. Une de nos pièces dure cinq cents années, et un paysan qui est né au premier acte est pendu au dernier. Tous nos princes parlent en crocheteurs, et nos crocheteurs quelquefois en princes. Nos reines y prononcent des mots de turpitude qui n'échapperaient pas à des revendeuses entre les bras des derniers hommes, etc., etc. »

Je leur dirais : Messieurs, jouez ces pièces à Nankin, mais ne vous avisez pas de les représenter aujourd'hui à Paris ou à Florence, quoiqu'on nous en donne quelquefois à Paris qui ont un plus grand défaut, celui d'être froides.

---

1. *Apologie de Shakespeare, en réponse à la critique de M. de Voltaire; traduite de l'anglais de M*^{me} *de Montague*; Paris, 1777, in-8°. (B.)

Mme Montague relève avec justice quelques défauts de la belle tragédie de *Cinna* et ceux de *Rodogune*[1]. Tout n'est pas toujours ni bien dessiné ni bien exprimé dans ces fameuses pièces, je l'avoue : je suis même obligé de vous dire, messieurs, que cette dame spirituelle et éclairée ne reprend qu'une petite partie des fautes remarquées par moi-même, lorsque je vous consultai sur le *Commentaire de Corneille*. Je me suis entièrement rencontré avec elle dans les justes critiques que j'ai été obligé d'en faire : mais c'est toujours en admirant son génie que j'ai remarqué ses écarts ; et quelle différence entre les défauts de Corneille dans ses bonnes pièces, et ceux de Shakespeare dans tous ses ouvrages !

Que peut-on reprocher à Corneille dans les tragédies de ce génie sublime qui sont restées à l'Europe (car il ne faut pas parler des autres) ? c'est d'avoir pris quelquefois de l'enflure pour de la grandeur ; de s'être permis quelques raisonnements que la tragédie ne peut admettre ; de s'être asservi dans presque toutes ses pièces à l'usage de son temps, d'introduire au milieu des intérêts politiques, toujours froids, des amours, plus insipides.

On peut le plaindre de n'avoir point traité de vraies passions, excepté dans la pièce espagnole du *Cid*, pièce dans laquelle il eut encore l'étonnant mérite de corriger son modèle en trente endroits, dans un temps où les bienséances théâtrales n'étaient pas encore connues en France. On le condamne surtout pour avoir trop négligé sa langue. Alors toutes les critiques faites par des hommes d'esprit sur un grand homme sont épuisées ; et l'on joue *Cinna* et *Polyeucte* devant l'impératrice des Romains, devant celle de Russie, devant le doge et les sénateurs de Venise, comme devant le roi et la reine de France.

Que reproche-t-on à Shakespeare ? Vous le savez, messieurs : tout ce que vous venez de voir vanté par les Chinois. Ce sont, comme dit M. de Fontenelle dans ses *Mondes*, presque d'autres principes de raisonnement. Mais ce qui est bien étrange, c'est qu'alors le théâtre espagnol, qui infectait l'Europe, en était le législateur. Lope de Vega avouait cet opprobre ; mais Shakespeare n'eut pas le courage de l'avouer. Que devaient faire les Anglais ? Ce qu'on fait en France : se corriger.

Mme Montague condamne dans la perfection de Racine cet

---

1. Ces *Remarques sur le Cinna de Corneille* font partie de *l'Apologie de Shakespeare*, et remplissent les pages 190-214 de la traduction française ; mais la tragédie de *Rodogune* n'est le sujet d'aucun article spécial. (B.)

amour continuel qui est toujours la base du peu de tragédies que nous avons de lui, excepté dans *Esther* et dans *Athalie*. Il est beau, sans doute, à une dame de réprouver cette passion universelle qui fait régner son sexe; mais qu'elle examine cette *Bérénice* tant condamnée par nous-mêmes pour n'être qu'une idylle amoureuse ; que le principal personnage de cette idylle soit représenté par une actrice telle que Mlle Gaussin : alors je réponds que Mme Montague versera des larmes. J'ai vu le roi de Prusse attendri à une simple lecture de *Bérénice*, qu'on faisait devant lui en prononçant les vers comme on doit les prononcer, ce qui est bien rare. Quel charme tira des larmes des yeux de ce héros philosophe? La seule magie du style de ce vrai poëte, *qui invenit verba quibus deberent loqui*.

Les censures de réflexion n'ôtent jamais le plaisir du sentiment. Que la sévérité blâme Racine tant qu'elle voudra, le cœur vous ramènera toujours à ses pièces. Ceux qui connaissent les difficultés extrêmes et la délicatesse de la langue française voudront toujours lire et entendre les vers de cet homme inimitable, à qui le nom de grand n'a manqué que parce qu'il n'avait point de frère dont il fallût le distinguer [1]. Si on lui reproche d'être le poëte de l'amour, il faut donc condamner le quatrième livre de *l'Énéide*. On ne trouve pas quelquefois assez de force dans ses caractères et dans son style; c'est ce qu'on a dit de Virgile; mais on admire dans l'un et dans l'autre une élégance continue.

Mme Montague s'efforce d'être touchée des beautés d'Euripide, pour tâcher d'être insensible aux perfections de Racine. Je la plaindrais beaucoup, si elle avait le malheur de ne pas pleurer au rôle inimitable de la *Phèdre* française, et de n'être pas hors d'elle-même à toute la tragédie d'*Iphigénie*. Elle paraît estimer beaucoup Brumoy, parce que Brumoy, en qualité de traducteur d'Euripide, semble donner au poëte grec la préférence sur le poëte français. Mais si elle savait que Brumoy traduit le grec très-infidèlement; si elle savait que *Vous y serez, ma fille* [2], n'est pas dans Euripide; si elle savait que Clytemnestre embrasse les genoux d'Achille dans la pièce grecque, comme dans la française (quoique Brumoy ose supposer le contraire); enfin, si son oreille

---

1. Voltaire avait dit en 1764, dans son *Commentaire sur Corneille*, que le nom de *grand* fut donné à P. Corneille, *non-seulement pour le distinguer de son frère, mais du reste des hommes*. (B.)

2. Hémistiche de *l'Iphigénie* de Racine, acte II, scène II. (B.) — Euripide dit : « Vous y serez, près de l'autel. » (G. A.)

était accoutumée à cette mélodie enchanteresse qu'on ne trouve, parmi tous les tragiques de l'Europe, que chez Racine seul, alors Mme Montague changerait de sentiment.

« L'Achille de Racine, dit-elle [1], ressemble à un jeune amant qui a du courage : et pourtant l'*Iphigénie* est une des meilleures tragédies françaises. » Je lui dirais : Et pourtant, madame, elle est un chef-d'œuvre qui honorera éternellement ce beau siècle de Louis XIV, ce siècle notre gloire, notre modèle, et notre désespoir. Si nous avons été indignés contre Mme de Sévigné, qui écrivait si bien et qui jugeait si mal ; si nous sommes révoltés de cet esprit misérable de parti, de cette aveugle prévention qui lui fait dire que « la mode d'aimer Racine passera comme la mode du café [2] », jugez, madame, combien nous devons être affligés qu'une personne aussi instruite que vous ne rende pas justice à l'extrême mérite d'un si grand homme. Je vous le dis, les yeux encore mouillés des larmes d'admiration et d'attendrissement que la centième lecture d'*Iphigénie* vient de m'arracher.

Je dois ajouter à cet extrême mérite d'émouvoir pendant cinq actes, le mérite plus rare, et moins senti, de vaincre pendant cinq actes la difficulté de la rime et de la mesure, au point de ne pas laisser échapper une seule ligne, un seul mot qui sente la moindre gêne, quoiqu'on ait été continuellement gêné. C'est à ce coin que sont marqués le peu de bons vers que nous avons dans notre langue. Mme Montague compte pour rien cette difficulté surmontée. Mais, madame, oubliez-vous qu'il n'y a jamais eu sur la terre aucun art, aucun amusement même où le prix ne fût attaché à la difficulté ? Ne cherchait-on pas dans la plus haute antiquité à rendre difficile l'explication de ces énigmes que les rois se proposaient les uns aux autres ? N'y a-t-il pas eu de très-grandes difficultés à vaincre dans tous les jeux de la Grèce, depuis le disque jusqu'à la course des chars ? Nos tournois, nos carrousels, étaient-ils si faciles ? Que dis-je, aujourd'hui, dans la molle oisiveté où tous les grands perdent leurs journées, depuis Pétersbourg jusqu'à Madrid, le seul attrait qui les pique dans leurs misérables jeux de cartes, n'est-ce pas la difficulté de la combinaison, sans quoi leur âme languirait assoupie ?

Il est donc bien étrange, et jose dire bien barbare, de vouloir

---

1. Page 46 de la traduction française. (B.)
2. Cette phrase ne se trouve pas dans les *Lettres de Mme de Sévigné*. Elle peut avoir tenu ce propos ; on peut le lui avoir prêté. Rien ne prouve que Voltaire en soit l'inventeur. (B.)

ôter à la poésie ce qui la distingue du discours ordinaire. Les vers blancs n'ont été inventés que par la paresse et l'impuissance de faire des vers rimés, comme le célèbre Pope me l'a avoué vingt fois. Insérer dans une tragédie des scènes entières en prose, c'est l'aveu d'une impuissance encore plus honteuse.

Il est bien certain que les Grecs ne placèrent les Muses sur le haut du Parnasse que pour marquer le mérite et le plaisir de pouvoir aborder jusqu'à elles à travers des obstacles. Ne supprimez donc point ces obstacles, madame; laissez subsister les barrières qui séparent la bonne compagnie des vendeurs d'orviétan et de leurs gilles; souffrez que Pope imite les véritables génies italiens, les Arioste, les Tasse, qui se sont soumis à la gêne de la rime pour la vaincre.

Enfin quand Boileau a prononcé [1],

> Et que tout ce qu'il dit, facile à retenir,
> De son ouvrage en vous laisse un long souvenir,

n'a-t-il pas entendu que la rime imprimait plus aisément les pensées dans la mémoire?

Je ne me flatte pas que mon discours et ma sensibilité passent dans le cœur de Mme Montague, et que je sois destiné à convertir *divisos orbe Britannos*. Mais pourquoi faire une querelle nationale d'un objet de littérature? Les Anglais n'ont-ils pas assez de dissensions chez eux, et n'avons-nous pas assez de tracasseries chez nous? ou plutôt l'une et l'autre nation n'ont-elles pas eu assez de grands hommes dans tous les genres pour ne se rien envier, pour ne se rien reprocher?

Hélas! messieurs, permettez-moi de vous répéter que j'ai passé une partie de ma vie à faire connaître en France les passages les plus frappants des auteurs qui ont eu de la réputation chez les autres nations. Je fus le premier qui tirai un peu d'or de la fange où le génie de Shakespeare [2] avait été plongé par son siècle. J'ai rendu justice à l'Anglais Shakespeare, comme à l'Espagnol Calderon, et je n'ai jamais écouté le préjugé national. J'ose dire que c'est de ma seule patrie que j'ai appris à regarder les autres peuples d'un œil impartial. Les véritables gens de lettres en France n'ont jamais connu cette rivalité hautaine et pédantesque, cet amour-propre révoltant qui se déguise sous l'amour de son pays,

---

1. *Art poétique*, III, 155-156. (B.)
2. Dans les *Lettres philosophiques*. (B.)

et qui ne préfère les heureux génies de ses anciens concitoyens à tout mérite étranger que pour s'envelopper dans leur gloire.

Quels éloges n'avons-nous pas prodigués aux Bacon, aux Kepler, aux Copernic, sans même y mêler d'abord aucune émulation! Que n'avons-nous pas dit du grand Galilée, le restaurateur et la victime de la raison en Italie, ce premier maître de la philosophie, que Descartes eut le malheur de ne citer jamais!

Nous sommes tous à présent les disciples de Newton : nous le remercions d'avoir seul trouvé et prouvé le vrai système du monde, d'avoir seul enseigné au genre humain à voir la lumière; et nous lui pardonnons d'avoir commenté les visions de Daniel et l'Apocalypse.

Nous admirons dans Locke la seule métaphysique qui ait paru dans le monde depuis que Platon la chercha, et nous n'avons rien à pardonner à Locke. N'en ferions-nous pas autant pour Shakespeare s'il avait ressuscité l'art des Sophocles, comme Mme Montague, ou son traducteur, ose le prétendre? Ne verrions-nous pas M. de Laharpe, qui combat pour le bon goût avec les armes de la raison, élever sa voix en faveur de cet homme singulier? Que fait-il au contraire? Il a eu la patience de prouver dans son judicieux journal, ce que tout le monde sent, que Shakespeare est un sauvage avec des étincelles de génie qui brillent dans une nuit horrible.

Que l'Angleterre se contente de ses grands hommes en tant de genres; elle a assez de gloire : la patrie du prince Noir et de Newton peut se passer du mérite des Sophocles, des Zeuxis, des Phidias, des Thimothées, qui lui manquent encore.

Je finis ma carrière en souhaitant que celles de nos grands hommes en tout genre soient toujours remplies par des successeurs dignes d'eux : que les siècles à venir égalent le grand siècle de Louis XIV, et qu'ils ne dégénèrent pas en croyant le surpasser.

Je suis avec un profond respect,

Messieurs,

Votre très-humble, très-obéissant, et très-obligé
serviteur et confrère, etc.

PERSONNAGES[1]

NICÉPHORE, empereur de Constantinople.
IRÈNE, femme de Nicéphore.
ALEXIS COMNÈNE, prince de Grèce.
LÉONCE, père d'Irène[2].
MEMNON, attaché au prince Alexis.
ZOÉ, favorite, suivante d'Irène.
UN OFFICIER DE L'EMPEREUR.
GARDES.

La scène est dans un salon de l'ancien palais de Constantin.

---

1. Noms des principaux acteurs qui jouèrent dans *Irène* : Molé (Alexis), Monvel, Brizard (Léonce); Mmes Vestris (Irène), Sainval cadette (Zoé). Cette liste est incomplète. Nous n'avons trouvé aucun nom sur les registres de la Comédie-Française. — Recette : 3,796 livres. (G. A.)

2. Ce personnage s'appelait d'abord Basile. Voltaire (lettre à d'Argental du 25 octobre 1777) explique pourquoi il changea ce nom : « M. de Villette, votre voisin, qui est à Ferney depuis quelques jours, et qui a été témoin de la naissance d'*Alexis* (*Irène*), prétend que le nom de Basile est très-dangereux depuis qu'il y a un Basile dans *le Barbier de Séville*. Il dit que le parterre crie quelquefois : « Basile, allez-vous coucher », et qu'il ne faut, avec des Welches, qu'une pareille plaisanterie pour faire tomber la meilleure pièce du monde. Je ne connais point *le Barbier de Séville*; je ne l'ai jamais vu ; mais je crois que M. de Villette a raison. Il n'y aura qu'à faire mettre Léonce au lieu de Basile par le copiste de la Comédie, supposé que ce copiste puisse être employé. Heureusement le nom de Basile ne se trouve jamais à la fin d'un vers, et Léonce peut suppléer partout. »

IRÈNE

TRAGÉDIE

ACTE PREMIER.

SCÈNE I.

IRÈNE, ZOÉ.

IRÈNE.
Quel changement nouveau, quelle sombre terreur,
Ont écarté de nous la cour et l'empereur?
Au palais des sept tours une garde inconnue
Dans un silence morne étonne ici ma vue;
En un vaste désert on a changé la cour.
ZOÉ.
Aux murs de Constantin trop souvent un beau jour
Est suivi des horreurs du plus funeste orage.
La cour n'est pas longtemps le bruyant assemblage
De tous nos vains plaisirs l'un à l'autre enchaînés,
Trompeurs soulagements des cœurs infortunés;
De la foule importune il faut qu'on se retire.
Nos états assemblés pour corriger l'empire,
Pour le perdre peut-être, et ces fiers musulmans,
Ces Scythes vagabonds débordés dans nos champs,
Mille ennemis cachés qu'on nous fait craindre encore,
Sans doute en ce moment occupent Nicéphore.
IRÈNE.
De ses chagrins secrets, qu'il veut dissimuler,
Je connais trop la cause; elle va m'accabler.
Je sais par quels soupçons sa dureté jalouse
Dans son inquiétude outrage son épouse.

Il écoute en secret ces obscurs imposteurs,
D'un esprit défiant détestables flatteurs,
Trafiquant du mensonge et de la calomnie,
Et couvrant la vertu de leur ignominie.
Quel emploi pour César! et quels soins douloureux!
Je le plains, je gémis... il fait deux malheureux...
Ah! que n'ai-je embrassé cette retraite austère
Où depuis mon hymen s'est enfermé mon père!
Il a fui pour jamais l'illusion des cours,
L'espoir qui nous séduit, qui nous trompe toujours,
La crainte qui nous glace, et la peine cruelle
De se faire à soi-même une guerre éternelle.
Que ne foulais-je aux pieds ma funeste grandeur!
Je montai sur le trône au faîte du malheur,
Aux yeux des nations victime couronnée,
Je pleure devant toi ma haute destinée;
Et je pleure surtout ce fatal souvenir
Que mon devoir condamne, et qu'il me faut bannir.
Ici l'air qu'on respire empoisonne ma vie.

zoé.

De Nicéphore au moins la sombre jalousie
Par d'indiscrets éclats n'a point manifesté
Le sentiment honteux dont il est tourmenté :
Il le cache au vulgaire, à sa cour, à lui-même,
Il sait vous respecter, et peut-être il vous aime.
Vous cherchez à nourrir une injuste douleur.
Que craignez-vous?

irène.

        Le ciel, Alexis, et mon cœur.

zoé.

Mais Alexis Comnène aux champs de la Tauride
Tout entier à la gloire, au devoir qui le guide,
Sert l'empereur et vous sans vous inquiéter,
Fidèle à ses serments jusqu'à vous éviter.

irène.

Je sais que ce héros ne cherche que la gloire :
Je ne saurais m'en plaindre.

zoé.

        Il a par la victoire
Raffermi cet empire ébranlé dès longtemps.

irène.

Ah! j'ai trop admiré ses exploits éclatants:

Sa gloire de si loin m'a trop intéressée.
César aura surpris au fond de ma pensée
Quelques vœux indiscrets que je n'ai pu cacher,
Et qu'un époux, un maître, a droit de reprocher.
C'était pour Alexis que le ciel me fit naître :
Des antiques césars nous avons reçu l'être :
Et dès notre berceau l'un à l'autre promis,
C'est dans ces mêmes lieux que nous fûmes unis :
C'est avec Alexis que je fus élevée ;
Ma foi lui fut acquise et lui fut enlevée.
L'intérêt de l'État, ce prétexte inventé
Pour trahir sa promesse avec impunité,
Ce fantôme effrayant subjugua ma famille ;
Ma mère à son orgueil sacrifia sa fille.
Du bandeau des césars on crut cacher mes pleurs ;
On para mes chagrins de l'éclat des grandeurs.
Il me fallut éteindre, en ma douleur profonde,
Un feu plus cher pour moi que l'empire du monde ;
Au maître de mon cœur il fallut m'arracher,
De moi-même en pleurant j'osai me détacher.
De la religion le pouvoir invincible
Secourut ma faiblesse en ce combat pénible ;
Et de ce grand secours apprenant à m'armer,
Je fis l'affreux serment de ne jamais aimer.
Je le tiendrai... Ce mot te fait assez comprendre
A quels déchirements ce cœur devait s'attendre.
Mon père à cet orage ayant pu m'exposer,
M'aurait par ses vertus appris à l'apaiser ;
Il a quitté la cour, il a fui Nicéphore ;
Il m'abandonne en proie au monde qu'il abhorre :
Et je n'ai que toi seule à qui je puis ouvrir
Ce cœur faible et blessé que rien ne peut guérir.
Mais on ouvre au palais... je vois Memnon paraître.

SCÈNE II.

IRÈNE, ZOÉ, MEMNON.

IRÈNE.

Eh bien ! en liberté puis-je voir votre maître ?
Memnon, puis-je à mon tour être admise aujourd'hui
Parmi les courtisans qu'il approche de lui ?

MEMNON.

Madame, j'avouerai qu'il veut à votre vue
Dérober les chagrins de son âme abattue.
Je ne suis point compté parmi les courtisans
De ses desseins secrets superbes confidents :
Du conseil de César on me ferme l'entrée.
Commandant de sa garde à la porte sacrée,
Militaire oublié par ses maîtres altiers,
Relégué dans mon poste ainsi que mes guerriers,
J'ai seulement appris que le brave Comnène
A quitté dès longtemps les bords du Borysthène,
Qu'il vogue vers Byzance, et que César troublé
Écoute en frémissant son conseil assemblé.

IRÈNE.

Alexis, dites-vous?

MEMNON.

Il revole au Bosphore.

IRÈNE.

Il pourrait à ce point offenser Nicéphore!
Revenir sans son ordre!

MEMNON.

On l'assure, et la cour
S'alarme, se divise, et tremble à son retour.
Il a brisé, dit-on, l'honorable esclavage
Où l'empereur jaloux retenait son courage;
Il vient jouir ici des honneurs et des droits
Que lui donnent son rang, sa naissance, et nos lois.
C'est tout ce que j'apprends par ces rumeurs soudaines
Qui font naître en ces lieux tant d'espérances vaines,
Et qui, de bouche en bouche armant les factions,
Vont préparer Byzance aux révolutions.
Pour moi, je sais assez quel parti je dois prendre,
Quel maître je dois suivre, et qui je dois défendre :
Je ne consulte point nos ministres, nos grands,
Leurs intérêts cachés, leurs partis différents,
Leurs fausses amitiés, leurs indiscrètes haines.
Attaché sans réserve au pur sang des Comnènes,
Je le sers, et surtout dans ces extrémités,
Memnon sera fidèle au sang dont vous sortez.
Le temps ne permet pas d'en dire davantage...
Souffrez que je revole où mon devoir m'engage.

(Il sort.)

SCÈNE III.

IRÈNE, ZOÉ.

IRÈNE.
Qu'a-t-il osé me dire? et quel nouveau danger,
Quel malheur imprévu vient encor m'affliger!
Il ne s'explique point : je crains de le comprendre.

ZOÉ.
Memnon n'est qu'un guerrier prompt à tout entreprendre :
Je le connais; le sang d'assez près nous unit.
Contre nos courtisans exhalant son dépit,
Il détesta toujours leur frivole insolence,
Leurs animosités qui partagent Byzance,
Leurs tristes vanités que suit le déshonneur;
Mais son esprit altier hait surtout l'empereur.
D'Alexis, en secret, son cœur est idolâtre,
Et, s'il en était cru, Byzance est un théâtre
Qui produirait bientôt quelqu'un de ces revers
Dont le sanglant spectacle ébranla l'univers.
Ne vous étonnez point quand sa sombre colère
S'échappe en vous parlant, et peint son caractère.

IRÈNE.
Mais Alexis revient... César est irrité :
Le courtisan surpris murmure épouvanté.
Les états convoqués dans Byzance incertaine,
Fatiguant dès longtemps la grandeur souveraine,
Troublent l'empire entier par leurs divisions.
Tout un peuple s'enflamme au feu des factions...
Des discours de Memnon que veux-tu que j'espère?
Il commande au palais une garde étrangère :
D'Alexis, en secret, est-il le confident?
Que je crains d'Alexis le retour imprudent,
Les desseins du sénat, des peuples le délire,
Et l'orage naissant qui gronde sur l'empire!
Que je me crains surtout dans ma juste douleur!
Je consulte en tremblant le secret de mon cœur :
Peut-être il me prépare un avenir terrible :
Le ciel, en le formant, l'a rendu trop sensible.
Si jamais Alexis en ce funeste lieu,
Trahissant ses serments... Que vois-je? juste Dieu!

SCÈNE IV.

IRÈNE, ALEXIS, ZOÉ.

ALEXIS.
Daignez souffrir ma vue, et bannissez vos craintes...
Je ne viens point troubler par d'inutiles plaintes
Un cœur à qui le mien se doit sacrifier,
Et rappeler des temps qu'il nous faut oublier.
Le destin me ravit la grandeur souveraine;
Il m'a fait plus d'outrage : il m'a privé d'Irène...
Dans l'Orient soumis mes services rendus
M'auraient pu mériter les biens que j'ai perdus;
Mais lorsque sur le trône on plaça Nicéphore,
La gloire en ma faveur ne parlait point encore;
Et n'ayant pour appui que nos communs aïeux,
Je n'avais rien tenté qui pût m'approcher d'eux.
Aujourd'hui Trébisonde entre nos mains remise,
Les Scythes repoussés, la Tauride conquise,
Sont les droits qui vers vous m'ont enfin rappelé.
Le prix de mes travaux était d'être exilé !
Le suis-je encor par vous ? N'osez-vous reconnaître
Dans le sang dont je suis le sang qui vous fit naître ?

IRÈNE.
Prince, que dites-vous ? dans quel temps, dans quels lieux,
Par ce retour fatal étonnez-vous mes yeux ?
Vous connaissez trop bien quel joug m'a captivée,
La barrière éternelle entre nous élevée,
Nos devoirs, nos serments, et surtout cette loi
Qui ne vous permet plus de vous montrer à moi.
Pour calmer de César l'injuste défiance,
Il vous aurait suffi d'éviter ma présence.
Vous n'avez pas prévu ce que vous hasardez.
Vous me faites frémir : seigneur, vous vous perdez.

ALEXIS.
Si je craignais pour vous je serais plus coupable;
Ma présence à César serait plus redoutable.
Quoi donc ! suis-je à Byzance ? est-ce vous que je vois ?
Est-ce un sultan jaloux qui vous tient sous ses lois ?

Êtes-vous dans la Grèce une esclave d'Asie,
Qu'un despote, un barbare achète en Circassie,
Qu'on rejette en prison sous des monstres cruels,
A jamais invisible au reste des mortels?
César a-t-il changé, dans sa sombre rudesse,
L'esprit de l'Occident et les mœurs de la Grèce?
IRÈNE.
Du jour où Nicéphore ici reçut ma foi,
Vous le savez assez, tout est changé pour moi.
ALEXIS.
Hors mon cœur; le destin le forma pour Irène :
Il brave des césars la puissance et la haine.
Il ne craindrait que vous! Quoi! vos derniers sujets
Vers leur impératrice auront un libre accès!
Tout mortel jouira du bonheur de sa vue!
Nicéphore à moi seul l'aurait-il défendue?
Et suis-je un criminel à ses regards jaloux
Dès qu'on l'a fait césar, et qu'il est votre époux?
Enorgueilli surtout de cet hymen auguste,
L'excès de son bonheur le rend-il plus injuste?
IRÈNE.
Il est mon souverain.
ALEXIS.
Non : il n'était pas né
Pour me ravir le bien qui m'était destiné :
Il n'en était pas digne; et le sang des Comnènes
Ne vous fut point transmis pour servir dans ses chaînes.
Qu'il gouverne, s'il peut, de ses sévères mains
Cet empire, autrefois l'empire des Romains ;
Qu'aux campagnes de Thrace, aux mers de Trébisonde,
Transporta Constantin pour le malheur du monde,
Et que j'ai défendu moins pour lui que pour vous.
Qu'il règne, s'il le faut; je n'en suis point jaloux :
Je le suis de vous seule, et jamais mon courage
Ne lui pardonnera votre indigne esclavage.
Vous cachez des malheurs dont vos pleurs sont garants;
Et les usurpateurs sont toujours des tyrans.
Mais si le ciel est juste, il se souvient peut-être
Qu'il devait à l'empire un moins barbare maître.
IRÈNE.
Trop vains regrets! je suis esclave de ma foi.
Seigneur, je l'ai donnée, elle n'est plus à moi.

ALEXIS.
Ah! vous me la deviez.
IRÈNE.
Et c'est à vous de croire
Qu'il ne m'est pas permis d'en garder la mémoire.
Je fais des vœux pour vous, et vous m'épouvantez.

SCÈNE V.

IRÈNE, ALEXIS, ZOÉ, un garde.

LE GARDE.
Seigneur, César vous mande.
ALEXIS.
Il me verra : sortez.

(A Irène.)

Il me verra, madame; une telle entrevue
Ne doit point alarmer votre âme combattue.
Ne craignez rien pour lui, ne craignez rien de moi;
A son rang comme au mien je sais ce que je doi.
Rentrez dans vos foyers tranquille et rassurée.

(Il sort.)

SCÈNE VI.

IRÈNE, ZOÉ.

IRÈNE.
De quel saisissement mon âme est pénétrée!
Que je sens à la fois de faiblesse et d'horreur!
Chaque mot qu'il m'a dit me remplit de terreur.
Que veut-il? Va, Zoé, commande que sur l'heure
On parcoure en secret cette triste demeure,
Ces sept affreuses tours qui, depuis Constantin,
Ont de tant de héros vu l'horrible destin.
Interroge Memnon; prends pitié de ma crainte.
ZOÉ.
J'irai, j'observerai cette terrible enceinte.
Mais je tremble pour vous : un maître soupçonneux
Vous condamne peut-être, et vous proscrit tous deux.
Parmi tant de dangers que prétendez-vous faire?

ACTE I, SCÈNE VI.

IRÈNE.

Garder à mon époux ma foi pure et sincère ;
Vaincre un fatal amour, si son feu rallumé
Renaissait dans ce cœur autrefois enflammé ;
Demeurer de mes sens maîtresse souveraine,
Si la force est possible à la faiblesse humaine ;
Ne point combattre en vain mon devoir et mon sort,
Et ne déshonorer ni mes jours, ni ma mort.

FIN DU PREMIER ACTE.

ACTE DEUXIÈME.

SCÈNE I.

ALEXIS, MEMNON.

MEMNON.

Oui, vous êtes mandé ; mais César délibère.
Dans son inquiétude il consulte, il diffère,
Avec ses vils flatteurs en secret enfermé.
Le retour d'un héros l'a sans doute alarmé ;
Mais nous avons le temps de nous parler encore.
Ce salon qui conduit à ceux de Nicéphore
Mène aussi chez Irène, et je commande ici.
Sur tous vos partisans n'ayez aucun souci ;
Je les ai préparés. Si cette cour inique
Osait lever sur vous le glaive despotique,
Comptez sur vos amis : vous verrez devant eux
Fuir ce pompeux ramas d'esclaves orgueilleux.
Au premier mouvement notre vaillante escorte
Du rempart des sept tours ira saisir la porte ;
Et les autres, armés sous un habit de paix,
Inconnus à César, emplissent ce palais.
Nicéphore vous craint depuis qu'il vous offense.
Dans ce château funeste il met sa confiance :
Là, dans un plein repos, d'un mot, ou d'un coup d'œil,
Il condamne à l'exil, aux tourments, au cercueil.
Il ose me compter parmi les mercenaires,
De son caprice affreux ministres sanguinaires :
Il se trompe... Seigneur, quel secret embarras,
Quand j'ai tout disposé, semble arrêter vos pas ?

ALEXIS.

Le remords... Il faut bien que mon cœur te l'avoue.
Quelques exploits heureux dont l'Europe me loue,

Ma naissance, mon rang, la faveur du sénat,
Tout me criait : Venez, montrez-vous à l'État.
Cette voix m'excitait. Le dépit qui me presse,
Ma passion fatale, entraînaient ma jeunesse ;
Je venais opposer la gloire à la grandeur,
Partager les esprits et braver l'empereur...
J'arrive, et j'entrevois ma carrière nouvelle.
Me faut-il arborer l'étendard d'un rebelle?
La honte est attachée à ce nom dangereux.
Me verrai-je emporté plus loin que je ne veux?
MEMNON.
La honte! elle est pour vous de servir sous un maître.
ALEXIS.
J'ose être son rival : je crains le nom de traître.
MEMNON.
Soyez son ennemi dans les champs de l'honneur,
Disputez-lui l'empire, et soyez son vainqueur.
ALEXIS.
Crois-tu que le Bosphore, et la superbe Thrace,
Et ces Grecs inconstants serviraient tant d'audace?
Je sais que les états sont pleins de sénateurs
Attachés à ma race, et dont j'aurais les cœurs :
Ils pourraient soutenir ma sanglante querelle :
Mais le peuple?
MEMNON.
    Il vous aime : au trône il vous appelle.
Sa fougue est passagère, elle éclate à grand bruit ;
Un instant la fait naître, un instant la détruit.
J'enflamme cette ardeur ; et j'ose encor vous dire
Que je vous répondrais des cœurs de tout l'empire.
Paraissez seulement, mon prince, et vous ferez
Du sénat et du peuple autant de conjurés.
Dans ce palais sanglant, séjour des homicides,
Les révolutions furent toujours rapides.
Vingt fois il a suffi, pour changer tout l'État,
De la voix d'un pontife, ou du cri d'un soldat.
Ces soudains changements sont des coups de tonnerre
Qui dans des jours sereins éclatent sur la terre.
Plus ils sont imprévus, moins on peut échapper
A ces traits dévorants dont on se sent frapper.
Nous avons vu frapper ces ombres fugitives,
Fantômes d'empereurs élevés sur nos rives,

Tombant du haut du trône en l'éternel oubli,
Où leur nom d'un moment se perd enseveli.
Il est temps qu'à Byzance on reconnaisse un homme
Digne des vrais césars, et des beaux jours de Rome.
Byzance offre à vos mains le souverain pouvoir.
Ceux que j'y vis régner n'ont eu qu'à le vouloir :
Portés dans l'hippodrome, ils n'avaient qu'à paraître
Décorés de la pourpre et du sceptre d'un maître ;
Au temple de Sophie un prêtre les sacrait,
Et Byzance à genoux soudain les adorait.
Ils avaient moins que vous d'amis et de courage ;
Ils avaient moins de droits : tentez le même ouvrage ;
Recueillez les débris de leurs sceptres brisés ;
Vous régnez aujourd'hui, seigneur, si vous l'osez.

ALEXIS.
Ami, tu me connais : j'ose tout pour Irène :
Seule elle m'a banni, seule elle me ramène ;
Seule sur mon esprit encore irrésolu
Irène a conservé son pouvoir absolu.
Rien ne me retient plus : on la menace, et j'aime.

MEMNON.
Je me trompe, seigneur, ou l'empereur lui-même
Vient vous dicter ses lois dans ce lieu retiré.
L'attendrez-vous encore ?

ALEXIS.
Oui, je lui répondrai.

MEMNON.
Déjà paraît sa garde : elle m'est confiée.
Si de votre ennemi la haine étudiée
A conçu contre vous quelques secrets desseins,
Nous servons sous Comnène, et nous sommes Romains.
Je vous laisse avec lui.

(Il se retire dans le fond, et se met à la tête de la garde.)

SCÈNE II.

NICÉPHORE, suivi de deux officiers; ALEXIS,
MEMNON, GARDES, au fond.

NICÉPHORE.
Prince, votre présence
A jeté dans ma cour un peu de défiance.

ACTE II, SCÈNE II.

Aux bords du Pont-Euxin vous m'avez bien servi ;
Mais quand César commande, il doit être obéi.
D'un regard attentif ici l'on vous contemple :
Vous donnez à ce peuple un dangereux exemple.
Vous ne deviez paraître aux murs de Constantin
Que sur un ordre exprès émané de ma main.
ALEXIS.
Je ne le croyais pas... Les états de l'empire
Connaissent peu ces lois que vous voulez prescrire ;
Et j'ai pu, sans faillir, remplir la volonté
D'un corps auguste et saint, et par vous respecté.
NICÉPHORE.
Je le protégerai tant qu'il sera fidèle ;
Soyez-le, croyez-moi ; mais puisqu'il vous rappelle,
C'est moi qui vous renvoie aux bords du Pont-Euxin.
Sortez dès ce moment des murs de Constantin.
Vous n'avez plus d'excuse : et si vers le Bosphore
L'astre du jour qui luit vous revoyait encore,
Vous n'êtes plus pour moi qu'un sujet révolté.
Vous ne le serez pas avec impunité...
Voilà ce que César a prétendu vous dire.
ALEXIS.
Les grands de qui la voix vous a donné l'empire,
Qui m'ont fait de l'État le premier après vous,
Seigneur, pourront fléchir ce violent courroux.
Ils connaissent mon nom, mon rang, et mon service,
Et vous-même avec eux vous me rendrez justice.
Vous me laisserez vivre entre ces murs sacrés
Que de vos ennemis mon bras a délivrés ;
Vous ne m'ôterez point un droit inviolable
Que la loi de l'État ne ravit qu'au coupable.
NICÉPHORE.
Vous osez le prétendre ?
ALEXIS.
    Un simple citoyen
L'oserait, le devrait ; et mon droit est le sien,
Celui de tout mortel, dont le sort qui m'outrage
N'a point marqué le front du sceau de l'esclavage :
C'est le droit d'Alexis ; et je crois qu'il est dû
Au sang qu'il a pour vous tant de fois répandu,
Au sang dont sa valeur a payé votre gloire,
Et qui peut égaler (sans trop m'en faire accroire)

Le sang de Nicéphore autrefois inconnu,
Au rang de mes aïeux aujourd'hui parvenu.
NICÉPHORE.
Je connais votre race, et plus, votre arrogance.
Pour la dernière fois redoutez ma vengeance.
N'obéirez-vous point?
ALEXIS.
Non, seigneur.
NICÉPHORE.
C'est assez.

(Il appelle Memnon à lui par un signe, et lui donne un billet dans le fond du théâtre.)

Servez l'empire et moi, vous qui m'obéissez.
(Il sort.)

SCÈNE III.

ALEXIS, MEMNON.

MEMNON.
Moi, servir Nicéphore!

ALEXIS, après avoir observé le lieu où il se trouve.
Il faut d'abord m'apprendre
Ce que dit ce billet que l'on vient de te rendre.
MEMNON.
Voyez.

ALEXIS, après avoir lu une partie du billet de sang-froid.
Dans son conseil l'arrêt était porté!
Et j'aurais dû m'attendre à cette atrocité!
Il se flattait qu'en maître il condamnait Comnène.
Il a signé ma mort.
MEMNON.
Il a signé la sienne.
D'esclaves entouré, ce tyran ténébreux,
Ce despote aveuglé m'a cru lâche comme eux :
Tant ce palais funeste a produit l'habitude
Et de la barbarie et de la servitude!
Tant sur leur trône affreux nos césars chancelants
Pensent régner sans lois, et parler en sultans!
Mais achevez, lisez cet ordre impitoyable.
ALEXIS, relisant.
Plus que je ne pensais ce despote est coupable :

Irène prisonnière! Est-il bien vrai, Memnon?
MEMNON.
Le tombeau, pour les grands, est près de la prison.
ALEXIS.
O ciel!... De tes projets Irène est-elle instruite?
MEMNON.
Elle en peut soupçonner et la cause et la suite :
Le reste est inconnu.
ALEXIS.
Gardons de l'affliger,
Et surtout, cher ami, cachons-lui son danger.
L'entreprise bientôt doit être découverte ;
Mais c'est quand on saura ma victoire ou ma perte.
MEMNON.
Nos amis vont se joindre à ces braves soldats.
ALEXIS.
Sont-ils prêts à marcher?
MEMNON.
Seigneur, n'en doutez pas :
Leur troupe en ce moment va s'ouvrir un passage.
Croyez que l'amitié, le zèle, et le courage,
Sont d'un plus grand service, en ces périls pressants,
Que tous ces bataillons payés par des tyrans.
Je les vois avancer vers la porte sacrée ;
L'empereur va lui-même en défendre l'entrée :
Du peuple soulevé j'entends déjà les cris.
ALEXIS.
Nous n'avons qu'un moment; je règne, ou je péris :
Le sort en est jeté. Prévenons Nicéphore.
(Aux soldats.)
Venez, braves amis, dont mon destin m'honore ;
Sous Memnon et sous moi vous avez combattu ;
Combattez pour Irène, et vengez sa vertu.
Irène m'appartient; je ne puis la reprendre
Que dans des flots de sang et sous des murs en cendre :
Marchons sans balancer.

SCÈNE IV.

ALEXIS, IRÈNE, MEMNON.

IRÈNE.

      Où courez-vous? ô ciel!
Alexis! arrêtez : que faites-vous? cruel!
Demeurez; rendez-vous à mes soins légitimes;
Prévenez votre perte; épargnez-vous des crimes.
Au seul nom de révolte on me glace d'effroi :
On me parle du sang qui va couler pour moi.
Il ne m'est plus permis, dans ma douleur muette,
De dévorer mes pleurs au fond de ma retraite.
Mon père, en ce moment, par le peuple excité,
Revient vers ce palais qu'il avait déserté;
Le pontife le suit; et, dans son ministère,
Du Dieu que l'on outrage atteste la colère.
Ils vous cherchent tous deux dans ces périls pressants.
Seigneur, écoutez-les.

ALEXIS.

     Irène, il n'est plus temps :
La querelle est trop grande : elle est trop engagée.
Je les écouterai quand vous serez vengée.

SCÈNE V.

IRÈNE.

Il me fuit! que deviens-je? ô ciel! et quel moment!
Mon époux va périr ou frapper mon amant!
Je me jette en tes bras, ô Dieu qui m'as fait naître!
Toi qui fis mon destin, qui me donnas pour maître
Un mortel respectable et qui reçut ma foi,
Que je devais aimer, s'il se peut, malgré moi!
J'écoutai ma raison; mais mon âme infidèle,
En voulant t'obéir, se souleva contre elle.
Conduis mes pas, soutiens cette faible raison;
Rends la vie à ce cœur qui meurt de son poison;
Rends la paix à l'empire aussi bien qu'à moi-même.
Conserve mon époux; commande que je l'aime.

Le cœur dépend de toi : les malheureux humains
Sont les vils instruments de tes divines mains.
Dans ce désordre affreux veille sur Nicéphore :
Et, quand pour mon époux mon désespoir t'implore,
Si d'autres sentiments me sont encor permis,
Dieu, qui sais pardonner, veille sur Alexis.

SCÈNE VI.

IRÈNE, ZOÉ.

ZOÉ.

Ils sont aux mains ; rentrez.
                    IRÈNE.
            Et mon père ?
                    ZOÉ.
                            Il arrive ;
Il fend les flots du peuple, et la foule craintive
De femmes, de vieillards, d'enfants, qui dans leurs bras
Poussent au ciel des cris que le ciel n'entend pas.
Le pontife sacré, par un secours utile,
Aux blessés, aux mourants, en vain donne un asile :
Les vainqueurs acharnés immolent sur l'autel
Les vaincus échappés à ce combat cruel.
Ne vous exposez point à ce peuple en furie.
Je vois tomber Byzance, et périr la patrie
Que nos tremblantes mains ne peuvent relever ;
Mais ne vous perdez pas en voulant la sauver :
Attendez du combat au moins quelque nouvelle.
                    IRÈNE.
Non, Zoé ; le ciel veut que je tombe avec elle :
Non, je ne dois point vivre en nos murs embrasés,
Au milieu des tombeaux que mes mains ont creusés.

FIN DU DEUXIÈME ACTE.

ACTE TROISIÈME.

SCÈNE I.

IRÈNE, ZOÉ.

ZOÉ.
Votre unique parti, madame, était d'attendre
L'irrévocable arrêt que le destin va rendre :
Une Scythe aurait pu, dans les rangs des soldats,
Appeler les dangers, et chercher le trépas ;
Sous le ciel rigoureux de leurs climats sauvages,
La dureté des mœurs a produit ces usages.
La nature a pour nous établi d'autres lois :
Soumettons-nous au sort ; et, quel que soit son choix,
Acceptons, s'il le faut, le maître qu'il nous donne.
Alexis, en naissant, touchait à la couronne ;
Sa valeur la mérite ; il porte à ce combat
Ce grand cœur et ce bras qui défendit l'État ;
Surtout en sa faveur il a la voix publique.
Autant qu'elle déteste un pouvoir tyrannique,
Autant elle chérit un héros opprimé.
Il vaincra, puisqu'on l'aime.
IRÈNE.
           Eh ! que sert d'être aimé ?
On est plus malheureux. Je sens trop que moi-même
Je crains de rechercher s'il est vrai que je l'aime,
D'interroger mon cœur, et d'oser seulement
Demander du combat quel est l'événement,
Quel sang a pu couler, quelles sont les victimes,
Combien dans ce palais j'ai rassemblé de crimes.
Ils sont tous mon ouvrage !
ZOÉ.
           A vos justes douleurs

Voulez-vous du remords ajouter les terreurs?
Votre père a quitté la retraite sacrée
Où sa triste vertu se cachait ignorée :
C'est pour vous qu'il revoit ces dangereux mortels
Dont il fuyait l'approche à l'ombre des autels.
Il était mort au monde ; il rentre, pour sa fille,
Dans ce même palais où régna sa famille.
Vous trouverez en lui les consolations
Que le destin refuse à vos afflictions :
Jetez-vous dans ses bras.
IRÈNE.
M'en trouvera-t-il digne?
Aurai-je mérité que cet effort insigne
Le ramène à sa fille en ce cruel séjour,
Qu'il affronte pour moi les horreurs de la cour?

SCÈNE II.

IRÈNE, LÉONCE, ZOÉ.

IRÈNE.
Est-ce vous qu'en ces lieux mon désespoir contemple?
Soutien des malheureux, mon père! mon exemple!
Quoi! vous quittez pour moi le séjour de la paix!
Hélas! qu'avez-vous vu dans celui des forfaits?
LÉONCE.
Les murs de Constantin sont un champ de carnage.
J'ignore, grâce aux cieux, quel étonnant orage,
Quels intérêts de cour, et quelles factions,
Ont enfanté soudain ces désolations.
On m'apprend qu'Alexis, armé contre son maître,
Avec les conjurés avait osé paraître.
L'un dit qu'il a reçu la mort qu'il méritait ;
L'autre, que devant lui son empereur fuyait.
On croit César blessé ; le combat dure encore
Des portes des sept tours au canal du Bosphore :
Le tumulte, la mort, le crime est dans ces lieux.
Je viens vous arracher de ces murs odieux.
Si vous avez perdu dans ce combat funeste
Un empire, un époux, que la vertu vous reste.

J'ai vu trop de césars, en ce sanglant séjour,
De ce trône avili renversés tour à tour...
Celui de Dieu, ma fille, est seul inébranlable.

IRÈNE.

On vient mettre le comble à l'horreur qui m'accable ;
Et voilà des guerriers qui m'annoncent mon sort.

SCÈNE III.

IRÈNE, LÉONCE, ZOÉ, MEMNON, SUITE.

MEMNON.

Il n'est plus de tyran : c'en est fait, il est mort ;
Je l'ai vu. C'est en vain qu'étouffant sa colère,
Et tenant sous ses pieds ce fatal adversaire,
Son vainqueur Alexis a voulu l'épargner :
Les peuples dans son sang brûlaient de se baigner.

(S'approchant.)

Madame, Alexis règne ; à mes vœux tout conspire ;
Un seul jour a changé le destin de l'empire.
Tandis que la victoire en nos heureux remparts,
Relève par ses mains le trône des césars,
Qu'il rappelle la paix, à vos pieds il m'envoie,
Interprète et témoin de la publique joie.
Pardonnez si sa bouche, en ce même moment,
Ne vous annonce pas ce grand événement ;
Si le soin d'arrêter le sang et le carnage
Loin de vos yeux encore occupe son courage ;
S'il n'a pu rapporter à vos sacrés genoux
Des lauriers que ses mains n'ont cueillis que pour vous.
Je vole à l'hippodrome, au temple de Sophie,
Aux états assemblés pour sauver la patrie.
Nous allons tous nommer du saint nom d'empereur
Le héros de Byzance et son libérateur.

(Il sort.)

SCÈNE IV.

IRÈNE, LÉONCE, ZOÉ.

IRÈNE.

Que dois-je faire? ô Dieu!
LÉONCE.
                    Croire un père et le suivre.
Dans ce séjour de sang vous ne pouvez plus vivre
Sans vous rendre exécrable à la postérité.
Je sais que Nicéphore eut trop de dureté ;
Mais il fut votre époux : respectez sa mémoire...
Les devoirs d'une femme, et surtout votre gloire.
Je ne vous dirai point qu'il n'appartient qu'à vous
De venger par le sang le sang de votre époux ;
Ce n'est qu'un droit barbare, un pouvoir qui se fonde
Sur les faux préjugés du faux honneur du monde :
Mais c'est un crime affreux, qui ne peut s'expier,
D'être d'intelligence avec le meurtrier.
Contemplez votre état : d'un côté se présente
Un jeune audacieux de qui la main sanglante
Vient d'immoler son maître à son ambition ;
De l'autre est le devoir et la religion,
Le véritable honneur, la vertu, Dieu lui-même.
Je ne vous parle point d'un père qui vous aime ;
C'est vous que j'en veux croire ; écoutez votre cœur.

IRÈNE.

J'écoute vos conseils ; ils sont justes, seigneur ;
Ils sont sacrés : je sais qu'un respectable usage
Prescrit la solitude à mon fatal veuvage.
Dans votre asile saint je dois chercher la paix
Qu'en ce palais sanglant je ne connus jamais :
J'ai trop besoin de fuir et ce monde que j'aime,
Et son prestige horrible... et de me fuir moi-même.

LÉONCE.

Venez donc, cher appui de ma caducité ;
Oubliez avec moi tout ce que j'ai quitté :
Croyez qu'il est encore, au sein de la retraite,
Des consolations pour une âme inquiète.
J'y trouvai cette paix que vous cherchiez en vain ;

IRÈNE.
Je vous y conduirai ; j'en connais le chemin :
Je vais tout préparer... Jurez à votre père,
Par le Dieu qui m'amène, et dont l'œil vous éclaire,
Que vous accomplirez dans ces tristes remparts
Les devoirs imposés aux veuves des césars.
IRÈNE.
Ces devoirs, il est vrai, peuvent sembler austères :
Mais, s'ils sont rigoureux, ils me sont nécessaires.
LÉONCE.
Qu'Alexis pour jamais soit oublié de nous.
IRÈNE.
Quand je dois l'oublier, pourquoi m'en parlez-vous?
Je sais que j'aurais dû vous demander pour grâce
Ces fers que vous m'offrez, et qu'il faut que j'embrasse.
Après l'orage affreux que je viens d'essuyer,
Dans le port avec vous il faut tout oublier.
J'ai haï ce palais, lorsqu'une cour flatteuse
M'offrait de vains plaisirs, et me croyait heureuse :
Quand il est teint de sang, je le dois détester.
Eh! quel regret, seigneur, aurais-je à le quitter ?
Dieu me l'a commandé par l'organe d'un père ;
Je lui vais obéir, je vais vous satisfaire ;
J'en fais entre vos mains un serment solennel...
Je descends de ce trône, et je marche à l'autel.
LÉONCE.
Adieu : souvenez-vous de ce serment terrible.

(Il sort.)

SCÈNE V.

IRÈNE, ZOÉ.

ZOÉ.
Quel est ce joug nouveau qu'à votre cœur sensible
Un père impose encore en ce jour effrayant?
IRÈNE.
Oui, je le veux remplir ce rigoureux serment ;
Oui, je veux consommer mon fatal sacrifice.
Je change de prison, je change de supplice.
Toi qui, toujours présente à mes tourments divers,
Au trouble de mon cœur, au fardeau de mes fers,
Partageas tant d'ennuis et de douleurs secrètes,

ACTE III, SCÈNE VI.

Oseras-tu me suivre au fond de ces retraites
Où mes jours malheureux vont être ensevelis?
####### ZOÉ.
Les miens dans tous les temps vous sont assujettis.
Je vois que notre sexe est né pour l'esclavage;
Sur le trône, en tout temps, ce fut votre partage :
Ces moments si brillants, si courts, et si trompeurs,
Qu'on nommait vos beaux jours, étaient de longs malheurs.
Souveraine de nom, vous serviez sous un maître;
Et quand vous êtes libre, et que vous devez l'être,
Le dangereux fardeau de votre dignité
Vous replonge à l'instant dans la captivité!
Les usages, les lois, l'opinion publique,
Le devoir, tout vous tient sous un joug tyrannique.
####### IRÈNE.
Je porterai ma chaîne... Il ne m'est plus permis
D'oser m'intéresser aux destins d'Alexis :
Je ne puis respirer le même air qu'il respire.
Qu'il soit à d'autres yeux le sauveur de l'empire,
Qu'on chérisse dans lui le plus grand des césars,
Il n'est qu'un criminel à mes tristes regards;
Il n'est qu'un parricide; et mon âme est forcée
A chasser Alexis de ma triste pensée.
Si, dans la solitude où je vais renfermer
Des sentiments secrets trop prompts à m'alarmer,
Je me ressouvenais qu'Alexis fut aimable...
Qu'il était un héros... je serais trop coupable.
Va, ma chère Zoé, va presser mon départ;
Sauve-moi d'un séjour que j'ai quitté trop tard :
Je vais trouver soudain le pontife et mon père,
Et je marche sans crainte au jour pur qui m'éclaire.
(En voyant Alexis.)
Ciel!

SCÈNE VI.

IRÈNE, ALEXIS, GARDES, qui se retirent après avoir mis un trophée aux pieds d'Irène.

####### ALEXIS.
Je mets à vos pieds, en ce jour de terreur,
Tout ce que je vous dois, un empire et mon cœur.

Je n'ai point disputé cet empire funeste ;
Il n'était rien sans vous : la justice céleste
N'en devait dépouiller d'indignes souverains
Que pour le rétablir par vos augustes mains.
Régnez, puisque je règne, et que ce jour commence
Mon bonheur et le vôtre, et celui de Byzance[1].

IRÈNE.

Quel bonheur effroyable ! Ah, prince ! oubliez-vous
Que vous êtes couvert du sang de mon époux ?

ALEXIS.

Oui ! je veux de la terre effacer sa mémoire ;
Que son nom soit perdu dans l'éclat de ma gloire ;
Que l'empire romain, dans sa félicité,
Ignore s'il régna, s'il a jamais été.
Je sais que ces grands coups, la première journée,
Font murmurer la Grèce et l'Asie étonnée :
Il s'élève soudain des censeurs, des rivaux :
Bientôt on s'accoutume à ses maîtres nouveaux ;
On finit par aimer leur puissance établie :
Qu'on sache gouverner, madame, et tout s'oublie.
Après quelques moments d'une juste rigueur,
Que l'intérêt public exige d'un vainqueur,
Ramenez les beaux jours où l'heureuse Livie
Fit adorer Auguste à la terre asservie.

IRÈNE.

Alexis ! Alexis ! ne nous abusons pas :
Les forfaits et la mort ont marché sur nos pas ;
Le sang crie ; il s'élève, il demande justice.
Meurtrier de César, suis-je votre complice ?

ALEXIS.

Ce sang sauvait le vôtre, et vous m'en punissez !
Qui ? moi ? je suis coupable à vos yeux offensés !
Un despote jaloux, un maître impitoyable,
Grâce au seul nom d'époux, est pour vous respectable !
Ses jours vous sont sacrés ! et votre défenseur
N'était donc qu'un rebelle, et n'est qu'un ravisseur !

---

1. « On dira toujours, écrivait Voltaire, qu'Alexis a tort de vouloir épouser Irène immédiatement après avoir tué son mari. Je dirai, comme les autres, qu'il a grand tort, et que c'est ce tort inexcusable que j'ai voulu mettre sur le théâtre. » A ce propos, les amis de M. de Voltaire trouvaient qu'*Irène* avait quelque ressemblance avec *Sophonisbe*. (G. A.)

Contre votre tyran quand j'osais vous défendre,
A votre ingratitude aurais-je dû m'attendre?
IRÈNE.
Je n'étais point ingrate : un jour vous apprendrez
Les malheureux combats de mes sens déchirés ;
Vous plaindrez une femme en qui, dès son enfance,
Son cœur et ses parents formèrent l'espérance
De couler de ses ans l'inaltérable cours
Sous les lois, sous les yeux du héros de nos jours ;
Vous saurez qu'il en coûte alors qu'on sacrifie
A des devoirs sacrés le bonheur de sa vie.
ALEXIS.
Quoi ! vous pleurez, Irène ! et vous m'abandonnez !
IRÈNE.
A nous fuir pour jamais nous sommes condamnés.
ALEXIS.
Eh ! qui donc nous condamne? une loi fanatique !
Un respect insensé pour un usage antique,
Embrassé par un peuple amoureux des erreurs,
Méprisé des césars, et surtout des vainqueurs !
IRÈNE.
Nicéphore au tombeau me retient asservie,
Et sa mort nous sépare encor plus que sa vie.
ALEXIS.
Chère et fatale Irène, arbitre de mon sort,
Vous vengez Nicéphore et me donnez la mort.
IRÈNE.
Vivez, régnez sans moi, rendez heureux l'empire :
Le destin vous seconde ; il veut qu'une autre expire.
ALEXIS.
Et vous daignez parler avec tant de bonté !
Et vous vous obstinez à tant de cruauté !
Que m'offriraient de pis la haine et la colère?
Serez-vous à vous-même à tout moment contraire?
Un père, je le vois, vous contraint de me fuir :
A quel autre auriez-vous promis de vous trahir?
IRÈNE.
A moi-même, Alexis.
ALEXIS.
          Non, je ne le puis croire,
Vous n'avez point cherché cette affreuse victoire ;
Vous ne renoncez point au sang dont vous sortez,

A vos sujets soumis, à vos prospérités,
Pour aller enfermer cette tête adorée
Dans le réduit obscur d'une prison sacrée.
Votre père vous trompe : une imprudente erreur,
Après l'avoir séduit, a séduit votre cœur.
C'est un nouveau tyran dont la main vous opprime :
Il s'immola lui-même et vous fit sa victime.
N'a-t-il fui les humains que pour les tourmenter?
Sort-il de son tombeau pour nous persécuter?
Plus cruel envers vous que Nicéphore même,
Veut-il assassiner une fille qu'il aime?
Je cours à lui, madame, et je ne prétends pas
Qu'il donne contre moi des lois dans mes États.
S'il méprise la cour, et si son cœur l'abhorre,
Je ne souffrirai pas qu'il la gouverne encore,
Et que de son esprit l'imprudente rigueur
Persécute son sang, son maître, et son vengeur.

SCÈNE VII.

IRÈNE, ALEXIS, ZOÉ.

ZOÉ.

Madame, on vous attend : Léonce votre père,
Le ministre du Dieu qui règne au sanctuaire,
Sont prêts à vous conduire, hélas! selon vos vœux,
A cet auguste asile... heureux ou malheureux.

IRÈNE.

Tout est prêt : je vous suis...

ALEXIS.

                Et moi, je vous devance ;
Je vais de ces ingrats réprimer l'insolence,
M'assurer à leurs yeux du prix de mes travaux,
Et deux fois en un jour vaincre tous mes rivaux.

SCÈNE VIII.

IRÈNE.

Que vais-je devenir? Comment échapperai-je
Au précipice horrible, au redoutable piége,

Où mes pas égarés sont conduits malgré moi?
Mon amant a tué mon époux et mon roi;
Et sur son corps sanglant cette main forcenée
Ose allumer pour moi le flambeau d'hyménée!
Il veut que cette bouche, aux marches de l'autel,
Jure à son meurtrier un amour éternel!
Oui, grand Dieu, je l'aimais; et mon âme égarée
De ce poison fatal est encore enivrée.
Que voulez-vous de moi, dangereux Alexis?
Amant que j'abandonne, amant que je chéris,
Me forcez-vous au crime, et voulez-vous encore
Être plus mon tyran que ne fut Nicéphore?

FIN DU TROISIÈME ACTE.

ACTE QUATRIÈME.

SCÈNE I.

IRÈNE, ZOÉ.

ZOÉ.
Quoi! vous n'avez osé, timide et confondue,
D'un père et d'un amant soutenir l'entrevue!
Ah, madame! en secret auriez-vous pu sentir
De ce départ fatal un juste repentir?
IRÈNE.
Moi!
ZOÉ.
　　Souvent le danger dont on bravait l'image,
Au moment qu'il approche, étonne le courage :
La nature s'effraye, et nos secrets penchants
Se réveillent dans nous, plus forts et plus puissants.
IRÈNE.
Non, je n'ai point changé ; je suis toujours la même ;
Je m'abandonne entière à mon père qui m'aime.
Il est vrai, je n'ai pu, dans ce fatal moment,
Soutenir les regards d'un père et d'un amant ;
Je ne pouvais parler : tremblante, évanouie,
Le jour se refusait à ma vue obscurcie ;
Mon sang s'était glacé ; sans force et sans secours,
Je touchais à l'instant qui finissait mes jours.
Rendrai-je grâce aux mains dont je suis secourue?
Soutiendrai-je la vie, hélas! qu'on m'a rendue?
Si Léonce paraît, je sens couler mes pleurs ;
Si je vois Alexis, je frémis et je meurs ;
Et je voudrais cacher à toute la nature
Mes sentiments, ma crainte, et les maux que j'endure.
Ah! que fait Alexis?
ZOÉ.
　　Il veut en souverain

ACTE IV, SCÈNE I.

Vous replacer au trône, et vous donner sa main.
A Léonce, au pontife, il s'expliquait en maître;
Dans ses emportements j'ai peine à le connaître :
Il ne souffrira point que vous osiez jamais
Disposer de vous-même, et sortir du palais.
IRÈNE.
Ciel, qui lis dans mon cœur, qui vois mon sacrifice,
Tu ne souffriras pas que je sois sa complice!
ZOÉ.
Que vous êtes en proie à de tristes combats!
IRÈNE.
Tu les connais; plains-moi, ne me condamne pas.
Tout ce que peut tenter une faible mortelle,
Pour se punir soi-même, et pour régner sur elle,
Je l'ai fait, tu le sais ; je porte encor mes pleurs
Au Dieu dont la bonté change, dit-on, les cœurs.
Il n'a point exaucé mes plaintes assidues;
Il repousse mes mains vers son trône étendues;
Il s'éloigne.
ZOÉ.
    Et pourtant, libre dans vos ennuis,
Vous fuyez votre amant.
IRÈNE.
        Peut-être je ne puis.
ZOÉ.
Je vous vois résister au feu qui vous dévore.
IRÈNE.
En voulant l'étouffer, l'allumerais-je encore?
ZOÉ.
Alexis ne veut vivre et régner que pour vous.
IRÈNE.
Non, jamais Alexis ne sera mon époux.
ZOÉ.
Eh bien! si dans la Grèce un usage barbare,
Contraire à ceux de Rome, indignement sépare
Du reste des humains les veuves des césars,
Si ce dur préjugé règne dans nos remparts,
Cette loi rigoureuse, est-ce un ordre suprême
Que du haut de son trône ait prononcé Dieu même?
Contre vous de sa foudre a-t-il voulu s'armer?
IRÈNE.
Oui : tu vois quel mortel il me défend d'aimer.

ZOÉ.

Ainsi, loin du palais où vous fûtes nourrie,
Vous allez, belle Irène, enterrer votre vie!

IRÈNE.

Je ne sais où je vais... Humains! faibles humains!
Réglons-nous notre sort? Est-il entre nos mains?

SCÈNE II.

IRÈNE, LÉONCE, ZOÉ.

LÉONCE.

Ma fille, il faut me suivre, et fuir en diligence
Ce séjour odieux fatal à l'innocence.
Cessez de redouter, en marchant sur mes pas,
Les efforts des tyrans qu'un père ne craint pas :
Contre ces noms fameux d'auguste et d'invincible,
Un mot, au nom du ciel, est une arme terrible,
Et la religion, qui leur commande à tous,
Leur met un frein sacré qu'ils mordent à genoux.
Mon cilice, qu'un prince avec dédain contemple,
L'emporte sur sa pourpre, et lui commande au temple.
Vos honneurs, avec moi plus sûrs et plus constants,
Des volages humains seront indépendants;
Ils n'auront pas besoin de frapper le vulgaire
Par l'éclat emprunté d'une pompe étrangère,
Vous avez trop appris qu'elle est à dédaigner :
C'est loin du trône enfin que vous allez régner.

IRÈNE.

Je vous l'ai déjà dit, sans regret je le quitte.
Le nouveau césar vient; je pars, et je l'évite.

(Elle sort.)

LÉONCE.

Je ne vous quitte pas.

SCÈNE III.

ALEXIS, LÉONCE.

ALEXIS.

C'en est trop; arrêtez :
Pour la dernière fois, père injuste, écoutez;

Écoutez votre maître à qui le sang vous lie,
Et qui pour votre fille a prodigué sa vie,
Celui qui d'un tyran vous a tous délivrés,
Ce vainqueur malheureux que vous désespérez.
Le souverain sacré des autels de Sophie,
Dont la cabale altière à la vôtre est unie,
Contre moi vous seconde, et croit impunément
Ravir, au nom du ciel, Irène à son amant.
Je vous ai tous servis, vous, Irène et Byzance ;
Votre fille en était la juste récompense,
Le seul prix qu'on devait à mon bras, à ma foi,
Le seul objet enfin qui soit digne de moi.
Mon cœur vous est ouvert, et vous savez si j'aime.
Vous venez m'enlever la moitié de moi-même,
Vous qui, dès le berceau nous unissant tous deux,
D'une main paternelle aviez formé nos nœuds ;
Vous, par qui tant de fois elle me fut promise,
Vous me la ravissez lorsque je l'ai conquise,
Lorsque je l'ai sauvée, et vous, et tout l'État !
Mortel trop vertueux, vous n'êtes qu'un ingrat.
Vous m'osez proposer que mon cœur s'en détache !
Rendez-la-moi, cruel, ou que je vous l'arrache :
Embrassez un fils tendre, et né pour vous chérir,
Ou craignez un vengeur armé pour vous punir.

LÉONCE.

Ne soyez l'un ni l'autre, et tâchez d'être juste.
Rapidement porté jusqu'à ce trône auguste,
Méritez vos succès... Écoutez-moi, seigneur :
Je ne puis ni flatter ni craindre un empereur ;
Je n'ai point déserté ma retraite profonde
Pour livrer mes vieux ans aux intrigues du monde,
Aux passions des grands, à leurs vœux emportés :
Je ne puis qu'annoncer de dures vérités ;
Qui ne sert que son Dieu n'en a point d'autre à dire :
Je vous parle en son nom comme au nom de l'empire
Vous êtes aveuglé ; je dois vous découvrir
Le crime et les dangers où vous voulez courir.
Sachez que sur la terre il n'est point de contrée,
De nation féroce et du monde abhorrée,
De climat si sauvage, où jamais un mortel
D'un pareil sacrilège osât souiller l'autel.
Écoutez Dieu qui parle, et la terre qui crie :

« Tes mains à ton monarque ont arraché la vie ;
N'épouse point sa veuve. » Ou si de cette voix
Vous osez dédaigner les éternelles lois,
Allez ravir ma fille, et cherchez à lui plaire,
Teint du sang d'un époux et de celui d'un père :
Frappez...

ALEXIS, en se détournant.

Je ne le puis... et, malgré mon courroux,
Ce cœur que vous percez s'est attendri sur vous.
La dureté du vôtre est-elle inaltérable ?
Ne verrez-vous dans moi qu'un ennemi coupable ?
Et regretterez-vous votre persécuteur
Pour élever la voix contre un libérateur ?
Tendre père d'Irène, hélas ! soyez mon père ;
D'un juge sans pitié quittez le caractère ;
Ne sacrifiez point et votre fille et moi
Aux superstitions qui vous servent de loi ;
N'en faites point une arme odieuse et cruelle,
Et ne l'enfoncez point d'une main paternelle
Dans ce cœur malheureux qui veut vous révérer,
Et que votre vertu se plaît à déchirer.
Tant de sévérité n'est point dans la nature ;
D'un affreux préjugé laissez là l'imposture ;
Cessez...

LÉONCE.

Dans quelle erreur votre esprit est plongé ?
La voix de l'univers est-elle un préjugé ?

ALEXIS.

Vous disputez, Léonce, et moi je suis sensible.

LÉONCE.

Je le suis comme vous... le ciel est inflexible.

ALEXIS.

Vous le faites parler : vous me forcez, cruel,
A combattre à la fois et mon père et le ciel.
Plus de sang va couler pour cette injuste Irène,
Que n'en a répandu l'ambition romaine :
La main qui vous sauva n'a plus qu'à se venger.
Je détruirai ce temple où l'on m'ose outrager ;
Je briserai l'autel défendu par vous-même,
Cet autel en tout temps rival du diadème,
Ce fatal instrument de tant de passions,
Chargé par nos aïeux de l'or des nations,

Cimenté de leur sang, entouré de rapines.
Vous me verrez, ingrat, sur ces vastes ruines,
De l'hymen qu'on réprouve allumer les flambeaux
Au milieu des débris, du sang, et des tombeaux.
LÉONCE.
Voilà donc les horreurs où la grandeur suprême,
Alors qu'elle est sans frein, s'abandonne elle-même!
Je vous plains de régner.
ALEXIS.
     Je me suis emporté :
Je le sens, j'en rougis ; mais votre cruauté,
Tranquille en me frappant, barbare avec étude,
Insulte avec plus d'art, et porte un coup plus rude.
Retirez-vous; fuyez.
LÉONCE.
     J'attendrai donc, seigneur,
Que l'équité m'appelle, et parle à votre cœur.
ALEXIS.
Non, vous n'attendrez point : décidez tout à l'heure
S'il faut que je me venge, ou s'il faut que je meure.
LÉONCE.
Voilà mon sang, vous dis-je, et je l'offre à vos coups.
Respectez mon devoir ; il est plus fort que vous.
          (Il sort.)

SCÈNE IV.

ALEXIS.

Que son sort est heureux! assis sur le rivage,
Il regarde en pitié ce turbulent orage
Qui de mon triste règne a commencé le cours.
Irène a fait le charme et l'horreur de mes jours :
Sa faiblesse m'immole aux erreurs de son père,
Aux discours insensés d'un aveugle vulgaire.
Ceux en qui j'espérais sont tous mes ennemis.
J'aime, je suis césar, et rien ne m'est soumis!
Quoi! je puis sans rougir, dans les champs du carnage,
Lorsqu'un Scythe, un Germain succombe à mon courage,
Sur son corps tout sanglant qu'on apporte à mes yeux,
Enlever son épouse à l'aspect de ses dieux,
Sans qu'un prêtre, un soldat, ose lever la tête!

Aucun n'ose douter du droit de ma conquête;
Et mes concitoyens me défendront d'aimer
La veuve d'un tyran qui voulut l'opprimer!
Entrons.

SCÈNE V.

ALEXIS, ZOÉ.

ALEXIS.
Eh bien! Zoé, que venez-vous m'apprendre?
ZOÉ.
Dans son appartement gardez-vous de vous rendre.
Léonce et le pontife épouvantent son cœur;
Leur voix sainte et funeste y porte la terreur :
Gémissante à leurs pieds, tremblante, évanouie,
Nos tristes soins à peine ont rappelé sa vie.
Des murs de ce palais ils osent l'arracher;
Une triste retraite à jamais va cacher
Du reste de la terre Irène abandonnée :
Des veuves des césars telle est la destinée.
On ne verrait en vous qu'un tyran furieux,
Un soldat sacrilége, un ennemi des cieux,
Si, voulant abolir ces usages sinistres,
De la religion vous braviez les ministres.
L'impératrice en pleurs vous conjure à genoux
De ne point écouter un imprudent courroux,
De la laisser remplir ces devoirs déplorables
Que des maîtres sacrés jugent inviolables.
ALEXIS.
Des maîtres où je suis!... j'ai cru n'en avoir plus.
A moi, gardes, venez.

SCÈNE VI.

ALEXIS, ZOÉ, MEMNON, GARDES.

ALEXIS.
Mes ordres absolus
Sont que de cette enceinte aucun mortel ne sorte :
Qu'on soit armé partout; qu'on veille à cette porte.

ACTE IV, SCÈNE VI.

Allez. On apprendra qui doit donner la loi,
Qui de nous est césar, ou le pontife, ou moi.
Chère Zoé, rentrez : avertissez Irène
Qu'on lui doit obéir, et qu'elle s'en souvienne.
(A Memnon.)
Ami, c'est avec toi qu'aujourd'hui j'entreprends
De briser en un jour tous les fers des tyrans :
Nicéphore est tombé ; chassons ceux qui nous restent,
Ces tyrans des esprits que mes chagrins détestent.
Que le père d'Irène, au palais arrêté,
Ait enfin moins d'audace et moins d'autorité ;
Qu'éloigné de sa fille, et réduit au silence,
Il ne soulève plus les peuples de Byzance ;
Que cet ardent pontife au palais soit gardé ;
Un autre plus soumis par mon ordre est mandé,
Qui sera plus docile à ma voix souveraine.
Constantin, Théodose, en ont trouvé sans peine :
Plus criminels que moi dans ce triste séjour,
Les cruels n'avaient pas l'excuse de l'amour.

MEMNON.

César, y pensez-vous ? ce vieillard intraitable,
Opiniâtre, altier, est pourtant respectable.
Il est de ces vertus que, forcés d'estimer,
Même en les détestant, nous tremblons d'opprimer.
Eh ! ne craignez-vous point, par cette violence,
De faire au cœur d'Irène une mortelle offense ?

ALEXIS.

Non ; j'y suis résolu... Je vous dois ma grandeur,
Et mon trône, et ma gloire... il manque le bonheur.
Je succombe, en régnant, au destin qui m'outrage :
Secondez mes transports ; achevez votre ouvrage.

FIN DU QUATRIÈME ACTE.

ACTE CINQUIÈME.

SCÈNE I.

ALEXIS, MEMNON.

MEMNON.
Oui, quelquefois, sans doute, il est plus difficile
De s'assurer chez soi d'un sort pur et tranquille
Que de trouver la gloire au milieu des combats
Qui dépendent de nous moins que de nos soldats.
Je vous l'ai dit : Irène, en sa juste colère,
Ne pardonnera point l'attentat sur son père.

ALEXIS.
Mais quoi ! laisser près d'elle un maître impérieux
Qui lui reprochera le pouvoir de ses yeux ;
Qui, lui faisant surtout un crime de me plaire,
Et tournant à son gré ce cœur souple et sincère,
Gouvernant sa faiblesse, et trompant sa candeur,
Va changer par degrés sa tendresse en horreur !
Je veux régner sur elle ainsi que sur Byzance,
La couvrir des rayons de ma toute-puissance ;
Et que ce maître altier, qui veut donner la loi,
Soit aux pieds de sa fille, et la serve avec moi.

MEMNON.
Vous vous trompiez, César ; j'ai prévu vos alarmes ;
Vous avez contre vous tourné vos propres armes.
C'en est fait ; je vous plains.

ALEXIS.
        Tu m'as donc obéi ?

MEMNON.
C'était avec regret ; mais je vous ai servi :
J'ai saisi ce vieillard ; et César qui soupire
Des faiblesses d'amour m'apprend quel est l'empire.

Mais, après cette injure, auriez-vous espéré
De ramener à vous un esprit ulcéré?
Eh! pourquoi consulter, dans de telles alarmes,
Un vieux soldat blanchi dans les horreurs des armes?
ALEXIS.
Ah! cher et sage ami, que tes yeux éclairés
Ont bien prévu l'effet de mes vœux égarés!
Que tu connais ce cœur si contraire à soi-même,
Esclave révolté qui perd tout ce qu'il aime,
Aveugle en son courroux, prompt à se démentir,
Né pour les passions, et pour le repentir!
(Memnon sort.)

SCÈNE II.

ALEXIS, ZOÉ.

ALEXIS.
Venez, venez, Zoé, vous que chérit Irène;
Jugez si mon amour a mérité sa haine,
Si je voulais en maître, en vainqueur, en césar,
Montrer l'auguste Irène enchaînée à mon char.
Je n'ordonnerai point qu'une odieuse fête
Au temple du Bosphore avec éclat s'apprête;
Je n'insulterai point à ces préventions
Que le temps enracine au cœur des nations :
Je prétends préparer cet hymen où j'aspire
Loin d'un peuple importun qu'un vain spectacle attire.
Vous connaissez l'autel qu'éleva dans ces lieux
Avec simplicité la main de nos aïeux :
N'admettant pour garants de la foi qu'on se donne
Que deux amis, un prêtre, et le ciel qui pardonne,
C'est là que devant Dieu je promettrai mon cœur.
Est-il indigne d'elle? inspire-t-il l'horreur?
Dites-moi par pitié si son âme agitée
Aux offres que je fais recule épouvantée;
Si mon profond respect ne peut que l'indigner;
Enfin si je l'offense en la faisant régner.
ZOÉ.
Ce matin, je l'avoue, en proie à ses alarmes,

Votre nom prononcé faisait couler ses larmes :
Mais depuis que Léonce ici vous a parlé,
L'œil fixe, le front pâle, et l'esprit accablé,
Elle garde avec nous un farouche silence ;
Son cœur ne nous fait plus la triste confidence
De ce remords puissant qui combat ses désirs ;
Ses yeux n'ont plus de pleurs, et sa voix de soupirs.
De son dernier affront profondément frappée,
De Léonce et de vous tout entière occupée,
A nos empressements elle n'a répondu
Que d'un regard mourant, d'un visage éperdu ;
Ne pouvant repousser de sa sombre pensée
Le douloureux fardeau qui la tient oppressée.

ALEXIS.

Hélas! elle vous aime, et sans doute me craint.
Si dans mon désespoir votre amitié me plaint,
Si vous pouvez beaucoup sur ce cœur noble et tendre,
Résolvez-la du moins à me voir, à m'entendre,
A ne point rejeter les vœux humiliés
D'un empereur soumis et tremblant à ses pieds.
Le vainqueur de César est l'esclave d'Irène ;
Elle étend à son choix, ou resserre sa chaîne :
Qu'elle dise un seul mot.

ZOÉ.

Jusques en ce séjour
Je la vois avancer par ce secret détour.

ALEXIS.

C'est elle-même, ô ciel!

ZOÉ.

A la terre attachée,
Sa vue à notre aspect s'égare effarouchée ;
Elle avance vers vous, mais sans vous regarder ;
Je ne sais quelle horreur semble la posséder.

ALEXIS.

Irène, est-ce bien vous? Quoi! loin de me répondre,
A peine d'un regard elle veut me confondre!

SCÈNE III.

ALEXIS, IRÈNE, ZOÉ.

IRÈNE.
(Un des soldats qui l'accompagnent lui approche un fauteuil)

Un siége... je succombe. En ces lieux écartés
Attendez-moi, soldats... Alexis, écoutez.
(D'une voix inégale, entrecoupée, mais ferme autant que douloureuse
Sachant ce que je souffre, et voyant ce que j'ose,
D'un pareil entretien vous pénétrez la cause,
Et l'on saura bientôt si j'ai dû vous parler :
D'un reproche assez grand je puis vous accabler ;
Mais l'excès du malheur affaiblit la colère.
Teint du sang d'un époux vous m'enlevez un père ;
Vous cherchez contre vous encore à soulever
Cet empire et ce ciel que vous osez braver.
Je vois l'emportement de votre affreux délire
Avec cette pitié qu'un frénétique inspire ;
Et je ne viens à vous que pour vous retirer
Du fond de cet abîme où je vous vois entrer.
Je plaignais de vos sens l'aveuglement funeste :
On ne peut le guérir... un seul parti me reste.
Allez trouver mon père, implorez son pardon ;
Revenez avec lui : peut-être la raison,
Le devoir, l'amitié, l'intérêt qui nous lie,
La voix du sang qui parle à son âme attendrie,
Rapprocheront trois cœurs qui ne s'accordaient pas.
Un moment peut finir tant de tristes combats.
Allez : ramenez-moi le vertueux Léonce ;
Sur mon sort avec vous que sa bouche prononce :
Puis-je y compter ?

ALEXIS.
J'y cours, sans rien examiner.
Ah ! si j'osais penser qu'on pût me pardonner,
Je mourrais à vos pieds de l'excès de ma joie.
Je vole aveuglément où votre ordre m'envoie ;
Je vais tout réparer : oui, malgré ses rigueurs,
Je veux qu'avec ma main sa main sèche vos pleurs.
Irène, croyez-moi ; ma vie est destinée

A vous faire oublier cette affreuse journée :
Votre père adouci ne reverra dans moi
Qu'un fils tendre et soumis, digne de votre foi.
Si trop de sang pour vous fut versé dans la Thrace,
Mes bienfaits répandus en couvriront la trace ;
Si j'offensai Léonce, il verra tout l'État
Expier avec moi cet indigne attentat.
Vous régnerez tous deux : ma tendresse n'aspire
Qu'à laisser dans ses mains les rênes de l'empire.
J'en jure les héros dont nous tenons le jour,
Et le ciel qui m'entend, et vous, et mon amour.

IRÈNE, en s'attendrissant et en retenant ses larmes.

Allez ; ayez pitié de cette infortunée :
Le ciel vous l'arracha ; pour vous elle était née.
Allez, prince.

ALEXIS.

Ah ! grand Dieu, témoin de ses bontés,
Je serai digne enfin de mon bonheur !

IRÈNE.

Partez.

(Il sort.)

(En pleurant.)

Suivez ses pas, Zoé, si fidèle et si chère.

SCÈNE IV.

IRÈNE, se levant.

Qu'ai-je dit? qu'ai-je fait! et qu'est-ce que j'espère?
Je ne me connais plus... Tandis qu'il me parlait,
Au seul son de sa voix tout mon cœur s'échappait :
Chaque mot, chaque instant portait dans ma blessure
Des poisons dévorants dont frémit la nature.

(Elle marche égarée et hors d'elle-même.)

Non, ne m'obéis point ; non, mon cher Alexis ;
N'amène point mon père à mes yeux obscurcis :
Reviens... Ah! je te vois ; ah! je t'entends encore :
J'idolâtre avec toi le crime que j'abhorre...
O crime ! éloigne-toi... Ciel !... quel objet affreux !
Quel spectre menaçant se jette entre nous deux!
Est-ce toi, Nicéphore! Ombre terrible, arrête :

Ne verse que mon sang, ne frappe que ma tête ;
Moi seule j'ai tout fait : c'est mon coupable amour,
C'est moi qui t'ai trahi, qui t'ai ravi le jour.
Quoi ! tu te joins à lui, toi, mon malheureux père !
Tu poursuis cette fille homicide, adultère !
Fuis, mon cher Alexis ; détourne avec horreur
Ces yeux si dangereux, si puissants sur mon cœur !
Dégage de mes mains ta main de sang fumante ;
Mon père et mon époux poursuivent ton amante !
Sur leurs corps tout sanglants me faudra-t-il marcher
Pour voler dans tes bras dont on vient m'arracher ?
   Ah ! je reviens à moi... Religion sacrée,
Devoir, nature, honneur, à cette âme égarée
Vous rendez sa raison, vous calmez ses esprits...
Je ne vous entends plus, si je vois Alexis !...
   Dieu, que je veux servir, et que pourtant j'outrage,
Pourquoi m'as-tu livrée à ce cruel orage ?
Contre un faible roseau pourquoi veux-tu t'armer ?
Qu'ai-je fait ? Tu le sais : tout mon crime est d'aimer !
Malgré mon repentir, malgré ta loi suprême,
Tu vois que mon amant l'emporte sur toi-même :
Il règne, il t'a vaincu dans mes sens obscurcis...
Eh bien ! voilà mon cœur ; c'est là qu'est Alexis :
Oui, tant que je respire il en est le seul maître.
Je sens qu'en l'adorant je vais te méconnaître...
Je trahis et l'hymen, et la nature, et toi...

                (Elle tire un poignard, et se frappe.)

Je te venge de lui, je te venge de moi.
Alexis fut mon dieu, je te le sacrifie :
Je n'y puis renoncer qu'en m'arrachant la vie.

                (Elle tombe dans un fauteuil.)

SCÈNE V.

IRÈNE, mourante; ALEXIS, LÉONCE, MEMNON, suite.

ALEXIS.

Je vous ramène un père, et je me suis flatté
Que nous pourrions fléchir sa dure austérité ;
Que sa justice enfin, me jugeant moins coupable,

Daignerait... Juste Dieu! quel spectable effroyable!
Irène, chère Irène!

LÉONCE.

O ma fille! ô fureur!

ALEXIS, se jetant aux genoux d'Irène.

Quel démon t'inspirait?

IRÈNE.

(A Alexis.) (A Léonce.)

Mon amour, votre honneur.
J'adorais Alexis, et je m'en suis punie.

(Alexis veut se tuer; Memnon l'arrête.)

LÉONCE.

Ah! mon zèle funeste eut trop de barbarie.

IRÈNE, lui tendant les mains.

Souvenez-vous de moi... plaignez tous deux mon sort...
Ciel! prends soin d'Alexis, et pardonne ma mort.

ALEXIS, à genoux d'un côté.

Irène! Irène! ah, Dieu!

LÉONCE, à genoux de l'autre côté.

Déplorable victime!

IRÈNE.

Pardonne, Dieu clément! Ma mort est-elle un crime[1]?

---

1. Irène prononce ce vers pour se faire pardonner son suicide condamnable aux yeux des catholiques. « Son dernier mot étant un acte de contrition, écrivait Voltaire, il est clair qu'elle est sauvée. » (G. A.)

FIN D'IRÈNE.

VARIANTES

DE LA TRAGÉDIE D'*IRÈNE*.

Page 338, vers 22 :

 Le sentiment honteux dont il est tourmenté.
      IRÈNE.
 S'il cache par orgueil sa frénésie affreuse,
 Dans ce triste palais suis-je moins malheureuse?
 Que le suprême rang, toujours trop envié,
 Souvent pour notre sexe est digne de pitié !
 Le funeste présent de quelques faibles charmes
 Nous est vendu bien cher, et payé par nos larmes.
 Crois qu'il n'est point de jour, peut-être de moment,
 Dont un tyran cruel ne me fasse un tourment.
 Son objet, tu le sais, sa sombre jalousie
 Souvent mit en péril ma déplorable vie.
 J'en ai vu sans pâlir les traits injurieux :
 Que ne les ai-je pu cacher à tous les yeux !
      ZOÉ.
 Je vous plains, mais enfin contre votre innocence,
 Contre tant de vertus, lui-même est sans puissance.
 Je gémis de vous voir nourrir votre douleur.
 Que craignez-vous?... etc.

Page 340, vers 16 :

 S'alarme, se divise, et tremble à son retour;
 C'est tout ce que m'apprend une rumeur soudaine
 Qui fait naître ou la crainte ou l'espérance vaine,
 Qui va de bouche en bouche armer les factions,
 Et préparer Byzance aux révolutions.
 Pour moi, je sais assez quel parti je dois prendre,
 Qui doit me commander, et qui je dois défendre.
 Je ne consulte point nos ministres, nos grands,
 Leurs intérêts cachés, leurs partis différents;
 J'en croirai seulement mes soldats et moi-même.
 Alexis m'a placé, je suis à lui, je l'aime,
 Je le sers, et surtout dans ces extrémités
 Memnon sera fidèle au sang dont vous sortez.
 Instruit de vos dangers, plein d'un noble courage,
 Madame, il ne pouvait différer davantage.

Peut-être j'en dis trop; mais enfin ce retour
Suivra de peu d'instants la naissance du jour.
Les moments me sont chers, pardonnez à mon zèle,
Et souffrez que je vole où mon devoir m'appelle.

SCÈNE III.

IRÈNE, ZOÉ.

IRÈNE.

Que tout ce qu'il m'a dit vient encor m'agiter!
Pour moi dans ce moment tout est à redouter.
Memnon s'explique assez : ah! que vient-il m'apprendre?
Quoi! César alarmé refuse de m'entendre!
Alexis en ces lieux va paraître aujourd'hui,
Et je vois que Memnon est d'accord avec lui.
Les états convoqués dans Byzance incertaine,
Fatiguant dès longtemps la grandeur souveraine,
Troublent l'empire entier par leurs divisions :
Tout ce peuple s'enflamme au feu des factions;
Et moi, dans mes devoirs à jamais renfermée,
Sourde aux bruyants éclats d'une ville alarmée,
A mon époux soumise, et cachant ma douleur,
Parmi tant de dangers je ne crains que mon cœur!
Peut-être il me prépare un avenir terrible, etc.

Page 343, vers 15 :

Et suis-je un criminel à ses yeux offensés?
Allez, je le serai plus que vous ne pensez.
J'ai trop été sujet.
IRÈNE.
Je suis réduite à l'être.
Seigneur, souvenez-vous que César est mon maître.
ALEXIS.
Non, pour un tel honneur César n'était point né :
Il m'arracha le bien qui m'était destiné.
Il n'en était pas digne... etc.

Page 344, vers 15. — Un manuscrit dont j'ai parlé dans mon Avertissement portait :

Ces effroyables tours... etc.   (B.)

Page 348, vers 14 :

Vous régnez aujourd'hui, seigneur, si vous l'osez.
ALEXIS.
Moi! si je l'oserai? j'y vole en assurance :
Je mets aux pieds d'Irène et mon cœur et Byzance.
J'ai de l'ambition, et je hais l'empereur...
Mais de ces passions qui dévorent mon cœur

VARIANTES D'IRÈNE.

Irène est la première : elle seule m'anime ;
Pour elle seule, ami, j'aurais pu faire un crime.
Mais on n'est point coupable en frappant les tyrans.
C'est mon trône, après tout, mon bien que je reprends ;
Il m'enlevait l'empire, il m'ôtait ce que j'aime.

MEMNON.

Je me trompe, seigneur... etc.

Page 353, vers 6. — Il y avait dans quelques manuscrits :

Dieu juste, mais clément, veille sur Alexis !

Page 356, dernier vers. — Dans la première version on lisait :

Le vrai héros de Rome et son restaurateur.

Voltaire mit ensuite :

. . . . Et son réparateur.

Enfin la version qu'on lit aujourd'hui est la troisième. (B.)

Page 358, vers 9 :

Quand je dois l'oublier, pourquoi m'en parlez-vous ?

LÉONCE.

Ta douleur m'attendrit, ma fermeté s'étonne ;
Je vois tous tes combats, et je te les pardonne.
Ah ! je n'abuse point ici de mon pouvoir :
L'inexorable honneur a dicté ton devoir.

Page 360, vers 9 :

ALEXIS.

Ah ! j'avais trop prévu ce reproche terrible :
D'avance il déchirait cette âme trop sensible.
Entraîné, combattu, partagé tour à tour,
Tremblant, presque à regret, j'ai vaincu pour l'amour.
Oui, Dieu m'en est témoin, et je le jure encore ;
Toujours dans le combat j'évitais Nicéphore :
Il me cherchait toujours, et lui seul a forcé
Ce bras dont le destin, malgré moi, l'a percé.
Ne m'en punissez pas, et laissez-moi vous dire
Que pour vous, non pour moi, j'ai reconquis l'empire.
Il est à vous, madame ; et je n'ai conspiré
Que pour voir sur vos jours mon amour rassuré.
Mais je veux de la terre effacer... etc.

Page 366, vers 4. — L'auteur a cru devoir retrancher la scène suivante, qui était la seconde du quatrième acte :

IRÈNE, ZOÉ, MEMNON.

MEMNON.

J'apporte à vos genoux les vœux de cet empire.
Tout le peuple, madame, en ce grand jour n'aspire

Qu'à vous voir réunir, par un nœud glorieux,
Les restes adorés du sang de vos aïeux.
Confirmez le bonheur que le ciel nous envoie ;
Réparez nos malheurs par la publique joie :
Vous verrez à vos pieds le sénat, les états,
Les députés du peuple, et les chefs des soldats,
Solliciter, presser cette union chérie
D'où dépend désormais le bonheur de leur vie.
Assurez les destins de l'empire nouveau
En donnant des césars formés d'un sang si beau.
Sur ce vœu général que ma voix vous annonce,
On attend qu'aujourd'hui votre bouche prononce ;
Et nul vain préjugé ne doit vous retenir.
Périsse du tyran jusqu'à son souvenir !

(Il sort.)

IRÈNE.

Eh bien ! tu vois mon sort ! Suis-je assez malheureuse ?
Ce vain projet rendra ma peine plus affreuse.
De céder à leurs vœux il n'est aucun espoir.

Page 367, vers 18 :

Vous me la refusez lorsque je l'ai conquise !
A trahir ses serments c'est vous qui la forcez,
Barbare, et c'est à moi que vous la ravissez !
Sur cet heureux lien, devenu nécessaire,
Injustement l'objet d'une rigueur austère,
Sourd à la voix publique, oubliant mon devoir,
L'amour et l'amitié fondaient tout mon espoir.
Ne vous figurez pas que mon cœur s'en détache ;
Il faut qu'on me la cède, ou que je vous l'arrache.

Page 368, vers 11 :

Pour élever la voix contre un libérateur,
Oui, je le suis, Léonce, et personne n'ignore
A quelle cruauté se porta Nicéphore.
Mon bras à l'innocence a dû servir d'appui.
Détrôner le tyran sans m'armer contre lui,
Tel était mon dessein : sa fureur éperdue
A poursuivi ma vie, et je l'ai défendue.
Si malgré moi ce fer a pu causer sa mort,
C'est le fruit de sa rage, et le crime du sort.
Tendre père d'Irène... etc.

Page 370, vers 3 :

La veuve d'un tyran qui voulut l'opprimer.
Ah ! c'est trop en souffrir : persécuteurs d'Irène,
Vous qui des passions ne sentez que la haine !
Laissez-moi mon amour ; rien ne peut arracher
De mon cœur éperdu l'espoir d'un bien si cher.
Malgré le fanatisme, et la haine, et l'envie,

Page 374, vers 19 :

MEMNON.

Je hais autant que vous ces censeurs intraitables,
Dans leur austérité toujours inébranlables,
Ennemis de l'État, ardents à tout blâmer,
Tyrans de la nature, incapables d'aimer.

ALEXIS.

A ce poste important, non moins que difficile,
J'ai pensé mûrement; tu peux être tranquille.
Toi qui lis dans mon cœur, il ne t'est point suspect;
Pour la religion tu connais mon respect.
J'ai fait choix d'un mortel dont la douce sagesse
Ne mettra dans ses soins l'orgueil ni la rudesse :
Pieux sans fanatisme, et fait pour s'attirer
Les cœurs que son devoir l'oblige d'éclairer.
Quand des ministres saints tel est le caractère,
La terre est à leurs pieds, les aime, et les révère.

MEMNON.

Les ordres de l'État avilis, abattus,
Vont être relevés, seigneur, par vos vertus;
Mais songez que Léonce est le père d'Irène,
Et quoiqu'il ait voulu la former pour la haine,
Elle chérit ce père; et même pour appui
Irène en ce grand jour après vous n'a que lui.
Pardonnez, mais je crains que cette violence
Ne soit au cœur d'Irène une éternelle offense.

Page 375, premier vers. — Une correction du manuscrit dont j'ai déjà parlé porte :

Soutiens-moi... je succombe, etc. (B.)

Ibid., vers 3. — Il y avait d'abord :

De vous chercher ici je n'ai pas fait scrupule;
Mes sentiments n'ont rien que ma voix dissimule.

Dans une édition que j'ai sous les yeux, on lit :

Je reviens vous chercher, et n'en fais point d'excuse;
Sur mon intention je crains peu qu'on m'accuse;
Et l'on saura bientôt...

Mais cette édition présente de telles distributions de scènes que je n'ose en relever les variantes. (B.)

Page 376, vers 9 :

Qu'à laisser dans ses mains les rênes de l'empire.
Oui, mon cœur consolé se partage entre vous,
Irène; et je reviens son fils et votre époux.

VARIANTES D'IRÈNE.

IRÈNE.

Suivez ses pas, Zoé : vous qui me fûtes chère,
Vous le serez toujours.

SCÈNE IV.

IRÈNE.

Eh bien! que vais-je faire?
Je ne le verrai plus! tandis qu'il me parlait,
Au seul son de sa voix tout mon cœur s'échappait.
Il te suit, Alexis : ah! si tant de tendresse
Par de nouveaux serments attaquait ma faiblesse,
Cruel! malgré les miens, malgré le ciel jaloux,
Malgré mon père et moi, tu serais mon époux.
Qu'as-tu dit, malheureuse! en quel piége arrêtée,
Dans quel gouffre d'horreurs es-tu précipitée!
Regarde autour de toi : vois ton mari sanglant,
Égorgé sous tes yeux des mains de ton amant!
Il était, après tout, ton maître légitime,
L'image de Dieu même : il devient ta victime!
Vois son fier meurtrier, le jour de son trépas,
Élevé sur son trône, et volant dans tes bras!
Et tu l'aimes, barbare! et tu n'as pu le taire!
Dans ce jour effrayant de pompe funéraire,
Tu n'attends plus que lui pour étaler l'horreur
De tes crimes secrets, consommés dans ton cœur.
Il va joindre à ta main sa main de sang fumante!
Si ton père éperdu devant toi se présente,
Sur le corps de ton père il te faudra marcher
Pour voler à l'amant qu'il te vient arracher.

(Elle fait quelques pas.)

Nature, honneur, devoir, religion sacrée!
Vous me parlez encore, et mon âme enivrée
Suspend à votre voix ses vœux irrésolus!...
Si mon amant paraît, je ne vous entends plus...
Dieu que je veux servir! Dieu puissant que j'outrage,
Pourquoi m'as-tu livrée à ce cruel orage?
Contre un faible roseau pourquoi veux-tu t'armer?
Qu'ai-je fait? Tu le sais : tout mon crime est d'aimer.

(Elle se rassied.)

Malgré mon repentir, malgré ta loi suprême,
Tu vois que mon amant l'emporte sur toi-même :
Il règne, il t'a vaincu dans mes sens obscurcis.

(Elle se relève.)

Eh bien! voilà mon cœur : c'est là qu'est Alexis.

(Elle tire un poignard.)

Je te venge de lui; je te le sacrifie;
Je n'y puis renoncer qu'en m'arrachant la vie.

(Elle se frappe, et tombe sur un fauteuil.)

VARIANTES D'IRÈNE.

Page 378, vers 4. — Une correction de la main de l'auteur porte :

> J'idolâtre Alexis... etc. (B.)

Ibid., vers 7. — On voit par la lettre à Thibouville, du 10 novembre 1777, que, dans une première version, c'était ici que se terminait la pièce. L'auteur proposait alors d'ajouter :

> Pardonne, j'ai vaincu ma passion cruelle;
> Je meurs pour t'obéir; mourrais-je criminelle?

Ces deux derniers vers furent remplacés par ceux qu'on lit aujourd'hui. (B.)

FIN DES VARIANTES D'IRÈNE.

AGATHOCLE

TRAGÉDIE EN CINQ ACTES

REPRÉSENTÉE LE 31 MAI 1779, ET LES 2, 5, ET 12 JUIN SUIVANTS.

AVERTISSEMENT

POUR LA PRÉSENTE ÉDITION.

Nous avons dit dans l'avertissement qui est en tête d'*Irène* qu'*Agathocle* fut composé en même temps que cette dernière tragédie. Voltaire, à la date du 15 août 1777, l'envoyait à d'Argental avec ce billet : « Les voilà enfin, ces cinq pâtés, trop froids et trop insipides, qui ne sont point du tout faits pour votre pays, et que je ne vous envoie, mon divin ange, que par pure obéissance. Je vous demande bien pardon d'obéir. Renvoyez-moi par la même voie ces cinq pièces de four, qui ne doivent être servies sur aucune table. Ne les montrez à personne. Ayez pitié de votre ancienne créature qui a perdu la tête, et à qui il ne reste que son cœur. »

Cependant il reprenait courage et confiance dans son œuvre, et le 20 septembre il écrivait au même : « S'il y a encore dans Paris quelques honnêtes gens qui n'aient pas abjuré le bon goût introduit en France pour quelque temps par nos maîtres; si on pouvait retrouver quelque étincelle de ce goût dans l'ouvrage dont le fond ne vous a pas déplu; si cet ouvrage, retravaillé avec soin, pouvait trouver place au milieu des enchantements des boulevards et des soupers où l'on mange des cœurs avec une sauce de sang[1]; alors peut-être une pièce honnête, approuvée par vous, ferait ressouvenir les Français qu'ils ont eu autrefois un bon siècle. Plus nous attendrons, et plus cette pièce mériterait de l'indulgence. La singularité d'un tel ouvrage, donné à quatre-vingt-quatre ans, pourrait adoucir la critique des ennemis irréconciliables, et inspirer même de l'intérêt au petit nombre qui regrette le temps passé. J'aimerais mieux même hasarder la chose à quatre-vingt-dix ans qu'à quatre-vingt-quatre, pourvu que je la visse jouer auprès de vous, dans une loge, assisté de quelques Mathusalems. »

Nous avons dit comment, après quelques hésitations, *Irène* avait pris décidément le pas sur *Agathocle*. *Irène* fut la dernière pièce de Voltaire représentée du vivant de l'auteur. Il avait eu le temps, toutefois, de distribuer les rôles d'*Agathocle* : « Je crois que Larive et Molé joueront bien les rôles des enfants d'Agathocle, qu'Ydasan convient fort à Monvel, que les cheveux blancs et la voix de Brizard suffiront pour Agathocle, et que le rôle

---

1. Allusion à *Gabrielle de Vergy*, tragédie de du Belloy, jouée le 12 juillet 1777.

d'Ydace est beaucoup plus dans le caractère de M*me* Vestris que celui d'Irène, pourvu qu'elle se défasse de l'énorme multitude de ses gestes (20 avril 1778). »

Voltaire mourut le 30 mai. M*me* Denis fit à la Comédie une cession de tous les honoraires qui pourraient être dus pour les représentations de son oncle. C'était bien le moins que les Comédiens reçussent, à sa requête, la dernière tragédie du poëte, et il fut convenu en effet qu'*Agathocle* serait représenté le 31 mai 1779 pour l'anniversaire de la mort de l'auteur. Cette décision prise le 7 mai, Vanhove, alors semainier, fut chargé par ses camarades d'adresser une circulaire aux écrivains qui avaient des pièces en préparation, pour demander leur acquiescement à un tour de faveur déjà obtenu pour *Irène*. Personne, bien entendu, n'éleva d'objection.

Agathocle fut affiché, comme *Irène*, avec *le Tuteur*, de Dancourt, pour petite pièce.

Avant le lever du rideau, Brizard débita le discours qu'on trouvera ci-après. La pièce fut écoutée avec attention et respect. Mais le public ne se dissimula pas la faiblesse de l'œuvre. *Agathocle* a quelques rapports avec le *Venceslas* de Rotrou. Les deux fils d'Agathocle, tyran de Syracuse, ont autant de différence entre eux que d'éloignement l'un pour l'autre. Polycrate, d'un caractère féroce et tyrannique, veut enlever à force ouverte Ydace, une jeune captive qui doit être rendue aux Carthaginois en vertu d'un traité. Argide, l'autre fils d'Agathocle, tendre et généreux, l'aime, la défend ; il est attaqué par Polycrate, et c'est ce dernier qui périt. Agathocle, au lieu de punir le meurtrier, cédant à l'ascendant de la vertu et à la nécessité des conjonctures, remet son sceptre à Argide. Argide renonce au pouvoir, et rend la liberté à son pays. « *Agathocle*, dit Laharpe, n'est qu'une esquisse extrêmement imparfaite, dont Voltaire aurait pu faire un tableau, s'il eût tenu encore d'une main assez ferme et assez vigoureuse le pinceau tragique qui, tremblant entre les doigts glacés d'un vieillard, n'a dessiné que des figures indécises, sans expression, sans couleur et sans vie. »

La distribution des rôles n'était pas la même que celle à laquelle Voltaire avait songé, ainsi qu'on le verra par la note qui est au-dessous de la liste des personnages. *Agathocle* n'eut que quatre représentations.

AVERTISSEMENT

DES ÉDITEURS DE L'ÉDITION DE KEHL

On ne doit regarder cette tragédie que comme une esquisse [1]. Les situations, les scènes, sont quelquefois plutôt indiquées que remplies. Les caractères sont heureusement conçus, fortement dessinés; mais les traits ne sont pas terminés, les nuances ne sont point marquées. Cet ouvrage est précieux, parce qu'il montre la manière dont travaillait M. de Voltaire, et qu'il sert à expliquer comment il a pu joindre une fécondité si prodigieuse avec tant de perfection. On voit qu'il travaillait longtemps ses ouvrages, mais sans jamais s'arrêter sur les détails, sans suspendre la marche, attendant le moment de l'inspiration; sachant qu'on n'y supplée point par des efforts, profitant des instants où son génie avait toutes ses forces pour faire de grandes choses, et ne perdant pas ce temps précieux à corriger un vers, à prévenir une objection; revenant ensuite sur ces objets dans des instants moins heureux et plus tranquilles.

Le jour de la première représentation de cette pièce, M. Brizard prononça un discours où l'on a reconnu la manière d'un philosophe illustre [2], qu'une amitié tendre et constante unissait à M. de Voltaire, et qui a longtemps fait cause commune avec lui contre les ennemis de l'humanité. La Grèce a cultivé à la fois tous les arts et toutes les sciences; mais la première représentation de l'*Œdipe à Colone* ne fut point annoncée par un discours de Platon.

1. C'est probablement d'*Agathocle* que Voltaire parle à d'Argental, dans sa lettre du 27 juin 1777. Cette tragédie fut jouée à Ferney en septembre de la même année, comme on le voit par la lettre à Saurin, du 26 septembre. Mais l'auteur se proposait d'y faire de nombreuses corrections: après sa mort, ses amis en firent; et Mme Denis, en envoyant le manuscrit aux Comédiens, demanda qu'*Agathocle* fût joué pour l'anniversaire de la mort de son oncle; Voltaire était mort le 30 mai 1778 entre onze heures du soir et minuit: et c'est sans doute parce que le 30 mai 1779 était le dimanche, jour de la Trinité, que la première représentation d'*Agathocle* ne fut donnée que le 31 mai. (B.)

2. M. d'Alembert.

DISCOURS

PRONONCÉ

AVANT LA PREMIÈRE REPRÉSENTATION D'*AGATHOCLE*.

La perte irréparable que le théâtre, les lettres, et la France, ont faite l'année dernière, et dont le triste anniversaire vous rassemble aujourd'hui, a été, depuis cette fatale époque, l'objet continuel de vos regrets. Vous avez du moins eu la consolation de voir ce que l'Europe a de plus grand et de plus auguste partager un sentiment si digne de vous; et les honneurs que vous venez rendre à cette ombre illustre vont encore satisfaire et soulager tout à la fois votre juste douleur. Pour donner à cette cérémonie funèbre tout l'éclat qu'elle mérite et que vous désirez, nous avions pensé d'abord à remettre sous vos yeux quelqu'une de ces tragédies immortelles dont M. de Voltaire a si longtemps enrichi la scène, et que vous venez si souvent y admirer; mais dans ce jour de deuil, où le premier besoin de vos cœurs est de déplorer la perte de ce grand homme, nous croyons ajouter à l'intérêt qu'elle vous inspire, en vous présentant la pièce qu'il vous destinait quand la mort est venue terminer sa glorieuse carrière.

Vous verrez sans doute, messieurs, avec attendrissement l'auteur de *Zaïre* et de *Mérope,* accablé d'années, de travaux, et de souffrances, recueillant tout ce qui lui restait de force et de courage pour s'occuper encore de vos plaisirs, au moment où vous alliez le perdre pour jamais; vous connaîtrez tout le prix qu'il mettait à vos suffrages, par les efforts qu'il faisait au bord même du tombeau pour les mériter, efforts qui peut-être ont abrégé une vie si précieuse.

Un peuple dont le goût éclairé pour les beaux-arts revit en vous, le peuple d'Athènes, entouré des chefs-d'œuvre que lui laissaient en mourant les artistes célèbres, semblait, au moment de leurs obsèques, arrêter ses regards avec moins d'intérêt sur ces productions sublimes que sur les ouvrages auxquels ces hommes rares travaillaient encore lorsqu'ils avaient été enlevés à la patrie. Les yeux pénétrants de leurs concitoyens lisaient dans ces respectables restes toute la pensée du génie qui les avait conçus. Ils y voyaient encore attachée la main expirante qui n'avait pu les finir; et cette douloureuse image leur rendait plus cher l'illustre compatriote qu'ils ne possédaient plus, mais qui jusqu'à la fin de sa vie avait tout fait pour eux.

Vous imiterez, messieurs, cette nation reconnaissante et sensible, en écoutant l'ouvrage auquel M. de Voltaire a consacré ses derniers instants; vous apercevrez tout ce qu'il aurait fait pour le rendre plus digne de vous être offert; votre équité suppléera à ce que vos lumières pourraient y désirer; vous croirez voir ce grand homme présent encore au milieu de vous, dans cette même salle qui fut soixante ans le théâtre de sa gloire, et où vous-mêmes l'avez couronné, par nos faibles mains, avec des transports sans exemple; enfin vous pardonnerez à notre zèle pour sa mémoire, ou plutôt vous le justifierez, en rendant à sa cendre les honneurs que vous avez tant de fois rendus à sa personne.

Quel ennemi des talents et des succès oserait, dans une circonstance si touchante, insulter à la reconnaissance de la nation, et en troubler les témoignages? Ce sentiment vil et cruel ne peut être, messieurs, celui d'aucun Français, et serait d'ailleurs un nouveau tribut que l'envie payerait, sans le vouloir, aux mânes de celui que vous pleurez.

PERSONNAGES[1]

AGATHOCLE, tyran de Syracuse.
POLYCRATE,
ARGIDE,   } fils d'Agathocle.
YDASAN, vieux guerrier au service de Carthage.
ÉGESTE, officier au service de Syracuse.
YDACE, fille d'Ydasan.
ELPÉNOR, conseiller du roi.
UNE PRÊTRESSE de Cérès.
SUITE ET SOLDATS.

La scène est dans une place, entre le palais du roi
et les ruines d'un temple.

---

1. Noms des principaux acteurs qui jouèrent dans *Agathocle* : Molé (Argide), Brizard (Ydasan); Mmes Vestris (la Prêtresse), Sainval cadette (Ydace). Cette liste est incomplète. Nous n'avons trouvé aucun nom sur les registres de la Comédie-Française. — Recette, 2,389 livres. (G. A.)

AGATHOCLE

TRAGÉDIE

ACTE PREMIER.

SCÈNE I.

YDASAN, ÉGESTE.

ÉGESTE.
De nos malheurs enfin le ciel a pris pitié ;
Il resserre aujourd'hui notre antique amitié.
Quand la paix réunit Carthage et Syracuse,
Peux-tu verser des pleurs aux bords de l'Aréthuse ?
Quels que soient nos destins, les lieux où l'on est né
Ont encor des appas pour un infortuné :
Il est doux de rentrer dans sa chère patrie.
YDASAN.
Elle ne m'est plus chère, et sa gloire est flétrie :
Sa lâche servitude, et trente ans de malheurs,
Aigrissent mon courage en m'arrachant des pleurs.
Les volcans de l'Etna, ses cendres, ses abîmes,
Ont été moins affreux que ce séjour des crimes ;
Le fer que le cyclope a forgé dans leurs flancs
A moins de dureté que le cœur des tyrans.
Va, je hais Syracuse, Agathocle, et la vie.
ÉGESTE.
Que veux-tu ? Dès longtemps la Sicile asservie
De l'heureux Agathocle a reconnu les lois ;
Agathocle est compté parmi les plus grands rois.
Le hasard, le destin, le mérite peut-être,

Dispose des États, fait l'esclave et le maître :
Nul homme au rang des rois n'est jamais parvenu
Sans un talent sublime, et sans quelque vertu.
Soyons justes, ami ; j'aimai ma république ;
Mais j'ai su me plier au pouvoir monarchique.
Né sujet comme nous, dans la foule jeté,
Agathocle a vaincu la dure adversité ;
L'adresse, le courage, et surtout la fortune,
L'ont porté dans ce rang dont l'éclat l'importune :
Élevé par degrés au timon de l'État,
Il était déjà roi lorsque j'étais soldat.
De ces coups du destin je sais que l'on murmure ;
Les grands succès d'autrui sont pour nous une injure :
Mais si le même prix nous était présenté,
Ne dissimulons point, serait-il rejeté ?

YDASAN.

Il l'eût été par moi : j'aime mieux, cher Égeste,
Ma triste pauvreté que sa grandeur funeste.
N'excuse plus ton maître, et laisse à ma douleur
La consolation de haïr son bonheur.
Quoi donc ! je l'aurai vu, citoyen mercenaire,
Du travail de ses mains nourrissant sa misère ;
Et la guerre civile aura, dans ses horreurs,
Mis ce fils de la terre au faîte des grandeurs[1] !
Il règne à Syracuse ! et moi, pour mon partage,
Banni de mon pays, et soldat à Carthage,
Blanchi dans les dangers, courbé sous le harnois,
Obscurément chargé d'inutiles exploits,
J'ai vu périr deux fils dans cette guerre inique
Qui désola longtemps la Sicile et l'Afrique.
Après tant de travaux, après tant de revers,
Ma fille me restait ; ma fille est dans les fers !
La malheureuse Ydace est au rang des captives
Que l'Aréthuse encor voit pleurer sur ses rives !
C'est ce qui me ramène à ces funestes lieux,
Aux lieux de ma naissance en horreur à mes yeux :
Sans soutien, sans patrie, appauvri par la guerre,
Privé de mes deux fils, je n'ai rien sur la terre
Qu'un débris de fortune à peine ramassé

---

1. On lit dans Horace, liv. II, sat. IV :

    Riserit in solio fortunæ filius omnes.

Pour délivrer l'enfant que les dieux m'ont laissé.
Des premiers jours de paix je saisis l'avantage ;
Je reviens arracher Ydace à l'esclavage :
Aux pieds de ton tyran j'apporte sa rançon ;
Et, dès que l'avarice ouvrira sa prison,
Je retourne à Carthage achever ma carrière.
Là je ne verrai point, couchés dans la poussière,
Sous les pieds d'un tyran les mortels avilis :
Je mourrai libre au moins... Va, sers dans ton pays.
####### ÉGESTE.
Tu ne partiras point sans me coûter des larmes.
Sous ce roi que tu hais je porte ici les armes ;
Nos devoirs différents n'ont point rompu les nœuds
De la vieille amitié qui nous unit tous deux.
J'ai vu ta fille Ydace ; et partageant ses peines,
Autant que je l'ai pu, j'ai soulagé ses chaînes.
####### YDASAN.
Tu m'attendris, Égeste... Est-ce auprès de ces murs
Qu'elle traîne ses jours et ses malheurs obscurs ?
Où la trouver ? Comment me rendrai-je auprès d'elle ?
####### ÉGESTE.
Dans les débris d'un temple est sa prison cruelle,
Auprès de cette place, et non loin du séjour,
De ce séjour superbe où le roi tient sa cour.
####### YDASAN.
Une cour ! des prisons ! quel fatal assemblage !
Ainsi le despotisme est près de l'esclavage.
Ce palais est bâti des marbres qu'autrefois
L'heureuse liberté consacrait à nos lois.
Ne pourrai-je à mon sang parler sous ces portiques ?
Je les ai vus ornés de nos dieux domestiques :
Mais nos dieux ne sont plus... Puis-je au moins présenter
Cette faible rançon que je fais apporter ?
Agathocle, ton roi, daignera-t-il m'entendre ?
####### ÉGESTE.
A ce détail indigne il ne veut plus descendre ;
Sa grandeur abandonne à l'un de ses enfants
Du lucre des combats les soins avilissants.
####### YDASAN.
A qui dans ma douleur faut-il que je m'adresse ?
####### ÉGESTE.
A son fils Polycrate, objet de sa tendresse,

Et déjà, nous dit-on, nommé son successeur,
Tout indigne qu'il est de cet excès d'honneur.
YDASAN.
Je ne puis voir ce roi?
ÉGESTE.
Sa sombre défiance
A tous les étrangers interdit sa présence;
A regret aux siens même il permet son aspect :
Soit que l'éloignement impose le respect,
Soit que, changé par l'âge, et las du diadème,
Il se dérobe au monde, et se cherche lui-même.
Pour Ydace, ta fille, un ordre injurieux
Ne lui défendra pas de paraître à tes yeux.
Du reste des captifs elle vit séparée,
Au temple de Cérès en secret retirée :
Sa grâce, sa beauté, ses charmes plus flatteurs
Que la splendeur de l'or ou celle des grandeurs,
Font voler sur ses pas les cœurs à son passage[1],
Sans qu'elle ose penser qu'on lui rende un hommage...
Je la vois qui sur nous semble arrêter les yeux :
Au milieu des débris du temple de nos dieux :
Elle suit en pleurant cette simple prêtresse
Qui de son esclavage adoucit la tristesse.
YDASAN.
Dans le saisissement que j'éprouve à la voir,
La consolation se mêle au désespoir.
C'est donc vous, ô ma fille! ô malheureuse Ydace!

SCÈNE II.

YDASAN, YDACE, ÉGESTE, LA PRÊTRESSE.

YDACE.
Je baigne de mes pleurs vos genoux que j'embrasse :
Je vous ai vu, mon père, et vers vous j'ai volé.
Chez les Syracusains qui vous a rappelé?

---

1. On lit dans *Britannicus*, acte III, scène III ;
   Je vois voler partout les cœurs à mon passage.

Y seriez-vous tombé dans mon état funeste?
Qu'y venez-vous chercher?
YDASAN.
Le seul bien qui me reste,
(A la prêtresse.)
Mon sang, ma chère fille... O vous, dont la bonté
Tend une main propice à la calamité,
Puisse des justes dieux la justice éternelle
Payer d'un digne prix le noble et tendre zèle
Qui donne aux grands du monde, en ces jours malheureux,
Un exemple si beau, si peu suivi par eux!
LA PRÊTRESSE.
J'ai rempli faiblement le devoir qui m'engage.
YDASAN.
Je viens sauver ma fille, et la rendre à Carthage :
Protégez-nous.
YDACE.
Hélas! vos soins sont superflus;
Je suis esclave.
YDASAN.
Non, tu ne le seras plus;
Je viens te délivrer.
YDACE.
O le meilleur des pères!
Quoi! vos bontés pour moi finiraient mes misères!
YDASAN.
Oui, de ta liberté j'ai rassemblé le prix.
YDACE.
Vous, hélas! de vos biens les malheureux débris
Ne vous laisseraient plus qu'une indigence affreuse!
YDASAN.
Va, sois libre, il suffit, et ma mort est heureuse...
As-tu dans ta prison paru devant le roi?
YDACE.
Non, comment pourrait-il s'abaisser jusqu'à moi?
Comment un conquérant, du sein de la victoire,
De la hauteur du trône où resplendit sa gloire,
Pourrait-il distinguer un objet ignoré,
A de communs malheurs obscurément livré?
Sait-il mon sort, mon nom, l'horreur où l'on me laisse?
De Cérès en ces lieux cette digne prêtresse
A daigné seulement, dans ma captivité,

Porter sur mon désastre un regard de bonté ;
Ses soins ont adouci ma fortune cruelle :
J'apprends à moins souffrir en souffrant auprès d'elle.

YDASAN.

Je vais trouver ce roi : j'espère que son cœur,
Quoiqu'il soit corrompu par trente ans de bonheur,
Quoique le rang suprême et le temps l'endurcisse,
N'osera devant moi commettre une injustice :
Il se ressouviendra que je fus son égal.

LA PRÊTRESSE.

Il l'a trop oublié.

YDASAN.

Dans son faste royal
Il rougira peut-être en voyant ma misère.

LA PRÊTRESSE.

J'en doute : mais allez, tendre et généreux père.
Que la simple vertu puisse enfin le toucher !
Surtout que de son trône on vous laisse approcher

SCÈNE III.

YDACE, LA PRÊTRESSE.

YDACE.

De nos dieux méconnus prêtresse bienfaisante,
Au malheur qui me suit comme eux compatissante,
Contre un fils du tyran vous qui me protégez ;
Vous qui voyez l'abîme où mes pas sont plongés,
Ne m'abandonnez pas.

LA PRÊTRESSE.

Hélas ! que puis-je faire ?
Des ministres des dieux le triste caractère,
Autrefois vénérable, aujourd'hui méprisé[1],
Ce temple encor fumant, dans la guerre embrasé,
Les autels de Cérès enterrés sous la cendre,
Mes prières, mes cris, pourront-ils vous défendre ?

YDACE.

Souffrira-t-on du moins que, loin de ce séjour,
Je retourne à Carthage où je reçus le jour ?

---

1. *Tristè ministerium, quondam venerabile terris.* (B.)

ACTE I, SCÈNE III.

LA PRÊTRESSE.

Agathocle en des mains avares, sanguinaires,
A remis le maintien de ses lois arbitraires.
Polycrate son fils commande sur le port;
Les prisons, les vaisseaux, tout ce séjour de mort,
Tout est à lui : le roi lui donne pour partage
Les droits du souverain levés sur l'esclavage.
Les captifs sont traités comme de vils troupeaux
Destinés à la mort, aux cirques, aux travaux,
Aux plaisirs odieux des caprices d'un maître.
Plus fier, plus emporté que le roi n'a pu l'être,
Polycrate vous compte au rang de ces beautés
Qu'il destine à servir ses tristes voluptés.
Amoureux sans tendresse, et dédaignant de plaire,
Féroce en ses désirs ainsi qu'en sa colère,
C'est un jeune lion qui, toujours menaçant,
Veut ravir sa conquête, et l'aime en rugissant.
Non, son père jamais ne fut plus tyrannique
Qu'en nommant héritier ce monstre despotique.

YDACE.

Ah! d'où vient que les dieux, pour moi toujours cruels,
Ont exposé mes yeux à ses yeux criminels?
Entre son frère et lui, ciel! quelle différence!
L'humanité d'Argide égale sa vaillance :
Ce frère vertueux d'un brigand détesté
S'est attendri du moins sur ma calamité ;
Pourrai-je dans Argide avoir quelque espérance?

LA PRÊTRESSE.

Argide a des vertus, et bien peu de puissance :
Polycrate est le maître ; il dévore le fruit
Des travaux d'un vieillard au sépulcre conduit...
Mais avouerai-je enfin mes secrètes alarmes?
Argide est un héros, vos regards ont des charmes ;
Et, malgré les horreurs de cet affreux séjour,
L'infortune amollit et dispose à l'amour.
Un prince né pour plaire, et qui cherche à séduire,
Veut sur notre faiblesse établir son empire ;
L'innocence succombe aux tendresses des grands ;
Et les plus dangereux ne sont pas les tyrans.

YDACE.

Ah! que m'avez-vous dit? Sa bonté généreuse
Serait un nouveau piége à cette malheureuse !

J'aurais Argide à craindre en ma fatale erreur,
Et ma reconnaissance aurait trompé mon cœur !
De ce cœur éperdu touchez-vous la blessure ?
Dans l'amas des tourments que ma jeunesse endure,
En est-il un nouveau dont je ressens les coups ?

LA PRÊTRESSE.

L'amour est quelquefois le plus cruel de tous.

YDACE.

Quelle est donc ma ressource ? Eh ! pourquoi suis-je née ?
Exposée à l'opprobre, aux fers abandonnée,
Le malheur qui me suit entoura mon berceau ;
Le ciel me rend un père au bord de son tombeau !
Loin d'Argide et de vous ma timide jeunesse
Ne sera qu'un fardeau pour sa triste vieillesse !
L'espérance me fuit ! La mort, la seule mort
Est-elle au moins un terme aux rigueurs de mon sort ?
Aurai-je assez de force, un assez grand courage,
Pour courir à ce port au milieu de l'orage ?
Vous lisez dans mon cœur, vous voyez mon danger :
Ah ! plutôt à mourir daignez m'encourager ;
Affermissez mon âme incertaine, affaiblie,
Contre le sentiment qui m'attache à la vie.

LA PRÊTRESSE.

Que ne puis-je plutôt par d'utiles secours
Vous aider à porter le fardeau de vos jours !
Il pèse à tout mortel, et Dieu, qui nous l'impose,
Veut, nous l'ayant donné, que lui seul en dispose.
De votre âme éperdue il faut avoir pitié :
Attendez tout d'un père et de mon amitié,
Mais surtout de vous-même et de votre courage.
Vous luttez, je le vois, contre un fatal orage :
Dieu se complaît, ma fille, à voir du haut des cieux
Ces grands combats d'un cœur sensible et vertueux.
La beauté, la candeur, la fermeté modeste,
Ont dompté quelquefois le sort le plus funeste.

YDACE.

Je me jette en vos bras : mon esprit désolé
Croit, en vous écoutant, que les dieux m'ont parlé.

FIN DU PREMIER ACTE.

ACTE DEUXIÈME.

SCÈNE I.

YDASAN, ARGIDE, POLYCRATE, ÉGESTE.

(Agathocle passe dans le fond du théâtre : il semble parler à ses deux fils Polycrate et Argide; il est entouré de courtisans et de gardes. Ydasan et Égeste sont sur le devant, près du temple.)

YDASAN.
C'est là ce vieux tyran si grand, si redoutable,
Qu'on croit si fortuné! Son âge qui l'accable,
Son front chargé d'ennuis semble dire aux humains
Que le repos du cœur est loin des souverains.
Est-ce lui dont j'ai vu la misérable enfance
Chez nos concitoyens ramper dans l'indigence?
Est-ce Agathocle enfin?... Que d'esclaves brillants
Prêtent leur main servile à ses pas chancelants!
Comme il est entouré! leur troupe impénétrable
Semble cacher au peuple un monstre inabordable.
Sont-ce là ses deux fils dont tu m'as tant parlé?
ÉGESTE.
Oui ; tu vois Polycrate à l'empire appelé :
On dit qu'il est plus dur et plus inaccessible
Que ce sombre vieillard autrefois si terrible.
Argide est plus affable ; il est grand sans orgueil,
Et sa noble vertu n'a point un rude accueil :
Athène a cultivé ses mœurs et son génie ;
Né d'un tyran illustre, il hait la tyrannie.
Vers ces débris du temple ils s'avancent tous deux :
Saisissons ce moment, osons approcher d'eux ;
Mais surtout souviens-toi que Polycrate est maître.
YDASAN.
Devant lui, cher ami, qu'il est dur de paraître!
ÉGESTE.
Oublie, en lui parlant, l'esprit républicain.

YDASAN.

(Il marche vers Polycrate.)

Prince, vous connaissez les droits du genre humain?

POLYCRATE.

Quel est cet étranger? quel est ce téméraire?

YDASAN.

Un homme, un citoyen, un vieux soldat, un père.

POLYCRATE.

Que me demandes-tu?

YDASAN.

La justice, mon sang.
Je ne crois point blesser l'éclat de votre rang :
Mais gardez les traités; rendez la jeune Ydace,
Reste unique échappé des malheurs de ma race :
J'en apporte le prix.

POLYCRATE, aux siens.

Qu'on dérobe à mes yeux
D'un vieillard indiscret l'aspect injurieux.

ARGIDE.

Mon frère, il ne vous fait qu'une juste demande.

POLYCRATE.

Soldats, qu'on obéisse alors que je commande :
Qu'on l'éloigne.

YDASAN.

Ah! grands dieux, rendez-moi donc le temps
Où ma main vous servait et frappait les tyrans.
Faut-il que de mes ans la triste décadence
Me laisse à leurs genoux expirer sans vengeance!

SCÈNE II.

POLYCRATE, ARGIDE.

ARGIDE.

Vous pouviez lui répondre avec plus de bonté;
Mon frère, un vieux soldat doit être respecté.

POLYCRATE.

Non, mon frère : apprenez que je perdrais la vie
Avant que ma captive à mes mains fût ravie.
Ni la sévérité de mon père en courroux,
Ni tous ces vains traités qui parlent contre nous,

Ni les foudres des dieux allumés sur ma tête,
Ne m'ôteraient l'objet dont je fais ma conquête.
Mon esclave est mon bien, rien ne peut m'en priver;
De ces lieux à l'instant je la fais enlever.
(Après l'avoir regardé quelque temps en silence.)
Blâmez-vous ce dessein que mon cœur vous confie?
ARGIDE.
Qui? moi! prétendez-vous que je vous justifie?
Quel besoin auriez-vous de mon consentement?
Comment approuverais-je un tel emportement?
La paix avec Carthage est déjà déclarée;
Agathocle aux autels aujourd'hui l'a jurée;
Tous nos concitoyens nous ont été rendus :
Si ce Carthaginois n'a de vous qu'un refus,
Vous rallumez la guerre.
POLYCRATE.
　　　　　Et c'est à quoi j'aspire;
La guerre est nécessaire à ce naissant empire;
Que serions-nous sans elle?
ARGIDE.
　　　　　En des temps pleins d'horreurs,
La guerre a mis mon père au faîte des grandeurs :
Pour soutenir longtemps ce fragile édifice,
Il faut des lois, mon frère, il faut de la justice.
POLYCRATE.
Des lois! c'est un vain nom dont je suis indigné!
Est-ce à l'abri des lois qu'Agathocle a régné?
Il n'en connut que deux : la force et l'artifice.
La loi de Syracuse est que l'on m'obéisse.
Agathocle fut maître, et je veux l'égaler.
ARGIDE.
L'exemple est dangereux; il peut faire trembler :
Voyez Crésus en Perse, et Denys à Corinthe.
POLYCRATE, après l'avoir regardé encore fixement.
Pensez-vous m'alarmer, m'inspirer votre crainte?
Prétendez-vous instruire Agathocle et son fils?
Je voulais un service, et non pas des avis;
J'avais compté sur vous...
ARGIDE.
　　　　　Je serai votre frère,
Votre ami véritable, ardent à vous complaire,
Quand vous exigerez de ma foi, de mon cœur,

Tout ce que d'un guerrier peut permettre l'honneur.
POLYCRATE.
Eh bien! servez-moi donc.
ARGIDE.
Quel dessein vous anime?
Vous voulez que je serve à vous noircir d'un crime?
POLYCRATE.
Un crime, dites-vous?
ARGIDE.
Je ne puis autrement
Nommer l'atrocité de cet enlèvement.
POLYCRATE.
Un crime! vous osez...
ARGIDE.
Oui, j'ose vous apprendre
La dure vérité que vous craignez d'entendre.
Et quel autre que moi la dira sans détour?
POLYCRATE.
Va, c'est où t'attendait mon malheureux amour.
Traître! tu n'as pas su me cacher mon injure :
De tes fausses vertus je voyais l'imposture.
Je ne prétendais pas te découvrir mon cœur;
J'ai trop sondé du tien la sombre profondeur;
J'en ai vu les replis; j'ai percé le mystère
Dont tu sais fasciner les regards du vulgaire.
Je voyais dans mon frère un ennemi fatal;
Il veut paraître juste, il n'est que mon rival.
Tu l'es : tu crois cacher d'un masque de prudence
De l'esclave et de toi l'indigne intelligence.
Plus coupable que moi tu m'osais condamner;
Mais tu connais ton frère; il sait peu pardonner.
ARGIDE.
Je te crois; je connais ta féroce insolence;
Tu crois du roi mon père exercer la puissance.
Monté sur les degrés de ce suprême rang,
Es-tu le seul ici qui sois né de son sang[1]?

---

1. Dans sa lettre à d'Argental, du 20 avril 1778, Voltaire proposait cette version :

> Ne t'enorgueillis point d'être né de son sang;
> Souviens-toi de la fange où le ciel t'a fait naître.
> Il a su la couvrir par les vertus d'un maître;
> Et les excès affreux qui l'ont trop démenti
> Te rendront au limon dont il était sorti.

Tu n'en as que la fange où le ciel le fit naître.
Il a su la couvrir par les vertus d'un maître ;
Et tes égarements, qui l'ont trop démenti,
T'ont remis dans le rang dont il était sorti.

POLYCRATE.

Ils m'ont laissé ce bras pour punir un perfide.

ELPÉNOR, arrivant, à Polycrate.

Seigneur, le roi vous mande.

POLYCRATE.

Oui, j'obéis... Argide,
Voilà ton dernier trait ; mais tremble à mon retour.

(Il sort.)

ARGIDE.

Je t'attends : nous verrons avant la fin du jour
Si la férocité, la menace, et l'outrage,
Ou cachaient ta faiblesse, ou montraient ton courage.

SCÈNE III.

ARGIDE, ELPÉNOR.

ELPÉNOR.

Qu'ai-je entendu, seigneur ? et quel ardent courroux
Arme à mes yeux surpris et votre frère et vous ?
Hélas ! je vous ai vus ennemis dès l'enfance ;
Mais ai-je dû m'attendre à tant de violence ?
Vous me faites frémir.

ARGIDE.

Vos conseils me sont chers ;
Mais j'appris de vous-même à braver les pervers :
Je l'appris encor plus dans Sparte et dans Athène.
Elpénor, condamnez ma franchise hautaine ;
Mon cœur, je l'avouerai, n'est pas fait pour la cour.

ELPÉNOR.

Il est libre, il est grand ; mais, seigneur, si l'amour,
Mêlant à vos vertus ses faiblesses cruelles,
Allume entre vous deux ces fatales querelles !
On le soupçonne au moins.

ARGIDE.

Ah ! ne redoutez rien ;
Je ne sais point former un indigne lien.

Polycrate, il est vrai, dans sa brûlante audace,
Croit soumettre à ses lois la malheureuse Ydace,
Et je ne puis souffrir ce droit injurieux
Que le sort des combats donne au victorieux :
J'ose braver mon frère et servir l'innocence.
Non, ce n'est point l'amour qui prendra sa défense ;
Je ne l'ai point connu ; mon cœur jusqu'aujourd'hui
Pour venger la vertu n'a pas besoin de lui.
Elpénor, croyez-moi, s'il faut qu'il m'asservisse,
Il ne peut m'entraîner à rien dont je rougisse.

ELPÉNOR.

Je vous en crois sans peine, et mes regards discrets
De ce cœur généreux respectent les secrets.
Mais, seigneur, je voudrais qu'un peu de complaisance
Pût rassurer du roi la triste défiance :
Il aime votre frère, il vous craint.

ARGIDE.

      Elpénor,
Il devrait m'estimer ; et j'ose dire encor
Que la voix du public, équitable et sincère,
Pourra me consoler des rebuts de mon père...
Mais quel bruit! quel tumulte! et qu'est-ce que je vois!

SCÈNE IV.

ARGIDE, YDACE, ELPÉNOR, LA PRÊTRESSE.

(On entend un grand bruit derrière la scène ; elle s'ouvre. Ydace paraît, la prêtresse la suit. Le peuple et les soldats avancent au fond du théâtre.)

ARGIDE.

Est-ce Ydace? Elle-même en ce séjour d'effroi !
Est-ce vous qui fuyez, captive infortunée ?

YDACE.

Par d'horribles soldats indignement traînée,
Arrachée aux autels de mes dieux protecteurs,
Aux mains de la prêtresse à qui, dans mes malheurs,
Le ciel a confié ma jeunesse craintive,
On me poursuit encore errante, fugitive.
Quand mon père, accablé du poids de mes douleurs,
Allait jusqu'au palais faire parler ses pleurs,

On saisissait sa fille au nom de votre frère !...
En cet affreux moment leur troupe sanguinaire
Recule de surprise à votre auguste aspect ;
Tant le juste aux pervers imprime de respect !
De ce respect, seigneur, je m'écarte sans doute ;
Mais l'horreur où je suis, l'horreur que je redoute,
Sont ma fatale excuse en cette extrémité ;
Et de votre grand cœur la noble humanité
Daignera jusqu'au bout, propice à ma misère,
Sauver ma liberté des transports de son frère.

ARGIDE.

Oui, oui, je défendrai contre ce furieux
Ce dépôt si sacré que je reçois des dieux.
Je vous prends sous ma garde au péril de ma vie.

YDACE.

Par vos rares vertus je suis plus asservie
Que par cet esclavage où me réduit le sort.
Je détestais le jour, et j'invoquais la mort ;
Je vis par vous...

ARGIDE.

Allez ; d'un tyran délivrée,
Revoyez loin de nous votre heureuse contrée.
C'en est fait, belle Ydace... Emportez nos regrets...
De son départ, amis, qu'on hâte les apprêts.

(Au peuple qui est dans le fond.)

Nobles Syracusains, secourez l'innocence,
Contre ses ravisseurs embrassez sa défense.

(A la prêtresse.)

Prêtresse de Cérès, unissez-vous à moi ;
Parlez au nom des dieux, et surtout de la loi :
Qu'Ydace enfin soit libre, et que de ce rivage
Avec son digne père on la mène à Carthage.

(Au peuple.)

Qu'aucun de vous n'exige et qu'il n'ose accepter
Le prix dont ce vieillard la voulait racheter.
Liberté ! liberté ! tu fus toujours sacrée :
Quand on la met à prix elle est déshonorée.

(A la prêtresse.)

Protégez cet objet que je vous ai rendu ;
Aux persécutions dérobez sa vertu ;
Qu'elle sorte aujourd'hui de cette terre affreuse.
Ydace ! loin de moi vivez longtemps heureuse ;

Allez; fuyez surtout loin d'un persécuteur...
En la faisant partir je m'arrache le cœur.
(A Elpénor.)
Me reprocheras-tu que l'amour soit mon maître?
Favori d'Agathocle! apprends à me connaître.
J'honore la vertu, le malheur m'attendrit;
C'est à toi de juger si l'amour m'avilit.

SCÈNE V.

YDACE, LA PRÊTRESSE.

YDACE.

Grands dieux! qui par ses mains brisez mon joug funeste,
Est-il dans votre Olympe une âme plus céleste?
Et n'est-ce pas ainsi qu'autrefois les mortels,
En s'approchant de vous, méritaient des autels?
(A la prêtresse.)
Hélas! vous faisiez craindre à mon âme offensée
Que sa pure vertu ne fût intéressée!
LA PRÊTRESSE.
Je l'admire avec vous; je crois voir aujourd'hui
Le sang de nos tyrans purifié par lui.
YDACE.
On dit qu'il fut nourri dans Sparte et dans Athènes;
Il en a le courage et les vertus humaines.
Quelle grandeur modeste en offrant ses secours!
Que mon cœur qui m'échappe est plein de ses discours!
Comme en me défendant il s'oubliait lui-même!
A la cour des tyrans est-ce ainsi que l'on aime?
Je n'ai point à rougir de ses soins généreux;
Ils ne sont point l'effet d'un transport amoureux:
Ses sentiments sont purs, et je suis sans alarmes.
Oui, mon bonheur commence.
LA PRÊTRESSE.
Et vous versez des larmes!
YDACE.
Je pleure, je le dois : l'excès de ses bontés,
Sa gloire, sa vertu... tout m'attendrit...
LA PRÊTRESSE.
Partez.

YDACE.

C'en est fait ; retournons aux lieux qui m'ont vu naître.
Faut-il que je vous quitte ! Ah ! que n'est-il mon maître !

LA PRÊTRESSE.

Croyez-moi, chère Ydace ; il vous faut dès ce jour
Fuir ces bords dangereux menacés par l'amour.
Votre cœur attendri veut en vain se contraindre ;
Argide et ses vertus sont pour vous trop à craindre :
Préparons tout, craignons que son frère odieux
Ne ramène le crime en ces funestes lieux.

YDACE.

Dieux ! si vous protégez ce cœur faible et timide,
Dieux ! ne permettez pas qu'il ose aimer Argide !
Étouffez dans mon sein ces sentiments secrets
Qui livreraient mes jours à d'éternels regrets,
Et de qui, malgré moi, le charme involontaire
Redoublerait encor ma honte et ma misère !

LA PRÊTRESSE.

O cœur pur et sensible, et né dans les malheurs !
Va, crains la vertu même, et fuis loin des grandeurs.

FIN DU DEUXIÈME ACTE.

ACTE TROISIÈME.

SCÈNE I.

LA PRÊTRESSE, YDASAN.

YDASAN.
J'ai paru devant lui, je l'ai revu, ce roi,
Ce héros autrefois plus inconnu que moi :
De mes chagrins profonds domptant la violence,
J'ai jusqu'à le prier forcé ma répugnance.
Mes traits défigurés par l'outrage du temps,
Ce front cicatrisé couvert de cheveux blancs,
Ne l'ont point empêché de daigner reconnaître
Un vieux concitoyen dont les yeux l'ont vu naître.
Je me suis étonné qu'il vît couler mes pleurs
Sans marquer ces dédains qu'inspirent les grandeurs.
Le temps, dont il commence à ressentir l'injure,
Aurait-il amolli cette âme fière et dure ?
D'un regard adouci ce prince a commandé
Qu'on me rendît mon sang que j'ai redemandé.
Polycrate, indigné de l'ordre de son père,
Ne pouvait devant lui retenir sa colère :
Le barbare est sorti la fureur dans les yeux.
LA PRÊTRESSE.
Tout est à redouter de cet audacieux.
Son père a pour lui seul une aveugle tendresse :
Avec étonnement on voit tant de faiblesse.
Ce roi si défiant, si redouté de tous,
Si ferme en ses desseins, du pouvoir si jaloux,
Est mollement soumis, comme un homme vulgaire,
Au superbe ascendant d'un jeune téméraire.
Il n'aime point Argide ; il semble redouter
Cette mâle vertu qu'il ne peut imiter :

Ce noble caractère et l'indigne et l'outrage.
Il aime Polycrate, il chérit son image.
Le barbare en abuse; il n'est point de forfaits
Dont son emportement n'ait souillé le palais.
Le père fut tyran, le fils l'est davantage :
Sans la vertu d'Argide, et sans ce fier courage,
Votre sang malheureux, flétri, déshonoré,
Au lâche Polycrate allait être livré.

YDASAN.

Il eût fait cet affront à son malheureux père!

LA PRÊTRESSE.

Il l'osait : mais Argide est un dieu tutélaire,
Un dieu qui parmi nous aujourd'hui descendu,
Vient consoler la terre et venger la vertu.
Vous lui devez l'honneur, vous lui devez la vie :
Emmenez votre fille. Un barbare, un impie,
Aux lois des nations peut encore attenter ;
Son caractère affreux ne sait rien respecter.
Entre le crime et lui mettez les mers profondes;
Qu'un favorable dieu vous guide sur les ondes!
Souvenez-vous de moi sous un ciel plus heureux.

YDASAN.

Vos vertus, vos bontés, ont surpassé mes vœux.
Sans doute avec regret de vous je me sépare ;
Mais il me faut sortir de ce séjour barbare;
Il me faut mourir libre, et j'y cours de ce pas.

SCÈNE II.

LA PRÊTRESSE, YDASAN, ÉGESTE.

ÉGESTE.

Nous sommes tous perdus : ami, n'avance pas ;
La mort est désormais le recours qui nous reste.
Argide, Polycrate, Ydace...

YDASAN.

Ah, cher Égeste!
Ma fille! Ydace! parle, et donne-moi la mort.

ÉGESTE.

Nous conduisions Ydace; elle approchait du port;

Elle vous attendait pour quitter Syracuse :
Les peuples empressés au bord de l'Aréthuse,
Pleurant de son départ, admirant sa beauté,
Chargeaient le ciel de vœux pour sa prospérité.
Tout à coup Polycrate, écartant tout le monde,
Paraît comme un éclair qui fend la nuit profonde :
Il se saisit d'Ydace : et d'un bras détesté,
Il arrache sa proie au peuple épouvanté.
Argide seul, Argide entreprend sa défense ;
Sa fermeté s'oppose à tant de violence :
L'infâme ravisseur, un poignard à la main,
Sur ce jeune héros s'est élancé soudain :
Argide a combattu ; mais avec quel courage !
On croyait voir un dieu contre un monstre sauvage.
Polycrate vaincu tombe et meurt à ses pieds :
Les cris des citoyens jusqu'au ciel envoyés
En portent à l'instant la nouvelle à son père ;
Tandis qu'en son triomphe oubliant sa colère,
Le vainqueur attendri secourt en gémissant
Le farouche ennemi qui meurt en menaçant.
            YDASAN.
Tu ne m'as rien appris qui ne nous soit propice.
Nous sommes tous vengés.
            LA PRÊTRESSE.
                Le ciel a fait justice ;
C'est un tyran de moins dans nos calamités.
            YDASAN.
Quittons ces lieux, marchons... Qu'ai-je à craindre ?
            ÉGESTE, l'arrêtant.
                            Écoutez.
Le roi, qui dans ce fils mit sa seule espérance,
Accourt sur le lieu même, en nous criant : « Vengeance !
Mon fils dénaturé vient d'égorger mon fils ! »
Ses farouches soldats s'assemblent à ses cris ;
Le peuple se disperse, et fuit d'un pas timide.
Agathocle éperdu fait arrêter Argide ;
On saisit votre fille, et, dans son trouble affreux,
Le roi désespéré vous a proscrits tous deux.
            YDASAN.
Ma fille, ton seul nom déchire mes entrailles !
J'espérais de mourir dans les champs de batailles :
Sous le fer des bourreaux allons-nous expirer ?...

Il faut qu'un vieux soldat meure sans murmurer.
Mais toi?
ÉGESTE.
S'il commettait cette horrible injustice,
Je ne puis, Ydasan, que vous suivre au supplice :
Le pouvoir despotique est maître de nos jours ;
Nous sommes sans appui, sans armes, sans secours...
Mais ne pouvez-vous pas, prêtresse qu'on révère,
Faire parler du moins votre saint caractère?
LA PRÊTRESSE.
Ce temps n'est plus : j'ai vu que des dieux autrefois
On respectait l'empire, on écoutait la voix ;
Le remords arrêtait sur le bord de l'abîme ;
La justice éternelle épouvantait le crime...
Sur nos dieux abattus les tyrans élevés,
De nos biens enrichis, de nos pleurs abreuvés,
A nos antiques droits ont déclaré la guerre :
La rapine et l'orgueil sont les dieux de la terre.
ÉGESTE.
Séparons-nous : on vient. C'est Agathocle en pleurs :
Comme vous il est père, et je crains ses douleurs ;
La vengeance les suit.

SCÈNE III.

AGATHOCLE, suite.

AGATHOCLE.
Qu'on ôte de ma vue
Ce malheureux objet qui m'indigne et me tue :
Sur elle et sur son père ayez les yeux ouverts ;
Qu'ils soient tous deux gardés, qu'ils soient chargés de fers.
Amenez devant moi ce criminel Argide.
UN OFFICIER.
Votre fils?
AGATHOCLE.
Lui! mon fils? non... mais ce parricide.
Mon fils est mort!

(On amène Argide enchaîné ; suite. Égeste éloigné avec les gardes.)

(A Argide.)

Cruel! il est mort par tes coups,
Et tu braves encor mes pleurs et mon courroux ;

Et ce peuple aveuglé, qu'a séduit ton audace,
Applaudit à ton crime et demande ta grâce.
####ARGIDE.
Seigneur, le peuple est juste.
####AGATHOCLE.
      Il va voir aujourd'hui
Que son malheureux prince est plus juste que lui :
Traître! je t'abandonne aux lois que j'ai portées.
####ARGIDE.
Si par l'équité seule elles furent dictées,
Elles décideront qu'en ce triste combat
J'ai sauvé l'innocence, et peut-être l'État.
Le nom de loi m'est cher, et ce nom me rassure.
####AGATHOCLE.
Tu redoubles ainsi ton crime et mon injure !
Tu ne m'aimas jamais, et crois me désarmer?
####ARGIDE.
Mon cœur toujours soumis cherchait à vous aimer :
Il est pur, il n'a point de reproche à se faire.
Ce cœur s'est soulevé quand j'ai tué mon frère;
De la nature en moi j'ai senti le pouvoir :
Mais il fallait combattre, et j'ai fait mon devoir;
J'ai puni des forfaits, j'ai vengé l'innocence;
Elle n'avait que moi, seigneur, pour sa défense.
Le cruel m'a forcé de lui percer le flanc.
Suivez votre courroux, baignez-vous dans mon sang :
Si dans ce jour affreux les remords peuvent naître,
Je n'en dois point sentir... vous en aurez peut-être.
####AGATHOCLE.
Quoi! ton farouche orgueil ose encor m'insulter!
####ARGIDE.
Je ne sais que vous plaindre et que vous respecter.
####AGATHOCLE, en gémissant.
Tu m'arraches mon fils!
####ARGIDE.
     J'ai défendu ma vie,
Et je vous ai servi, vous, dis-je, et ma patrie.
####AGATHOCLE.
Fuis de mes yeux, barbare; attends ton juste arrêt.
####ARGIDE.
Vous êtes souverain, commandez; je suis prêt.
         (On l'emmène.)

SCÈNE IV.

AGATHOCLE, GARDES.

AGATHOCLE.

Que vais-je devenir? dans quel trouble il me jette!
Quoi donc! sa fermeté tranquille et satisfaite,
D'un œil indifférent, d'un bras dénaturé,
Vient tourner le poignard dans mon cœur déchiré!
Voilà les dignes fruits de la fausse sagesse
Que les Syracusains cherchèrent dans la Grèce!
Ils en ont rapporté le mépris de mes lois,
Celui de la mort même, et la haine des rois.
Je n'ai donc plus d'enfants! Ma vieillesse accablée
Va descendre au tombeau sans être consolée :
Ma gloire, ce fantôme inutile au bonheur,
Illustrant ma disgrâce, en augmente l'horreur.
Que me fait cette gloire et ma grandeur suprême?
Je suis privé de tout, et réduit à moi-même.
Dans les jours malheureux qui peuvent me rester,
Je lis un avenir qui doit m'épouvanter.
C'est à moi de mourir; mais au moins je me flatte
Que tous les assassins de mon fils Polycrate
Subiront avec moi le plus juste trépas.

(A un garde.)

Vous, veillez sur Argide, et marchez sur ses pas.

(A un autre.)

Vous, répondez d'Ydace, et surtout de son père.

(A un autre.)

Que l'on cherche Elpénor. Un conseil salutaire
De son expérience est toujours l'heureux fruit;
Ses yeux m'éclaireront dans cette affreuse nuit.

(A un officier.)

Soutenez-moi; mon âme, en ses transports funestes,
De ma force épuisée a consumé les restes;
Je ne me connais plus... Dieu des rois et des dieux!
Dieu qu'annonçait Platon chez nos grossiers aïeux,
Je t'invoque à la fin, soit raison, soit faiblesse.
Si tu règnes sur nous, si ta haute sagesse

Prend soin, du haut des cieux, du destin des États,
Si tu m'as élevé, ne m'abandonne pas.
Je t'imitai du moins en fondant un empire,
En y donnant des lois; et ma douleur n'aspire,
Au bout de la carrière où je touche aujourd'hui,
Qu'à venger mon cher fils, qu'à tomber avec lui.

FIN DU TROISIÈME ACTE.

ACTE QUATRIÈME.

SCÈNE I.

YDACE, LA PRÊTRESSE; GARDES, dans le fond.

YDACE [1].

Non, je ne cache plus ma tendresse fatale;
Je l'aimais, je l'avoue, et l'amour nous égale.
Non, ne ménagez plus ce cœur né pour souffrir;
J'appris à vivre esclave, et j'apprends à mourir;
Ne me déguisez rien, je pourrai tout entendre.
Je sais que dans ces lieux le roi devait se rendre;
C'est un père outragé, c'est un maître absolu :
On dit qu'il a parlé; mais qu'a-t-il résolu?

LA PRÊTRESSE.

Il flottait incertain; son âme s'est montrée
De douleur affaiblie, et de sang altérée.
Tantôt par un seul mot il nous glaçait d'horreur,
Et surtout son silence inspirait la terreur;
Tantôt la profondeur de sa sombre pensée
Échappait aux regards d'une foule empressée.
Il soupire, il menace; il se calme, il frémit :
Pour le seul Elpénor on croit qu'il s'adoucit.
Autour de lui rangés ses courtisans le craignent,
Et dans son désespoir il en est qui le plaignent.

YDACE.

Ils plaignent un tyran! bas esprits! vils flatteurs!
Ils n'osent plaindre Argide! ils lui ferment leurs cœurs!
Ils croiraient faire un crime en prenant sa défense.

---

1. Ici Ydace ne doit plus se contenir dans les bornes d'une douleur modeste; elle doit paraître en désordre, les cheveux épars, et éclater en sanglots. (*Note de Voltaire.*)

LA PRÊTRESSE.
L'affliction du maître impose à tous silence.
YDACE, en poussant un cri et en pleurant.
Ah ! parlez-moi du moins, répondez à mes cris :
Est-il vrai qu'Agathocle ait condamné son fils ?
LA PRÊTRESSE.
Le bruit en a couru.
YDACE.
Je me meurs.
LA PRÊTRESSE.
Chère Ydace!
Ah! revenez à vous! un père qui menace
Ne frappe pas toujours. Ma fille, rassurez,
Ranimez vos esprits par le trouble égarés ;
Écartez de votre âme une image si noire.
YDACE.
Argide est condamné!
LA PRÊTRESSE.
Non, je ne le puis croire.
YDACE.
Je ne le crois que trop... C'en est fait.
LA PRÊTRESSE.
C'est ici
Que du sort qui l'attend on doit être éclairci :
L'instant fatal approche; Agathocle s'avance ;
Il paraît qu'Elpénor lui parle en assurance.
Attendons un moment dans ces lieux retirés ;
Ils furent en tout temps des asiles sacrés :
Méprisés de nos grands, le peuple les révère :
J'y vois déjà venir votre malheureux père.
YDACE.
De votre saint asile on viendra l'arracher :
Aux regards du tyran qui pourra se cacher ?

SCÈNE II.

AGATHOCLE, d'un côté, suivi d'ELPÉNOR; YDASAN, YDACE,
LA PRÊTRESSE, de l'autre côté, retirés dans les ruines du temple.

AGATHOCLE, à Elpénor.
Oui, te dis-je, le traître irritait ma colère ;
Dans ses respects forcés il insultait son père :

ACTE IV, SCÈNE II.

On eût dit, en voyant Argide auprès de moi,
Que j'étais le coupable, et qu'Argide était roi.
L'insolent à mes yeux se vantait de son crime ;
Le meurtre de son frère est, dit-il, légitime :
Il a servi l'État en m'arrachant mon fils !
(Il s'assied.)
C'en est trop ! qu'on me venge... Elpénor, obéis.
Qu'on me venge... Soldats, n'épargnez plus Argide :
Il faut enfin qu'un roi punisse un parricide.
Qu'il meure.

LA PRÊTRESSE, sortant de l'asile, et se jetant aux genoux d'Agathocle.

     Non, seigneur, non, vous ne voudrez pas
De deux fils en un jour contempler le trépas ;
Vous n'immolerez point la moitié de vous-même.
De mes dieux méprisés la majesté suprême
Ne parle point ici par ma débile voix ;
Je n'attesterai plus leur justice et leurs lois :
Je sais trop qu'à pas lents la vengeance éternelle
Poursuit des méchants rois la tête criminelle ;
Et que souvent la foudre éclate en vains éclats
Pour des cœurs endurcis qui ne la craignent pas.
Mais ne vous perdez point dans un jour si funeste ;
Ne vengez point un fils sur un fils qui vous reste,
Et ne vous privez point de l'unique secours
Que le ciel vous gardait dans vos malheureux jours.

YDASAN.

Cruel ! peux-tu frapper une fille innocente !

YDACE.

J'apporte ici ma tête, et votre main sanglante
Me sera favorable en me faisant mourir.
Mais voyez les horreurs où vous allez courir :
Le fils dont vous pleurez la mort trop méritée
Avait une âme atroce et du crime infectée,
Et, jaloux de son frère, allait l'assassiner ;
Le fils qu'un père injuste ose ici condamner
Est un héros, un dieu qui nous a fait justice.
Si vous vous obstinez à vouloir son supplice,
Voyez déjà ce sang, répandu par vos mains,
Soulever contre vous les dieux et les humains :
Vous serez détesté de toute la nature,
Détesté de vous-même... et l'âme auguste et pure,
L'âme du grand Argide en vain du haut des cieux

Implorera pour vous la clémence des dieux;
Ils suivront votre exemple; ils seront sans clémence;
Ce sang si précieux criera plus haut vengeance.
La vérité se montre à vos yeux détrompés;
Elle a conduit nos voix... J'attends la mort; frappez.
               AGATHOCLE.
Quoi! ces trois ennemis insultent à ma perte!
Quoi! sous leurs pas tremblants quand la tombe est ouverte,
Ils déchirent encor ce cœur désespéré!
Qu'on les fasse sortir.
                    (On les emmène.)

SCÈNE III.

AGATHOCLE, ELPÉNOR.

               AGATHOCLE.
            Mon esprit égaré
De tout ce que j'entends reçoit d'affreux présages.
Ami, durant trente ans de travaux et d'orages,
Par des périls nouveaux chaque jour éprouvé,
Jamais jour plus affreux pour moi ne s'est levé.
Mon fils eut des défauts; l'amitié paternelle
Ne m'en figurait pas une image infidèle :
Mais son courage altier secondait mes desseins;
Il soutenait le trône établi par mes mains;
Et, s'il faut à tes yeux découvrir ma pensée,
De ce trône sanglant ma vieillesse lassée
Allait le résigner à mon malheureux fils.
Tu vois de quels effets mes projets sont suivis.
Mon cœur s'ouvre à tes yeux; ouvre le tien de même;
Dis-moi la vérité : je la crains, mais je l'aime.
Est-il vrai que mes fils se disputaient tous deux
Cette jeune beauté, cet objet dangereux,
Cette esclave?
               ELPÉNOR.
            On prétend qu'ils ont brûlé pour elle :
Cet amour a produit leur sanglante querelle,
Elle a causé la mort du fils que vous pleurez.
Polycrate, au mépris de vos ordres sacrés,

ACTE IV, SCÈNE III.

En portant sur Ydace une main téméraire,
A levé le poignard sur son malheureux frère.
Argide a du courage ; il n'a point démenti
Le pur sang d'un héros dont on le voit sorti.
Je gémis avec vous que ce fils intrépide
Avec tant de vertu ne soit qu'un parricide ;
Mais Polycrate enfin fut l'injuste agresseur.

AGATHOCLE.

Tous deux sont criminels : ils m'ont percé le cœur.
L'un a subi la mort, et l'autre la mérite :
Contre le meurtrier tu sais que tout m'irrite.
Sa faveur populaire avait dû m'alarmer ;
Il m'offensait surtout en se faisant aimer :
Son nom s'agrandissait des débris de ma gloire.
En vain dans l'Occident les mains de la Victoire
Du laurier des héros m'ont cent fois couronné,
Dans ma triste maison j'étais abandonné...
Je le suis pour jamais. Je sens trop que l'envie
Des tourments que j'éprouve est à peine assouvie ;
On me hait ; et voilà le trait envenimé
Qui perce un cœur flétri dans l'ennui consumé...
Mais Argide est mon fils.

ELPÉNOR.

     Et j'ose encor vous dire
Qu'il fut digne de l'être et digne de l'empire,
Incapable de feindre ainsi que de flatter,
De souffrir un affront et de le mériter,
Vertueux et sensible...

AGATHOCLE.

     Ah ! qu'oses-tu prétendre ?
Lui, sensible ! A mes pleurs a-t-il daigné se rendre ?
Du meurtre de son frère avait-il des remords ?
A-t-il pour me fléchir tenté quelques efforts ?
Eh ! n'a-t-il pas bravé la douleur de son père ?

ELPÉNOR.

Il est trop de fierté dans ce grand caractère ;
Il ne sait point plier.

AGATHOCLE.

     Je dois savoir punir.

ELPÉNOR.

Ne vous préparez point un horrible avenir :
La nature a parlé ; sa voix est toujours tendre.

AGATHOCLE.
Le cri de la vengeance aussi se fait entendre.
Je dois tout à mon trône! ô trône ensanglanté!
Si brillant, si funeste, et si cher acheté!
Grandeur éblouissante, et que j'ai mal connue!
Jusqu'à quand votre éclat séduira-t-il ma vue?
ELPÉNOR.
Du trouble où je vous vois que faut-il augurer?
Qu'ordonnez-vous d'un fils?
AGATHOCLE.
Laisse-moi respirer.

FIN DU QUATRIÈME ACTE.

ACTE CINQUIÈME.

SCÈNE I.

LA PRÊTRESSE, YDASAN, auprès du temple sur le devant du théâtre ;
GARDES, dans le fond.

LA PRÊTRESSE.
Exemples étonnants des caprices du sort !
L'un à l'autre inconnus dans ce séjour de mort,
Sous le fer d'un tyran la prison nous rassemble,
Et je ne vous ai vu que pour mourir ensemble !
O père infortuné ! c'est dans ces mêmes lieux,
Dans ce temple où jadis ont descendu nos dieux ;
C'est parmi les débris de leurs autels en cendre,
Que le roi va paraître, et l'arrêt doit se rendre !
Agathocle a voulu que sa servile cour
Solennise avec lui ce déplorable jour.
C'est une fête auguste ; et son âme affligée
Croit par ce grand éclat sa perte mieux vengée :
Il croit apprendre mieux au peuple épouvanté
Que le sang d'un tyran doit être respecté.
Sous sa puissante voix il faut que tout fléchisse ;
Et ce spectacle horrible, on l'appelle justice !
YDASAN.
Prêtresse, croyez-moi, ce violent courroux,
Rassasié de sang, n'ira point jusqu'à vous.
Il est, n'en doutez pas, des barrières sacrées
Dont on ne franchit point les bornes révérées.
Un tyran craint le peuple ; et ce peuple, à mes yeux,
Tout corrompu qu'il est, respecte en vous ses dieux.
De ma fille, après tout, vous n'êtes point complice ;
C'est assez qu'avec elle un malheureux périsse :
C'est ma seule prière ; et le coup qui m'attend

Ne peut précipiter ma mort que d'un moment.
Je vous quitte attendri ; pardonnez à mes larmes.
LA PRÊTRESSE.
On ne les permet point : ces délateurs en armes
Vont à notre tyran rapporter nos discours.
YDASAN.
Je le sais ; c'est l'usage établi dans les cours.
Grands dieux! je vois paraître Argide avec Ydace!

SCÈNE II.

YDASAN, LA PRÊTRESSE, ARGIDE, YDACE;
GARDES ET ASSISTANTS, dans le fond.

ARGIDE.
On le permet ; je viens chercher ici ma grâce.
YDASAN.
Seigneur, que dites-vous?
ARGIDE.
　　　　　Contre son ravisseur
J'ai défendu ta fille, et vengé son honneur ;
J'ai fait plus : je l'aimais, et, m'immolant pour elle,
Je m'imposais moi-même une absence éternelle.
Je te demande ici le prix de la vertu
Pour qui je vais mourir, pour qui j'ai combattu.
J'étouffais mon amour, et je n'ai pu prétendre
(Malheureux d'être prince) à devenir ton gendre :
Mais enfin de ce nom je suis trop honoré ;
Je veux dans mon tombeau porter ce nom sacré...
Ydace, en nous aimant expirons l'un et l'autre ;
Que ma mourante main puisse presser la vôtre[1];
Que mes yeux soient encore attachés sur vos yeux ;
Que la divinité qui nourrit nos aïeux
Préside avec l'hymen à notre heure fatale !
(A la prêtresse.)
O prêtresse! allumez la torche nuptiale...

---

1. Imitation de ces vers de Tibulle (livre Ier, élégie Ire) :

　　　Te spectem suprema mihi cum venerit hora;
　　　Te teneam moriens deficiente manu.

Une autre imitation fait partie des stances à Mme Lullin, 1773. (B.)

(A Ydasan.)
Embrassons-nous, mon père, à nos derniers moments.
Ydace, chère Ydace, acceptez mes serments ;
Ils sont purs comme vous : nos âmes rassemblées
Au ciel qui les forma vont être rappelées ;
Conserve, s'il se peut, équitable avenir,
De l'amour le plus saint l'éternel souvenir !

YDACE, à Ydasan.

Les sentiments d'Argide ont passé dans mon âme ;
Son courage m'élève, et sa vertu m'enflamme.
Le nom de son épouse est un titre trop beau
Pour que vous refusiez d'en orner mon tombeau.
Non, Argide, avec vous la mort n'est point cruelle ;
La vie est passagère, et la gloire immortelle.

YDASAN.

Ah, mon prince ! ah, ma fille !

LA PRÊTRESSE.

                        Infortunés époux !
Couple digne du ciel ! il est ouvert pour vous ;
Il voit un grand spectacle, et digne qu'on l'envie,
La vertu qui combat contre la tyrannie[1].

YDASAN.

Chère fille ! grand prince ! en quel horrible jour,
En quels horribles lieux me parlez-vous d'amour !
   Eh bien ! je vous unis ; eh bien ! dieux que j'atteste,
Dieux des infortunés, formez ce nœud funeste ;
Et, pour le célébrer, renversez nos tyrans
Dans l'abîme où la foudre a plongé les Titans !
Que le feu de l'Etna dans ses gouffres s'allume !
Que le barbare y tombe, y vive, et s'y consume !
Que son juste supplice, à jamais renaissant,
Soit l'éternel vengeur de mon sang innocent,
Et tombent la Sicile et Syracuse en poudre,
Si l'oppresseur du peuple échappait à la foudre !
   Voilà mes vœux pour vous, chers et tendres amants,
Et nos chants de l'hymen, et mes derniers serments.

LA PRÊTRESSE.

Notre heure est arrivée : Agathocle s'avance,
Il ajoute à la mort l'horreur de sa présence.

---

1. « Ecce spectaculum dignum ad quod respiciat intentus operi suo Deus : ecce par Deo dignum, vir fortis cum mala fortuna compositus. » (Senec., *de Providentia*, c. II.)

ARGIDE.
Quoi! sa cour l'environne, et son peuple le suit!
YDASAN.
Quel démon, quel dessein devant nous le conduit?

SCÈNE III.

LES PRÉCÉDENTS; AGATHOCLE, entouré de sa cour. Le peuple se range sur les deux côtés du théâtre; les grands prennent place aux côtés du trône, et sont debout.

AGATHOCLE[1].
L'équité... c'est sa voix qui dicte la sentence...
(Il monte sur le trône, et les grands s'asseyent.)
C'est moi qui vous l'annonce : écoutez en silence...
Vous me voyez au trône, et c'est le digne prix
De trente ans de travaux pour l'État entrepris.
J'eus de l'ambition, je n'en fais point d'excuse ;
Et si de quelque gloire, aux champs de Syracuse,
Parmi tant de combats, j'ai pu couvrir mon nom,
Cette gloire est le fruit de mon ambition :
Si c'était un défaut, il serait héroïque.
Je naquis inconnu dans votre république :
J'étais dans la bassesse, et je n'ai dû qu'à moi
Les talents, les vertus, qui m'ont fait votre roi.
Je n'avais pas besoin d'une origine illustre :
La mienne à ma grandeur ajoute un nouveau lustre.
L'argile par mes mains autrefois façonné[2]
A produit sur mon front l'or qui m'a couronné.
Rassasié de gloire et de tant de puissance,

---

1. Ce morceau doit être débité avec beaucoup de noblesse, et même d'enthousiasme : il faut surtout observer les pauses qui sont marquées par des points. (*Note de Voltaire.*)

2. C'est Ausone qui prétend qu'Agathocle était fils d'un potier de terre, disent les auteurs de nos *Dictionnaires historiques*. En effet, voici les vers d'Ausone :

Rex ego qui sum
Sicaniæ, figulo sum genitore natus.
Fortunam reverenter habe, quicumque repente
Dives ab exili progrediere loco.

Mais avant Ausone, l'abréviateur de Trogue Pompée, Justin (livre XXII, chapitre I), avait dit que le père d'Agathocle était un simple potier en terre.

ACTE V, SCÈNE III.

Enfin j'en ai senti la triste insuffisance...
Le ciel, je le vois trop, met au fond de nos cœurs
Un sentiment secret au-dessus des grandeurs :
Je l'éprouve, et mon âme est assez forte encore
Pour dédaigner l'éclat que le vulgaire adore.
Je puis également, m'étant bien consulté,
Vivre et mourir au trône, ou dans l'obscurité...
   Pour un fils que j'aimais ma prodigue tendresse
Me faisait espérer qu'aux jours de ma vieillesse
De mon puissant empire il soutiendrait le poids ;
Je le crus digne enfin de vous donner des lois.
Je m'étais abusé : ces erreurs mensongères
Sont le commun partage et des rois et des pères.
C'est peu de les connaître ; il les faut expier...
O mon fils, dans mes bras daigne les oublier !...
       (Il tend les bras à Argide, et le fait asseoir à côté de lui.)
Peuples, voilà le roi qu'il vous faut reconnaître :
Je crois tout réparé, je le fais votre maître.
Oui, mon fils, j'ai connu que, dans ce triste jour,
La vertu l'emportait sur le plus tendre amour.
Tu méritais Ydace, ainsi que ma couronne...
Jouis de toutes deux : ton père te les donne.
   Prêtresse de Cérès, allumez les flambeaux
Qui doivent éclairer des triomphes si beaux ;
Relevez vos autels, célébrez vos mystères,
Que j'ai crus trop longtemps à mon pouvoir contraires.
Apprenez à ce peuple à remplir à la fois
Ce qu'il doit à ses dieux, ce qu'il doit à ses rois... [1]
   Toi, généreux guerrier, toi, le père d'Ydace !
Puisses-tu voir ton sang renaître dans ma race !...
Sers de père à mon fils, rends-moi ton amitié ;
Pardonne au souverain qui t'avait oublié ;
Pardonne à ces grandeurs dont le ciel me délivre :
Le prince a disparu ; l'homme commence à vivre.

           YDACE, à la prêtresse.

O dieux !

           ÉGESTE.

Quel changement !

---

1. Racine a dit dans *Athalie*, acte II, scène IV :
      Et qu'il rend à la fois
    Ce qu'il doit à son dieu, ce qu'il doit à ses rois.

YDASAN.
Quel prodige!
YDACE.
Heureux jour!
ARGIDE.
Vous m'étonnez, mon père ; et peut-être à mon tour
Je vais dans ce moment vous étonner vous-même...
Vous daignez me céder ce brillant diadème,
Inestimable prix de vos travaux guerriers,
Que vos vaillantes mains ont couvert de lauriers...
J'ose accepter de vous cet auguste partage,
Et je vais à vos yeux en faire un digne usage...
　Platon vint sur ces bords ; il enseigna des rois ;
Mon cœur est son disciple, et je suivrai ses lois...
Un sage m'instruisait ; mais c'est vous que j'imite ;
A vivre en citoyen votre exemple m'invite.
Vous êtes au-dessus des honneurs souverains ;
Vous les foulez aux pieds, seigneur, et je les crains.
Malheur à tout mortel qui se croirait capable
De porter après vous ce fardeau redoutable!
　Peuples, j'use un moment de mon autorité :
Je règne... votre roi vous rend la liberté.
(Il descend du trône.)
Agathocle à son fils vient de rendre justice ;
Je vous la fais à tous... Puisse le ciel propice
Commencer dès ce jour un siècle de bonheur,
Un siècle de vertu, plutôt que de grandeur!
O mon auguste épouse! ô noble citoyenne!
Ce peuple vous chérit ; vous êtes plus que reine.

FIN D'AGATHOCLE.

JULES CÉSAR

TRAGÉDIE EN TROIS ACTES

DE

SHAKESPEARE

Traduite par VOLTAIRE.

AVERTISSEMENT

DES ÉDITEURS DE L'ÉDITION DE KEHL.

On a cru devoir joindre au théâtre les deux pièces suivantes, quoiqu'elles ne soient que de simples traductions [1].

On pourra comparer *la Mort de Cesar* de Shakespeare avec la tragédie de M. de Voltaire, et juger si l'art tragique a fait, ou non, des progrès depuis le siècle d'Élisabeth. On verra aussi ce que l'un et l'autre ont cru devoir emprunter de Plutarque, et si M. de Voltaire doit autant à Shakespeare qu'on l'a prétendu.

L'*Héraclius* espagnol suffit pour donner une idée de la différence qui existe entre le théâtre espagnol et celui de Shakespeare. C'est la même irrégularité, le même mélange des situations les plus tragiques et des bouffonneries les plus grossières; mais il y a plus de passion dans le théâtre anglais, et plus de grandeur dans celui des Espagnols; plus d'extravagances dans Calderon et Vega, plus d'horreurs dégoûtantes dans Shakespeare.

M. de Voltaire a combattu, pendant les vingt dernières années de sa vie, contre la manie de quelques gens de lettres qui, ayant appris de lui à connaître les beautés de ces théâtres grossiers, ont cru devoir y louer presque tout, et ont imaginé une nouvelle poétique qui, s'ils avaient pu être écoutés, aurait absolument replongé l'art tragique dans le chaos.

1. Elles ont paru, pour la première fois, en 1764, dans l'édition du *Théâtre de P. Corneille, avec des commentaires* (par Voltaire); 10 volumes in-8°. (B.)

AVERTISSEMENT

DU TRADUCTEUR.

Ayant entendu souvent comparer Corneille et Shakespeare, j'ai cru convenable de faire voir la manière différente qu'ils emploient l'un et l'autre dans les sujets qui peuvent avoir quelque ressemblance : j'ai choisi les premiers actes de *la Mort de César*, où l'on voit une conspiration comme dans *Cinna*[1], et dans lesquels il ne s'agit que d'une conspiration jusqu'à la fin du troisième acte. Le lecteur pourra aisément comparer les pensées, le style, et le jugement de Shakespeare, avec les pensées, le style et le jugement de Corneille. C'est aux lecteurs de toutes les nations de prononcer entre l'un et l'autre. Un Français et un Anglais seraient peut-être suspects de quelque partialité. Pour bien instruire ce procès, il a fallu faire une traduction exacte. On a mis en prose ce qui est en prose dans la tragédie de Shakespeare; on a rendu en vers blancs ce qui est en vers blancs, et presque toujours vers pour vers; ce qui est familier et bas est traduit avec familiarité et avec bassesse. On a tâché de s'élever avec l'auteur quand il s'élève; et lorsqu'il est enflé et guindé, on a eu soin de ne l'être ni plus ni moins que lui.

On peut traduire un poëte en exprimant seulement le fond de ses pensées; mais, pour le bien faire connaître, pour donner une idée juste de sa langue, il faut traduire non-seulement ses pensées, mais tous les accessoires. Si le poëte a employé une métaphore, il ne faut pas lui substituer une autre métaphore; s'il se sert d'un mot qui soit bas dans sa langue, on doit le rendre par un mot qui soit bas dans la nôtre. C'est un tableau dont il faut copier exactement l'ordonnance, les attitudes, le coloris, les

---

1. C'était à la suite de *Cinna* que, dans ses éditions du *Théâtre de P. Corneille*, Voltaire avait donné la traduction de *Jules César*.

défauts et les beautés, sans quoi vous donnez votre ouvrage pour le sien.

Nous avons en français des imitations, des esquisses, des extraits de Shakespeare, mais aucune traduction[1] : on a voulu apparemment ménager notre délicatesse. Par exemple, dans la traduction du *Maure de Venise*, Iago, au commencement de la pièce, vient avertir le sénateur Brabantio que le Maure a enlevé sa fille. L'auteur français fait parler ainsi Iago à la française :

« Je dis, monsieur, que vous êtes trahi, et que le Maure est actuellement possesseur des charmes de votre fille. »

Mais voici comme Iago s'exprime dans l'original anglais :

« Tête et sang[2], monsieur, vous êtes un de ceux qui ne serviraient pas Dieu, si le diable vous le commandait : parce que nous venons vous rendre service, vous nous traitez de ruffiens. Vous avez une fille couverte par un cheval de Barbarie, vous aurez des petits-fils qui henniront, des chevaux de course pour cousins-germains, et des chevaux de manége pour beaux-frères.

LE SÉNATEUR.

« Qui es-tu, misérable profane ?

IAGO.

« Je suis, monsieur, un homme qui viens vous dire que le Maure et votre fille font maintenant la bête à deux dos.

LE SÉNATEUR.

« Tu es un coquin, etc. »

Je ne dis pas que le traducteur ait mal fait d'épargner à nos yeux la lecture de ce morceau ; je dis seulement qu'il n'a pas fait connaître Shakespeare, et qu'on ne peut deviner quel est le génie de cet auteur, celui de son temps, celui de sa langue, par les imitations qu'on nous en a données sous le nom de *traduction*. Il n'y a pas six lignes de suite dans le *Jules César* français qui se trouvent dans le *César* anglais. La traduction qu'on donne ici de ce *César* est la plus fidèle qu'on ait jamais faite en notre langue d'un poëte ancien ou étranger. On trouve, à la vérité, dans l'original,

---

1. La Place avait donné, en 1746, le *Théâtre anglais*, contenant des imitations plutôt que des traductions. La traduction des *OEuvres de Shakespeare*, par Letourneur, est de 1776.
2. Une autre traduction avait déjà été donnée par Voltaire, en 1761, dans son *Appel à toutes les nations*.

quelques mots qui ne peuvent se rendre littéralement en français, de même que nous en avons que les Anglais ne peuvent traduire; mais ils sont en très-petit nombre [1].

Je n'ai qu'un mot à ajouter, c'est que les vers blancs ne coûtent que la peine de les dicter; cela n'est pas plus difficile à faire qu'une lettre. Si on s'avise de faire des tragédies en vers blancs, et de les jouer sur notre théâtre, la tragédie est perdue. Dès que vous ôtez la difficulté, vous ôtez le mérite.

---

1. Voltaire avait déjà fait un *Examen du Jules César de Shakespeare*, dans son *Discours sur la tragédie, à milord Bolingbroke*; voyez *Théâtre*, t. I*er*, p. 316.

PERSONNAGES

JULES CÉSAR.
ANTOINE, \
LÉPIDE, / qui devinrent triumvirs avec Octave César, après la mort de Jules César.

CICÉRON,
PUBLIUS, } sénateurs.
POPILIUS,

BRUTUS,
TRÉBONIUS,
CASSIUS,
CASCA,
LIGARIUS, } conjurés.
DÉCIUS,
MÉTELLUS,
CIMBER,
CINNA,

FLAVIUS et MARULLUS, tribuns.
ARTÉMIDORE de Cnide, devin; autre DEVIN.
UN ASTROLOGUE.
UN HOMME DU PEUPLE ET UN SAVETIER.
CALPHURNIA, femme de César.
PORCIA, femme de Brutus.
UN DOMESTIQUE DE CÉSAR.
LUCIUS, l'un des domestiques de Brutus.
SÉNATEURS, CITOYENS, GARDES, SUITE, etc.

JULES CÉSAR

TRAGÉDIE

ACTE PREMIER.

SCÈNE I[1].

FLAVIUS, MARULLUS, UN HOMME DU PEUPLE, UN SAVETIER.

FLAVIUS.

Hors d'ici ; à la maison ; retournez chez vous, fainéants : est-ce aujourd'hui jour de fête? Ne savez-vous pas, vous qui êtes des ouvriers, que vous ne devez pas vous promener dans les rues un jour ouvrable sans les marques de votre profession[2]? Parle, toi, quel est ton métier?

L'HOMME DU PEUPLE.

Eh! mais, monsieur, je suis charpentier.

MARULLUS.

Où est ton tablier de cuir? où est ta règle, pourquoi portes-tu ton bel habit? (En s'adressant à un autre.) Et toi, de quel métier es-tu?

LE SAVETIER.

En vérité... pour ce qui regarde les bons ouvriers... je suis... comme qui dirait, un savetier.

---

1. Il y a trente-huit acteurs dans cette pièce, sans compter les assistants. Les trois premiers actes se passent à Rome. Le quatrième et le cinquième se passent à Modène et en Grèce. La première scène représente des rues de Rome. Une foule de peuple est sur le théâtre. Deux tribuns, Marullus et Flavius, leur parlent. Cette première scène est en prose. (*Note de Voltaire.*)

2. C'était alors la coutume en Angleterre. (*Note de Voltaire.*)

MARULLUS.

Mais, dis-moi, quel est ton métier? te dis-je; réponds positivement.

LE SAVETIER.

Mon métier, monsieur? Mais j'espère que je peux l'exercer en bonne conscience. Mon métier est, monsieur, raccommodeur d'âmes[1].

MARULLUS.

Quel métier, faquin, quel métier, te dis-je, vilain salope?

LE SAVETIER.

Eh! monsieur! ne vous mettez pas hors de vous; je pourrais vous raccommoder.

FLAVIUS.

Qu'appelles-tu : me raccommoder? Que veux-tu dire par là?

LE SAVETIER.

Eh, mais! vous ressemeler.

FLAVIUS.

Ah! tu es donc en effet savetier? L'es-tu? parle.

LE SAVETIER.

Il est vrai, monsieur, je vis de mon alène; je ne me mêle point des affaires des autres marchands, ni de celles des femmes; je suis un chirurgien de vieux souliers; lorsqu'ils sont en grand danger, je les rétablis.

FLAVIUS.

Mais pourquoi n'es-tu pas dans ta boutique? Pourquoi es-tu avec tant de monde dans les rues?

LE SAVETIER.

Eh! monsieur, c'est pour user leurs souliers, afin que j'aie plus d'ouvrage. Mais la vérité, monsieur, est que nous nous faisons une fête de voir passer César, et que nous nous réjouissons de son triomphe.

MARULLUS.

(Il parle en vers blancs.)

Pourquoi vous réjouir? quelles sont ses conquêtes?
Quels rois par lui vaincus, enchaînés à son char,
Apportent des tributs aux souverains du monde?

---

1. Il prononce ici le mot de *semelle* comme on prononce celui *d'âme* en anglais.

Il faut savoir que Shakespeare avait eu peu d'éducation, qu'il avait le malheur d'être réduit à être comédien, qu'il fallait plaire au peuple; que le peuple, plus riche en Angleterre qu'ailleurs, fréquente les spectacles, et que Shakespeare le servait selon son goût. (*Note de Voltaire.*)

Idiots, insensés, cervelles sans raison,
Cœurs durs, sans souvenir et sans amour de Rome,
Oubliez-vous Pompée, et toutes ses vertus?
Que de fois dans ces lieux, dans les places publiques,
Sur les tours, sur les toits, et sur les cheminées,
Tenant des jours entiers vos enfants dans vos bras,
Attendiez-vous le temps où le char de Pompée
Traînait cent rois vaincus au pied du Capitole !
Le ciel retentissait de vos voix, de vos cris.
Les rivages du Tibre et ses eaux s'en émurent.
Quelle fête, grands dieux ! vous assemble aujourd'hui ?
Quoi ! vous couvrez de fleurs le chemin d'un coupable,
Du vainqueur de Pompée, encor teint de son sang!
Lâches, retirez-vous ; retirez-vous, ingrats :
Implorez à genoux la clémence des dieux ;
Tremblez d'être punis de tant d'ingratitude[1].

FLAVIUS.

Allez, chers compagnons, allez, compatriotes ;
Assemblez vos amis, et les pauvres surtout ;
Pleurez aux bords du Tibre, et que ces tristes bords
Soient couverts de ses flots qu'auront enflés vos larmes.

(Le peuple s'en va.)

Tu les vois, Marullus, à peine repentants ;
Mais ils n'osent parler, ils ont senti leurs crimes.
Va vers le Capitole, et moi par ce chemin,
Renversons d'un tyran les images sacrées.

MARULLUS.

Mais quoi ! le pouvons-nous, le jour des lupercales ?

FLAVIUS.

Oui, te dis-je, abattons ces images funestes.
Aux ailes de César il faut ôter ces plumes :
Il volerait trop haut, et trop loin de nos yeux :
Il nous tiendrait de loin dans un lâche esclavage.

---

1. Si le commencement de la scène est pour la populace, ce morceau est pour la cour, pour les hommes d'État, pour les connaisseurs. (*Note de Voltaire.*)

SCÈNE II.

CÉSAR, ANTOINE, habillés comme l'étaient ceux qui couraient dans la fête des lupercales, avec un fouet à la main pour toucher les femmes grosses; CALPHURNIA, femme de César; PORCIA, femme de Brutus; DÉCIUS, CICÉRON, BRUTUS, CASSIUS, CASCA, ET UN ASTROLOGUE.

(Cette scène est moitié en vers et moitié en prose.)

CÉSAR.

Écoutez, Calphurnia.

CASCA[1].

Paix, messieurs, holà! César parle.

CÉSAR.

Calphurnia!

CALPHURNIA.

Quoi! milord!

CÉSAR.

Ayez soin de vous mettre dans le chemin d'Antoine quand il courra.

ANTOINE.

Pourquoi, milord?

CÉSAR.

Quand vous courrez, Antoine, il faut toucher ma femme.
Nos aïeux nous ont dit qu'en cette course sainte
C'est ainsi qu'on guérit de la stérilité.

ANTOINE.

C'est assez; César parle, on obéit soudain.

CÉSAR.

Va, cours; acquitte-toi de la cérémonie.

L'ASTROLOGUE, avec une voix grêle.

César!

CÉSAR.

Qui m'appelle?

CASCA.

Ne faites donc pas tant de bruit; paix, encore une fois.

---

1. Shakespeare fait de Casca, sénateur, une espèce de bouffon. (*Note de Voltaire.*)

CÉSAR.

Qui donc m'a appelé dans la foule? J'ai entendu une voix, plus claire que de la musique, qui fredonnait : César. Parle, qui que tu sois, parle; César se tourne pour t'écouter.

L'ASTROLOGUE.

César, prends garde aux ides de mars[1].

CÉSAR.

Quel homme est-ce là?

BRUTUS.

C'est un astrologue qui vous dit de prendre garde aux ides de mars.

CÉSAR.

Qu'il paraisse devant moi, que je voie son visage.

CASCA, à l'astrologue.

L'ami, fends la presse, regarde César.

CÉSAR.

Que disais-tu tout à l'heure? Répète encore.

L'ASTROLOGUE.

Prends garde aux ides de mars.

CÉSAR.

C'est un rêveur, laissons-le aller; passons.

(César s'en va avec toute sa suite.)

SCÈNE III.

BRUTUS, CASSIUS.

CASSIUS.

Voulez-vous venir voir les courses des lupercales?

BRUTUS.

Non pas moi.

CASSIUS.

Ah! je vous en prie, allons-y.

BRUTUS.

(En vers.)

Je n'aime point ces jeux; les goûts, l'esprit d'Antoine,
Ne sont point faits pour moi : courez si vous voulez.

---

[1]. Cette anecdote est dans Plutarque, ainsi que la plupart des incidents de la pièce. Shakespeare l'avait donc lu : comment donc a-t-il pu avilir la majesté de l'histoire romaine jusqu'à faire parler quelquefois ces maîtres du monde comme des insensés, des bouffons, des crocheteurs? On l'a déjà dit; il voulait plaire à la populace de son temps. (*Note de Voltaire.*)

CASSIUS.

Brutus, depuis un temps je ne vois plus en vous
Cette affabilité, ces marques de tendresse,
Dont vous flattiez jadis ma sensible amitié.

BRUTUS.

Vous vous êtes trompé : quelques ennuis secrets,
Des chagrins peu connus, ont changé mon visage;
Ils me regardent seul, et non pas mes amis.
Non, n'imaginez point que Brutus vous néglige;
Plaignez plutôt Brutus en guerre avec lui-même;
J'ai l'air indifférent, mais mon cœur ne l'est pas.

CASSIUS.

Cet air sévère et triste, où je m'étais mépris,
M'a souvent avec vous imposé le silence.
Mais, parle-moi, Brutus; peux-tu voir ton visage?

BRUTUS.

Non, l'œil ne peut se voir, à moins qu'un autre objet[1]
Ne réfléchisse en lui les traits de son image.

CASSIUS.

Oui, vous avez raison : que n'avez-vous, Brutus,
Un fidèle miroir qui vous peigne à vous-même,
Qui déploie à vos yeux vos mérites cachés,
Qui vous montre votre ombre! Apprenez, apprenez
Que les premiers de Rome ont les mêmes pensées;
Tous disent, en plaignant ce siècle infortuné :
Ah! si du moins Brutus pouvait avoir des yeux!

BRUTUS.

A quel écueil étrange oses-tu me conduire?
Et pourquoi prétends-tu que, me voyant moi-même,
J'y trouve des vertus que le ciel me refuse?

CASSIUS.

Écoute, cher Brutus, avec attention.
Tu ne saurais te voir que par réflexion.
Supposons qu'un miroir puisse *avec modestie*
Te montrer quelques traits à toi-même inconnus;
Pardonne : tu le sais, je ne suis point flatteur;
Je ne fatigue point par d'indignes serments
D'infidèles amis qu'en secret je méprise;

---

1. Rien n'est plus naturel que le fond de cette scène, rien n'est même plus adroit. Mais comment peut-on exprimer un sentiment si naturel et si vrai par des tours qui le sont si peu? C'est que le goût n'était pas formé. (*Note de Voltaire.*)

Je n'embrasse personne afin de le trahir :
Mon cœur est tout ouvert, et Brutus y peut lire.
(On entend des acclamations et le son des trompettes.)

BRUTUS.

Que peuvent annoncer ces trompettes, ces cris?
Le peuple voudrait-il choisir César pour roi?

CASSIUS.

Tu ne voudrais donc pas voir César sur le trône?

BRUTUS.

Non, ami, non, jamais, quoique j'aime César.
Mais pourquoi si longtemps me tenir incertain?
Que ne t'expliques-tu? Que voulais-tu me dire?
D'où viennent tes chagrins dont tu cachais la cause?
Si l'amour de l'État les fait naître en ton sein,
Parle, ouvre-moi ton cœur, montre-moi sans frémir
La gloire dans un œil, et le trépas dans l'autre.
Je regarde la gloire, et brave le trépas;
Car le ciel m'est témoin que ce cœur tout romain
Aima toujours l'honneur plus qu'il n'aima le jour.

CASSIUS.

Je n'en doutai jamais; je connais ta vertu,
Ainsi que je connais ton amitié fidèle.
Oui, c'est l'honneur, ami, qui fait tous mes chagrins,
J'ignore de quel œil tu regardes la vie;
Je n'examine point ce que le peuple en pense.
Mais pour moi, cher ami, j'aime mieux n'être pas
Que d'être sous les lois d'un mortel mon égal,
Nous sommes nés tous deux libres comme César :
Bien nourris comme lui, comme lui nous savons
Supporter la fatigue, et braver les hivers.
Je me souviens qu'un jour, au milieu d'un orage,
Quand le Tibre en courroux luttait contre ses bords :
« Veux-tu, me dit César, te jeter dans le fleuve?
Oseras-tu nager, malgré tout son courroux? »
Il dit; et dans l'instant, sans ôter mes habits,
Je plonge, et je lui dis : « César, ose me suivre. »
Il me suit en effet, et de nos bras nerveux
Nous combattons les flots, nous repoussons les ondes.
Bientôt j'entends César qui me crie : « Au secours!
Au secours! ou j'enfonce; » et moi, dans le moment,
Semblable à notre aïeul, à notre auguste Énée,
Qui, dérobant Anchise aux flammes dévorantes,

L'enleva sur son dos dans les débris de Troie,
J'arrachai ce César aux vagues en fureur :
Et maintenant cet homme est un dieu parmi nous!
Il tonne, et Cassius doit se courber à terre
Quand ce dieu par hasard daigne le regarder!
Je me souviens encor qu'il fut pris en Espagne[1]
D'un grand accès de fièvre, et que, dans le frisson,
Je crois le voir encore, il tremblait comme un homme;
Je vis ce dieu trembler. La couleur des rubis
S'enfuyait tristement de ses lèvres poltronnes.
Ces yeux, dont un regard fait fléchir les mortels,
Ces yeux étaient éteints : j'entendis ces soupirs,
Et cette même voix qui commande à la terre.
Cette terrible voix, remarque bien, Brutus,
Remarque, et que ces mots soient écrits dans tes livres,
Cette voix qui tremblait, disait : « Titinius,
Titinius[2], à boire! » Une fille, un enfant,
N'eût pas été plus faible : et c'est donc ce même homme,
C'est ce corps faible et mou qui commande aux Romains!
Lui, notre maître! ô dieux!

BRUTUS.

　　　　　　　J'entends un nouveau bruit,
J'entends des cris de joie. Ah! Rome trop séduite
Surcharge encor César et de biens et d'honneurs.

CASSIUS.

Quel homme! quel prodige! il enjambe ce monde
Comme un vaste colosse; et nous, petits humains,
Rampants entre ses pieds, nous sortons notre tête
Pour chercher, en tremblant, des tombeaux sans honneur.
Ah! l'homme est quelquefois le maître de son sort :
La faute est dans son cœur, et non dans les étoiles;
Qu'il s'en prenne à lui seul s'il rampe dans les fers.
César! Brutus! eh bien! quel est donc ce César?
Son nom sonne-t-il mieux que le mien ou le vôtre?
Écrivez votre nom; sans doute il vaut le sien :
Prononcez-les; tous deux sont égaux dans la bouche :

---

1. Tous ces contes que fait Cassius ressemblent à un discours de *Gilles à la foire*. Cela est naturel; oui : mais c'est le naturel d'un homme de la populace qui s'entretient avec son compère dans un cabaret. Ce n'est pas ainsi que parlaient les plus grands hommes de la république romaine. (*Note de Voltaire.*)

2. L'acteur autrefois prenait en cet endroit le ton d'un homme qui a la fièvre, et qui parle d'une voix grêle. (*Note de Voltaire.*)

Pesez-les; tous les deux ont un poids bien égal.
Conjurez en ces noms les démons du Tartare,
Les démons évoqués viendront également[1].
Je voudrais bien savoir ce que ce César mange
Pour s'être fait si grand. O siècle! ô jours honteux!
O Rome! c'en est fait; tes enfants ne sont plus.
Tu formes des héros; et, depuis le déluge,
Aucun temps ne te vit sans mortels généreux;
Mais tes murs aujourd'hui contiennent un seul homme.

(Cassius continue, et dit :)

Ah! c'est aujourd'hui que Roume existe en effet; car il n'y a de roum (de place) que pour César[2].

(Cassius achève son récit par ces vers :)

Ah! dans Rome jadis il était un Brutus,
Qui se serait soumis au grand diable d'enfer
Aussi facilement qu'aux ordres d'un monarque.

BRUTUS.

Va, je me fie à toi; tu me chéris, je t'aime :
Je vois ce que tu veux; j'y pensai plus d'un jour :
Nous en pourrons parler; mais, dans ces conjonctures,
Je te conjure, ami, de n'aller pas plus loin.
J'ai pesé tes discours; tout mon cœur s'en occupe;
Nous en reparlerons; je ne t'en dis pas plus.
Va, sois sûr que Brutus aimerait mieux cent fois
Être un vil paysan, que d'être un sénateur,
Un citoyen romain menacé d'esclavage.

SCÈNE IV.

CÉSAR rentre avec tous ses courtisans; BRUTUS, CASSIUS.

BRUTUS.

César est de retour. Il a fini son jeu.

---

1. Ces idées sont prises des contes de sorciers, qui étaient plus communs dans la superstitieuse Angleterre qu'ailleurs, avant que cette nation fût devenue philosophe, grâce aux Bacon, aux Shaftesbury, aux Collins, aux Wollaston, aux Dodwel, aux Middleton, aux Bolingbroke, et à tant d'autres génies hardis. (*Note de Voltaire.*)

2. Il y a ici une plaisante pointe : Rome, en anglais, se prononce *Roum;* et *room*, qui signifie place, se prononce aussi *roum*. Cela n'est pas tout à fait dans le style de *Cinna :* mais chaque peuple et chaque siècle ont leur style et leur sorte d'éloquence. (*Note de Voltaire.*)

CASSIUS.

Crois-moi, tire Casca doucement par la manche :
Il passe : il te dira, dans son étrange humeur,
Avec son ton grossier, tout ce qu'il aura vu.

BRUTUS.

Je n'y manquerai pas. Mais observe avec moi
Combien l'œil de César annonce de colère ;
Vois tous ses courtisans près de lui consternés ;
La pâleur se répand au front de Calphurnie.
Regarde Cicéron, comme il est inquiet,
Impatient, troublé ; tel que, dans nos comices,
Nous l'avons vu souvent, quand quelques sénateurs,
Réfutant ses raisons, bravent son éloquence.

CASSIUS.

Tu sauras de Casca tout ce qu'il faut savoir.

CÉSAR, dans le fond.

Eh bien, Antoine !

ANTOINE.

Eh bien, César !

CÉSAR, regardant Cassius et Brutus, qui sont sur le devant.

Puissé-je désormais n'avoir autour de moi
Que ceux dont l'embonpoint marque des mœurs aimables.
Cassius est trop maigre ; il a les yeux trop creux ;
Il pense trop : je crains ces sombres caractères.

ANTOINE.

Ne le crains point, César, il n'est pas dangereux ;
C'est un noble Romain qui t'est fort attaché.

CÉSAR[1].

Je le voudrais plus gras, mais je ne puis le craindre.
Cependant si César pouvait craindre un mortel,
Cassius est celui dont j'aurais défiance :
Il lit beaucoup ; je vois qu'il veut tout observer ;
Il prétend par les faits juger du cœur des hommes ;
Il fuit l'amusement, les concerts, les spectacles,
Tout ce qu'Antoine et moi nous goûtons sans remords ;
Il sourit rarement ; et dans son dur sourire,
Il semble se moquer de son propre génie ;
Il paraît insulter au sentiment secret
Qui malgré lui l'entraîne, et le force à sourire.
Un esprit de sa trempe est toujours en colère,

1. Cela est encore tiré de Plutarque. (*Note de Voltaire.*)

Quand il voit un mortel qui s'élève sur lui.
D'un pareil caractère il faut qu'on se défie.
Je te dis après tout ce qu'on peut redouter,
Non pas ce que je crains; je suis toujours moi-même.
Passe à mon côté droit; je suis sourd d'une oreille :
Dis-moi sur Cassius ce que je dois penser.

(César sort avec Antoine et sa suite.)

SCÈNE V.

BRUTUS, CASSIUS, CASCA.

(Brutus tire Casca par la manche.)

CASCA, à Brutus.

César sort, et Brutus par la manche me tire;
Voudrait-il me parler?

BRUTUS.

Oui : je voudrais savoir
Quel sujet à César cause tant de tristesse.

CASCA.

Vous le savez assez : ne le suiviez-vous pas?

BRUTUS.

Eh! si je le savais, vous le demanderais-je?

(Cette scène est continuée en prose.)

CASCA.

Oui-dà! eh bien! on lui a offert une couronne, et, cette couronne lui étant présentée, il l'a rejetée du revers de la main. (Il fait ici le geste qu'a fait César.) Alors le peuple a applaudi par mille acclamations.

BRUTUS.

Pourquoi ce bruit a-t-il redoublé?

CASCA.

Pour la même raison.

CASSIUS.

Mais on a applaudi trois fois : pourquoi ce troisième applaudissement?

CASCA.

Pour cette même raison-là, vous dis-je.

BRUTUS.

Quoi! on lui a offert trois fois la couronne?

CASCA.

Eh! pardieu oui, et à chaque fois il l'a toujours doucement refusée, et à chaque signe qu'il faisait de n'en vouloir point, tous mes honnêtes voisins l'applaudissaient à haute voix.

CASSIUS.

Qui lui a offert la couronne?

CASCA.

Eh! qui donc? Antoine.

BRUTUS.

De quelle manière s'y est-il pris, cher Casca?

CASCA.

Je veux être pendu si je sais précisément la manière; c'était une pure farce : je n'ai pas tout remarqué. J'ai vu Marc-Antoine lui offrir la couronne; ce n'était pourtant pas une couronne tout à fait, c'était un petit coronet[1]; et, comme je vous l'ai déjà dit, il l'a rejeté; mais, selon mon jugement, il aurait bien voulu le prendre. On le lui a offert encore, il l'a rejeté encore; mais, à mon avis, il était bien fâché de ne pas mettre les doigts dessus. On le lui a encore présenté, il l'a encore refusé; et, à ce dernier refus, la canaille a poussé de si hauts cris, et a battu de ses vilaines mains avec tant de fracas, et a tant jeté en l'air ses sales bonnets, et a laissé échapper tant de bouffées de sa puante haleine, que César en a été presque étouffé : il s'est évanoui, il est tombé par terre; et, pour ma part, je n'osais rire, de peur qu'en ouvrant ma bouche je ne reçusse le mauvais air infecté par la racaille.

CASSIUS.

Doucement, doucement. Dis-moi, je te prie, César s'est évanoui?

CASCA.

Il est tombé tout au milieu du marché; sa bouche écumait; il ne pouvait parler.

BRUTUS.

Cela est vraisemblable : il est sujet à tomber du haut-mal.

CASSIUS.

Non, César ne tombe point du haut-mal; c'est vous et moi qui tombons; c'est nous, honnête Casca, qui sommes en épilepsie.

---

1. Les coronets sont de petites couronnes que les pairesses d'Angleterre portent sur la tête au sacre des rois et des reines, et dont les pairs ornent leurs armoiries. Il est bien étrange que Shakespeare ait traité en comique un récit dont le fond est si noble et si intéressant; mais il s'agit de la populace de Rome, et Shakespeare cherchait les suffrages de celle de Londres. (*Note de Voltaire.*)

ACTE I, SCÈNE V.

CASCA.

Je ne sais pas ce que vous entendez par là ; mais je suis sûr que Jules César est tombé ; et regardez-moi comme un menteur, si tout ce peuple en guenilles ne l'a pas claqué et sifflé, selon qu'il lui plaisait ou déplaisait, comme il fait les comédiens sur le théâtre.

BRUTUS.

Mais qu'a-t-il dit quand il est revenu à lui ?

CASCA.

Jarni ! avant de tomber, quand il a vu la populace si aise de son refus de la couronne, il m'a ouvert son manteau, et leur a offert de se couper la gorge... Quand il a eu repris ses sens, il a dit à l'assemblée : « Messieurs, si j'ai dit ou fait quelque chose de peu convenable, je prie Vos Seigneuries de ne l'attribuer qu'à mon infirmité. » Trois ou quatre filles qui étaient auprès de moi se sont mises à crier : « Hélas ! la bonne âme ! » Mais il ne faut pas prendre garde à elles ; car s'il avait égorgé leurs mères, elles en auraient dit autant.

BRUTUS.

Et après tout cela il s'en est retourné tout triste ?

CASCA.

Oui.

CASSIUS.

Cicéron a-t-il dit quelque chose ?

CASCA.

Oui, il a parlé grec.

CASSIUS.

Pourquoi ?

CASCA.

Ma foi, je ne sais ; je ne pourrai plus guère vous regarder en face. Ceux qui l'ont entendu se sont regardés en souriant, et ont branlé la tête. Tout cela était du grec pour moi. Je n'ai plus de nouvelles à vous dire. Marullus et Flavius, pour avoir dépouillé les images de César de leurs ornements, sont réduits au silence. Adieu : il y a eu encore bien d'autres sottises ; mais je ne m'en souviens pas.

CASSIUS.

Casca, veux-tu souper avec moi ce soir ?

CASCA.

Non, je suis engagé.

CASSIUS.

Veux-tu dîner avec moi demain ?

CASCA.

Oui, si je suis en vie, si tu ne changes pas d'avis, et si ton dîner vaut la peine d'être mangé.

CASSIUS.

Fort bien, nous t'attendrons.

CASCA.

Attends-moi. Adieu, tous deux.

(Le reste de cette scène est en vers.)

BRUTUS.

L'étrange compagnon! qu'il est devenu brute!
Je l'ai vu tout de feu jadis dans ma jeunesse.

CASSIUS.

Il est le même encor quand il faut accomplir
Quelque illustre dessein, quelque noble entreprise.
L'apparence est chez lui rude, lente, et grossière;
C'est la sauce, crois-moi, qu'il met à son esprit,
Pour faire avec plaisir digérer ses paroles.

BRUTUS.

Oui, cela me paraît : ami, séparons-nous;
Demain, si vous voulez, nous parlerons ensemble.
Je viendrai vous trouver, ou vous viendrez chez moi :
J'y resterai pour vous.

CASSIUS.

Volontiers, j'y viendrai.
Allez; en attendant, souvenez-vous de Rome.

SCÈNE VI.

CASSIUS.

Brutus, ton cœur est bon, mais cependant je vois
Que ce riche métal peut d'une adroite main
Recevoir aisément des formes différentes.
Un grand cœur doit toujours fréquenter ses semblables :
Le plus beau naturel est quelquefois séduit.
César me veut du mal, mais il aime Brutus;
Et si j'étais Brutus, et qu'il fût Cassius,
Je sens que sur mon cœur il aurait moins d'empire.
Je prétends, cette nuit, jeter à sa fenêtre
Des billets sous le nom de plusieurs citoyens;
Tous lui diront que Rome espère en son courage,

Et tous obscurément condamneront César ;
Son joug est trop affreux, songeons à le détruire,
Ou songeons à quitter le jour que je respire.
(Il sort.)

(Les deux derniers vers de cette scène sont rimés dans l'original.)

SCÈNE VII.

On entend le tonnerre, on voit des éclairs. CASCA entre, l'épée à la main.
CICÉRON entre par un autre côté, et rencontre Casca.

CICÉRON.
Bonsoir, mon cher Casca. César est-il chez lui ?
Tu parais sans haleine, et les yeux effarés.
CASCA.
N'êtes-vous pas troublé quand vous voyez la terre
Trembler avec effroi jusqu'en ses fondements ?
J'ai vu cent fois les vents et les fières tempêtes
Renverser les vieux troncs des chênes orgueilleux ;
Le fougueux Océan, tout écumant de rage,
Élever jusqu'au ciel ses flots ambitieux ;
Mais, jusqu'à cette nuit, je n'ai point vu d'orage
Qui fit pleuvoir ainsi les flammes sur nos têtes.
Ou la guerre civile est dans le firmament,
Ou le monde impudent met le ciel en colère,
Et le force à frapper les malheureux humains.
CICÉRON.
Casca, n'as-tu rien vu de plus épouvantable ?
CASCA.
Un esclave, je crois qu'il est connu de vous,
A levé sa main gauche ; elle a flambé soudain,
Comme si vingt flambeaux s'allumaient tous ensemble,
Sans que sa main brûlât, sans qu'il sentît les feux :
Bien plus (depuis ce temps j'ai ce fer à la main),
Un lion a passé tout près du Capitole ;
Ses yeux étincelants se sont tournés sur moi ;
Il s'en va fièrement, sans me faire de mal.
Cent femmes en ces lieux, immobiles, tremblantes,
Jurent qu'elles ont vu des hommes enflammés
Parcourir, sans brûler, la ville épouvantée.
Le triste et sombre oiseau qui préside à la nuit

A dans Rome, en plein jour, poussé ses cris funèbres.
Croyez-moi, quand le ciel assemble ces prodiges,
Gardons-nous d'en chercher d'inutiles raisons,
Et de vouloir sonder les lois de la nature.
C'est le ciel qui nous parle, et qui nous avertit.

CICÉRON.

Tous ces événements paraissent effroyables ;
Mais, pour les expliquer, chacun suit ses pensées :
On s'écarte du but en croyant le trouver.
Casca, César demain vient-il au Capitole ?

CASCA.

Il y viendra ; sachez qu'Antoine de sa part
Doit vous faire avertir de vous y rendre aussi.

CICÉRON.

Bonsoir donc, cher Casca ; les cieux chargés d'orages
Ne nous permettent pas de demeurer : adieu.

SCÈNE VIII.

CASSIUS, CASCA.

CASSIUS.

Qui marche dans ces lieux à cette heure ?

CASCA.

Un Romain.

CASSIUS.

C'est la voix de Casca.

CASCA.

Votre oreille est fort bonne.
Quelle effroyable nuit!

CASSIUS.

Ne vous en plaignez pas ;
Pour les honnêtes gens cette nuit a des charmes.

CASCA.

Quelqu'un vit-il jamais les cieux plus courroucés ?

CASSIUS.

Oui, celui qui connaît les crimes de la terre ;
Pour moi, dans cette nuit, j'ai marché dans les rues ;
J'ai présenté mon corps à la foudre, aux éclairs ;
La foudre et les éclairs ont épargné ma vie.

ACTE I, SCÈNE VIII.

CASCA.

Mais pourquoi tentiez-vous la colère des dieux?
C'est à l'homme à trembler lorsque le ciel envoie
Ses messagers de mort à la terre coupable.

CASSIUS.

Que tu parais grossier! que ce feu du génie,
Qui luit chez les Romains, est éteint dans tes sens!
Ou tu n'as point d'esprit, ou tu n'en uses pas.
Pourquoi ces yeux hagards, et ce visage pâle?
Pourquoi tant t'étonner des prodiges des cieux?
De ce bruyant courroux veux-tu savoir la cause?
Pourquoi ces feux errants, ces mânes déchaînés,
Ces monstres, ces oiseaux, ces enfants qui prédisent?
Pourquoi tout est sorti de ses bornes prescrites?
Tant de monstres, crois-moi, doivent nous avertir
Qu'il est dans la patrie un plus grand monstre encore;
Et si je te nommais un mortel, un Romain,
Non moins affreux pour nous que cette nuit affreuse,
Que la foudre, l'éclair, et les tombeaux ouverts;
Un insolent mortel, dont les rugissements
Semblent ceux du lion qui marche au Capitole;
Un mortel par lui-même aussi faible que nous,
Mais que le ciel élève au-dessus de nos têtes,
Plus terrible pour nous, plus odieux cent fois,
Que ces feux, ces tombeaux, et ces affreux prodiges!

CASCA.

C'est César; c'est de lui que tu prétends parler.

CASSIUS.

Qui que ce soit, n'importe. Eh, quoi donc! les Romains
N'ont-ils pas aujourd'hui des bras comme leurs pères?
Ils n'en ont point l'esprit, ils n'en ont point les mœurs,
Ils n'ont que la faiblesse et l'esprit de leurs mères.
Les Romains, dans nos jours, ont donc cessé d'être hommes!

CASCA.

Oui, si l'on m'a dit vrai, demain les sénateurs
Accordent à César ce titre affreux de roi;
Et sur terre et sur mer il doit porter le sceptre,
En tous lieux, hors de Rome, où déjà César règne.

CASSIUS.

Tant que je porterai ce fer à mon côté,
Cassius sauvera Cassius d'esclavage.
Dieux! c'est vous qui donnez la force aux faibles cœurs,

C'est vous qui des tyrans punissez l'injustice.
Ni les superbes tours, ni les portes d'airain,
Ni les gardes armés, ni les chaînes de fer,
Rien ne retient un bras que le courage anime ;
Rien n'ôte le pouvoir qu'un homme a sur soi-même.
N'en doute point, Casca, tout mortel courageux
Peut briser à son gré les fers dont on le charge.

CASCA.

Oui, je m'en sens capable; oui, tout homme en ses mains
Porte la liberté de sortir de la vie.

CASSIUS.

Et pourquoi donc César nous peut-il opprimer?
Il n'eût jamais osé régner sur les Romains ;
Il ne serait pas loup, s'il n'était des moutons [1].
Il nous trouva chevreuils, quand il s'est fait lion.
Qui veut faire un grand feu se sert de faible paille.
Que de paille dans Rome, et que d'ordure, ô ciel !
Notre indigne bassesse a fait toute sa gloire.
Mais que dis-je? ô douleurs! où vais-je m'emporter?
Devant qui mes regrets se sont-ils fait entendre?
Êtes-vous un esclave? êtes-vous un Romain?
Si vous servez César, ce fer est ma ressource :
Je ne crains rien de vous, je brave tout danger.

CASCA.

Vous parlez à Casca, que ce mot vous suffise :
Je ne sais point flatter César par des rapports.
Prends ma main, parle, agis, fais tout pour sauver Rome.
Si quelqu'un fait un pas dans ce noble dessein,
Je le devancerai ; compte sur ma parole.

CASSIUS.

Voilà le marché fait : je veux te confier
Que de plus d'un Romain j'ai soulevé la haine.
Ils sont prêts à former une grande entreprise,
Un terrible complot, dangereux, important.
Nous devons nous trouver au porche de Pompée :
Allons, car à présent, dans cette horrible nuit,
On ne peut se tenir, ni marcher dans les rues.
Les éléments armés, ensemble confondus,

---

[1]. Le loup et les moutons ne gâtent point les beautés de ce morceau, parce que les Anglais n'attachent point à ces mots une idée basse : ils n'ont point le proverbe *qui se fait brebis, le loup le mange.* (*Note de Voltaire.*)

Sont, comme mes projets, fiers, sanglants, et terribles.
CASCA.
Arrête, quelqu'un vient à pas précipités.
CASSIUS.
C'est Cinna ; sa démarche est aisée à connaître :
C'est un ami[1].

SCÈNE IX.

CASSIUS, CASCA, CINNA.

CASSIUS.
Cinna, qui vous hâte à ce point?
CINNA.
Je vous cherchais. Cimber serait-il avec vous?
CASSIUS.
Non, c'est Casca : je peux répondre de son zèle ;
C'est un des conjurés.
CINNA.
J'en rends grâces au ciel.
Mais quelle horrible nuit! Des visions étranges
De quelques-uns de nous ont glacé les esprits.
CASSIUS.
M'attendiez-vous?
CINNA.
Sans doute, avec impatience.
Ah! si le grand Brutus était gagné par vous!
CASSIUS.
Il le sera, Cinna. Va porter ce papier[2]
Sur la chaire où se sied le préteur de la ville ;
Et jette adroitement cet autre à sa fenêtre ;
Mets cet autre papier aux pieds de la statue
De l'antique Brutus, qui sut punir les rois :
Tu te rendras après au porche de Pompée.
Avons-nous Décius avec Trébonius?

---

1. Presque toute cette scène me paraît pleine de grandeur, de force, et de beautés vraies. (*Note de Voltaire.*)
2. Un papier, du temps de César, n'est pas trop dans le costume ; mais il n'y faut pas regarder de si près ; il faut songer que Shakespeare n'avait point eu d'éducation, qu'il devait tout à son seul génie. (*Note de Voltaire.*)

CINNA.

Tous, excepté Cimber, au porche vous attendent,
Et Cimber est allé chez vous pour vous parler.
Je cours exécuter vos ordres respectables.

CASSIUS.

Allons, Casca ; je veux parler avant l'aurore
Au généreux Brutus : les trois quarts de lui-même
Sont déjà dans nos mains ; nous l'aurons tout entier,
Et deux mots suffiront pour subjuguer son âme.

CASCA.

Il nous est nécessaire, il est aimé dans Rome ;
Et ce qui dans nos mains peut paraître un forfait,
Quand il nous aidera, passera pour vertu.
Son crédit dans l'État est la riche alchimie
Qui peut changer ainsi les espèces des choses.

CASSIUS.

J'attends tout de Brutus, et tout de son mérite.
Allons : il est minuit ; et devant qu'il soit jour
Il faudra l'éveiller, et s'assurer de lui.

FIN DU PREMIER ACTE.

ACTE DEUXIÈME.

SCÈNE I.

BRUTUS, et LUCIUS, l'un de ses domestiques, dans le jardin de la maison de Brutus.

BRUTUS.
Ho! Lucius! holà! j'observe en vain les astres;
Je ne puis deviner quand le jour paraîtra.
Lucius! je voudrais dormir comme cet homme.
Hé! Lucius! debout; éveille-toi, te dis-je.
LUCIUS.
M'appelez-vous, milord?
BRUTUS.
Va chercher un flambeau,
Va, tu le porteras dans ma bibliothèque,
Et, dès qu'il y sera, tu viendras m'avertir.
(Brutus reste seul.)
Il faut que César meure... oui, Rome enfin l'exige.
Je n'ai point, je l'avoue, à me plaindre de lui;
Et la cause publique est tout ce qui m'anime.
Il prétend être roi!... Mais quoi! le diadème
Change-t-il, après tout, la nature de l'homme?
Oui, le brillant soleil fait croître les serpents.
Pensons-y : nous allons l'armer d'un dard funeste,
Dont il peut nous piquer sitôt qu'il le voudra.
Le trône et la vertu sont rarement ensemble.
Mais, quoi! je n'ai point vu que César jusqu'ici
Ait à ses passions accordé trop d'empire.
N'importe... on sait assez quelle est l'ambition.
L'échelle des grandeurs à ses yeux se présente;
Elle y monte en cachant son front aux spectateurs;
Et quand elle est au haut, alors elle se montre;
Alors, jusques au ciel élevant ses regards,

D'un coup d'œil méprisant sa vanité dédaigne
Les premiers échelons qui firent sa grandeur.
C'est ce que peut César : il le faut prévenir.
Oui, c'est là son destin, c'est là son caractère ;
C'est un œuf de serpent, qui, s'il était couvé,
Serait aussi méchant que tous ceux de sa race.
Il le faut dans sa coque écraser sans pitié.

LUCIUS rentre.

Les flambeaux sont déjà dans votre cabinet :
Mais lorsque je cherchais une pierre à fusil,
J'ai trouvé ce billet, monsieur, sur la fenêtre,
Cacheté comme il est ; et je suis très-certain
Que ce papier n'est là que depuis cette nuit.

BRUTUS.

Va-t-en te reposer ; il n'est pas jour encore.
Mais, à propos, demain n'avons-nous pas les ides [1] ?

LUCIUS.

Je n'en sais rien, monsieur [2].

BRUTUS.

    Prends le calendrier,
Et viens m'en rendre compte.

LUCIUS.

    Oui, j'y cours à l'instant.

BRUTUS, décachetant le billet.

Ouvrons ; car les éclairs et les exhalaisons
Font assez de clarté pour que je puisse lire. (Il lit.)
« Tu dors ; éveille-toi, Brutus, et songe à Rome ;
Tourne les yeux sur toi, tourne les yeux sur elle.
Es-tu Brutus encor ? peux-tu dormir, Brutus ?
Debout ; sers ton pays ; parle, frappe, et nous venge. »
J'ai reçu quelquefois de semblables conseils ;
Je les ai recueillis. On me parle de Rome ;
Je pense à Rome assez.... Rome, c'est de tes rues
Que mon aïeul Brutus osa chasser Tarquin.
Tarquin ! c'était un roi.... « Parle, frappe, et nous venge. »
Tu veux donc que je frappe.... oui, je te le promets,
Je frapperai : ma main vengera tes outrages ;
Ma main, n'en doute point, remplira tous tes vœux.

---

1. Ce sont ces fameuses ides de mars, 15 du mois, où César fut assassiné. (*Note de Voltaire.*)

2. Il l'appelle tantôt milord, tantôt monsieur, *sir*. (*Note de Voltaire.*)

ACTE II, SCÈNE I.

LUCIUS rentre.

Nous avons ce matin le quinzième du mois.

BRUTUS.

C'est fort bien ; cours ouvrir ; quelqu'un frappe à la porte.

(Lucius va ouvrir.)

Depuis que Cassius m'a parlé de César,
Mon cœur s'est échauffé, je n'ai pas pu dormir.
Tout le temps qui s'écoule entre un projet terrible
Et l'accomplissement, n'est qu'un fantôme affreux,
Un rêve épouvantable, un assaut du génie,
Qui dispute en secret avec cet attentat[1] ;
C'est la guerre civile en notre âme excitée.

LUCIUS.

Cassius votre frère[2] est là qui vous demande.

BRUTUS.

Est-il seul ?

LUCIUS.

Non, monsieur, sa suite est assez grande.

BRUTUS.

En connais-tu quelqu'un ?

LUCIUS.

Je n'en connais pas un.
Couverts de leurs chapeaux jusques à leurs oreilles[3],
Ils ont dans leurs manteaux enterré leurs visages,
Et nul à Lucius ne s'est fait reconnaître :
Pas la moindre amitié.

BRUTUS.

Ce sont nos conjurés.
O conspiration ! quoi ! dans la nuit tu trembles,
Dans la nuit favorable aux autres attentats !
Ah ! quand le jour viendra, dans quels antres profonds
Pourras-tu donc cacher ton monstrueux visage ?
Va, ne te montre point ; prends le masque imposant
De l'affabilité, des respects, des caresses.
Si tu ne sais cacher tes traits épouvantables,
Les ombres de l'enfer ne sont pas assez fortes
Pour dérober ta marche aux regards de César.

---

1. Il y a dans l'original : *Le génie tient conseil avec ces instruments de mort.* Cet endroit se retrouve dans une note de *Cinna,* mais moins exactement traduit. (*Note de Voltaire.*)

2. *Votre frère* veut dire ici *votre ami.*

3. *Hats,* chapeaux.

SCÈNE II.

CASSIUS, CASCA, DÉCIUS, CINNA, MÉTELLUS,
TRÉBONIUS, enveloppés dans leurs manteaux.

TRÉBONIUS, en se découvrant.

Nous venons hardiment troubler votre repos.
Bonjour, Brutus; parlez, sommes-nous importuns?

BRUTUS.

Non, le sommeil me fuit; non, vous ne pouvez l'être.
(A part, à Cassius.)
Ceux que vous amenez sont-ils connus de moi?

CASSIUS.

Tous le sont; chacun d'eux vous aime et vous honore.
Puissiez-vous seulement, en vous rendant justice,
Vous estimer, Brutus, autant qu'ils vous estiment!
Voici Trébonius.

BRUTUS.

Qu'il soit le bienvenu.

CASSIUS.

Celui qui l'accompagne est Décius Brutus.

BRUTUS.

Très-bienvenu de même.

CASSIUS.

Et cet autre est Casca.
Celui-là, c'est Cimber, et celui-ci, Cinna.

BRUTUS.

Tous les très-bienvenus.... Quels projets importants
Les mènent dans ces lieux entre vous et la nuit?

CASSIUS.

Puis-je vous dire un mot?
(Il lui parle à l'oreille, et pendant ce temps-là les conjurés se retirent un peu.)

DÉCIUS.

L'orient est ici; le soleil va paraître.

CASCA.

Non.

DÉCIUS.

Pardonnez, monsieur; déjà quelques rayons,
Messagers de l'aurore, ont blanchi les nuages.

CASCA.

Avouez que tous deux vous vous êtes trompés :
Tenez, le soleil est au bout de mon épée ;
Il s'avance de loin vers le milieu du ciel,
Amenant avec lui les beaux jours du printemps.
Vous verrez dans deux mois qu'il s'approche de l'ourse ;
Mais ses traits à présent frappent au Capitole[1].

BRUTUS.

Donnez-moi tous la main, amis, l'un après l'autre.

CASSIUS.

Jurez tous d'accomplir vos desseins généreux.

BRUTUS.

Laissons là les serments. Si la patrie en larmes,
Si d'horribles abus, si nos malheurs communs,
Ne sont pas des motifs assez puissants sur vous,
Rompons tout ; hors d'ici, retournez dans vos lits ;
Dormez, laissez veiller l'affreuse tyrannie ;
Que sous son bras sanglant chacun tombe à son tour.
Mais si tant de malheurs, ainsi que je m'en flatte,
Doivent remplir de feu les cœurs froids des poltrons,
Inspirer la valeur aux plus timides femmes,
Qu'avons-nous donc besoin d'un nouvel éperon ?
Quel lien nous faut-il que notre propre cause ;
Et quel autre serment que l'honneur, la parole ?
L'amour de la patrie est notre engagement ;
La vertu, mes amis, se fie à la vertu[2].
Les prêtres, les poltrons, les fripons, et les faibles,
Ceux dont on se défie, aux serments ont recours.
Ne souillez pas l'honneur d'une telle entreprise ;
Ne faites pas la honte à votre juste cause
De penser qu'un serment soutienne vos grands cœurs.
Un Romain est bâtard s'il manque à sa promesse.

CASSIUS.

Aurons-nous Cicéron ? Voulez-vous le sonder ?
Je crois qu'avec vigueur il sera du parti.

CASCA.

Ah ! ne l'oublions pas.

---

1. On a traduit cette dissertation, parce qu'il faut tout traduire. (*Note de Voltaire.*)

2. Y a-t-il rien de plus beau que le fond de ce discours ? Il est vrai que la grandeur est un peu avilie par quelques idées un peu basses ; mais toutes sont naturelles et fortes, sans épithètes et sans langueur. (*Note de Voltaire.*)

CINNA.
Ne faisons rien sans lui.
CIMBER.
Pour nous faire approuver, ses cheveux blancs suffisent ;
Il gagnera des voix ; on dira que nos bras
Ont été dans ce jour guidés par sa prudence :
Notre âge, jeune encore, et notre emportement,
Trouveront un appui dans sa grave vieillesse.
BRUTUS.
Non, ne m'en parlez point ; ne lui confiez rien :
Il n'achève jamais ce qu'un autre commence ;
Il prétend que tout vienne et dépende de lui.
CASSIUS.
Laissons donc Cicéron.
CASCA.
Il nous servirait mal.
CIMBER.
César est-il le seul que nous devions frapper !
CASSIUS.
Je crois qu'il ne faut pas qu'Antoine lui survive,
Il est trop dangereux : vous savez ses mesures ;
Il peut les pousser loin, il peut nous perdre tous ;
Il faut le prévenir : que César et lui meurent.
BRUTUS.
Cette *course*[1] aux Romains paraîtrait trop sanglante.
On nous reprocherait la colère et l'envie,
Si nous coupons la tête, et puis hachons les membres ;
Car Antoine n'est rien qu'un membre de César :
Ne soyons point bouchers, mais sacrificateurs[2].
Qui voulons-nous punir ? C'est l'esprit de César ;
Mais dans l'esprit d'un homme on ne voit point de sang.
Ah ! que ne pouvons-nous, en punissant cet homme,
Exterminer l'esprit sans démembrer le corps !
Hélas ! il faut qu'il meure.... O généreux amis !
Frappons avec audace, et non pas avec rage ;
Faisons de la victime un plat digne des dieux,

---

1. Le mot *course* fait peut-être allusion à la course des lupercales. *Course* signifie aussi *service de plats sur table*. (*Note de Voltaire.*)

2. Observez que c'est ici un morceau des plus admirés sur le théâtre de Londres. Pope et l'évêque Warburton l'ont imprimé avec des guillemets, pour en faire mieux remarquer les beautés. Il est traduit vers pour vers avec exactitude. (*Note de Voltaire.*)

Non pas une carcasse aux chiens abandonnée :
Que nos cœurs aujourd'hui soient comme un maître habile
Qui fait par ses laquais commettre quelque crime,
Et qui les gronde ensuite. Ainsi notre vengeance
Paraîtra nécessaire, et non pas odieuse.
Nous serons médecins, et non pas assassins.
Ne pensons plus, amis, à frapper Marc-Antoine :
Il ne peut, croyez-moi, rien de plus contre nous
Que le bras de César, quand la tête est coupée.

CASSIUS.

Cependant je le crains ; je crains cette tendresse
Qu'en son cœur pour César il porte enracinée.

BRUTUS.

Hélas ! bon Cassius, ne le redoute point ;
S'il aime tant César, il pourrait tout au plus
S'en occuper, le plaindre, et peut-être mourir :
Il ne le fera pas, car il est trop livré
Aux plaisirs, aux festins, aux jeux, à la débauche.

TRÉBONIUS.

Non, il n'est point à craindre ; il ne faut point qu'il meure ;
Nous le verrons bientôt rire de tout ceci.

(On entend sonner l'horloge ; ce n'est pas que les Romains eussent des horloges sonnantes, mais le *costume* est observé ici comme dans tout le reste.)

BRUTUS.

Paix, comptons.

CASSIUS.

Vous voyez qu'il est déjà trois heures.

TRÉBONIUS.

Il faut nous séparer.

CASCA.

Il est douteux encore
Si César osera venir au Capitole.
Il change, il s'abandonne aux superstitions ;
Il ne méprise plus les revenants, les songes ;
Et l'on dirait qu'il croit à la religion.
L'horreur de cette nuit, ces effrayants prodiges,
Les discours des devins, les rêves des augures,
Pourraient le détourner de marcher au sénat.

DÉCIUS.

Ne crains rien ; si telle est sa résolution,
Je l'en ferai changer. Il aime tous les contes ;
Il parle volontiers de la chasse aux licornes ;

Il dit qu'avec du bois on prend ces animaux,
Qu'à l'aide d'un miroir on attrape les ours,
Et que dans des filets on saisit les lions :
Mais les flatteurs, dit-il, sont les filets des hommes.
Je le louerai surtout de haïr les flatteurs :
Il dira qu'il les hait, étant flatté lui-même[1].
Je lui tendrai ce piége, et le gouvernerai.
J'engagerai César à sortir sans rien craindre.

CASSIUS.

Allons tous le prier d'aller au Capitole.

BRUTUS.

A huit heures, amis, à ce temps au plus tard.

CINNA.

N'y manquons pas au moins ; au plus tard à huit heures.

CIMBER.

Caïus Ligarius veut du mal à César.
César, vous le savez, l'avait persécuté
Pour avoir noblement dit du bien de Pompée.
Pourquoi Ligarius n'est-il pas avec nous ?

BRUTUS.

Va le trouver, Cimber ; je le chéris, il m'aime :
Qu'il vienne ; à nous servir je saurai l'engager.

CASSIUS.

L'aube du jour paraît ; nous vous laissons, Brutus.
Amis, dispersez-vous ; songez à vos promesses ;
Qu'on reconnaisse en vous des Romains véritables.

BRUTUS.

Paraissez gais, contents, mes braves gentilshommes[2] ;
Gardez que vos regards trahissent vos desseins ;
Imitez les acteurs du théâtre de Rome ;
Ne vous rebutez point, soyez fermes, constants.
Adieu ; je donne à tous le bonjour, et partez.

(Lucius est endormi dans un coin.)

Hé ! garçon !... Lucius !... Il dort profondément.
Ah ! de ce doux sommeil goûte bien la rosée.
Tu n'as point en dormant de ces rêves cruels
Dont notre inquiétude accable nos pensées :
Nous sommes agités ; ton âme est en repos.

---

1. L'évêque Warburton, dans son commentaire sur Shakespeare, dit que cela est admirablement imaginé. (*Note de Voltaire.*)

2. On traduit exactement. — Voyez la lettre de d'Alembert, du 8 septembre 1762. (B.)

SCÈNE III.

BRUTUS, ET PORCIA sa femme.

PORCIA.
Brutus!... Milord!
BRUTUS.
    Pourquoi paraître si matin?
Que voulez-vous? Songez que rien n'est plus malsain,
Pour une santé faible ainsi que vous l'avez,
D'affronter, le matin, la crudité de l'air.
PORCIA.
Si l'air est si malsain, il doit l'être pour vous.
Ah! Brutus! ah! pourquoi vous dérober du lit?
Hier, quand nous soupions, vous quittâtes la table,
Et vous vous promeniez pensif et soupirant;
Je vous dis : « Qu'avez-vous? » Mais en croisant les mains,
Vous fixâtes sur moi des yeux sombres et tristes.
J'insistai, je pressai; mais ce fut vainement :
Vous frappâtes du pied en vous grattant la tête.
Je redoublai d'instance; et vous, sans dire un mot,
D'un revers de la main, signe d'impatience,
Vous fîtes retirer votre femme interdite.
Je craignis de choquer les ennuis d'un époux,
Et je pris ce moment pour un moment d'humeur
Que souvent les maris font sentir à leurs femmes[1].
Non, je ne puis, Brutus, ni vous laisser parler,
Ni vous laisser manger, ni vous laisser dormir,
Sans savoir le sujet qui tourmente votre âme.
Brutus, mon cher Brutus!... Ah! ne me cachez rien.
BRUTUS.
Je me porte assez mal; c'est là tout mon secret.
PORCIA.
Brutus est homme sage; et, s'il se portait mal,
Il prendrait les moyens d'avoir de la santé.
BRUTUS.
Aussi fais-je : ma femme, allez vous mettre au lit.

---

1. C'est encore un des endroits qu'on admire, et qui sont marqués avec des guillemets. (*Note de Voltaire.*)

PORCIA.

Quoi! vous êtes malade; et, pour vous restaurer,
A l'air humide et froid vous marchez presque nu,
Et vous sortez du lit pour amasser un rhume!
Pensez-vous vous guérir en étant plus malade?
Non, Brutus, votre esprit roule de grands projets;
Et moi, par ma vertu, par les droits d'une épouse,
Je dois en être instruite, et je vous en conjure.
Je tombe à vos genoux... Si jadis ma beauté
Vous fit sentir l'amour, et si notre hyménée
M'incorpore avec vous, fait un être de deux,
Dites-moi ce secret, à moi votre moitié,
A moi qui vis pour vous, à moi qui suis vous-même.
Eh bien! vous soupirez! parlez; quels inconnus
Sont venus vous chercher en voilant leurs visages?
Se cacher dans la nuit! pourquoi? quelles raisons?
Que voulaient-ils?

BRUTUS.

Hélas! Porcia, levez-vous.

PORCIA.

Si vous étiez encor le bon, l'humain Brutus,
Je n'aurais pas besoin de me mettre à vos pieds.
Parlez; dans mon contrat est-il donc stipulé
Que je ne saurai rien des secrets d'un mari?
N'êtes-vous donc à moi, Brutus, qu'avec réserve?
Et moi, ne suis-je à vous que comme une compagne,
Soit au lit, soit à table, ou dans vos entretiens,
Vivant dans les faubourgs de votre volonté?
S'il est ainsi, Porcie est votre concubine[1],
Et non pas votre femme.

BRUTUS.

Ah! vous êtes ma femme,
Femme tendre, honorable, et plus chère à mon cœur
Que les gouttes de sang dont il est animé.

PORCIA.

S'il est ainsi, pourquoi me cacher vos secrets?
Je suis femme, il est vrai, mais femme de Brutus,
Mais fille de Caton; pourriez-vous bien douter
Que je sois élevée au-dessus de mon sexe,

---

1. Il y a dans l'original *whore* (putain). (*Note de Voltaire.*)

Voyant qui m'a fait naître et qui j'ai pour époux [1] ?
Confiez-vous à moi, soyez sûr du secret.
J'ai déjà sur moi-même essayé ma constance ;
J'ai percé d'un poignard ma cuisse en cet endroit :
J'ai souffert sans me plaindre, et ne saurais me taire !
BRUTUS.
Dieux, qu'entends-je ? grands dieux ! rendez-moi digne d'elle.
Écoute, écoute ; on frappe, on frappe ; écarte-toi.
Bientôt tous mes secrets dans mon cœur enfermés
Passeront dans le tien. Tu sauras tout, Porcie :
Va, mes sourcils froncés prennent un air plus doux.

SCÈNE IV.

BRUTUS, LUCIUS, LIGARIUS.

LUCIUS, courant à la porte.

Qui va là ? répondez.
(En entrant, et adressant la parole à Brutus.)
Un homme languissant,
n malade qui vient pour vous dire deux mots.
BRUTUS.
C'est ce Ligarius dont Cimber m'a parlé.
(A Lucius.)
Garçon, retire-toi. Eh bien ! Ligarius ?
LIGARIUS.
C'est d'une faible voix que je te dis bonjour.
BRUTUS.
Tu portes une écharpe ! hélas, quel contre-temps !
Que ta santé n'est-elle égale à ton courage !
LIGARIUS.
Si le cœur de Brutus a formé des projets
Qui soient dignes de nous, je ne suis plus malade.

---

1. Corneille dit la même chose dans *Pompée*. César parle ainsi à Cornélie (acte III, scène IV) :

> Certes, vos sentiments font assez reconnaître
> Qui vous donna la main, et qui vous donna l'être :
> Et l'on juge aisément, au cœur que vous portez,
> Où vous êtes entrée, et de qui vous sortez.

Il est vrai qu'un vers suffisait, que cette noble pensée perd de son prix en étant répétée, retournée ; mais il est beau que Shakespeare et Corneille aient eu la même idée. (*Note de Voltaire.*)

BRUTUS.
J'ai formé des projets dignes d'être écoutés,
Et d'être secondés par un homme en santé.
LIGARIUS.
Je sens, par tous les dieux vengeurs de ma patrie,
Que je me porte bien. O toi, l'âme de Rome !
Toi, brave descendant du vainqueur des Tarquins,
Qui, comme un exorciste, as conjuré dans moi [1]
L'esprit de maladie à qui j'étais livré,
Ordonne, et mes efforts combattront l'impossible ;
Ils en viendront à bout. Que faut-il faire ? dis.
BRUTUS.
Un exploit qui pourra guérir tous les malades.
LIGARIUS.
Je crois que des gens sains pourront s'en trouver mal.
BRUTUS.
Je le crois bien aussi. Viens, je te dirai tout.
LIGARIUS.
Je te suis ; ce seul mot vient d'enflammer mon cœur.
Je ne sais pas encor ce que tu veux qu'on fasse ;
Mais viens, je le ferai : tu parles ; il suffit.

(Ils s'en vont.)

SCÈNE V.

Le théâtre représente le palais de CÉSAR. La foudre gronde,
les éclairs étincellent.

CÉSAR.
La terre avec le ciel est, cette nuit, en guerre ;
Calphurnie a trois fois crié dans cette nuit :
« Au secours ! César meurt : venez ; on l'assassine. »
Holà ! quelqu'un.
UN DOMESTIQUE.
Milord.
CÉSAR.
Va-t'en dire à nos prêtres
De faire un sacrifice, et tu viendras soudain
M'avertir du succès.

---

1. L'exorciste dans la bouche des Romains est singulier. Toute cette pièce pourrait être chargée de pareilles notes ; mais il faut laisser faire les réflexions au lecteur. (*Note de Voltaire.*)

LE DOMESTIQUE.
Je n'y manquerai pas.
CALPHURNIE.
Où voulez-vous aller? Vous ne sortirez point,
César; vous resterez ce jour à la maison.
CÉSAR.
Non, non, je sortirai; tout ce qui me menace
Ne s'est jamais montré que derrière mon dos[1];
Tout s'évanouira quand il verra ma face.
CALPHURNIE.
Je n'assistai jamais à ces cérémonies;
Mais je tremble à présent. Les gens de la maison
Disent que l'on a vu des choses effroyables :
Une lionne a fait ses petits dans la rue;
Des tombeaux qui s'ouvraient des morts sont échappés;
Des bataillons armés, combattant dans les nues,
Ont fait pleuvoir du sang sur le mont Tarpéien;
Les airs ont retenti des cris des combattants;
Les chevaux hennissaient; les mourants soupiraient;
Des fantômes criaient et hurlaient dans les places.
On n'avait jamais vu de pareils accidents :
Je les crains.
CÉSAR.
Pourquoi craindre? On ne peut éviter
Ce que l'arrêt des dieux a prononcé sur nous.
César prétend sortir. Sachez que ces augures
Sont pour le monde entier autant que pour César.
CALPHURNIE.
Quand les gueux vont mourir, il n'est point de comètes;
Mais le ciel enflammé prédit la mort des princes.
CÉSAR.
Un poltron meurt cent fois avant de mourir une;
Et le brave ne meurt qu'au moment du trépas.
Rien n'est plus étonnant, rien ne me surprend plus,
Que lorsque l'on me dit qu'il est des gens qui craignent.
Que craignent-ils? La mort est un but nécessaire.
Mourons quand il faudra.
(Le domestique revient.)
Que disent les augures?

---

[1]. Encore une fois, la traduction est fidèle. (*Note de Voltaire*.)

LE DOMESTIQUE.
Gardez-vous, disent-ils, de sortir de ce jour :
En sondant l'avenir dans le sein des victimes,
Vainement de leur bête ils ont cherché le cœur.
(Il s'en va.)
CÉSAR.
Le ciel prétend ainsi se moquer des poltrons.
César serait lui-même une bête sans cœur
S'il était au logis arrêté par la crainte.
Il sortira, vous dis-je; et le danger sait bien [1]
Que César est encor plus dangereux que lui.
Nous sommes deux lions de la même portée ;
Je suis l'aîné : je suis le plus vaillant des deux ;
Je ne sortirais point !
CALPHURNIE.
Hélas ! mon cher milord,
Votre témérité détruit votre prudence.
Ne sortez point ce jour. Songez que c'est ma crainte,
Et non la vôtre enfin qui doit vous retenir.
Nous enverrons Antoine au sénat assemblé ;
Il dira que César est aujourd'hui malade.
J'embrasse vos genoux ; faites-moi cette grâce.
CÉSAR.
Antoine dira donc que je me trouve mal ;
Et pour l'amour de vous je reste à la maison.

SCÈNE VI.

DÉCIUS entre.

CÉSAR, à Décius.
Ah! voilà Décius ; il fera le message.
DÉCIUS.
Serviteur et bonjour, noble et vaillant César :
Je viens pour vous chercher ; le sénat vous attend.
CÉSAR.
Vous venez à propos, cher Décius Brutus.
A tous les sénateurs faites mes compliments ;
Dites-leur qu'au sénat je ne saurais aller.

---

1. Traduit mot à mot. (*Note de Voltaire.*)

ACTE II, SCÈNE VI.

(A part.)   (A part.)

Je ne peux (c'est très-faux), je n'ose (encor plus faux).
Dites-leur, Décius, que je ne le veux pas.

CALPHURNIE.

Dites qu'il est malade.

CÉSAR.

Eh quoi! César mentir!

Ai-je au nord de l'Europe étendu mes conquêtes
Pour n'oser dire vrai devant ces vieilles barbes?
Vous direz seulement que je ne le veux pas.

DÉCIUS.

Grand César, dites-moi du moins quelque raison;
Si je n'en disais pas, on me rirait au nez.

CÉSAR.

La raison, Décius, est dans ma volonté :
Je ne veux pas, ce mot suffit pour le sénat,
Mais César vous chérit : mais je vous aime, vous ;
Et, pour vous satisfaire, il faut vous avouer
Qu'au logis aujourd'hui je suis, malgré moi-même,
Retenu par ma femme : elle a rêvé la nuit
Qu'elle a vu ma statue, en fontaine changée,
Jeter par cent canaux des ruisseaux de pur sang.
De vigoureux Romains accouraient en riant;
Et dans ce sang, dit-elle, ils ont lavé leurs mains.
Elle croit que ce songe est un avis des dieux :
Elle m'a conjuré de demeurer chez moi.

DÉCIUS.

Elle interprète mal ce songe favorable;
C'est une vision très-belle et très-heureuse :
Tous ces ruisseaux de sang sortant de la statue,
Ces Romains se baignant dans ce sang précieux,
Figurent que par vous Rome vivifiée
Reçoit un nouveau sang et de nouveaux destins.

CÉSAR.

C'est très-bien expliquer le songe de ma femme.

DÉCIUS.

Vous en serez certain lorsque j'aurai parlé.
Sachez que le sénat va vous couronner roi ;
Et, s'il apprend par moi que vous ne venez pas,
Il est à présumer qu'il changera d'avis.
C'est se moquer de lui, César, que de lui dire :
« Sénat, séparez-vous; vous vous rassemblerez

Lorsque sa femme aura des rêves plus heureux. »
Ils diront tous : « César est devenu timide. »
Pardonnez-moi, César, excusez ma tendresse ;
Vos refus m'ont forcé de vous parler ainsi.
L'amitié, la raison, vous font ces remontrances.
CÉSAR.
Ma femme, je rougis de vos sottes terreurs,
Et je suis trop honteux de vous avoir cédé.
Qu'on me donne ma robe, et je vais au sénat.

SCÈNE VII.

CÉSAR, BRUTUS, LIGARIUS, CIMBER, TRÉBONIUS.
CINNA, CASCA, CALPHURNIE, PUBLIUS.

CÉSAR.
Ah ! voilà Publius qui vient pour me chercher.
PUBLIUS.
Bonjour, César.
CÉSAR.
Soyez bienvenu, Publius.
Eh quoi ! Brutus aussi, vous venez si matin !
Bonjour Casca ; bonjour, Caïus Ligarius.
Je vous ai fait, je crois, moins de mal que la fièvre
Qui ne vous a laissé que la peau sur les os.
Quelle heure est-il ?
BRUTUS.
César, huit heures sont sonnées.
CÉSAR.
Je vous suis obligé de votre courtoisie.
(Antoine entre, et César continue.)
Antoine dans les jeux passe toutes les nuits,
Et le premier debout ! Bonjour, mon cher Antoine.
ANTOINE.
Bonjour, noble César.
CÉSAR.
Va, fais tout préparer :
On doit fort me blâmer de m'être fait attendre.
Cinna, Cimber, et vous, mon cher Trébonius,
J'ai pour une heure entière à vous entretenir.

Au sortir du sénat venez à ma maison ;
Mettez-vous près de moi pour que je m'en souvienne.
TRÉBONIUS.
(A part.)
Je n'y manquerai pas... Va, j'en serai si près
Que tes amis voudraient que j'eusse été bien loin.
CÉSAR.
Allons tous au logis, buvons bouteille ensemble[1],
Et puis en bons amis nous irons au sénat.
BRUTUS, à part.
Ce qui paraît semblable est souvent différent.
Mon cœur saigne en secret de ce que je vais faire.
(Ils sortent tous, et César reste avec Calphurnie.)

SCÈNE VIII.

Le théâtre représente une rue près du Capitole. Un devin, nommé ARTÉMIDORE, *arrive en lisant un papier dans le fond du théâtre.*

ARTÉMIDORE, lisant.

« César, garde-toi de Brutus, prends garde à Cassius ; ne laisse point Casca t'approcher ; observe bien Cinna ; défie-toi de Trébonius ; examine bien Cimber ; Décius Brutus ne t'aime point ; tu as outragé Ligarius ; tous ces gens-là sont animés du même esprit ; ils sont aigris contre César. Si tu n'es pas immortel, prends garde à toi. La sécurité enhardit la conspiration. Que les dieux tout-puissants te défendent !

« Ton fidèle ARTÉMIDORE. »

Prenons mon poste ici. Quand César passera,
Présentons cet écrit ainsi qu'une requête.
Je suis outré de voir que toujours la vertu
Soit exposée aux dents de la cruelle envie.
Si César lit cela, ses jours sont conservés ;
Sinon la destinée est du parti des traîtres.
(Il sort, et se met dans un coin.)
(Porcia arrive avec Lucius.)
PORCIA, à Lucius.
Garçon, cours au sénat, ne me réponds point, vole.
Quoi ! tu n'es pas parti ?

---

1. Toujours la plus grande fidélité dans la traduction. (*Note de Voltaire.*)

LUCIUS.
Donnez-moi donc vos ordres.
PORCIA.
Je voudrais que déjà tu fusses de retour
Avant que t'avoir dit ce que tu dois y faire.
O constance! ô courage! animez mes esprits,
Séparez par un roc mon cœur d'avec ma langue.
Je ne suis qu'une femme et pense comme un homme.
(A Lucius.)
Quoi! tu restes ici?
LUCIUS.
Je ne vous comprends pas;
Que j'aille au Capitole, et puis que je revienne,
Sans me dire pourquoi, ni ce que vous voulez!
PORCIA.
Garçon... tu me diras... comment Brutus se porte;
Il est sorti malade... attends... observe bien...
Tout ce que César fait, quels courtisans l'entourent....
Reste un moment, garçon. Quel bruit, quels cris j'entends!
LUCIUS.
Je n'entends rien, madame.
PORCIA.
Ouvre l'oreille, écoute;
J'entends des voix, des cris, un bruit de combattants,
Que le vent porte ici du haut du Capitole.
LUCIUS.
Madame, en vérité, je n'entends rien du tout.
(Artémidore entre.)

SCÈNE IX.

PORCIA, ARTÉMIDORE.

PORCIA.
Approche ici, l'ami; que fais-tu? d'où viens-tu?
ARTÉMIDORE.
Je viens de ma maison.
PORCIA.
Sais-tu quelle heure il est?
ARTÉMIDORE.
Neuf heures.

ACTE II, SCÈNE IX.

PORCIA.
Mais César est-il au Capitole?
ARTÉMIDORE.
Pas encor; je l'attends ici sur son chemin.
PORCIA.
Tu veux lui présenter quelque placet, sans doute?
ARTÉMIDORE.
Oui; puisse ce placet plaire aux yeux de César!
Que César s'aime assez pour m'écouter, madame!
Mon placet est pour lui beaucoup plus que pour moi.
PORCIA.
Que dis-tu? L'on ferait quelque mal à César?
ARTÉMIDORE.
Je ne sais ce qu'on fait; je sais ce que je crains.
Bonjour, madame, adieu; la rue est fort étroite;
Les sénateurs, préteurs, courtisans, demandeurs,
Font une telle foule, une si grande presse,
Qu'en ce passage étroit ils pourraient m'étouffer;
Et j'attendrai plus loin César à son passage.

(Il sort.)

PORCIA.
Allons, il faut le suivre... Hélas! quelle faiblesse
Dans le cœur d'une femme! Ah, Brutus! ah, Brutus!
Puissent les immortels hâter ton entreprise!
Mais cet homme, grands dieux! m'aurait-il écoutée?
Ah! Brutus à César va faire une requête
Qui ne lui plaira pas. Ah! je m'évanouis.

(A Lucius.)

Va, Lucius, cours vite, et dis bien à Brutus...
Que je suis très-joyeuse, et revole me dire...
LUCIUS.
Quoi?
PORCIA.
Tout ce que Brutus t'aura dit pour Porcie.

FIN DU DEUXIÈME ACTE.

ACTE TROISIÈME.

SCÈNE I.

Le théâtre représente une rue qui mène au Capitole : le Capitole est ouvert. CÉSAR *marche au son des trompettes, avec* BRUTUS, CASSIUS, CIMBER, DÉCIUS, CASCA, CINNA, TRÉBONIUS, ANTOINE, LÉPIDE, POPILIUS, PUBLIUS, ARTÉMIDORE, ET UN AUTRE DEVIN.

CÉSAR, à l'autre devin.
Eh bien! nous avons donc ces ides si fatales!
LE DEVIN.
Oui, ce jour est venu, mais il n'est pas passé.
ARTÉMIDORE, d'un autre côté.
Salut au grand César, qu'il lise ce mémoire.
DÉCIUS, du côté opposé.
Trébonius par moi vous en présente un autre ;
Daignez le parcourir quand vous aurez le temps.
ARTÉMIDORE.
Lisez d'abord le mien ; il est de conséquence ;
Il vous touche de près ; lisez, noble César.
CÉSAR.
L'affaire me regarde? Elle est donc la dernière.
ARTÉMIDORE.
Eh! ne différez pas, lisez dès ce moment.
CÉSAR.
Je pense qu'il est fou.
PUBLIUS, à Artémidore.
Allons, maraud, fais place.
CASSIUS.
Peut-on donner ici des placets dans les rues!
Va-t'en au Capitole.

ACTE III, SCÈNE I.

POPILIUS, s'approchant de Cassius.
Écoutez, Cassius ;
Puisse votre entreprise avoir un bon succès !
CASSIUS, étonné.
Comment ! quelle entreprise ?
POPILIUS.
Adieu ; portez-vous bien.
BRUTUS, à Cassius.
Que vous a dit tout bas Popilius Léna ?
CASSIUS.
Il parle de succès, et de notre entreprise.
Je crains que le projet n'ait été découvert.
BRUTUS.
Il aborde César, il lui parle ; observons.
CASSIUS, à Casca.
Sois donc prêt à frapper, de peur qu'on nous prévienne.
Mais si César sait tout, qu'allons-nous devenir ?
Cassius à César tournerait-il le dos ?
Non, j'aime mieux mourir.
CASCA, à Cassius.
Va, ne prends point d'alarme :
Popilius Léna ne parle point de nous.
Vois comme César rit ; son visage est le même.
CASSIUS, à Brutus.
Ah ! que Trébonius agit adroitement !
Regarde bien, Brutus, comme il écarte Antoine.
DÉCIUS.
Que Métellus commence, et que, dès ce moment,
Pour occuper César, il lui donne un mémoire.
BRUTUS.
Le mémoire est donné. Serrons-nous près de lui.
CINNA, à Casca.
Souviens-toi de frapper, et de donner l'exemple.

CÉSAR s'assied ici, et on suppose qu'ils sont tous dans la salle du sénat.

Eh bien ! tout est-il prêt ? Est-il quelques abus
Que le sénat et moi nous puissions corriger ?
CIMBER, se mettant à genoux devant César.
O très-grand, très-puissant, très-redouté César !
Je mets très-humblement ma requête à vos pieds.
CÉSAR.
Cimber, je t'avertis que ces prosternements,

Ces génuflexions, ces basses flatteries,
Peuvent sur un cœur faible avoir quelque pouvoir,
Et changer quelquefois l'ordre éternel des choses
Dans l'esprit des enfants. Ne t'imagine pas
Que le sang de César puisse se fondre ainsi.
Les prières, les cris, les vaines simagrées,
Les airs d'un chien couchant peuvent toucher un sot ;
Mais le cœur de César résiste à ces bassesses.
Par un juste décret ton frère est exilé ;
Flatte, prie à genoux, et lèche-moi les pieds ;
Va, je te rosserai comme un chien ; loin d'ici [1] !
Lorsque César fait tort il a toujours raison.

CIMBER, en se retournant vers les conjurés.

N'est-il point quelque voix plus forte que la mienne,
Qui puisse mieux toucher l'oreille de César,
Et fléchir son courroux en faveur de mon frère ?

BRUTUS, en baisant la main de César.

Je baise cette main, mais non par flatterie ;
Je demande de toi que Publius Cimber
Soit dans le même instant rappelé de l'exil.

CÉSAR.

Quoi ! Brutus !

CASSIUS.

Ah ! pardon, César ; César, pardon !
Oui, Cassius s'abaisse à te baiser les pieds
Pour obtenir de toi qu'on rappelle Cimber.

CÉSAR.

On pourrait me fléchir si je vous ressemblais :
Qui ne saurait prier résiste à des prières.
Je suis plus affermi que l'étoile du nord,
Qui dans le firmament n'a point de compagnon [2]
Constant de sa nature, immobile comme elle.
Les vastes cieux sont pleins d'étoiles innombrables :
Ces astres sont de feu, tous sont étincelants,
Un seul ne change point, un seul garde sa place.
Telle est la terre entière : on y voit des mortels,
Tous de chair et de sang, tous formés pour la crainte.
Dans leur nombre infini, sachez qu'il n'est qu'un homme
Qu'on ne puisse ébranler, qui soit ferme en son rang,

---

1. Traduit fidèlement. (*Note de Voltaire.*)
2. Traduit avec la plus grande exactitude. (*Note de Voltaire.*)

Qui sache résister; et cet homme, c'est moi.
Je veux vous faire voir que je suis inflexible :
Tel je parus à tous quand je bannis Cimber,
Et tel je veux paraître en ne pardonnant point.

CIMBER.

O César !

CÉSAR.

Prétends-tu faire ébranler l'Olympe?

DÉCIUS, à genoux.

Grand César !

CÉSAR, repoussant Décius.

Va, Brutus en vain l'a demandé.

CASCA, levant la robe de César.

Poignards, parlez pour nous.

(Il le frappe; les autres conjurés le secondent. César se débat contre eux, il marche en chancelant, tout percé de coups, et vient jusqu'auprès de Brutus, qui, en détournant le corps, le frappe comme à regret. César tombe, en s'écriant :)

Et toi, Brutus, aussi ?

CINNA.

Liberté, liberté !

CIMBER.

La tyrannie est morte.
Courons tous, et crions : Liberté! dans les rues.

CASSIUS.

Allez à la tribune, et criez : Liberté !

BRUTUS, aux sénateurs et au peuple, qui arrivent.

Ne vous effrayez point, ne fuyez point, restez.
Peuple, l'ambition vient de payer ses dettes[1]..

CASSIUS.

Brutus, à la tribune.

CIMBER.

Et vous aussi, volez.

BRUTUS.

Où donc est Publius?

CINNA.

Il est tout confondu.

CIMBER.

Soyons fermes, unis; les amis de César
Nous peuvent assaillir.

---

1. Voyez dans la *Correspondance*, la lettre de d'Alembert, du 8 septembre 1762, et la réponse de Voltaire, du 15 septembre 1762. (B.)

BRUTUS.

Non, ne m'en parlez pas.
Ah! c'est vous, Publius; allons, prenez courage,
Soyez en sûreté, vous n'avez rien à craindre,
Ni vous, ni les Romains; parlez au peuple, allez.

CASSIUS.

Publius, laissez-nous; la foule qui s'empresse
Pourrait vous faire mal; vous êtes faible et vieux.

BRUTUS.

Allez; qu'aucun Romain ne prenne ici l'audace
De soutenir ce meurtre, et de parler pour nous;
C'est un droit qui n'est dû qu'aux seuls vengeurs de Rome.

SCÈNE II.

LES CONJURÉS, TRÉBONIUS.

CASSIUS.

Que fait Antoine?

TRÉBONIUS.

Il fuit interdit, égaré;
Il fuit dans sa maison : pères, mères, enfants,
L'effroi dans les regards, et les cris à la bouche,
Pensent qu'ils sont au jour du jugement dernier.

BRUTUS.

O destin! nous saurons bientôt tes volontés.
On connaît qu'on mourra; l'heure en est inconnue :
On compte sur des jours dont le temps est le maître.

CASSIUS.

Eh bien! lorsqu'en mourant on perd vingt ans de vie,
On ne perd que vingt ans de craintes de la mort.

BRUTUS.

Je l'avoue : ainsi donc la mort est un bienfait;
Ainsi César en nous a trouvé des amis;
Nous avons abrégé le temps qu'il eut à craindre.

CASCA.

Arrêtez; baissons-nous sur le corps de César;
Baignons tous dans son sang nos mains jusques au coude[1];

---

1. C'est ici qu'on voit principalement l'esprit différent des nations. Cette horrible barbarie de Casca ne serait jamais tombée dans l'idée d'un auteur français;

Trempons-y nos poignards, et marchons à la place :
Là, brandissant en l'air ces glaives sur nos têtes,
Crions à haute voix : « Paix ! liberté ! franchise ! »
            CASSIUS.
Baissons-nous, lavons-nous dans le sang de César.
            (Ils trempent tous leurs épées dans le sang du mort.)
Cette superbe scène un jour sera jouée
Dans de nouveaux États en accents inconnus.
            BRUTUS.
Que de fois on verra César sur les théâtres,
César mort et sanglant aux pieds du grand Pompée,
Ce César si fameux, plus vil que la poussière !
            CASSIUS.
Oui, lorsque l'on jouera cette pièce terrible,
Chacun nous nommera vengeurs de la patrie.

nous ne voulons point qu'on ensanglante le théâtre, si ce n'est dans les occasions extraordinaires, dans lesquelles on sauve tant qu'on peut cette atrocité dégoûtante. (*Note de Voltaire.*)

FIN DE JULES CÉSAR.

OBSERVATIONS

SUR LE *JULES CÉSAR* DE SHAKESPEARE.

Voilà tout ce qui regarde la conspiration contre César. On peut la comparer à celle de Cinna et d'Émilie contre Auguste, et mettre en parallèle ce qu'on vient de lire avec le récit de Cinna et la délibération du second acte : on trouvera quelque différence entre ces deux ouvrages. Le reste de la pièce est une suite de la mort de César. On apporte son corps dans la place publique ; Brutus harangue le peuple ; Antoine le harangue à son tour ; il soulève le peuple contre les conjurés : et le comique est encore joint à la terreur dans ces scènes comme dans les autres. Mais il y a des beautés de tous les temps et de tous les lieux.

On voit ensuite Antoine, Octave et Lépide délibérer sur leur triumvirat et sur les proscriptions. De là on passe à Sardis sans aucun intervalle. Brutus et Cassius se querellent : Brutus reproche à Cassius qu'il vend tout pour de l'argent, et qu'il a *des démangeaisons dans les mains*. On passe de Sardis en Thessalie ; la bataille de Philippes se donne ; Cassius et Brutus se tuent l'un après l'autre.

On s'étonne qu'une nation célèbre par son génie et par ses succès dans les arts et dans les sciences puisse se plaire à tant d'irrégularités monstrueuses, et voie souvent encore avec plaisir, d'un côté, César s'exprimant quelquefois en héros, quelquefois en capitan de farce ; et de l'autre, des charpentiers, des savetiers, et des sénateurs mêmes, parlant comme on parle aux halles.

Mais on sera moins surpris quand on saura que la plupart des pièces de Lope de Vega et de Calderon, en Espagne, sont dans le même goût. Nous donnerons la traduction de l'*Héraclius* de Calderon[1], qu'on pourra comparer à l'*Héraclius* de Corneille : on y verra le même génie que dans Shakespeare, la même ignorance,

---

1 Voyez cette traduction de l'*Héraclius* de Calderon.

la même grandeur, des traits d'imagination pareils, la même enflure, des grossièretés toutes semblables; des inconséquences aussi frappantes, et le même mélange du béguin de Gilles et du cothurne de Sophocle.

Certainement l'Espagne et l'Angleterre ne se sont pas donné le mot pour applaudir pendant près d'un siècle à des pièces qui révoltent les autres nations. Rien n'est plus opposé d'ailleurs que le génie anglais et le génie espagnol. Pourquoi donc ces deux nations différentes se réunissent-elles dans un goût si étrange? Il faut qu'il y en ait une raison, et que cette raison soit dans la nature.

Premièrement, les Anglais, les Espagnols, n'ont jamais rien connu de mieux; secondement, il y a un grand fonds d'intérêt dans ces pièces si bizarres et si sauvages. J'ai vu jouer le *César* de Shakespeare, et j'avoue que, dès la première scène, quand j'entendis le tribun reprocher à la populace de Rome son ingratitude envers Pompée, et son attachement à César, vainqueur de Pompée, je commençai à être intéressé, à être ému. Je ne vis ensuite aucun conjuré sur la scène qui ne me donnât de la curiosité; et, malgré tant de disparates ridicules, je sentis que la pièce m'attachait.

Troisièmement, il y a beaucoup de naturel; ce naturel est souvent bas, grossier et barbare. Ce ne sont point des Romains qui parlent; ce sont des campagnards des siècles passés qui conspirent dans un cabaret; et César, qui leur propose de boire bouteille[1], ne ressemble guère à César. Le ridicule est outré, mais il n'est point languissant; des traits sublimes y brillent de temps en temps comme des diamants répandus sur de la fange.

J'avoue qu'en tout j'aimais mieux encore ce monstrueux spectacle que de longues confidences d'un froid amour, ou des raisonnements de politique encore plus froids.

Enfin une quatrième raison, qui, jointe aux trois autres, est d'un poids considérable, c'est que les hommes, en général, aiment le spectacle; ils veulent qu'on parle à leurs yeux : le peuple se plaît à voir des cérémonies pompeuses, des objets extraordinaires, des orages, des armées rangées en bataille, des épées nues, des combats, des meurtres, du sang répandu; et beaucoup de grands, comme on l'a déjà dit[2], sont peuple. Il faut avoir l'esprit

---

1. Acte II, scène vii : voyez page 475.
2. Je n'ose affirmer que Voltaire entende parler de ce qu'il a dit dans sa *Dissertation sur la tragédie*, en tête de *Sémiramis*. Voy. t. III du *Théâtre*, page 500. (B.)

très-cultivé, et le goût formé, comme les Italiens l'ont eu au xvie siècle, et les Français au xviie, pour ne vouloir rien que de raisonnable, rien que de sagement écrit, et pour exiger qu'une pièce de théâtre soit digne de la cour des Médicis ou de celle de Louis XIV.

Malheureusement Lope de Vega et Shakespeare eurent du génie dans un temps où le goût n'était point du tout formé ; ils corrompirent celui de leurs compatriotes, qui, en général, étaient alors extrêmement ignorants. Plusieurs auteurs dramatiques, en Espagne et en Angleterre, tâchèrent d'imiter Lope et Shakespeare ; mais, n'ayant pas leurs talents, ils n'imitèrent que leurs fautes ; et par là ils servirent encore à établir la réputation de ceux qu'ils voulaient surpasser.

Nous ressemblerions à ces nations si nous avions été dans le même cas. Leur théâtre est resté dans une enfance grossière, et le nôtre a peut-être acquis trop de raffinement. J'ai toujours pensé qu'un heureux et adroit mélange de l'action qui règne sur le théâtre de Londres et de Madrid, avec la sagesse, l'élégance, la noblesse, la décence du nôtre, pourrait produire quelque chose de parfait, si pourtant il est possible de rien ajouter à des ouvrages tels qu'*Iphigénie* et *Athalie*.

Je nomme ici *Iphigénie* et *Athalie*, qui me paraissent être, de toutes les tragédies qu'on ait jamais faites, celles qui approchent le plus de la perfection. Corneille n'a aucune pièce parfaite ; on l'excuse sans doute ; il était presque sans modèle et sans conseil ; il travaillait trop rapidement ; il négligeait sa langue, qui n'était pas perfectionnée encore : il ne luttait pas assez contre les difficultés de la rime, qui est le plus pesant de tous les jougs, et qui force si souvent à ne point dire ce qu'on veut dire. Il était inégal comme Shakespeare, et plein de génie comme lui ; mais le génie de Corneille était à celui de Shakespeare ce qu'un seigneur est à l'égard d'un homme du peuple né avec le même esprit que lui.

FIN DES OBSERVATIONS SUR LE JULES CÉSAR.

L'HÉRACLIUS

ESPAGNOL

ou

LA COMÉDIE FAMEUSE

DANS CETTE VIE TOUT EST VÉRITÉ
ET TOUT MENSONGE.

FÊTE REPRÉSENTÉE DEVANT LL. MM., DANS LE SALON ROYAL DU PALAIS

PAR DON PEDRO CALDERON DE LA BARCA

Traduit par VOLTAIRE.

PRÉFACE

DU TRADUCTEUR[1].

Il s'est élevé depuis longtemps une dispute assez vive pour savoir quel était l'original, ou l'*Héraclius* de Corneille, ou celui de Calderon. N'ayant rien vu de satisfaisant dans les raisons que chaque parti alléguait, j'ai fait venir d'Espagne l'*Héraclius* de Calderon, intitulé *En esta vida todo es verdad y todo mentira*, imprimé séparément in-4° avant que le recueil de Calderon parût au jour. C'est un exemplaire extrêmement rare, et que le savant don Gregorio Mayans y Siscar[2], ancien bibliothécaire du roi d'Espagne, a bien voulu m'envoyer. J'ai traduit cet ouvrage, et le lecteur attentif verra aisément quelle est la différence du genre employé par Corneille et de celui de Calderon; et il découvrira au premier coup d'œil quel est l'original.

Le lecteur a déjà fait la comparaison des théâtres français et anglais, en lisant la conspiration de Brutus et de Cassius après avoir lu celle de Cinna[3]. Il comparera de même le théâtre espagnol avec le français. Si, après cela, il reste des disputes, ce ne sera pas entre les personnes éclairées.

---

1. Voltaire donna cette traduction et analyse d'*Héraclius* dans son édition du *Théâtre de P. Corneille*, au tome V de l'édition de 1764; au tome IV de l'édition in-4° de 1774, c'était au devant de l'*Héraclius* de Corneille. (B.)

2. Voyez, dans la *Correspondance*, la lettre que Voltaire lui adressa le 15 juin 1762.

3. C'était à la suite de *Cinna* que Voltaire avait donné sa traduction du *Jules César* de Shakespeare.

PERSONNAGES

PHOCAS.
HÉRACLIUS, fils de Maurice.
LÉONIDE, fils de Phocas.
ISMÉNIE.
ASTOLPHE, montagnard de Sicile, autrefois ambassadeur de Maurice vers Phocas.
CINTIA, reine de Sicile.
LISIPPO, sorcier.
FRÉDÉRIC, prince de Calabre.
LIBIA, fille du sorcier.
LUQUET, paysan gracieux, ou bouffon.
SABANION, autre bouffon, ou gracieux.
MUSICIENS ET SOLDATS.

L'HÉRACLIUS

ESPAGNOL

OU

LA COMÉDIE FAMEUSE

FÊTE

PREMIÈRE JOURNÉE

Le théâtre représente une partie du mont Etna : d'un côté, on bat le tambour et on sonne de la trompette; de l'autre, on joue du luth et du téorbe : des soldats s'avancent à droite, et Phocas paraît le dernier; des dames s'avancent à gauche, et Cintia, reine de Sicile, paraît la dernière. Les soldats crient : *Phocas vive!* Phocas répond : « *Vive Cintia!* allons, soldats, dites, en la voyant : *Vive Cintia!* » Alors les soldats et les dames crient de toute leur force : *Vivent Cintia et Phocas!*

Quand on a bien crié, Phocas ordonne à ses tambours et à ses trompettes de battre et de sonner en l'honneur de Cintia. Cintia ordonne à ses musiciens de chanter en l'honneur de Phocas; la musique chante ce couplet :

> Sicile, en cet heureux jour[1],
> Vois ce héros plein de gloire,
> Qui règne par la victoire,
> Mais encor plus par l'amour.

Après qu'on a chanté ces beaux vers, Cintia rend hommage de la Sicile à Phocas; elle se félicite d'être la première à lui baiser la main. « Nous sommes tous heureux, lui dit-elle, de nous mettre aux pieds d'un héros si glorieux. » Ensuite cette belle reine, se tournant vers les spectateurs, leur dit : « C'est la crainte

---

1. Il y a dans l'original, mot à mot :

> Que ce Mars jamais vaincu,
> Que ce César toujours vainqueur,
> Vienne dans une heure fortunée
> Aux montagnes de Trinacrie.

(*Note de Voltaire.*)

qui me fait parler ainsi; il faut bien faire des compliments à un tyran. » La musique recommence alors, et on répète que Phocas est venu en Sicile par un heureux hasard. L'empereur Phocas prend alors la parole, et fait ce récit, qui, comme on voit, est très à propos :

Il est bien force que je vienne ici, belle Cintia, dans une heure fortunée ; car j'y trouve des applaudissements, et je pouvais y entendre des injures. Je suis né en Sicile, comme vous savez ; et, quoique couronné de tant de lauriers, j'ai craint qu'en voulant revoir les montagnes qui ont été mon berceau, je ne trouvasse ici plus d'opposition que de fêtes, attendu que personne n'est aussi heureux dans sa patrie que chez les étrangers, surtout quand il revient dans son pays après tant d'années d'absence.

Mais voyant que vous êtes politique et avisée, et que vous me recevez si bien dans votre royaume de Sicile, je vous donne ici ma parole, Cintia, que je vous maintiendrai en paix chez vous, et que je n'étancherai ni sur vous ni sur la Sicile la soif hydropique de sang de mon superbe héritage ; et afin que vous sachiez qu'il n'y a jamais eu de si grande clémence, et que personne jusqu'à présent n'a joui d'un tel privilége, écoutez attentivement.

J'ai la vanité d'avouer que ces montagnes et ces bruyères m'ont donné la naissance, et que je ne dois qu'à moi seul, non à un sang illustre, les grandeurs où je suis monté. Avorton de ces montagnes, c'est grâce à ma grandeur que je suis revenu. Vous voyez ces sommets du mont Etna dont le feu et la neige se disputent la cime ; c'est là que j'ai été nourri, comme je vous l'ai dit ; je n'y connus point de père, je ne fus entouré que de serpents ; le lait des louves fut la nourriture de mon enfance ; et dans ma jeunesse, je ne mangeai que des herbes. Élevé comme une brute, la nature douta longtemps si j'étais homme ou bête, et résolut enfin, en voyant que j'étais l'un et l'autre, de me faire commander aux hommes et aux bêtes. Mes premiers vassaux furent les griffes des oiseaux, et les armes des hommes contre lesquels je combattis : leurs corps me servirent de viande, et leurs peaux de vêtements.

Comme je menais cette belle vie, je rencontrai une troupe de bandits qui, poursuivis par la justice, se retiraient dans les épaisses forêts de ces montagnes, et qui y vivaient de rapine et de carnage. Voyant que j'étais une brute raisonnable, ils me choisirent pour leur capitaine : nous mîmes à contribution le plat pays ; mais bientôt, nous élevant à de plus grandes entreprises, nous nous emparâmes de quelques villes bien peuplées ; mais ne parlons pas des violences que j'exerçai. Votre père régnait alors en Sicile, et il était assez puissant pour me résister ; parlons de l'empereur Maurice qui régnait alors à Constantinople. Il passa en Italie pour se venger de ce qu'on lui disputait la souveraineté des fiefs du saint empire romain. Il ravagea toutes les campagnes, et il n'y eut ni hameau ni ville qui ne tremblât en voyant les aigles de ses étendards.

Votre père le roi de Sicile, qui voyait l'orage approcher de ses États, nous accorda un pardon général, à nos voleurs et à moi : (ô sottes raisons d'État !) il eut recours à mes bandits comme à des troupes auxiliaires, et bientôt mon métier infâme devint une occupation glorieuse. Je combattis l'empereur Maurice avec tant de succès qu'il mourut de ma main dans une bataille. Toutes ses grandeurs, tous ses triomphes, s'évanouirent ; son armée me nomma son capitaine par terre et par mer ; alors je les menai à Constantinople, qui se mit en défense ; je mis le siége devant ses murs pendant cinq années, sans que la chaleur des étés, ni le froid des hivers, ni la colère de la neige, ni la violence du soleil, me fissent quitter mes tranchées : enfin les habitants, presque ensevelis sous leurs ruines et demi-morts de faim, se soumirent à regret, et me nommèrent César. Depuis ma première entreprise jusqu'à la dernière, qui a été la réduction de l'Orient, j'ai combattu pendant trente années : vous pouvez vous en apercevoir à mes cheveux blancs, que ma main ridée et malpropre peigne assez rarement.

Me voilà à présent revenu en Sicile ; et quoiqu'on puisse présumer que j'y reviens par la petite vanité de montrer à mes concitoyens celui qu'ils ont vu bandit, et qui est à présent empereur, j'ai pourtant encore deux autres raisons de mon retour : ces deux raisons sont des propositions contraires ; l'une est la rancune, et l'autre l'amour. C'est ici, Cintia, qu'il faut me prêter attention.

Eudoxe, qui était femme et amante de Maurice, et qui le suivait dans toutes ses courses, la nuit comme le jour (à ce que m'ont dit plusieurs de ses sujets), fut surprise des douleurs de l'enfantement le jour que j'avais tué son mari dans la bataille : elle accoucha dans les bras d'un vieux gentilhomme, nommé Astolphe, qui était venu en ambassade vers moi de la part de l'empereur Maurice, un peu avant la bataille, je ne sais pour quelle affaire. Je me souviens très-bien de cet Astolphe ; et, si je le voyais, je le reconnaîtrais. Quoi qu'il en soit, l'impératrice Eudoxe donna le jour à un petit enfant, si pourtant on peut donner le jour dans les ténèbres. La mère mourut en accouchant de lui. Le bonhomme Astolphe, se voyant maître de cet enfant, craignit qu'on ne le remît entre mes mains : on prétend qu'il s'est enfermé avec lui dans les cavernes du mont Etna, et on ne sait aujourd'hui s'il est mort ou vivant.

Mais laissons cela, et passons à une autre aventure : elle n'est pas moins étrange, et cependant elle ne paraîtra pas invraisemblable ; car deux aventures pareilles peuvent fort bien arriver. On n'admire les historiens, et on ne tire du profit de leur lecture, que quand la vérité de l'histoire tient du prodige.

Il faut que vous sachiez qu'il y avait une jeune paysanne nommée Éryphile. L'amour aurait juré qu'elle était reine, puisqu'en effet l'empire est dans la beauté ; elle fut dame de mes pensées : il n'y a, comme vous savez, si fière beauté qui ne se rende à l'amour. Or, madame, le jour qu'elle me donna rendez-vous dans son village, je la laissai grosse. Je mis auprès d'elle un confident attentif.

Quand j'eus vaincu et tué l'empereur Maurice, ce confident m'apprit qu'à peine la nouvelle en était venue aux oreilles d'Éryphile, que, ne pouvant supporter mon absence, elle résolut de venir me trouver : elle prit le chemin des montagnes ; les douleurs de l'enfantement la surprirent en chemin dans un désert : mon confident, qui l'accompagnait, alla chercher du secours ; et voyant de loin une petite lumière, il y courut. Pendant ce temps-là un habitant de ces lieux incultes arriva aux cris d'Éryphile ; elle lui dit qui elle était, et ne lui cacha point que j'étais le père de l'enfant : elle crut l'intéresser davantage par cette confidence ; et craignant de mourir dans les douleurs qu'elle ressentait, elle remit entre les mains de cet inconnu mon chiffre gravé sur une lame d'or, dont je lui avais fait présent.

Cependant mon confident revenait avec du monde : l'inconnu disparut aussitôt, emportant avec lui mon fils, et le signe avec lequel on pouvait le reconnaître. La belle Éryphile mourut, sans qu'il nous ait été jamais possible de retrouver ni le voleur ni le vol. Je vous ai déjà dit que la guerre et mes victoires ne m'ont pas laissé le temps de faire les recherches nécessaires. Aujourd'hui, comme tout l'Orient est calme, ainsi que je vous l'ai dit, je reviens dans ma patrie, rempli des deux sentiments de tendresse et de haine, pour m'informer de deux vies qui me tourmentent : l'une est celle du fils de Maurice, l'autre de mon propre fils.

Je crains qu'un jour le fils de Maurice n'hérite de l'empire, je crains que le mien ne périsse ; j'ignore même encore si cet enfant est un fils ou une fille. Je veux n'épargner ni soins ni peines ; je chercherai par toute l'île, arbre par arbre, branche par branche, feuille par feuille, pierre par pierre, jusqu'à ce que je trouve ou que je ne trouve pas, et que mes espérances et mes craintes finissent.

CINTIA.

Si j'avais su votre secret plus tôt, j'aurais fait toutes les diligences possibles; mais je vais vous seconder.

PHOCAS.

Quel repos peut avoir celui qui craint et qui souhaite? Allons, ne différons point.

CINTIA, à ses femmes.

Allons, vous autres, pour prémices de la joie publique, recommencez vos chants.

PHOCAS.

Et vous autres, battez du tambour, et sonnez de la trompette.

CINTIA.

Faites redire aux échos :

PHOCAS.

Faites résonner vos différentes voix.

LE CHOEUR.

Sicile, en cet heureux jour,
Vois ce héros plein de gloire,
Qui règne par la victoire,
Mais encor plus par l'amour.

UNE PARTIE DU CHOEUR.

Que Cintia vive! vive Cintia!

L'AUTRE PARTIE.

Que Phocas vive! vive Phocas!

On entend ici une voix qui crie derrière le théâtre : *Meurs!*

PHOCAS.

Écoutez, suspendez vos chants : quelle est cette voix qui contredit l'écho, et qui fait entendre tout le contraire de ces cris: Vive Phocas!

LIBIA, derrière le théâtre.

Meurs de ma malheureuse main!

CINTIA.

Quelle est cette femme qui crie? Nous voilà tombés d'une peine dans une autre : c'est une femme qui paraît belle; elle est toute troublée; elle descend de la montagne; elle court; elle est prête à tomber.

PHOCAS.

Secourons-la; j'arriverai le premier.

LIBIA.

Meurs de ma main, malheureuse, et non pas des mains d'une bête!

PHOCAS, en tendant les bras à Libia lorsqu'elle est prête à tomber du penchant de la montagne.

Tu ne mourras pas; je te soutiendrai, je serai l'Atlas du ciel de ta beauté : tu es en sûreté; reprends tes esprits.

CINTIA, à Libia.

Dis-nous qui tu es.

LIBIA.

Je suis Libia, fille du magicien Lisippo, la merveille de la Calabre. Mon père a prédit des malheurs au duc de Calabre son maître; il s'est retiré depuis en Sicile, dans une cabane, où il a pour tout meuble, son almanach, des sphères, des astrolabes, et des quarts-de-cercle. Nous partageons entre nous deux le ciel et la terre : il fait des prédictions, et j'ai soin du ménage; je vais à la chasse; je suivais une biche que j'avais blessée, lorsque j'ai entendu des tambours et des trompettes d'un côté, et de la musique de l'autre. Étonnée de ce bruit de guerre et de paix, j'ai voulu m'approcher, lorsqu'au milieu de ces précipices j'ai vu une espèce de bête en forme d'homme, ou une espèce d'homme en forme de bête; c'est un squelette tout courbé, une anatomie ambulante; sa barbe et ses cheveux sales couvraient en partie un visage sillonné de ces rides que le Temps, ce maudit laboureur, imprime sur les sillons de notre vie pour n'y plus rien semer. Cet homme ressemblait à ces vieux étançons de bâtiments ruinés, qui, étant sans écorce et sans racine, sont prêts à tomber au moindre vent. Cette maigre face, en venant à moi, m'a toute remplie de crainte.

PHOCAS.

Femme, ne crains rien; ne poursuis pas : tu ne sais pas quelles idées tu rappelles dans ma mémoire; mais où ne trouve-t-on pas des hommes et des bêtes? Il y a là dedans quelque chose de prodigieux.

CINTIA.

Vous pourrez trouver aisément cet homme; car, si les tambours et la musique l'ont fait sortir de sa caverne, il n'y a qu'à recommencer, et il approchera.

PHOCAS.

Vous dites bien, faisons entendre encore nos instruments.

La musique recommence, et on chante encore :

> Sicile, en cet heureux jour,
> Vois ce héros plein de gloire, etc.

Après cette reprise, l'empereur Phocas, la reine Cintia, et la fille du sorcier, s'en vont à la piste de cette vieille figure qui donne de l'inquiétude à Phocas, sans qu'on sache trop pourquoi il a cette inquiétude. Alors ce vieillard, qui est Astolphe lui-même, vient sur le théâtre avec Héraclius, fils de Maurice, et Léonide, fils de Phocas. Ils sont tous trois vêtus de peaux de bêtes.

ASTOLPHE.

Est-il possible, téméraires, que vous soyez sortis de votre caverne sans ma permission, et que vous hasardiez ainsi votre vie et la mienne ?

LÉONIDE.

Que voulez-vous ? cette musique m'a charmé ; je ne suis pas le maître de mes sens.

On entend alors le son des tambours.

HÉRACLIUS.

Ce bruit m'enflamme, me ravit hors de moi ; c'est un volcan qui embrase toutes les puissances de mon âme.

LÉONIDE.

Quand, dans le beau printemps, les doux zéphyrs et le bruit des ruisseaux s'accordent ensemble, et que les gosiers harmonieux des oiseaux chantent la bienvenue des roses et des œillets, leur musique n'approche pas de celle que je viens d'entendre.

HÉRACLIUS.

J'ai entendu souvent, dans l'hiver, les gémissements de la croupe des montagnes, sous la rage des ouragans, le bruit de la chute des torrents, celui de la colère des nuées : mais rien n'approche de ce que je viens d'entendre ; c'est un tonnerre dans un temps serein ; il flatte mon cœur et l'embrase.

ASTOLPHE.

Ah ! je crains bien que ces deux échos, dont l'un est si doux et l'autre si terrible, ne soient la ruine de tous trois.

HÉRACLIUS ET LÉONIDE, ensemble.

Comment l'entendez-vous ?

ASTOLPHE.

C'est qu'en sortant de ma caverne pour voir où vous étiez, j'ai rencontré dans cette demeure obscure une femme, et je crains bien qu'elle ne dise qu'elle m'a vu.

HÉRACLIUS.

Et pourquoi, si vous avez vu une femme, ne m'avez-vous pas appelé pour voir comment une femme est faite? Car, selon ce que vous m'avez dit, de toutes les choses du monde que vous m'avez nommées, rien n'approche d'une femme; je ne sais quoi de doux et de tendre se coule dans l'âme à son seul nom, sans qu'on puisse dire pourquoi.

LÉONIDE.

Moi, je vous remercie de ne m'avoir pas appelé pour la voir. Une femme excite en moi un sentiment tout contraire; car, d'après ce que vous en avez dit, le cœur tremble à son nom, comme s'apercevant de son danger; ce nom seul laisse dans l'âme je ne sais quoi qui la tourmente sans qu'elle le sache.

ASTOLPHE.

Ah! Héraclius, que tu juges bien! Ah! Léonide, que tu penses à merveille!

HÉRACLIUS.

Mais comment se peut-il faire qu'en disant des choses contraires nous ayons tous deux raison?

ASTOLPHE.

C'est qu'une femme est un tableau à deux visages. Regardez-la d'un sens, rien n'est si agréable; regardez-la d'un autre sens, rien n'est si terrible : c'est le meilleur ami de notre nature; c'est notre plus grand ennemi; la moitié de la vie de l'âme, et quelquefois la moitié de la mort; point de plaisir sans elle, point de douleur sans elle aussi; on a raison de la craindre, on a raison de l'estimer. Sage est qui s'y fie, et sage qui s'en défie. Elle donne la paix et la guerre, l'allégresse et la tristesse : elle blesse et elle guérit : c'est de la thériaque et du poison. Enfin, elle est comme la langue; il n'y a rien de si bon quand elle est bonne, et rien de si mauvais quand elle est mauvaise, etc.

LÉONIDE.

S'il y a tant de bien et tant de mal dans la femme, pourquoi n'avez-vous pas permis que nous connussions ce bien par expérience pour en jouir, et ce mal pour nous en garantir?

HÉRACLIUS.

Léonide a très-bien parlé. Jusqu'à quand, notre père, nous refuserez-vous notre liberté; et quand nous instruirez-vous qui vous êtes et qui nous sommes?

ASTOLPHE.

Ah! mes enfants, si je vous réponds, vous avancez ma mort. Vous demandez qui vous êtes; sachez qu'il est dangereux pour vous de sortir d'ici. La raison qui m'a forcé à vous cacher votre sort, c'est l'empereur Héraclius, cet Atlas chrétien.

<small>Cette conversation est interrompue par un bruit de chasse. Héraclius et Léonide s'échappent, excités par la curiosité. Les deux paysans gracieux, c'est-à-dire les deux bouffons de la pièce, viennent parler au bonhomme Astolphe, qui craint toujours d'être découvert. Cintia et Héraclius sortent d'une grotte.</small>

HÉRACLIUS.

Qu'est-ce que je vois ?

CINTIA.

Quel est cet objet?

HÉRACLIUS.

Quel bel animal !

CINTIA.

La vilaine bête!

HÉRACLIUS.

Quel divin aspect !

CINTIA.

Quelle horrible présence!

HÉRACLIUS.

Autant j'avais de courage, autant je deviens poltron près d'elle.

CINTIA.

Je suis arrivée ici très-irrésolue, et je commence à ne plus l'être.

HÉRACLIUS.

O vous ! poison de deux de mes sens, l'ouïe et la vue, avant de vous voir de mes yeux, je vous avais admirée de mes oreilles : qui êtes-vous ?

CINTIA.

Je suis une femme, et rien de plus.

HÉRACLIUS.

Et qu'y a-t-il de plus qu'une femme ? et, si toutes les autres sont comme vous, comment reste-t-il un homme en vie?

CINTIA.

Ainsi donc vous n'en avez pas vu d'autres?

HÉRACLIUS.

Non ; je présume pourtant que si : j'ai vu le ciel, et, si l'homme est un petit monde, la femme est le ciel en abrégé.

CINTIA.

Tu as paru d'abord bien ignorant, et tu parais bien savant ; si tu as eu une éducation de brute, ce n'est point en brute que

tu parles. Qui es-tu donc, toi qui as franchi le pas de cette montagne avec tant d'audace?
HÉRACLIUS.
Je n'en sais rien.
CINTIA.
Quel est ce vieillard qui écoutait, et qui a fait tant de peur à une femme?
HÉRACLIUS.
Je ne le sais pas.
CINTIA.
Pourquoi vis-tu de cette sorte dans les montagnes?
HÉRACLIUS.
Je n'en sais rien.
CINTIA.
Tu ne sais rien?
HÉRACLIUS.
Ne vous indignez pas contre moi; ce n'est pas peu savoir que de savoir qu'on ne sait rien du tout.
CINTIA.
Je veux apprendre qui tu es, ou je vais te percer de mes flèches.

Cintia est armée d'un arc, et porte un carquois sur l'épaule; elle veut prendre ses flèches.

HÉRACLIUS.
Si vous voulez m'ôter la vie, vous aurez peu de chose à faire.
CINTIA, laissant tomber ses flèches et son carquois.
La crainte me fait tomber les armes.
HÉRACLIUS.
Ce ne sont pas là les plus fortes.
CINTIA.
Pourquoi?
HÉRACLIUS.
Si vous vous servez de vos yeux pour faire des blessures, tenez-vous-en à leurs rayons; quel besoin avez-vous de vos flèches?
CINTIA.
Pourquoi y a-t-il tant de grâce dans ton style, lorsque tant de férocité est sur ton visage? Ou ta voix n'appartient pas à ta peau, ou ta peau n'appartient pas à ta voix. J'étais d'abord en colère, et je deviens une statue de neige.
HÉRACLIUS.
Et moi je deviens tout de feu.

Au milieu de cette conversation arrivent Libia et Léonide, qui se disent à peu près les mêmes choses que Cintia et Héraclius se sont dites. Toutes ces scènes sont pleines de jeu de théâtre. Héraclius et Léonide sortent et rentrent. Pendant qu'ils sont hors de la scène, les deux femmes troquent leurs manteaux; les deux sauvages, en revenant, s'y méprennent, et concluent qu'Astolphe avait raison de dire que la femme est un tableau à double visage. Cependant on cherche de tout côté le vieillard Astolphe, qui s'est retiré dans sa grotte. Enfin Phocas paraît avec sa suite, et trouve Cintia et Libia avec Héraclius et Léonide.

CINTIA, en montrant Héraclius à Phocas.

J'ai rencontré dans les forêts cette figure épouvantable.

LIBIA.

Et moi, j'ai rencontré cette figure horrible; mais je ne trouve point cette vieille carcasse qui m'a fait tant de peur.

PHOCAS, aux deux sauvages.

Vous me faites souvenir de mon premier état : qui êtes-vous?

HÉRACLIUS.

Nous ne savons rien de nous, sinon que ces montagnes ont été notre berceau, et que leurs plantes ont été notre nourriture : nous tenons notre férocité des bêtes qui l'habitent.

PHOCAS.

Jusqu'aujourd'hui j'ai su quelque chose de moi-même; et vous autres, pourrai-je savoir aussi quelque chose de vous si j'interroge ce vieillard qui en sait plus que vous deux?

LÉONIDE.

Nous n'en savons rien.

HÉRACLIUS.

Tu n'en sauras rien.

PHOCAS.

Comment! je n'en saurai rien? Qu'on examine toutes les grottes, tous les buissons, et tous les précipices. Les endroits les plus impénétrables sont sans doute sa demeure; c'est là qu'il faut chercher.

UN SOLDAT.

Je vois ici l'entrée d'une caverne toute couverte de branches.

LIBIA.

Oui, je la reconnais; c'est de là qu'est sorti ce spectre qui m'a fait tant de peur.

PHOCAS, à Libia.

Eh bien! entrez-y avec des soldats, et regardez au fond.

Héraclius et Léonide se mettent à l'entrée de la caverne.

LÉONIDE.

Que personne n'ose en approcher, s'il n'a auparavant envie de mourir.

PHOCAS.

Qui nous en empêchera?

LÉONIDE.

Ma valeur.

HÉRACLIUS.

Mon courage. Avant que quelqu'un entre dans cette demeure sombre, il faudra que nous mourions tous deux.

PHOCAS.

Doubles brutes que vous êtes, ne voyez-vous pas que votre prétention est impossible?

HÉRACLIUS, ET LÉONIDE, ensemble.

Va, va, arrive, arrive, tu verras si cela est impossible.

PHOCAS.

Voilà une impertinence trop effrontée; allons, qu'ils meurent.

CINTIA.

Qu'il ne reste pas dans les carquois une flèche qui ne soit lancée dans leur poitrine[1].

Comme on est prêt à tirer sur ces deux jeunes gens, Astolphe sort de son antre, et s'écrie :

Non, pas à eux, mais à moi; il vaut mieux que ce soit moi qui meure; tuez-moi, et qu'ils vivent.

Tout le monde reste en suspens, en s'écriant :

Qu'est-ce que je vois? quel étonnement! quel prodige! quelle chose admirable!

Les deux paysans gracieux prennent ce moment intéressant pour venir mêler leurs bouffonneries à cette situation, et ils croient que tout cela est de la magie. Phocas reste tout pensif.

CINTIA.

Je n'ai jamais vu de léthargie pareille à celle dont le discours de ce bonhomme vient de frapper Phocas.

---

1. Le lecteur peut ici remarquer que, dans cet amas d'extravagances, ce discours de Cintia est peut-être ce qui révolte le plus : on ne s'étonne point que, dans un siècle où l'on était si loin du bon goût, un auteur se soit abandonné à son génie sauvage pour amuser une multitude plus ignorante que lui. Tout ce que nous avons vu jusqu'à présent n'est que contre le bon sens; mais que Cintia, qui a paru avoir quelques sentiments pour Héraclius, et qui doit l'épouser à la fin de la pièce, ordonne qu'on le tue, lui et Léonide, cela choque si étrangement tous les sentiments naturels qu'on ne peut comprendre que *la Comédie fameuse* de don Pedro Calderon de la Barca n'ait pas, en cet endroit, excité la plus grande indignation. (*Note de Voltaire.*)

PHOCAS, à Astolphe.

Cadavre ambulant, en dépit de la marche rapide du temps, de tes cheveux blancs, et de ton vieux visage brûlé par le soleil, je garde pourtant dans ma mémoire les traces de ta personne ; je t'ai vu ambassadeur auprès de moi. Comment es-tu ici ? Je ne cherche point à t'effrayer par des rigueurs : je te promets au contraire ma faveur et mes dons ; lève-toi, et dis-moi si l'un de ces deux jeunes gens n'est pas le fils de Maurice, que ta fidélité sauva de ma colère.

ASTOLPHE.

Oui, seigneur, l'un est le fils de mon empereur, que j'ai élevé dans ces montagnes, sans qu'il sache qui il est ni qui je suis : il m'a paru plus convenable de le cacher ainsi, que de le voir en votre pouvoir, ou dans celui d'une nation qui rendait obéissance à un tyran.

PHOCAS.

Eh bien ! vois comment le destin commande aux précautions des hommes. Parle, qui des deux est le fils de Maurice ?

ASTOLPHE.

Que c'est l'un des deux, je vous l'avoue ; lequel c'est des deux, je ne vous le dirai pas.

PHOCAS.

Que m'importe que tu me le cèles ? Empêcheras-tu qu'il ne meure, puisqu'en les tuant tous deux je suis sûr de me défaire de celui qui peut un jour troubler mon empire ?

HÉRACLIUS.

Tu peux te défaire de la crainte à moins de frais.

PHOCAS.

Comment ?

LÉONIDE.

En assouvissant ta fureur dans mon sang ; ce sera pour moi le comble des honneurs de mourir fils d'un empereur, et je te donnerai volontiers ma vie.

HÉRACLIUS.

Seigneur, c'est l'ambition qui parle en lui ; mais en moi, c'est la vérité.

PHOCAS.

Pourquoi ?

HÉRACLIUS.

Parce que c'est moi qui suis Héraclius.

PHOCAS.

En es-tu sûr ?

HÉRACLIUS.

Oui.

PHOCAS.

Qui te l'a dit?

HÉRACLIUS.

Ma valeur [1].

PHOCAS.

Quoi! vous combattez tous deux pour l'honneur de mourir fils de Maurice?

TOUS DEUX, ensemble.

Oui.

PHOCAS, à Astolphe.

Dis, toi, qui des deux l'est.

HÉRACLIUS.

Moi.

LÉONIDE.

Moi.

ASTOLPHE.

Ma voix t'a dit que c'est l'un des deux; ma tendresse taira qui c'est des deux.

PHOCAS.

Est-ce donc là aimer que de vouloir que deux périssent pour en sauver un? Puisque tous deux sont également résolus à mourir, ce n'est point moi qui suis tyran. Soldats, qu'on frappe l'un et l'autre.

ASTOLPHE.

Tu y penseras mieux.

PHOCAS.

Que veux-tu dire?

ASTOLPHE.

Si la vie de l'un te fait ombrage, la mort de l'autre te causerait bien de la douleur.

PHOCAS.

Pourquoi cela?

ASTOLPHE.

C'est que l'un des deux est ton propre fils; et, pour t'en convaincre, regarde cette gravure en or que me donna autrefois cette villageoise, qui m'avoua tout dans sa douleur, qui me donna

---

[1]. On voit que, dans cet amas d'aventures et d'idées romanesques, il y a de temps en temps des traits admirables. Si tout ressemblait à ce morceau, la pièce serait au-dessus de nos meilleures. (*Note de Voltaire.*)

tout, et qui ne se réserva pas même son fils. A présent que tu es sûr que l'un des deux est né de toi, pourras-tu les faire périr l'un et l'autre?

PHOCAS.

Qu'ai-je entendu! qu'ai-je vu!

CINTIA.

Quel événement étrange!

PHOCAS.

O ciel! où suis-je? Quand je suis prêt de me venger d'un ennemi qui pourrait me succéder, je trouve mon véritable successeur sans le connaître; et le bouclier de l'amour repousse les traits de la haine. Ah! tu me diras quel est le sang de Maurice, quel est le mien.

ASTOLPHE.

C'est ce que je ne te dirai pas. C'est à ton fils de servir de sauvegarde au fils de mon prince, de mon seigneur.

PHOCAS.

Ton silence ne te servira de rien ; la nature, l'amour paternel, parleront ; ils me diront sans toi quel est mon sang, et celui des deux en faveur de qui la nature ne parlera pas sera conduit au supplice.

ASTOLPHE.

Ne te fie pas à cette voix trompeuse de la nature : cet amour paternel est sans force et sans chaleur quand un père n'a jamais vu son fils, et qu'un autre l'a nourri. Crains que, dans ton erreur, tu ne donnes la mort à ton propre sang.

PHOCAS.

Tu me mets donc dans l'obligation de te donner la mort à toi-même, si tu ne me déclares qui est mon fils.

ASTOLPHE.

La vérité en demeurera plus cachée. Tu sais que les morts gardent le secret.

PHOCAS.

Eh bien! je ne te donnerai point la mort, vieil insensé, vieux traître; je te ferai vivre dans la plus horrible prison ; et cette longue mort t'arrachera ton secret pièce à pièce.

Phocas renverse le vieil Astolphe par terre; les deux jeunes gens le relèvent.

HÉRACLIUS ET LÉONIDE.

Non, ta fureur ne l'outragera pas : que gagnes-tu à le maltraiter?

PHOCAS.

Osez-vous le protéger contre moi?

LES DEUX, ensemble.

S'il a sauvé notre vie, n'est-il pas juste que nous gardions la sienne ?

PHOCAS.

Ainsi donc l'honneur de pouvoir être mon fils ne pourra rien changer dans vos cœurs ?

HÉRACLIUS.

Non, pas dans le mien ; il y a plus d'honneur à mourir fils légitime de l'empereur Maurice qu'à vivre bâtard de Phocas et d'une paysanne.

LÉONIDE.

Et moi, quand je regarderais l'honneur d'être ton fils comme un suprême avantage, qu'Héraclius n'ait pas la présomption de vouloir être au-dessus de moi.

PHOCAS.

Quoi ! l'empereur Maurice était-il donc plus que l'empereur Phocas ?

LES DEUX.

Oui.

PHOCAS.

Et qu'est donc Phocas ?

LES DEUX.

Rien.

PHOCAS.

O fortuné Maurice ! ô malheureux Phocas ! Je ne peux trouver un fils pour régner, et tu en trouves deux pour mourir. Ah ! puisque ce perfide reste le maître de ce secret impénétrable, qu'on le charge de fers, et que la faim, la soif, la nudité, les tourments, le fassent parler.

LES DEUX, ensemble.

Tu nous verras auparavant morts sur la place.

PHOCAS.

Ah ! c'est là aimer. Hélas ! je cherchais aussi à aimer l'un des deux. Que mon indignation se venge sur l'un et sur l'autre, et qu'elle s'en prenne à tous trois.

Les soldats les entourent.

HÉRACLIUS.

Il faudra auparavant me déchirer par morceaux.

LÉONIDE.

Je vous tuerai tous.

PHOCAS.

Qu'on châtie cette démence; qu'espèrent-ils? Qu'on les traîne en prison, ou qu'ils meurent.

ASTOLPHE.

Mes enfants, ma vie est trop peu de chose; ne lui sacrifiez pas la vôtre.

LIBIA, à Phocas.

Seigneur...

PHOCAS.

Ne me dites rien; je sens un volcan dans ma poitrine, et un Etna dans mon cœur.

Cette scène terrible, si étincelante de beautés naturelles, est interrompue par les deux paysans gracieux. Pendant ce temps-là, les deux sauvages se défendent contre les soldats de Phocas : Cintia et Libia restent présentes, sans rien dire. Le vieux sorcier Lisippo, père de Libia, arrive.

LISIPPO.

Voilà des prodiges devant qui les miens sont peu de chose; je vais tâcher de les égaler. Que l'horreur des ténèbres enveloppe l'horreur de ce combat; que la nuit, les éclairs, les tonnerres, les nuées, le ciel, la lune, et le soleil, obéissent à ma voix.

Aussitôt la terre tremble, le théâtre s'obscurcit, on voit les éclairs, on entend la foudre, et tous les acteurs se sauvent en tombant les uns sur les autres.

C'est ainsi que finit la première journée de la pièce de Calderon.

FIN DE LA PREMIÈRE JOURNÉE.

DEUXIÈME JOURNÉE

Il y a des beautés dans la deuxième journée comme il y en a dans la première, au milieu de ce chaos de folies inconséquentes. Par exemple, Cintia, en parlant à Libia de ce sauvage qu'on appelle Héraclius, lui parle ainsi :

Nous sommes les premières qui avons vu combien sa rudesse est traitable... J'en ai eu compassion, j'en ai été troublée ; je l'ai vu d'abord si fier, et ensuite si soumis avec moi ! Il s'animait d'un si noble orgueil, en se croyant le fils d'un empereur ; il était si intrépide avec Phocas ; il aimait mieux mourir que d'être le fils d'un autre que de Maurice ; enfin sa piété envers ce vénérable vieillard ! Tout doit te plaire comme à moi.

Cela est naturel et intéressant. Mais voici un morceau qui paraît sublime : c'est cette réponse de Phocas au sorcier Lisippo, quand celui-ci lui dit que ces deux jeunes gens ont fait une belle action, en osant se défendre seuls contre tant de monde. Phocas répond :

C'est ainsi qu'en juge ma valeur ; et, en voyant l'excès de leur courage, je les ai crus tous deux mes fils.

Phocas dit enfin au bonhomme Astolphe qu'il est content de lui et des deux enfants qu'il a élevés, et qu'il les veut adopter l'un et l'autre ; mais il s'agit de les trouver dans les bois et dans les antres où ils se sont enfuis. On propose d'y envoyer de la musique au lieu de gardes.

Car (dit Astolphe), puisque le son des instruments les a fait sortir de notre caverne, il les attirera une seconde fois.

On détache donc des musiciens avec les deux paysans gracieux.
Cependant le sorcier persuade à Phocas que toute cette aventure pourrait bien n'être qu'une illusion ; qu'on n'est sûr de rien dans ce monde ; que la vérité est partout jointe au mensonge.

Pour vous en convaincre, dit-il, vous verrez tout à l'heure un palais superbe, élevé au milieu de ces déserts sauvages : sur quoi est-il fondé ? sur le vent ; c'est un portrait de la vie humaine.

Bientôt après, Héraclius et Léonide reviennent au son de la musique, et Héraclius fait l'amour à Cintia à peu près comme Arlequin sauvage. Il lui avoue d'ailleurs qu'il se sent une secrète horreur pour Phocas. Les paysans gracieux apprennent à Héraclius et à Léonide que Phocas est à la chasse au tigre, et qu'il est dans un grand danger. Léonide s'attendrit au péril de Phocas : ainsi la nature s'explique dans Léonide et dans Héraclius; mais elle se dément bien dans le reste de la pièce. On les fait tous deux entrer dans le palais magnifique que le sorcier fait paraître; on leur donne des habits de gala. Cintia leur fait encore entendre de la musique : on répond, en chantant, à toutes leurs questions. On chante à deux chœurs ; le premier chœur dit : « On ne sait si leur origine royale est mensonge ou vérité. » Le second chœur dit : « Que leur bonheur soit vérité et mensonge. » Ensuite on leur présente à chacun une épée.

Je ceins cette épée en frissonnant (dit Héraclius) : je me souviens qu'Astolphe me disait que c'est l'instrument de la gloire, le trésor de la renommée; que c'est sur le crédit de son épée que la valeur accepte toutes les ordonnances du trésor royal : plusieurs la prennent comme un ornement, et non comme le signe de leur devoir. Peu de gens oseraient accepter cette feuille blanche s'ils savaient à quoi elle oblige.

Pour Léonide, quand il voit ce beau palais et ces riches habits dont on lui fait présent ; « Tout cela est beau, dit-il, cependant je n'en suis point ébloui; je sens qu'il faut quelque chose de plus pour mon ambition. » L'auteur a voulu ainsi développer dans le fils de Maurice l'instinct du courage, et dans le fils de Phocas l'instinct de l'ambition. Ce n'est pas sans génie et sans artifice; et il faut avouer (pour parler le langage de Calderon) qu'il y a des traits de feu qui s'échappent au milieu de ces épaisses fumées.

Phocas vient voir les deux sauvages ainsi équipés ; ils se prosternent tous deux à ses pieds et les baisent. Phocas les traite tous deux comme ses enfants. Héraclius se jette encore une fois à ses pieds, et les baise encore; avilissement qui n'était pas nécessaire. Léonide, au contraire, ne le remercie seulement pas : Phocas s'en étonne.

De quoi aurais-je à te remercier? (lui dit Léonide). Si tu me donnes des honneurs, ils sont dus à ma naissance, quelle qu'elle soit ; si tu m'as accordé la vie, elle m'est odieuse quand je me crois fils de Maurice.—Je ne hais pas cette arrogance (répond Phocas).

Les paysans gracieux se mêlent de la conversation. La reine Cintia et Libia arrivent; elles ne donnent aucun éclaircissement à Phocas, qui cherche en vain à découvrir la vérité.

Au milieu de toutes ces disputes arrive un ambassadeur du duc de Calabre, et cet ambassadeur est le duc de Calabre lui-même. Il baise aussi les pieds de Phocas, pour mériter, dit-il, de lui baiser la main. Phocas le relève, le prétendu ambassadeur parle ainsi :

Le grand-duc Frédéric sachant, ô empereur! que vous êtes en Sicile, m'envoie devers vous et devers la reine Cintia pour vous féliciter tous deux, vous, de votre arrivée, et elle, de l'honneur qu'elle a de posséder un tel hôte ; il veut mériter de baiser sa main blanche. Mais, pour venir à des matières plus importantes, le grand-duc mon maître m'a chargé de vous dire qu'étant fils de Cassandre, sœur de l'empereur Maurice, dont le monde pleure la perte, il ne doit point vous payer les tributs qu'il payait autrefois à l'empire ; mais que, s'il ne se trouve point d'héritier plus proche que Maurice, c'est à mon maître qu'appartient le bonnet impérial et la couronne de laurier, comme un droit héréditaire. Il vous somme de les restituer.

PHOCAS.

Ne poursuis point, tais-toi ; tu n'as dit que des folies. De si sottes demandes ne méritent point de réponse ; c'est assez que tu les aies prononcées.

LÉONIDE.

Non, seigneur, ce n'est point assez ; ce palais n'a-t-il point des fenêtres par lesquelles on peut faire sauter au plus vite monsieur l'ambassadeur ?

HÉRACLIUS.

Léonide, prends garde ; il vient sous le nom sacré d'ambassadeur : n'aggravons point les motifs de mécontentement que peut avoir son maître.

PHOCAS, à l'ambassadeur.

Pourquoi restes-tu ici ? N'as-tu pas entendu ma réponse ?

FRÉDÉRIC.

Je ne demeurais que pour vous dire que la dernière raison des princes est de la poudre, des canons, et des boulets[1].

PHOCAS.

Eh bien ! soit.... Que ferons-nous, Cintia ?

CINTIA.

Pour moi, mon avis est qu'ayant l'honneur de vous avoir pour hôte, je continue à vous divertir par des festins, des bals, de la musique, et des danses.

PHOCAS.

Vous avez raison : entrons dans ces jardins et divertissons-nous, pendant que l'ambassadeur s'en ira.

Léonide et Héraclius restent ensemble. Le vieux bonhomme Astolphe vient se jeter à leurs pieds. Ce vieillard, qui n'a pas un souffle de vie, dit qu'il a rompu les portes de sa prison.

Qu'on me donne mille morts, ajoute-t-il, j'y consens, puisque

---

1. Le lecteur remarque assez ici l'érudition de Calderon et celle des spectateurs à qui il avait affaire. De la poudre et des boulets au cinquième siècle sont dignes de la conduite de cette pièce. (*Note de Voltaire.*)

j'ai eu le bonheur de vous voir tous deux dans une si grande splendeur et une si grande majesté.

LÉONIDE.

En quelle majesté nous vois-tu donc, puisque tu nous laisses encore dans le doute où nous sommes, et que tu ôtes l'héritage à celui qui y doit prétendre, pour le donner sottement à celui qui n'y a point de droit?

HÉRACLIUS.

Léonide, tu lui payes fort mal ce que tu lui dois.

LÉONIDE.

Qu'est-ce donc que je lui dois? Il a été notre tyran dans une éducation rustique; il a été le voleur de ma vie au milieu des précipices et des cavernes. Ne devait-il pas, puisqu'il savait qui nous étions, nous élever dans des exercices dignes de notre naissance, nous apprendre à manier les armes?

PHOCAS, qui entre doucement sur la pointe du pied pour les écouter.

En vérité, Léonide parle très-bien et avec un noble orgueil.

HÉRACLIUS.

Mais il est clair qu'il a protégé celui de nous deux qui est le fils de Maurice, qu'il s'est enfermé dans une caverne avec lui. Y a-t-il une fidélité comparable à cette conduite généreuse? Et dis-moi, n'est-ce pas aussi une piété bien signalée d'avoir aussi conservé le fils de Phocas qu'il connaissait, et qui était en son pouvoir? N'a-t-il pas également pris soin de l'un et de l'autre?

PHOCAS, derrière eux.

En vérité, Héraclius parle fort sagement.

LÉONIDE.

Quelle est donc cette fidélité? Il a été compatissant envers l'un, tandis qu'il était cruel envers l'autre. Il eût bien mieux fait de s'expliquer, et de nous instruire de notre destinée : mourrait qui mourrait, et régnerait qui régnerait.

HÉRACLIUS.

Il aurait fait fort mal.

LÉONIDE.

Tais-toi; puisque tu prends son parti, tu me mets si fort en colère que je suis prêt de...

ASTOLPHE.

De quoi? ingrat, parle.

LÉONIDE.

D'être ingrat, puisque tu m'appelles ainsi, vieux traître, vieux tyran!

Léonide lui saute à la gorge, et le jette par terre; Héraclius le relève.

ASTOLPHE.

Ah ! je suis tout brisé.

HÉRACLIUS.

Il faut que ma main, qui t'a secouru, punisse ce brutal.

Les deux princes tirent alors l'épée avec de grands cris ; les deux paysans gracieux s'en vont en disant chacun leur mot.

ASTOLPHE.

Mes enfants, mes enfants, arrêtez !

Phocas paraît alors : Cintia et le sorcier arrivent.

PHOCAS, à Héraclius.

Ne le tue pas.

CINTIA.

Ne te fais point une mauvaise affaire.

HÉRACLIUS.

Non, seigneur, je ne le tuerai pas, puisque vous le défendez. Il vivra, madame, puisque vous le voulez.

Léonide, relevé, s'excuse devant Phocas et Cintia de sa chute ; il dit qu'on n'en est pas moins valeureux pour être maladroit, et veut courir après Héraclius pour s'en venger : Phocas l'en empêche ; et, doutant toujours lequel des deux est son fils, il dit à Cintia :

J'ai beaucoup vu dans ces jeunes gens, et je n'ai rien vu ; mais, dans mes incertitudes, je sens que tous deux me plaisent également, qu'ils sont également dignes de moi, l'un par son courage opiniâtre, et l'autre par sa modération.

FIN DE LA DEUXIÈME JOURNÉE.

TROISIÈME JOURNÉE

La troisième journée ressemble aux deux autres. La reine Cintia donne toujours des concerts aux deux sauvages pour les polir ; et ces deux princes, qui sont devenus les meilleurs amis du monde, s'épuisent en galanterie sur les yeux et sur la voix de Cintia et de Libia. Enfin Libia découvre à Héraclius, en présence de Léonide, qu'Héraclius est le fils de Maurice.

Comment le savez-vous ? (dit Héraclius.) — C'est (répond Libia) que mon père me l'a dit quand il a craint que Phocas ne le fît mourir avec son secret.

LIBIA.

Oui, c'est à vous, Héraclius, qu'appartient l'empire invincible de Constantinople.

CINTIA.

Oui, non-seulement l'empire, mais aussi la Sicile où je règne, qui est une colonie feudataire.

LIBIA.

Mais tandis que Phocas vivra, il faut garder ce secret ; il y va de votre vie.

CINTIA.

Gardons bien le secret tant qu'il vivra ; car l'empereur est hydropique de mon sang, et il s'assouvirait du vôtre et du mien.

LIBIA.

Oui, gardons le secret, et voyez comment vous pourrez le déclarer par quelque belle action.

CINTIA.

Silence, et voyons comme vous pourrez vous y prendre.

LIBIA.

Si vous trouvez quelque chemin,

CINTIA.

Si vous trouvez quelque moyen,

LIBIA.

Je ne doute pas qu'au même moment

CINTIA.

Je ne doute pas que sur-le-champ

LIBIA.

Plusieurs ne vous suivent.

CINTIA.

Plusieurs ne vous proclament.

LIBIA.

Mais il me paraît impossible

CINTIA.

Je vois évidemment l'impossibilité

TOUTES DEUX, ensemble.

Que vous réussissiez tant que Phocas sera en vie.

LÉONIDE.

Écoutez, Libia.

HÉRACLIUS.

Cintia, attendez.

LÉONIDE.

Incertain sur tout ce que j'ai entendu,

HÉRACLIUS.

Étonné de tout ce que j'apprends,

LÉONIDE.

Je meurs de chagrin.

HÉRACLIUS.

Je vis dans la joie.

PHOCAS, dans le fond du théâtre, ayant feint de dormir.

Déjà ils sont informés de cette tromperie, et persuadés de la vérité à mon préjudice : il est bien force qu'entre deux sentiments si contraires et si distincts, celui d'ennemi et celui de père, le sang fasse son devoir. Je vais leur parler tout à l'heure : mais non ; il vaut mieux que je les observe finement, car il est clair qu'ils dissimulent avec moi, et qu'ils ne se confient qu'à elles : de manière que je vais une seconde fois faire semblant d'avoir sommeil.

Je flotte toujours dans mes incertitudes ; mon cœur se partage nécessairement en deux sentiments contraires, celui de père et celui d'ennemi : allons, voyons si la nature se fera connaître. Je viens pour leur parler : mais non ; il vaut mieux les épier avec prudence ; il est clair qu'ils dissimulent avec moi, et qu'ils ne se confient qu'à des femmes. Il faudra bien enfin que ce songe finisse.

LÉONIDE, sans voir Phocas.

J'avoue que je me suis senti pour Phocas je ne sais quelle affection secrète ; mais je vois à présent que ce sentiment ne venait que de mon orgueil qui aspirait à l'empire. La même tendresse me prend actuellement pour Maurice, et je sens que ce faux amour que je croyais sentir pour Phocas n'était au fond que de la haine, quand j'imagine qu'il est un tyran, et qu'il m'ôte l'empire qui était à moi [1].

HÉRACLIUS.

Je vis abhorré de Phocas. Je me vois dans le plus grand danger : mais, n'importe ; je triomphe d'avoir su quel noble sang échauffe mes veines, quoique à présent ce feu soit attiédi.

PHOCAS, derrière eux.

Je ne peux rien avérer sur ce qu'ils disent : approchons-nous pour les écouter ; peut-être que du mensonge on passera à la vérité. Je me sens trop troublé par les inquiétudes de tout ce songe, dont la rêverie est un vrai délire.

LÉONIDE.

Je n'ai ni frein, ni raison, ni jugement ; je ne veux que régner, et je ferai tout pour y parvenir.

HÉRACLIUS.

Et moi, je n'ai d'autre ambition, d'autre désir, que d'être digne de ce que je suis. Laissons au ciel l'accomplissement de mes desseins ; il soutiendra ma cause.

Ici Héraclius se retire un moment sans qu'on en sache la raison.

LÉONIDE.

Il est parti, et je reste seul. Non ; je ne suis pas seul : mes inquiétudes, mes peines, sont avec moi ; je suis si saisi d'horreur en voyant le traître qui m'empêche de ceindre mon front du laurier sacré des empereurs, que je ne sais comment je résiste aux emportements de ma colère.

HÉRACLIUS, revenant.

J'avais fui de ces lieux pour calmer mes inquiétudes ; mais, ayant trouvé du monde dans le chemin, je rentre ici pour ne parler à personne.

LÉONIDE.

Cependant si Libia m'a fait entendre, en m'en disant davantage, que quand Phocas sera mort il faudra bien que tout le monde prenne mon parti, je dois espérer [2]. Mais quoi ! je me suis senti

---

1. On sent combien ce discours est absurde : comment l'empire était-il à Léonide ? Parlerait-il autrement si on lui avait dit qu'il est le fils de Maurice ? Chacun d'eux croit-il que c'est à lui que Libia et Cintia ont parlé ? Tout cela paraît d'une démence inconcevable. (*Note de Voltaire.*)

2. Libia ne lui a rien dit de cela ; c'est à Héraclius qu'elle a tenu ce propos : apparemment qu'il y a dans cette scène un jeu de théâtre tel que chacun des deux princes puisse croire que Libia s'adresse à lui, l'appelle Héraclius, et déclare qu'il est fils de Maurice. (*Note de Voltaire.*)

une secrète inclination pour Phocas. Un empire ne vaut-il pas mieux que cette secrète inclination? Sans doute; donc, qu'est-ce que je crains? pourquoi resté-je en suspens ?

HÉRACLIUS.

Que prétend là Léonide ?

Léonide tire ici son poignard, Héraclius tire le sien, et Phocas, qui était endormi, s'éveille.

LÉONIDE.

Qu'il meure !

HÉRACLIUS.

Qu'il ne meure pas !

PHOCAS.

Qu'est-ce que je vois ?

LÉONIDE.

Tu vois qu'Héraclius voulait te donner la mort, et que c'est moi qui me suis opposé à sa fureur.

HÉRACLIUS.

C'est Léonide qui voulait t'assassiner, et c'est moi qui te sauve la vie.

PHOCAS.

Ah! malheureux! je ne suis ni endormi ni éveillé; j'entends crier : « Qu'il meure ! » j'entends crier : « Qu'il ne meure pas ! » Je confonds ces deux voix; aucune n'est distincte; ce sont deux métaux fondus ensemble que je ne peux démêler : il m'est impossible de rien décider. Si je m'arrête à l'action et aux paroles, tout est égal de part et d'autre; chacun d'eux a un poignard dans la main.

HÉRACLIUS.

Je me suis armé de ce poignard, quand j'ai vu que Léonide tirait le sien pour te frapper.

PHOCAS.

Prenons garde; je ne peux, il est vrai, porter un jugement assuré sur les voix que j'ai entendues, sur l'action que j'ai vue : mais l'épouvante que j'ai ressentie dans mon cœur me dit par des cris étouffés que c'est toi, Héraclius, qui est le traître. Le fer que j'ai vu briller dans ta main, ce couteau, cet acier, le fil de ce poignard, font hérisser mes cheveux sur ma tête. Défends-moi, Léonide; toute ma valeur tremble encore à l'idée de cette fureur, de cette aveugle hardiesse, de cette sanglante audace; il me semble que je le vois encore escrimer avec cet aspic de métal et ces regards de basilic.

HÉRACLIUS.

Eh seigneur! quand je mets à vos pieds, non-seulement ce poignard mais aussi ma vie, pourquoi vous fais-je peur?

PHOCAS.

Lisippo, Cintia, Libia, puisque vous êtes mes amis et mes commensaux, sachez qu'Héraclius me veut faire périr.

HÉRACLIUS.

Ah! si une fois ils en sont persuadés, ils me tueront. Ah, ciel ! où m'enfuirai-je dans un si grand péril?

Il s'en va, et on le laisse aller.

PHOCAS, quand Héraclius est parti.

Défendez-moi contre lui.

LÉONIDE.

(A part.)

Moi, seigneur, je vous défendrai. Dieu merci, j'en suis tiré... Oui, seigneur, je le suivrai; son châtiment sera égal à sa trahison; je lui donnerai mille morts.

PHOCAS.

Cours, Léonide; la fuite du traître est un nouvel indice de son crime.

LISIPPO, LES FEMMES.

Quel mal vous prend subitement, seigneur?

PHOCAS.

Je ne sais ce que c'est; c'est une léthargie, un évanouissement, un tournement de tête, un spasme, une frénésie, une angoisse; mes idées sont toutes troublées; je ne sais si c'est un songe, si tout cela est vrai ou faux. C'est un crépuscule de la vie; je ne suis ni mort ni vivant; chacun d'eux prétend qu'il voulait me sauver au lieu de me tuer. Je ne sais quoi me dit au fond du cœur qu'Héraclius est coupable, et que, si Léonide ne m'avait secouru, Héraclius se serait baigné dans mon sang. Je jurerais que cet Héraclius est le fils de Maurice; toute ma colère crève sur lui. Dites-moi ce que vous en pensez, et si je juge bien ou mal.

CINTIA.

Tout cela est si obscur qu'on ne peut pas juger de leur intention; il faut les entendre : notre jugement ne peut atteindre à ce qui n'est pas sur les lèvres.

PHOCAS, à Lisippo.

Et toi, magicien, ne nous diras-tu rien sur cette étrange aventure?

LISIPPO.

Si je pouvais parler, je vous aurais déjà tout dit; mais la déité qui m'inspire me menace si je parle.

PHOCAS.

Mais ne pourrais-tu pas forcer ta fille Libia, la reine Cintia, et les autres, à dire ce qu'ils savent de ces prodiges?

TOUS, ensemble.

On ne pourra nous y obliger, ni nous faire violence.

PHOCAS.

Pourquoi?

LIBIA.

Il faut céder à la fatalité.

CINTIA.

Le terme des destinées est arrivé.

ISMÉNIE.

Oui, ce jour même, cet instant même.

TOUS, ensemble.

Nous sommes entraînés par la force de l'enchantement.

Ils disparaissent tous avec le palais. Phocas et Lisippo restent sur la scène.

PHOCAS.

Écoute, espère tout de moi.

LISIPPO.

C'est en vain; je dois vous laisser dans la situation où vous êtes. Jugez par ce que vous avez vu des raisons de mon silence.

(Il sort.)

PHOCAS.

Eh bien! tu t'en vas aussi?

On entend derrière la scène des cris de chasseurs.

A la forêt, à la montagne, au buisson, au rocher.

Libia et Cintia derrière la scène appellent Phocas.

PHOCAS.

Ils m'ont tous laissé dans la plus grande incertitude; je n'ai pu savoir autre chose d'eux tous, sinon qu'Héraclius m'a voulu secourir, après que je l'ai vu le poignard à la main pour me tuer, et que Léonide est un assassin, quand mon cœur me dit qu'il volait à mon secours. O abîme impénétrable! que de choses tu me dis, et que de choses tu me caches!

On entend derrière le théâtre :

Voilà le tigre que Phocas a lancé qui va vers la montagne.

CINTIA, dans le fond du théâtre.

Allons, courons après lui. Sans doute, puisque Phocas n'a point paru depuis hier, le tigre l'a déchiré, et il revient pour chercher quelque nouvelle proie[1].

Tous les chasseurs appellent ici leurs chiens, et les nomment par leurs noms.

PHOCAS, sur le devant du théâtre.

Ainsi donc, afin que la conclusion de cette terrible aventure réponde à son commencement, voici mon tigre qui revient sur moi, poursuivi par les chiens, sans que j'aie le temps de me mettre en défense. J'ai des vassaux, des domestiques, des amis, et aucun d'eux ne vient à mon secours.

Héraclius et Léonide arrivent chacun de leur côté, vêtus de peaux de bêtes, comme ils l'étaient à la première journée de cette pièce.

TOUS DEUX, ensemble.

Je t'ai entendu ; j'accours à ta voix.

HÉRACLIUS.

Je reviens pour savoir... Mais que vois-je ?

LÉONIDE.

Je viens savoir... Mais qu'aperçois-je ?

HÉRACLIUS.

Tu aperçois mon ancien habit de peau.

LÉONIDE.

Tu vois aussi le mien.

HÉRACLIUS.

Mais ai-je vu ce que j'ai songé ?

LÉONIDE.

Mais ai-je rêvé ce que j'ai vu ?

HÉRACLIUS.

Qu'est devenu ce beau pays ? où était-il ?

LÉONIDE.

Qui a emporté cet édifice ?

PHOCAS.

De quel palais, de quel édifice parlez-vous ? Depuis hier jusqu'à cette heure, j'ai couru après mon tigre ; les rochers ont été mon lit ; aujourd'hui j'ai fait ce que j'ai pu pour retrouver le chemin, jusqu'à ce qu'enfin j'ai entendu les cris des bêtes sauvages, les aboiements des chiens : j'ai appelé, vous êtes venus ; sûrement Cintia

---

1. Il y a dans l'original *hambriento*, qui veut dire *affamé*, de *hambre*, *faim*. (*Note de Voltaire.*)

et Libia vous auront dit où j'étais, car elles vous auront trouvés à leur ordinaire au son de la musique. Soyez les bienvenus.

<small>Tous les chasseurs derrière le théâtre.</small>

Allons tous, allons tous ; nous les découvrirons ici.

<small>Les dames arrivent avec les deux paysans gracieux et une suite nombreuse. Les paysans gracieux sont fort étonnés de voir qu'Héraclius et Léonide n'ont plus leurs beaux habits.</small>

Qu'avez-vous fait (dit un des gracieux) de tous ces ornements, de ces belles plumes, de ces joyaux?

LÉONIDE.

Je n'en sais rien.

<small>Les dames font des compliments à Phocas sur le bonheur qu'il a eu d'échapper au tigre. Les deux paysans gracieux soutiennent à Héraclius et à Léonide qu'ils les ont vus dans un beau palais ; ni l'un ni l'autre n'en veulent convenir.</small>

PHOCAS.

Quoi qu'il en soit de ce palais, qui sans doute est un enchantement, j'ai déjà dit que j'aimais mieux vous faire du bien à l'un et à l'autre que de me venger de l'un des deux ; allons-nous-en dans un autre palais, où vous changerez vos vêtements de sauvages en habits royaux, et où nous ferons des festins et des réjouissances.

LÉONIDE.

O ciel! sera-ce une fiction ? et ce que nous avons vu était-il une vérité? Quel est le certain? quel est l'incertain? Je n'y conçois rien ; mais n'importe, allons-nous-en où nous serons bien logés, pompeusement vêtus, et bien servis : que ce soit une vérité ou un mensonge, qui jouit, jouit ; soit que les choses soient vraies ou non, je me jette à tes pieds, je baise ta main pour l'honneur que je reçois.

PHOCAS.

Léonide parle très-sagement. Et toi, Héraclius, ne me remercies-tu pas des grâces que je te fais?

HÉRACLIUS.

Non, seigneur ; quand je vois que la pourpre et l'émail de Tyr ne causent que des peines, et que les pompes royales sont si passagères qu'on ne sait si elles sont un mensonge ou une vérité, je vous prie de me rendre à ma première vie. Habitant des montagnes, compagnon des bêtes sauvages, citoyen des précipices, je n'envie point ces grandeurs qui paraissent et qui disparaissent, et qu'on ne sait si elles sont vraies ou fausses.

PHOCAS.
Je ne t'entends point.
HÉRACLIUS.
Et moi, je m'entends un peu.

<small>Le vieil Astolphe et Lisippo arrivent, et s'arrêtent au fond du théâtre.</small>

ASTOLPHE.
J'ai su que Léonide et Héraclius étaient avec Phocas : je viens les voir; mais je n'ose approcher.
LISIPPO.
Je veux savoir quel parti ils auront pris, et je vais de ce côté.
PHOCAS, à Héraclius.
Eh bien! ingrat, tu méprises donc mes bontés?
HÉRACLIUS.
Non, j'en fais tant de cas que je ne veux pas les exposer à un nouveau danger. Je me jette à tes pieds, je te supplie de m'éloigner de toi; mon ambition ne veut d'autre royaume que celui de mon libre arbitre.
PHOCAS.
N'est-ce pas agir en désespéré au mépris de mon honneur?
HÉRACLIUS.
Non, seigneur; il ne s'agit que du mien.
PHOCAS.
Tes refus sont une preuve de ta trahison. Que fais-je? je réprime ma colère.
CINTIA.
Quelle trahison pouvez-vous avoir découverte en lui, puisqu'il arrive tout à l'heure?
PHOCAS.
Va, ingrat, puisque tu abhorres mes faveurs, je vois bien que tu es le fils de mon ennemi.
HÉRACLIUS.
Eh bien! c'est la vérité, et puisque tu sais le secret d'un prodige que je ne peux comprendre, que je me perde ou non, je suis le fils de Maurice, et je m'enorgueillis à tel point d'un si beau titre que je dirai mille fois que Maurice est mon père.
PHOCAS.
Je m'en doutais assez; mais de qui le sais-tu?
HÉRACLIUS.
D'un témoin irréprochable; c'est Cintia qui me l'a dit.
CINTIA.
Moi! comment? quand? Et de qui aurais-je pu le savoir?

HÉRACLIUS.

C'est Astolphe qui vous l'a dit, quand on l'a amené devant vous.

ASTOLPHE.

Ils vont me tuer! quel espoir me reste-t-il? Moi, madame, je vous l'ai dit?

CINTIA.

Non, Astolphe ne m'a rien dit; et moi, je ne t'ai point parlé.

HÉRACLIUS.

S'il vous a dit ce grand secret, je le paye assez par ma mort; et toi, charitable impie, qui m'as caché tant d'années la gloire de ma naissance, puisque tu l'as révélée aujourd'hui, pourquoi es-tu si hardi de la nier à présent, et de manquer de respect à Cintia?

CINTIA.

Je t'ai déjà dit que je ne sais rien du tout.

HÉRACLIUS, à Cintia.

Pour toi, je ne te réplique rien; mais à celui-ci, qui, après m'avoir ôté l'honneur, m'ôte le jugement, et la vie que je lui ai sauvée dans ce riche palais, je veux le planter là.

ASTOLPHE.

Quoi? quel palais?

LÉONIDE, à Héraclius.

Arrête, ne le maltraite point sans raison : car s'il est vrai que nous avons été dans ce palais, il ne l'est pas que nous soyons, toi le fils de Maurice, et moi le fils de Phocas. Libia m'a dit comme à toi que Maurice est mon père, et je n'en ai rien cru.

LIBIA.

Moi! je te l'ai dit? Quand t'ai-je vu? quand t'ai-je parlé?

LÉONIDE.

Dans ce même palais où nous étions tous. Tu m'as dit que ton père le sorcier l'avait deviné par sa profonde science.

LISIPPO, à part.

Ah! voilà l'enchantement rompu.

(A Léonide.)

Et comment ma fille Libia a-t-elle pu flatter ainsi ton audace, et me faire dire ce que je n'ai point dit?

UN DES PAYSANS GRACIEUX.

Il faut que le diable s'en mêle, il est déchaîné.

PHOCAS.

Puisque cette confusion augmente, venons à bout de sortir de ce profond abîme.... Astolphe, j'ai voulu savoir ton secret; j'ai employé des moyens qui m'ont instruit. On m'a appris qu'être Héraclius c'est être fils de Maurice.

ASTOLPHE.

Ce serait donc la première vérité que le mensonge aurait dite.

PHOCAS.

Mais afin qu'il ne reste aucun scrupule dans l'esprit de Léonide, explique-toi clairement.

ASTOLPHE.

Seigneur, puisque vous le savez, que puis-je dire?

CINTIA.

Et toi, traître Lisippo, pourquoi viens-tu ici?

LISIPPO, à Phocas.

Seigneur, je vois la colère de la divinité pour laquelle je gardais le silence : ses sourcils froncés me menacent; il n'est plus temps de feindre : Léonide est votre fils; c'est assez que je l'affirme, et qu'Astolphe ne le nie pas.

PHOCAS.

C'est plus qu'il ne faut. Mes vassaux, mes sujets, Léonide est votre prince.

Tous les acteurs crient :

Vive Léonide!

PHOCAS.

Vive Léonide, et meure Héraclius!

CINTIA.

Arrêtez!

PHOCAS.

Prétendez-vous empêcher la mort d'Héraclius?

CINTIA.

Oui, je l'empêche : il est venu sur votre parole et sur la mienne; il faut la tenir; et, si vous voulez le faire mourir, commencez par enfoncer votre poignard dans mon sein.

PHOCAS.

Quelle parole ai-je donc donnée?

CINTIA.

De ne le faire mourir ni de l'emprisonner.

PHOCAS.

Eh bien! pour vous et pour moi j'accomplirai ma promesse. Allez, vous autres, faites démarrer cette barque qui est sur la rive, percez-en le fond.... Madame, je le laisserai vivant, puisque je ne lui donne point la mort; il ne sera point prisonnier, puisque je l'envoie courir la mer à son aise. Allez, qu'on l'enlève, qu'on le mette dans cette barque.

HÉRACLIUS, aux gens de Phocas.

Non, rustres, non, point de violence. J'irai moi-même à mon tombeau, puisque mon tombeau est dans ce bateau. Adieu, Cintia, charmant prodige, le premier et le dernier que j'ai vu. Adieu, Astolphe, mon père : je vous laisse au pouvoir de mon ennemi, qui en mentant a dit la vérité, et qui a dit la vérité en mentant[1].

PHOCAS.

Espère mieux, et vois si j'ai de la compassion. Je ne t'envie point la consolation d'être avec cet Astolphe qui t'a servi de père. Qu'on entraîne aussi ce malheureux vieillard.

ASTOLPHE.

Allons, mon fils, je ne me soucie plus de la vie, puisque je vais mourir avec toi.

CINTIA.

Quelle pitié!

LIBIA.

Quel malheur!

LES PAYSANS GRACIEUX.

Quelle confusion!

PHOCAS.

A présent, afin que les échos de leurs gémissements ne viennent point jusqu'à nous, commençons nos réjouissances; que Léonide vienne à ma cour, que tout le monde le reconnaisse; que tous mes vassaux lui baisent la main, et qu'ils disent à haute voix : Vive Léonide!

HÉRACLIUS.

O cieux, favorisez-moi!

ASTOLPHE.

O cieux, ayez pitié de nous!

La musique chante : « Vive Léonide! »

LÉONIDE.

Que tout ceci soit une vérité ou un mensonge, que cela soit certain ou faux, que l'enchantement finisse ou qu'il dure, je me vois, en attendant, héritier de l'empire; et quand le destin envieux voudrait reprendre le bien qu'il m'a fait, il ne m'empêchera pas d'avoir goûté une si grande félicité à côté d'un si grand péril.

---

1. C'est que Phocas a fait semblant de savoir qu'Héraclius était fils de Maurice n'en étant pas certain, et voulant tirer cet aveu d'Astolphe. Ainsi, selon Calderon, *tout est mensonge et vérité*. (*Note de Voltaire*.)

HÉRACLIUS.
Ciel, favorisez-moi!
ASTOLPHE.
Cieux, ayez pitié de nous!

La musique recommence, et chante: « Vive Léonide! » On entend de l'artillerie, des tambours et des trompettes.

PHOCAS, à Héraclius et à Astolphe.
Je vous crois exaucés. J'entends de loin des trompettes, des tambours, et du canon, qui paraissent vouloir changer nos divertissements en appareil de guerre.

CINTIA, qui apparemment s'en était allée, et qui revient sur le théâtre.
Je regardais d'une vue de compassion le combat des vents et des flots, et ce gonflement passager des vagues qui se jouent en bouillonnant sur ces vastes champs verts et salés, lorsque j'ai vu de loin dans le golfe une vaste cité de navires, qui ont fait une salve en venant reconnaître le port.

PHOCAS.
C'est apparemment quelque roi voisin, feudataire de l'empire (comme ils le sont tous), qui vient nous payer les tributs.

LISIPPO.
Seigneur, en observant de plus près ces voiles enflées, je penche à croire plutôt...

PHOCAS.
Quoi?

LISIPPO.
Que c'est la flotte du prince de Calabre, dont l'ambassadeur est venu nous menacer.

PHOCAS.
Que cette idée ne trouble point notre joie et nos divertissements. Cette flotte ne m'inspire aucune épouvante: je vais enrôler du monde; et pendant que ces vaisseaux répéteront leur salve d'artillerie, qu'on répète nos chants d'allégresse.

LÉONIDE.
Vous verrez que Léonide remplira les devoirs où sa naissance l'engage.

CINTIA.
Je te suis, malgré moi, avec mes gens.

Ils suivent Phocas; Astolphe et Héraclius restent. Tous deux ensemble s'écrient: « O cieux, ayez pitié de nous! » On voit avancer la flotte de Frédéric, et on entend: « A terre! à terre! Aux armes! aux armes! Guerre! guerre! »

HÉRACLIUS ET ASTOLPHE.

Secourez-nous, ô pouvoirs divins !

TROUPE DE SOLDATS de Phocas.

Vive Léonide ! vive Léonide !

FRÉDÉRIC, grand-duc de Calabre, descendant de son vaisseau.

Prenons terre ; formons nos escadrons ; que les ennemis surpris soient épouvantés, qu'ils ne sachent mon débarquement que par moi, puisque les eaux et les vents m'ont été si favorables ; que le sang et le feu fassent voir un autre élément. Le destin m'a fait prince de Calabre : je suis neveu de Maurice ; sa mort me donne droit à la pourpre impériale. Pourquoi payerais-je des tributs au lieu de venger la perte des tributs qu'on me doit, surtout lorsque je sais que le fils posthume de Maurice est perdu, et qu'un vieillard, dont on n'a jamais entendu parler, depuis qu'il arracha cet enfant à sa mère, l'a élevé dans les rochers de la Sicile. Les destinées ne m'appellent-elles pas à l'empire, puisque le tyran est ici mal accompagné ? N'est-ce pas à moi de soutenir mes droits par mer et par terre, et de venger à la fois Frédéric et Maurice ? Enfin, quand je n'aurais d'autre raison d'entreprendre cette guerre glorieuse que les prédictions sinistres de Lisippo, cette raison me suffirait ; et je veux montrer à la terre que ma valeur l'emporte sur ses craintes.

On voit de loin Astolphe sur le rivage, et Héraclius qui s'élance hors du bateau percé où on l'avait déjà porté. Le bateau s'enfonce dans la mer.

FRÉDÉRIC.

Quelle voix entends-je sur les eaux ? Qu'arrive-t-il donc vers ces lieux horribles ? Quel bruit de destruction ! Autant que ma vue peut s'étendre, autant que je peux prêter l'oreille, ceci est monstrueux. J'entends la voix d'un homme ; mais il souffle comme un animal : ce n'est point un oiseau, car il ne vole pas ; ce n'est point un poisson, car il ne nage pas : il est poussé par les vagues qui se brisent contre ces rochers.

Astolphe sur le rivage embrasse Héraclius qui sort de la mer.

HÉRACLIUS.

O cieux, ayez pitié de nous !

ASTOLPHE.

O cieux, nous implorons votre secours !

FRÉDÉRIC.

Il paraissait qu'il n'y en avait qu'un au milieu des ondes, et maintenant en voilà deux sur le rivage.

ASTOLPHE, à Héraclius.

Je rends grâce au ciel qui t'a délivré de la mer.

FRÉDÉRIC.

Par quel prodige ces deux créatures, au milieu des algues marines, des vents, des flots, et du limon, au lieu d'être couverts d'écailles, sont-ils couverts de poil? Qui êtes-vous?

ASTOLPHE.

Deux hommes si infortunés que le destin, qui voulait nous donner la mort, n'a pu en venir à bout.

HÉRACLIUS.

Nous sommes les enfants des rochers; la mer n'a pu nous souffrir, et nous rend à d'autres rochers. Si vous êtes des soldats de Phocas, usez contre nous du pouvoir que vous donne la fortune; ce serait une cruauté d'avoir pitié de nous : et afin que vous soyez obligés de nous ôter cette malheureuse vie, sachez que je suis le fils de Maurice. Ce vieillard, que sa fidélité a banni si longtemps de la cour, m'a sauvé deux fois la vie sur la terre et sur la mer. C'est le généreux Astolphe[1]. Je vous conjure, en me donnant la mort, d'épargner le peu de jours qui lui restent. Je me jette à vos pieds; accordez-moi la mort que j'implore : pourquoi hésitez-vous? pourquoi refusez-vous de finir mes tourments?

FRÉDÉRIC.

Pour te tendre les bras. Ce que tu m'as dit attendrit tellement mon âme que je sauverais ta vie aux dépens de la mienne. Il est peut-être étrange que je te croie avec tant de facilité; mais je sens une cause supérieure qui m'y force. Le ciel paraît ici manifester sa justice, et la vertu de ce noble vieillard que je respecte et que j'embrasse.

HÉRACLIUS ET ASTOLPHE.

Eh! qui es-tu donc? parle.

FRÉDÉRIC.

Je suis le duc de Calabre. Vous me voyez comblé de joie. Le sang qui coule dans mes veines, ô fils de Maurice! est ton sang. Je suis le fils de Cassandre, sœur de Maurice : tes destins sont conformes aux miens, ton étoile est mon étoile.

---

1. Le fond de cette scène paraît intéressant et admirable : on aurait pu en faire un chef-d'œuvre, en y mettant plus de vraisemblance et de convenance. Il me semble qu'une telle scène donnerait l'idée de la vraie tragédie, c'est-à-dire d'une péripétie attendrissante, toute en action, sans aucun embarras, sans le froid recours des lettres écrites longtemps auparavant, sans rien de forcé, sans aucun de ces raisonnements alambiqués qui font languir le tragique. (*Note de Voltaire.*)

HÉRACLIUS.

Je reprends mes esprits; et plus je te considère, plus il me semble que je t'ai déjà vu.

FRÉDÉRIC.

Cela est impossible; car je n'ai jamais approché des cavernes et des précipices où tu dis qu'on a élevé ta jeunesse.

HÉRACLIUS.

C'est la vérité; mais je t'ai vu sans te voir.

FRÉDÉRIC.

Comment, me voir sans me voir?

HÉRACLIUS.

Oui.

FRÉDÉRIC.

Ceci est une nouveauté égale à la première; mais avant de l'approfondir, va, je te prie, à ma galère capitane; et après qu'on t'aura donné des habits, et qu'on t'aura paré comme tu dois l'être, tu m'apprendras ce que je veux savoir, et qui me ravit déjà en admiration.

HÉRACLIUS.

Je t'ai déjà dit que je suis le fils des montagnes, accoutumé au travail et à la peine; et, quoique j'aie beaucoup souffert, écoute-moi; je me reposerai en te parlant.

FRÉDÉRIC.

Puisque c'est pour toi un soulagement, parle.

HÉRACLIUS.

Écoute; tu vois ces rochers, ces montagnes, dont le faîte est défendu par les volcans de l'Etna...

Le discours d'Héraclius est interrompu par des cris derrière la scène.

Aux armes! aux armes! aux combats! aux combats!

PHOCAS.

Tombons sur eux avant que leurs escadrons soient formés.

UN SOLDAT de Frédéric, arrivant sur la scène.

Déjà on voit l'armée que Phocas a levée pour s'opposer à la hardiesse de votre débarquement.

FRÉDÉRIC.

On dit que c'est le premier bataillon, il faut s'empresser d'aller à sa rencontre.

HÉRACLIUS.

Je vous accompagnerai. Vous verrez que l'épée que vous ne m'avez donnée que comme un ornement vous rendra quelque service.

ASTOLPHE.

Quoique ma caducité ne me permette pas de vous servir, je peux mourir du moins, et vous me verrez mourir le premier à vos côtés.

FRÉDÉRIC.

J'espère en vous deux. J'attends de vous mon triomphe : déjà mes soldats s'avancent avec audace.

Les troupes de Phocas paraissent; les trompettes et les clairons sonnent la charge; la bataille se donne; on entend d'un côté : « Vive Phocas! » et de l'autre « Vive Frédéric! » Puis tous ensemble crient : « Aux armes! aux armes! Combattons! combattons! »

HÉRACLIUS, l'épée à la main.

Suivez-moi : je connais tous les sentiers; si vous marchez de ce côté, vous pourrez tout rompre.

CINTIA, paraissant armée à la tête des siens.

Non, vous ne romprez rien; c'est à moi de défendre ce poste.

HÉRACLIUS.

Qui pourra soutenir ma fureur?

CINTIA.

Moi.

HÉRACLIUS.

Quel objet frappe mes yeux!

CINTIA.

Qu'est-ce que je vois!

HÉRACLIUS.

Vous voyez le changement de nos destins : je défendais contre vous un passage quand je vous ai vue pour la première fois, et à présent vous en défendez un contre moi.

CINTIA.

Ajoute que tu me regardais alors avec des yeux d'admiration, et à présent c'est moi qui t'admire.

HÉRACLIUS.

Qu'admirez-vous en moi? rien que les vicissitudes incompréhensibles de ma vie. Je vous trouve ici; vous voulez que je fuie : moi, fuir! et fuir de vos yeux! Ce sont deux choses si impossibles que, si elles arrivaient, elles diraient qu'elles ne peuvent pas arriver.

CINTIA.

Sans te dire ici que mon bonheur est de te voir en vie, ce bonheur ne sera-t-il pas plus grand que si tu enfonces ce passage, et si tu restes victorieux?

HÉRACLIUS.

Je ne veux point vaincre à ce prix, en combattant contre vous.

CINTIA, à Libia, qui l'accompagne.

Libia, ne m'abandonne point; j'ai soin de ma réputation et de la tienne.

HÉRACLIUS.

Je ne sais si je dois vous croire.

CINTIA.

Pourquoi non?

HÉRACLIUS.

Parce que si vous me traitez avec tant de bonté à présent, vous direz peut-être, comme vous avez déjà fait, que vous ne vous en souvenez plus, et que mon bien et mon mal vous sont indifférents.

Des voix s'élèvent au fond du théâtre.

LES SOLDATS de Frédéric.

C'est par là qu'Héraclius a passé.

FRÉDÉRIC.

Passez tous après lui.

HÉRACLIUS, à Cintia.

Malheureux que je suis! quand je voudrais fuir[1], je ne pourrais; vos troupes reviennent avec les miennes. Voyez-vous cette troupe qui s'effraye et qui abandonne le poste que vous gardiez? Fuyez, vous pourrez à peine sauver votre vie.

CINTIA.

Non; tu pourrais fuir; les autres ne fuiront pas.

LÉONIDE, arrivant.

Tournez tête, soldats: ils ont forcé le passage que gardait Cintia; défendons sa vie; je serai le premier à mourir.

HÉRACLIUS, se jetant sur Léonide.

Oui, tu mourras de ma main, ingrat, inhumain, cruel!

LÉONIDE.

Je ne suis point étonné de te voir en vie. Je suis persuadé que la mer n'a eu pitié de toi que pour préparer mon triomphe.

Ils combattent tous deux.

HÉRACLIUS.

Tout à l'heure tu vas le voir.

CINTIA.

Je ne peux me déclarer, malgré le désir que j'en ai. Je crains

---

1. On ne conçoit rien à ce discours d'Héraclius; tantôt il parle en héros, tantôt en poltron. Si c'est une ironie avec Cintia, il est difficile de s'en apercevoir. (*Note de Voltaire.*)

ma ruine si Héraclius est vainqueur, puisque son pouvoir détruira le mien. Si Léonide l'emporte, mes espérances sont superflues ; il est contre mes intérêts. Que ferai-je ? Ô ciel, secourez-moi[1] !

On entend les tambours.

PHOCAS.

Brute, infidèle à ton maître, qui, en brisant ton frein, brises les lois et le devoir, puisque tu oses ainsi prendre le mors aux dents, demeure, et, en courant ainsi déchaîné, ne fuis pas.

FRÉDÉRIC, à Héraclius.

Charge-moi ce Phocas.

PHOCAS tombe en sautant aux ennemis.

O ciel ! ma vie est perdue !

HÉRACLIUS, courant sur lui.

C'est mon ennemi ; qu'il meure !

LÉONIDE.

Qu'il ne meure pas !

PHOCAS.

Malheureux ! qu'ai-je entendu ! tout est toujours équivoque entre eux. Toujours ces voix. Qu'il meure ! qu'il ne meure pas ! Qui des deux me tue ? qui des deux me défend ? Je suis toujours en doute, je suis confondu.

HÉRACLIUS.

Ne sois plus en doute à présent. Si tu as voulu faire ici l'essai de ta tragédie, la voici terminée. La vérité se montre. Nous avons changé de rôle, Léonide et moi.

PHOCAS.

Quel rôle ?

HÉRACLIUS.

Celui de Léonide était d'être cruel, le mien d'être humain ; il disait la première fois : « Qu'il meure ! » et moi : « Qu'il ne meure pas ! » Tout est changé ; c'est lui qui te défend, et c'est moi qui te donne la mort.

---

1. On ne conçoit rien à ce discours de Cintia. Je l'ai traduit fidèlement :

> Pues
> No me puedo declarar,
> Aunque quisiera, al temer
> Si vence Heraclio, mi ruina,
> Pues es contra mi poder ;
> Si Leonido, mi esperanza ;
> Pues es contra mi interes,
> Que he de hacer? cielos piadosos !

Comment peut-elle craindre Héraclius, qui est amoureux d'elle? (*Note de Voltaire.*)

CINTIA.
Héraclius, je suis à ton côté.
PHOCAS.
Ce n'était donc pas un vain présage quand j'ai cru voir ton glaive ensanglanté.
LÉONIDE.
Je ne me suis donc pas trompé non plus, en devinant que c'était cette femme avant de l'avoir vue.

<small>Libia, Frédéric, et des soldats s'approchent.</small>

LIBIA.
C'est ici qu'est tombé Phocas.
FRÉDÉRIC.
C'est ici que son cheval l'a jeté par terre.
LÉONIDE.
Je ne suis donc venu ici que pour ma perte.

<small>Troupe de soldats.</small>

UN SOLDAT.
Accourez tous... Mais que vois-je?
HÉRACLIUS.
Vous voyez un tyran à mes pieds; vous voyez, dans les mêmes campagnes où Maurice fut tué, la mort de Maurice vengée par son fils.
PHOCAS, à terre.
Non, tu n'es pas son fils.
LE SOLDAT.
Qu'est-il donc?
PHOCAS.
Un hydropique de sang, qui, ne pouvant boire celui des autres, apaise sa soif dans le sien propre.

<small>Phocas meurt en disant ces paroles. Mais comment peut-il dire qu'Héraclius a versé son propre sang? Il faut donc qu'il se croie son père; mais comment peut-il le croire?</small>

CINTIA.
Déjà tous ses gens sont en fuite; et les miens, ayant secoué le joug de la tyrannie, disent et redisent:

> Vive Héraclius! qu'Héraclius vive!
> Qu'il ceigne son front du sacré laurier!
> Il doit régner, il est fils de Maurice.

<small>Les soldats et le peuple disent ces paroles avec Cintia; ils font une couronne.</small>

HÉRACLIUS.

Cette couronne appartient à Frédéric; il l'a méritée; c'est à lui qu'on doit la victoire.

FRÉDÉRIC.

Je n'ai voulu que briser le joug du tyran, et non pas ravir la couronne au légitime possesseur. Vous l'êtes, c'est à vous de régner.

HÉRACLIUS.

Je ne sais si je l'oserai.

FRÉDÉRIC.

Pourquoi non?

HÉRACLIUS.

C'est que j'ignore si tout ce que je vois est mensonge ou vérité.

FRÉDÉRIC.

Comment?

HÉRACLIUS.

C'est que je me suis déjà vu traité et vêtu en prince, et qu'ensuite j'ai repris mes anciens habits de peau.

Il veut parler du château enchanté et de son habit de gala.

LISIPPO.

C'est moi qui vous ai trompé par mes enchantements; je vous ai menti; j'ai menti aussi à Frédéric, quand je lui prédis en Calabre des infortunes; Dieu lui a donné la victoire; je vous demande pardon à tous deux.

LIBIA.

J'implore à vos pieds sa grâce.

HÉRACLIUS.

Qu'il vive, pourvu qu'il n'use plus de sortiléges.

ASTOLPHE.

Et moi, si je peux mériter quelque chose de vous, je demande la grâce du fils de Phocas.

HÉRACLIUS.

Léonide fut mon frère; nous fûmes élevés ensemble, qu'il soit mon frère encore.

LÉONIDE.

Je serai votre sujet soumis et fidèle.

HÉRACLIUS.

Si par hasard une grandeur si inespérée s'évanouit, je veux goûter un bonheur que je ne perdrai pas. Je donne la main à Cintia.

CINTIA.

Je tombe à vos pieds.

Les tambours battent, les clairons sonnent, le peuple et les soldats s'écrient :

Vive Héraclius! qu'Héraclius vive!

FRÉDÉRIC.

Que ces applaudissements finissent.

HÉRACLIUS.

Espérons qu'un roi sera heureux quand il commencera son règne par être détrompé, quand il connaîtra qu'il n'y a point de félicité humaine qui ne paraisse une vérité, et qui ne puisse être un mensonge.

FIN DE LA COMÉDIE FAMEUSE.

DISSERTATION

DU TRADUCTEUR

SUR L'*HÉRACLIUS* DE CALDERON.

Quiconque aura eu la patience de lire cet extravagant ouvrage y aura vu aisément l'irrégularité de Shakespeare, sa grandeur et sa bassesse, des traits de génie aussi forts, un comique aussi déplacé, une enflure aussi bizarre, le même fracas d'action et de moments intéressants.

La grande différence entre l'*Héraclius* de Calderon et le *Jules César* de Shakespeare, c'est que l'*Héraclius* espagnol est un roman moins vraisemblable que tous les contes des *Mille et une Nuits*, fondé sur l'ignorance la plus crasse de l'histoire, et rempli de tout ce que l'imagination effrénée peut concevoir de plus absurde. La pièce de Shakespeare, au contraire, est un tableau vivant de l'histoire romaine depuis le premier moment de la conspiration de Brutus jusqu'à sa mort. Le langage, à la vérité, est souvent celui des ivrognes du temps de la reine Élisabeth; mais le fond est toujours vrai, et ce vrai est quelquefois sublime.

Il y a aussi des traits sublimes dans Calderon; mais presque jamais de vérité, ni de vraisemblance, ni de naturel. Nous avons beaucoup de pièces ennuyeuses dans notre langue, ce qui est encore pis; mais nous n'avons rien qui ressemble à cette démence barbare.

Il faudrait avoir les yeux de l'entendement bien bouchés pour ne pas apercevoir dans ce fameux Calderon la nature abandonnée à elle-même. Une imagination aussi déréglée ne peut être copiste, et sûrement il n'a rien pris ni pu prendre de personne.

On m'assure d'ailleurs que Calderon ne savait pas le français, et qu'il n'avait même aucune connaissance du latin ni de l'histoire. Son ignorance paraît assez quand il suppose une reine de Sicile du temps de Phocas, un duc de Calabre, des fiefs de l'empire, et surtout quand il fait tirer du canon.

Un homme qui n'avait lu aucun auteur dans une langue étrangère aurait-il imité l'*Héraclius* de Corneille, pour le travestir d'une manière si horrible? Aucun écrivain espagnol ne traduisit, n'imita jamais un auteur français, jusqu'au règne de Philippe V; et ce n'est même que vers l'année 1725 qu'on a commencé en Espagne à traduire quelques-uns de nos livres de physique : nous, au contraire, nous prîmes plus de quarante pièces dramatiques des Espagnols, du temps de Louis XIII et de Louis XIV. Pierre Corneille commença par traduire tous les beaux endroits du *Cid*; il traduisit *le Menteur*, la suite du *Menteur*; il imita *Don Sanche d'Aragon*. N'est-il pas bien vraisemblable qu'ayant vu quelques morceaux de la pièce de Calderon, il les ait insérés dans son *Héraclius*, et qu'il ait embelli le fond du sujet ? Molière ne prit-il pas deux scènes du *Pédant joué* de Cyrano de Bergerac, son compatriote et son contemporain ?

Il est bien naturel que Corneille ait tiré un peu d'or du fumier de Calderon ; mais il ne l'est pas que Calderon ait déterré l'or de Corneille pour le changer en fumier.

L'*Héraclius* espagnol était très-fameux en Espagne, mais très-inconnu à Paris. Les troubles qui furent suivis de la guerre de la Fronde commencèrent en 1645. La guerre des auteurs se faisait quand tout retentissait des cris : *Point de Mazarin*. Pouvait-on s'aviser de faire venir une tragédie de Madrid pour faire de la peine à Corneille? et quelle mortification lui aurait-on donnée ? Il aurait été avéré qu'il avait imité sept ou huit vers d'un ouvrage espagnol. Il l'eût avoué alors, comme il avait avoué ses traductions de Guillem de Castro, quand on les lui eut injustement reprochées, et comme il avait avoué la traduction du *Menteur*. C'est rendre service à sa patrie que de faire passer dans sa langue les beautés d'une langue étrangère. S'il ne parle pas de Calderon dans son examen, c'est que le peu de vers traduits de Calderon ne valait pas la peine qu'il en parlât.

Il dit dans cet examen que son *Héraclius* est un « original dont il s'est fait depuis de belles copies ». Il entend toutes nos pièces d'intrigue où les héros sont méconnus. S'il avait eu Calderon en vue, n'aurait-il pas dit que les Espagnols commençaient enfin à imiter les Français, et leur faisaient le même honneur qu'ils en avaient reçu? Aurait-il surtout appelé l'*Héraclius* de Calderon une belle copie?

On ne sait pas précisément en quelle année la *Famosa Comedia* fut jouée ; mais on est sûr que ce ne peut être plus tôt qu'en 1637, et plus tard qu'en 1640. Elle se trouve citée, dit-on, dans des romances de 1641. Ce qui est certain, c'est que le docteur maître Emmanuel de Guera, juge ecclésiastique, chargé de revoir tous les ouvrages de Calderon après sa mort, parle ainsi de lui en 1682 : *Lo que mas admiro y admiré en este raro ingenio fué qué à ninguno imitò.* Maître Emmanuel aurait-il dit que Calderon n'imita jamais personne, s'il avait pris le sujet d'*Héraclius* dans Corneille? Ce docteur était très-instruit de tout ce qui concernait Calderon ; il avait travaillé à quelques-unes de ses comédies ; tantôt ils faisaient ensemble des pièces galantes, tantôt ils composaient des actes sacramentaux, qu'on joue encore en Espagne. Ces actes sacramentaux ressemblent pour le fond aux anciennes pièces italiennes et françaises, tirées de l'Écriture ; mais ils sont chargés de beaucoup d'épisodes et de fictions. Le peuple de Madrid y courait en foule. Le roi Philippe IV envoyait toutes ces pièces à Louis XIV les premières années de son mariage.

Au reste, il est très-inutile au progrès des arts de savoir qui est l'auteur original d'une douzaine de vers ; ce qui est utile, c'est de savoir ce qui est bon ou mauvais, ce qui est bien ou mal conduit, bien ou mal exprimé, et de se faire des idées justes d'un art si longtemps barbare, cultivé aujourd'hui dans toute l'Europe, et presque perfectionné en France.

On fait quelquefois une objection spécieuse en faveur des irrégularités des théâtres espagnol et anglais : des peuples pleins d'esprit se plaisent, dit-on, à ces ouvrages : comment peuvent-ils avoir tort?

Pour répondre à cette objection tant rabattue, écoutons Lope de Vega lui-même, génie égal, pour le moins, à Shakespeare. Voici comme il parle à peu près dans son épître en vers, intitulée *Nouvel Art de faire des comédies en ce temps.*

> Les Vandales, les Goths, dans leurs écrits bizarres,
> Dédaignèrent le goût des Grecs et des Romains:
> Nos aïeux ont marché dans ces nouveaux chemins ;
>   Nos aïeux étaient des barbares [1].

> L'abus règne, l'art tombe, et la raison s'enfuit.
>   Qui veut écrire avec décence,
> Avec art, avec goût, n'en recueille aucun fruit :
>   Il vit dans le mépris, et meurt dans l'indigence [2].

---

1. Mas como le sirvieron muchos bárbaros.
   Che ensenaron al vulgo á sus rudezas.

2. Muere sin fama y galardon.

> Je me vois obligé de servir l'ignorance :
> J'enferme sous quatre verrous[1]
> Sophocle, Euripide, et Térence.
> J'écris en insensé ; mais j'écris pour des fous.
>
> Le public est mon maître, il faut bien le servir ;
> Il faut, pour son argent, lui donner ce qu'il aime.
> J'écris pour lui, non pour moi-même,
> Et cherche des succès dont je n'ai qu'à rougir.

Il avoue ensuite qu'en France, en Italie, on regardait comme des barbares les auteurs qui travaillaient dans le goût qu'il se reproche ; et il ajoute qu'au moment qu'il écrit cette épître, il en est à sa quatre cent quatre-vingt-troisième pièce de théâtre : il alla depuis jusqu'à plus de mille. Il est sûr qu'un homme qui a fait mille comédies n'en a pas fait une bonne.

Le grand malheur de Lope et de Shakespeare était d'être comédiens : mais Molière était comédien aussi ; et, au lieu de s'asservir au détestable goût de son siècle, il le força à prendre le sien.

Il y a certainement un bon et un mauvais goût : si cela n'était pas, il n'y aurait aucune différence entre les chansons du Pont-Neuf et le second livre de Virgile : les chantres du Pont-Neuf seraient bien reçus à nous dire : Nous avons notre goût ; Auguste, Mécène, Pollion, Varius, avaient le leur, et la Samaritaine vaut bien l'Apollon palatin.

Mais quels seront nos juges ? diront les partisans de ces pièces irrégulières et bizarres. Qui ? toutes les nations, excepté vous. Quand tous les hommes éclairés de tout pays, *quibus est æquus et pater et res*[2], se réuniront à estimer le deuxième, le troisième, le quatrième et le sixième livres de Virgile, et les sauront par cœur, soyez sûrs que ce sont là ses beautés de tous les temps et de tous les lieux. Quand vous verrez les beaux morceaux de *Cinna* et d'*Athalie* applaudis sur les théâtres de l'Europe, depuis Pétersbourg jusqu'à Parme, concluez que ces tragédies sont admirables avec leurs défauts ; mais si on ne joue jamais les vôtres que chez vous seuls, que pouvez-vous en conclure ?

---

1. Encierro los preceptos con seis llaves, etc.
2. Horace, *de Arte poetica*, v. 248.

FIN DE LA DISSERTATION SUR L'HÉRACLIUS.

APPENDICE

AU THÉATRE DE VOLTAIRE.

AVERTISSEMENT

DE L'AUTEUR DE LA PRÉSENTE ÉDITION.

Nous avons dit, dans une note d'un des précédents volumes [1], que le théâtre de l'Odéon avait représenté, il y a quelques années, la comédie intitulée *l'Échange* sous le titre du *Comte de Boursoufle, ou M*[lle] *de la Cochonnière*, pièce inédite de Voltaire. Cette pièce, prétendue inédite, fut alors imprimée dans une brochure à la suite de la représentation, et dans un recueil qui porte ce titre : « *Le Dernier Volume des œuvres de Voltaire*, — *contes, comédie, pensées, poésies, lettres*. Œuvres inédites précédées du testament autographe de Voltaire, du fac-simile de toutes les pièces relatives à sa mort, et de l'histoire du cœur de Voltaire par Jules Janin, préface par Édouard Didier. Paris, H. Plon, 1862. »

Quoique le texte du *Comte de Boursoufle* diffère fort peu de celui de *l'Échange*, il n'est pas inutile, croyons-nous, de le donner ici en appendice, afin que le lecteur puisse, en les comparant, constater les légères différences qu'ils présentent. Nous reproduisons le texte de la brochure. La plupart des indications relatives à la mise en scène ne sont pas certainement de Voltaire ; elles paraissent l'œuvre du régisseur général de l'Odéon, qui était alors M. Eugène Pierron ; elles ne se trouvent pas dans le texte du recueil.

L. M.

1. Tome II du *Théâtre*, p. 251, note 5, *in fine*.

LE COMTE
DE BOURSOUFLE

OU

MADEMOISELLE DE LA COCHONNIÈRE

COMÉDIE BOUFFE EN TROIS ACTES

ET EN PROSE

REPRÉSENTÉE SUR LE THÉATRE IMPÉRIAL DE L'ODÉON
LE MARDI 28 JANVIER 1862.

PERSONNAGES	ACTEURS
LE COMTE DE BOURSOUFLE.	MM. Thiron.
LE CHEVALIER, frère du comte.	Fassier.
LE BARON DE LA COCHONNIÈRE.	Saint-Léon.
Mlle THÉRÈSE DE LA COCHONNIÈRE, fille du baron.	Mlle Delahaye.
PASQUIN, valet du chevalier.	MM. Roger.
MARAUDIN, intrigant.	Romanville.
MADAME BARBE, gouvernante de Mlle Thérèse.	Mme Beuzeville.
LE BAILLI.	MM. Fréville.
COLIN, valet du baron.	Brizard.
UN PAGE.	Mlle Eugénie.
VALETS DE LA SUITE DU COMTE.	
PAYSANS.	

LE COMTE DE BOURSOUFLE

OU

MADEMOISELLE DE LA COCHONNIÈRE

COMÉDIE BOUFFE

ACTE PREMIER.

LA SCÈNE SE PASSE DANS L'INTÉRIEUR D'UNE SALLE D'AUBERGE
AU VILLAGE DE LA COCHONNIÈRE, EN 1734.

(Porte au fond, donnant sur la grande route. Grande cheminée à droite. - A gauche, au premier plan, une table.)

SCÈNE I[1].

LE CHEVALIER, PASQUIN.

(Tous deux sont assis, au lever du rideau, l'un à droite, l'autre à gauche.)

LE CHEVALIER, assis à gauche près de la table.

Pasquin, où vas-tu?

PASQUIN, remontant vers le fond.

Monsieur, je vais me jeter à l'eau.

LE CHEVALIER, se levant.

Attends-moi. Connais-tu dans le monde entier un plus malheureux homme que ton maître?

PASQUIN, revenant.

Oui, monsieur, j'en sais un plus malheureux sans contredit.

LE CHEVALIER.

Et qui?

---

1. Toutes les indications sont prises de la gauche du spectateur.

PASQUIN.

Votre valet, monsieur, le pauvre Pasquin.

LE CHEVALIER.

En connais-tu un plus fou?

PASQUIN.

Oui assurément.

LE CHEVALIER.

Et qui? bourreau! qui?

PASQUIN.

Ce fou de Pasquin, monsieur, qui sert un pareil maître.

LE CHEVALIER.

Faquin!

PASQUIN.

Et un maître qui n'a pas le sou.

LE CHEVALIER.

Il faut que je sorte de cette malheureuse vie.

PASQUIN.

Vivez plutôt pour me payer mes gages.

LE CHEVALIER.

J'ai mangé tout mon bien au service du roi.

PASQUIN.

Dites au service de vos maîtresses, de vos fantaisies, de vos folies. On ne mange jamais son bien en ne faisant que son devoir. Qui dit ruiné dit prodigue; qui dit malheureux dit imprudent, et la morale...

LE CHEVALIER.

Ah! coquin! tu abuses de ma patience et de ma misère. Je te pardonne parce que je suis pauvre; mais si ma fortune change, je t'assommerai.

PASQUIN

Mourez de faim, monsieur, mourez de faim.

LE CHEVALIER, passant à droite[1].

C'est bien à quoi il faut nous résoudre tous deux si mon maroufle de frère, le comte de Boursoufle, n'arrive pas aujourd'hui dans ce maudit village où je l'attends. O ciel! faut-il que cet homme-là ait soixante mille livres de rente pour être venu au monde une année avant moi! Ah! ce sont les aînés qui ont fait les lois; les cadets n'ont pas été consultés, je le vois bien.

(Il s'assied à droite avec humeur.)

PASQUIN.

Eh! monsieur, si vous aviez eu les soixante mille livres de rente, vous les auriez déjà mangées, et vous n'auriez plus de ressource. Mais M. le comte de Boursoufle aura pitié de vous; il vient ici pour épouser la fille du baron, qui aura cinq cent mille francs de bien. Vous aurez un petit présent de noces, et nous en serons marris.

LE CHEVALIER, se relevant.

Épouser encore cinq cent mille francs! et le tout parce que l'on est aîné!

---

1. Pasquin, le chevalier.

Et moi être réduit à attendre ici de ses bontés ce que je devrais ne tenir que de la nature. Demander quelque chose à son frère aîné, c'est là le comble des disgrâces.

PASQUIN.

Vous parlez comme un philosophe qui n'a pas dîné. Je ne connais pas monsieur le comte, mais il me semble que je viens de voir arriver ici M. Maraudin, votre ami et le sien.

LE CHEVALIER.

Et celui du baron, et celui de tout le monde.

PASQUIN.

Cet homme qui noue plus d'intrigues qu'il n'en peut débrouiller, qui fait des mariages et des divorces, qui prête, qui emprunte, qui donne, qui vole, qui fournit des maîtresses aux jeunes gens, des amants aux jeunes femmes, qui se rend redouté et nécessaire dans toutes les maisons, qui fait tout, qui est partout, il n'est pas encore pendu. Profitez du temps, parlez-lui ; cet homme-là vous tirera d'affaire.

LE CHEVALIER.

Non, non, Pasquin, ces gens-là ne sont bons que pour les riches ; ce sont les parasites de la société. Ils servent ceux dont ils ont besoin, et non pas ceux qui ont besoin d'eux, et leur vie n'est utile qu'à eux-mêmes.

PASQUIN.

Pardonnez-moi, pardonnez-moi, les fripons sont assez serviables. M. Maraudin se mêlerait peut-être de vos affaires pour avoir le plaisir de s'en mêler : un fripon aime à la fin l'intrigue pour l'intrigue même. Il est actif, vigilant ; il rend service vivement avec un très-mauvais cœur, tandis que les honnêtes gens qui ont le meilleur cœur du monde vous plaignent avec indolence, vous laissent dans la misère, et vous ferment la porte au nez.

LE CHEVALIER.

Hélas! je ne connais guère que de ces honnêtes gens-là, et j'ai grand'-peur que monsieur mon frère ne soit un très-honnête homme.

PASQUIN.

Voilà M. Maraudin, qui n'a pas tant de probité peut-être, mais qui pourra vous être utile.

SCÈNE II.

LE CHEVALIER, MARAUDIN, PASQUIN[1].

MARAUDIN, entrant par le fond.

Bonjour, mon très-agréable chevalier, embrassez-moi, mon très-cher. Par quel heureux hasard vous rencontré-je ici?

LE CHEVALIER.

Par un hasard très-naturel et très-malheureux : parce que j'ai trop aimé

---

1. Le chevalier, Maraudin, Pasquin.

l'amour, parce que j'ai été bourreau d'argent, parce que je suis dans la misère, parce que mon frère, qui nage dans le Pactole, va passer ici, parce que je l'attends, parce que j'enrage, parce que je suis au désespoir.

MARAUDIN.

Voilà de très-bonnes raisons. Allez, allez, consolez-vous; Dieu a soin des cadets. Il faudra bien que votre frère jette sur vous quelques regards de compassion. C'est moi qui le marie, et je veux qu'il y ait un pot-de-vin pour vous dans ce marché. Quand quelqu'un épouse la fille du baron de la Cochonnière, il faut que tout le monde y gagne.

LE CHEVALIER.

Eh! scélérat! que ne me la faisais-tu épouser? J'y aurais gagné bien davantage.

MARAUDIN.

D'accord. Hélas! je crois que Mlle de la Cochonnière vous aurait épousé tout aussi volontiers que monsieur le comte. Elle ne demande qu'un mari; elle ne sait pas seulement si elle est riche. C'est une créature élevée dans toute la grossière rusticité de monsieur son père. Ils sont nés avec peu de bien. Un frère de la baronne, intéressé et imbécile, qui ne savait pas parler, mais qui savait calculer, a gagné à Paris cinq cent mille francs dont il n'a jamais joui; il est mort précisément comme il allait devenir insolent. La baronne est morte de l'ennui de vivre avec le baron, et la fille, à qui tout ce bien-là appartient, ne peut être mariée par son vilain père qu'à un homme excessivement riche. Jugez s'il vous l'aurait donnée, à vous qui venez de manger votre légitime.

LE CHEVALIER.

Enfin, tu as procuré ce parti à monsieur le comte, c'est fort bien fait, que t'en revient-il?

MARAUDIN.

Ah! il me traite indignement; il s'imagine que son mérite tout seul a fait ce mariage, et son avarice venant à l'appui de sa vanité, il me paye fort mal pour l'avoir trop bien servi. J'en demande pardon à monsieur son frère, mais monsieur le comte est presque aussi avare que fat; vous n'êtes ni l'un ni l'autre, et si vous aviez son bien, vous feriez...

LE CHEVALIER.

Oh! oui, je ferais de très-belles choses; mais n'ayant rien, je ne puis rien faire que me désespérer et te prier de... (On entend à l'extérieur un bruit de voiture, de fouet et de grelots.) Ah! j'entends un bruit extravagant dans cette hôtellerie; je vois arriver des chevaux, des chaises, des postillons en argent et des laquais en or: c'est mon frère, sans doute. Quel brillant équipage! et quelle différence la fortune met entre les hommes! Ses valets vont bien me mépriser!

MARAUDIN, passant à l'extrême gauche [1].

C'est selon que monsieur vous traitera. Les valets ne sont pas d'une autre espèce que les courtisans; ils sont les singes de leur maître.

---

1. Maraudin, le chevalier au fond, Pasquin à droite.

SCÈNE III.

LE COMTE DE BOURSOUFLE, suivi d'un page, d'un perruquier et de trois valets; LE CHEVALIER, MARAUDIN, PASQUIN [1].

LE COMTE, entrant par le fond.

Ah! quel supplice que d'être six heures dans une chaise de poste! on arrive tout dérangé, tout dépoudré.

LE CHEVALIER.

Mon frère, je suis ravi de vous...

MARAUDIN.

Monsieur, vous allez trouver en ce pays...

LE COMTE, s'asseyant près de la table à gauche [2].

Holà! hé! qu'on m'arrange un peu! Foi de seigneur, je ne pourrai jamais me montrer dans l'état où je suis.

LE CHEVALIER.

Mon frère, je vous trouve très-bien, et je me flatte...

LE COMTE, à ses valets.

Allons donc un peu! Un miroir, de la poudre d'œillet, un pouf, un pouf! (Un perruquier lui jette un peignoir sur les épaules, et va au fond prendre sa boîte à poudre, puis retouche sa coiffure.) Hé! bonjour, monsieur Maraudin, bonjour! Mlle de la Cochonnière me trouvera horriblement mal en ordre. Mons du Toupet, je vous ai déjà dit mille fois que mes perruques ne fuient point assez en arrière; vous avez la fureur d'enfoncer mon visage dans une épaisseur de cheveux qui me rend ridicule, sur mon honneur. Monsieur Maraudin, à propos... (Au chevalier.) Ah! vous voilà, Chonchon!

LE CHEVALIER, s'approchant du comte.

Oui, et j'attendais le moment...

LE COMTE.

Monsieur Maraudin, comment trouvez-vous mon habit de noces? L'étoffe en a coûté cent écus l'aune.

MARAUDIN.

Mlle de la Cochonnière sera éblouie.

LE CHEVALIER, revenant à droite.

La peste soit du fat! il ne daigne pas seulement me regarder!

PASQUIN.

Et pourquoi vous adressez-vous à lui, à sa personne? Que ne parlez-vous à sa perruque, à sa broderie, à son équipage! Flattez sa vanité au lieu de songer à toucher son cœur.

---

1. Maraudin, le chevalier, le comte; Pasquin au fond, à droite, près de la cheminée
2. Maraudin, le comte assis, le chevalier, Pasquin.

LE CHEVALIER.
Non, j'aimerais mieux crever que de faire ma cour à ses impertinences.
LE COMTE, au page qui est en face de lui, de l'autre côté de la table.
Page, levez un peu ce miroir, haut, plus haut. Vous êtes fort maladroit, page, foi de seigneur.
LE CHEVALIER.
Mais, mon frère, voudrez-vous bien enfin...
LE COMTE.
Charmé de te voir, mon cher Chonchon, sur mon honneur! Tu reviens donc de la guerre, un peu grêlé, à ce que je vois? eh! eh! eh! Eh bien! qu'est devenu ton cousin qui partit avec toi il y a trois ans?
LE CHEVALIER.
Je vous ai mandé il y a un an qu'il était mort. C'était un très-honnête garçon, et si la fortune...
LE COMTE, toujours assis à sa toilette.
Ah! oui, oui, je l'avais oublié, je m'en souviens, il est mort. Il a bien fait; cela n'était pas riche. Vous venez pour être de la noce, monsieur Chonchon? cela n'est pas maladroit. (Il se lève et passe à l'extrême gauche.) Écoutez, monsieur Maraudin, je prétends aller le plus tard que je pourrai chez Mlle de la Cochonnière. J'ai quelque affaire dans le voisinage. La petite marquise n'est qu'à deux cents pas d'ici, qui se repose de ses aventures de Versailles : eh! eh! je veux un peu aller la voir avant de tâter du sérieux embarras d'une noce. Qu'on mette mes relais à ma chaise. (Il remonte vers le fond, et reprend le milieu de la scène. Les domestiques sortent avec précipitation.)
LE CHEVALIER.
Pourrai-je, pendant ce temps-là, avoir l'honneur de vous dire un petit mot?
LE COMTE.
Que cela soit court au moins! Un jour de mariage, on a la tête remplie de tant de choses qu'on n'a guère le temps d'écouter son frère Chonchon.
(Il congédie du geste M. Maraudin et Pasquin, qui sortent par le fond.)

SCÈNE IV.

LE COMTE, LE CHEVALIER.

LE CHEVALIER.
Mon frère, j'ai d'abord à vous dire...
LE COMTE, passant à l'extrême droite en faisant jabot.
Réellement, Chonchon, croyez-vous que cet habit me sied assez bien?
(Il s'assied à droite.)
LE CHEVALIER.
J'ai donc à vous dire, mon frère, que je n'ai presque rien eu en partage, que je suis prêt à vous abandonner tout ce qui peut me revenir de mon

bien, si vous avez la générosité de me donner dix mille francs (Le comte se lève et passe à l'extrême gauche) une fois payés. Vous y gagneriez encore, et vous me tireriez d'un bien cruel embarras; je vous aurais la plus sensible obligation.

LE COMTE, allant au fond.

Holà! hé! ma chaise est-elle prête? Chonchon, vous voyez bien que je n'ai pas le temps de parler d'affaires. Julie aura dîné; il faut que j'arrive.

LE CHEVALIER.

Quoi! vous n'opposez à des prières dont je rougis que cette indifférence insultante dont vous m'accablez!

LE COMTE, se rasseyant à gauche.

Mais, Chonchon, mais, en vérité, vous n'y pensez pas! Vous ne savez pas combien un seigneur a de peine à vivre à Paris, combien coûte un berlingot; cela est incroyable, foi de seigneur; on ne peut pas voir le bout de l'année.

LE CHEVALIER.

Vous m'abandonnez donc!

LE COMTE.

Vous avez voulu vivre comme moi, cela ne vous allait pas; il est bon que vous patissiez un peu.

LE CHEVALIER.

Vous me mettez au désespoir, et vous vous repentirez d'avoir si peu écouté la nature.

LE COMTE.

Mais la nature, la nature, c'est un beau mot, Chonchon, inventé par les pauvres cadets ruinés pour émouvoir la pitié des aînés qui sont sages. La nature vous avait donné une honnête légitime, et elle ne m'ordonne pas d'être un sot parce que vous avez été un dissipateur.

LE CHEVALIER.

Vous me poussez à bout. Eh bien! puisque la nature se tait dans vous, elle se taira dans moi, et j'aurai du moins le plaisir de vous dire que vous êtes le plus grand fat de la terre, le plus indigne de votre fortune, le cœur le plus dur, le plus...

LE COMTE.

Mais, fou, que cela est vilain de dire des injures! Cela sent son homme de garnison. Mon Dieu, vous êtes loin d'avoir les airs de la cour.

LE CHEVALIER.

Le sang-froid de ce barbare-là me désespère. Poltron, rien ne t'émeut.

LE COMTE.

Tu t'imagines donc que tu es brave parce que tu es en colère?

LE CHEVALIER.

Je n'y peux plus tenir, et si tu avais du cœur...

LE COMTE, se levant.

Ah! ah! ah! foi de seigneur, cela est plaisant. Tu crois que moi, qui ai soixante mille livres de rente et qui suis près d'épouser Mlle de la Cochonnière avec cinq cent mille francs, je serais assez fou pour me battre contre toi, qui n'as rien à risquer? (On entend à l'extérieur le bruit des grelots et quelques coups de fouet.) Je vois ton petit dessein : tu voudrais par quelque bon coup d'epée arriver à la succession de ton frère aîné; il n'en sera rien, mon cher Chonchon, et je vais remonter dans ma chaise avec le calme d'un courtisan et la constance d'un philosophe. (Maraudin et Pasquin reparaissent au fond.) Holà! mes gens! Adieu, Chonchon. A ce soir, monsieur Maraudin, à ce soir. Holà! page, un miroir! (Le chevalier passe à l'extrême gauche.)

SCÈNE V.

LE CHEVALIER, MARAUDIN, PASQUIN[1].

PASQUIN.
Eh bien, monsieur, avez-vous gagné quelque chose sur l'âme dure de ce courtisan poli?
LE CHEVALIER, toujours à l'extrême gauche.
Oui, j'ai gagné le droit et la liberté de le haïr du meilleur de mon cœur.
PASQUIN.
C'est quelque chose, mais cela ne donne pas de quoi vivre.
MARAUDIN.
Si fait, si fait, cela peut servir.
LE CHEVALIER.
Et à quoi, s'il vous plaît? Qu'à me rendre encore plus malheureux.
MARAUDIN.
Oh! cela peut servir à vous ôter les scrupules que vous auriez de lui faire du mal. Et c'est déjà un très-grand bien. N'est-il pas vrai que si vous lui aviez obligation et si vous l'aimiez tendrement, vous ne pourriez jamais vous résoudre à épouser Mlle de la Cochonnière au lieu de lui? Mais à présent que vous voilà débarrassé du poids de la reconnaissance et des liens de l'amitié, vous êtes libre, et je veux vous aider à vous venger en vous rendant heureux.
LE CHEVALIER.
Comment me mettre à la place du comte de Boursoufle? Comment puis-je être aussi fat? Comment épouser sa maîtresse au lieu de lui? Parle, réponds.
MARAUDIN.
Tout cela est très-aisé. Monsieur le baron n'a jamais vu votre frère aîné; je puis vous annoncer sous son nom, puisqu'en effet votre nom est le sien; vous ne mentirez point, et il est bien doux de pouvoir tromper quelqu'un sans être réduit au chagrin de mentir. Il faut que l'honneur conduise toutes nos actions. (Le chevalier se rapproche de lui.)
PASQUIN.
Sans doute; c'est ce qui m'a réduit à l'état où je me vois.

1. Le chevalier, Maraudin, Pasquin.

MARAUDIN.

Votre frère ne me donnait que dix mille francs pour lui procurer ce mariage. Je vous aime au moins une fois plus que lui; faites-moi un billet de vingt mille francs, et je vous fais épouser la fille du baron. (Le chevalier retire sa main, et s'éloigne à l'extrême gauche.) Ce que je demande, au reste, n'est que pour l'honneur. Il est de la dignité d'un homme de votre maison d'être libéral quand il peut l'être. L'honneur me poignarde, voyez-vous.

LE CHEVALIER.

Oh! oui, c'est votre cruel ennemi!

MARAUDIN.

Votre frère aîné est un fat.

LE CHEVALIER.

D'accord.

MARAUDIN.

Un suffisant pétri de cette vanité qui n'est que le partage des sots.

LE CHEVALIER.

J'en conviens.

MARAUDIN.

Un sot à berner sur le théâtre.

LE CHEVALIER.

Il est vrai.

MARAUDIN.

Un mauvais cœur dans un corps ridicule.

LE CHEVALIER.

C'est ce que je pense.

MARAUDIN.

Un petit-maître suranné qui n'a pas même le jargon de l'esprit; un original enflé de fadaise et de vent, dont Pasquin ne voudrait pas pour son valet, s'il pouvait en avoir.

PASQUIN.

Assurément, j'aimerais bien mieux son frère le chevalier.

LE CHEVALIER.

Eh!

MARAUDIN.

Un homme, enfin, dont vous ne tirerez jamais rien, qui dépenserait cinquante mille francs en chiens et en chevaux, et qui laisserait périr son frère de misère.

LE CHEVALIER.

Cela n'est que trop vrai.

MARAUDIN.

Et vous vous feriez scrupule de supplanter un pareil homme! et vous ne goûteriez pas une joie parfaite en lui escroquant légitimement les cinq cent mille livres qu'il croit déjà tenir, mais qu'il mérite si peu! et vous ne ririez pas de tout votre cœur en tenant ce soir entre vos bras la fille du baron! et vous balanceriez à me faire (pour l'honneur) un petit billet de vingt mille francs par corps à prendre sur les plus clairs deniers de Mlle de la

Cochonnière! Allez! vous êtes indigne d'être riche si vous manquez l'occasion de l'être. (Il passe à gauche.)

LE CHEVALIER[1].

Vous avez raison, mais je sens là quelque chose qui me répugne. Étrange chose que le cœur humain! je n'avais point de scrupule tout à l'heure de me battre contre mon frère, et j'en ai de le tromper.

MARAUDIN.

C'est que vous étiez en colère quand vous vouliez vous battre, et que vous êtes plus brave qu'habile.

PASQUIN.

Allez, allez, monsieur, laissez-vous conduire par M. Maraudin; il en sait plus que vous. Mettez votre conscience entre ses mains, j'en réponds sur la mienne.

LE CHEVALIER.

Eh! mais, cependant...

MARAUDIN.

Allons, êtes-vous fou?

PASQUIN.

Allons, mon cher maître, courage! Il n'y a pas grand mal au fond.

MARAUDIN.

Cinq cent mille francs!

PASQUIN.

Et Mlle de la Cochonnière!

LE CHEVALIER, passant à l'extrême droite.

C'est peut-être un monstre.

PASQUIN, remontant vers le fond.

Adieu, monsieur!

LE CHEVALIER, allant à Pasquin.

Où vas-tu?

PASQUIN.

Je vais me jeter à l'eau, car je vois bien qu'il n'y a plus rien à espérer d'un homme qui n'épouserait pas les yeux fermés pour cinq cent mille francs.

MARAUDIN.

Mais Mlle de la Cochonnière est fraîche et jolie. (Il lui présente un billet à signer.)

LE CHEVALIER.

Eh bien, Pasquin, ne te jette pas encore à l'eau aujourd'hui. (Il va vers la table, signe le billet de Maraudin, et sort vivement en lui prenant le bras. Pasquin les suit.)

---

1. Maraudin, le chevalier, Pasquin.

FIN DU PREMIER ACTE.

ACTE DEUXIÈME.

LA SCÈNE EST A LA PORTE DU CHATEAU DE LA COCHONNIÈRE.

(L'extérieur du château est à droite, au premier plan. — Au premier étage, deux grandes fenêtres ouvrant sur un balcon. — Au second étage, deux lucarnes. — A gauche et au fond, de grands arbres.)

SCÈNE I.

MARAUDIN, COLIN.

MARAUDIN, venant du fond à gauche.

Ce vieux fou de baron s'enferme dans son château, et fait faire la garde comme si l'univers voulait lui enlever Mlle Thérèse de la Cochonnière, ou comme si les ennemis étaient aux portes. Holà! quelqu'un, messieurs! holà!

COLIN, paraissant à une lucarne du grenier.

Qui va là?

MARAUDIN.

Vive le roi et monsieur le baron! On vient pour marier Mlle Thérèse.

COLIN.

Je vais dire ça à monseigneur. (Il ferme vivement la lucarne.)

MARAUDIN.

Est-il possible qu'il y ait encore en France un rustre comme le seigneur de cette gentilhommière? Voilà deux beaux contrastes que M. de Boursoufle et lui.

SCÈNE II.

LE BARON DE LA COCHONNIÈRE, en buffle, précédé de deux domestiques qui croisent leur hallebarde à la vue de Maraudin; MARAUDIN.

LE BARON [1].

Ah! c'est vous, mon brave monsieur de Maraudin? Pardon; mais il faut être un peu sur ses gardes quand on a une jeune fille dans son château. Il y a tant de gens dans le monde qui enlèvent les filles! On ne voit que cela dans les romans.

1. Maraudin, le baron.

MARAUDIN.

Cela est vrai, et je viens aussi pour enlever Mlle Thérèse, car je vous amène un gendre.

LE BARON.

Quand est-ce donc que j'aurai le plaisir de voir dans mon château de la Cochonnière M. le comte de Boursoufle?

MARAUDIN.

Dans un moment il va rendre ses respects à son très-honoré beau-père.

LE BARON.

Ventre de boulets! il sera très-bien reçu, et je lui réponds de Thérèse. Mon gendre est homme de bonne mine, sans doute?

MARAUDIN.

Assurément, et d'une figure très-agréable. Pensez-vous que j'irais donner à Mlle Thérèse un petit mari haut comme ma jambe, comme on en voit tant à la cour?

LE BARON.

Amène-t-il ici un grand équipage? Aurons-nous bien de l'embarras?

MARAUDIN.

Au contraire ; monsieur le comte hait l'éclat et le faste. Il a voulu venir avec moi incognito. Ne croyez pas qu'il soit venu dans son équipage ni en chaise de poste.

LE BARON.

Tant mieux ; tous ces vains équipages ruinent et sentent la mollesse. Nos pères allaient à cheval, et jamais les seigneurs de la Cochonnière n'ont eu de carrosse.

MARAUDIN.

Ni votre gendre non plus. Ne vous attendez pas à lui voir de ces parures frivoles, de ces étoffes superbes, de ces bijoux à la mode.

LE BARON, passant à gauche.

Un buffle, corbleu! un buffle, voilà ce qu'il faut en temps de guerre. Mon gendre me charme par le récit que vous m'en faites.

MARAUDIN [1].

Oui, un buffle ; il en trouvera ici. Il sera plus content de vous encore que vous de lui. Le voici qui s'avance. (Il va au-devant du chevalier, qui entre par le fond à gauche.)

SCÈNE III.

LE BARON, LE CHEVALIER, MARAUDIN, MADAME BARBE.

MARAUDIN.

Approchez, monsieur le comte, et saluez monsieur le baron, votre beau-père [2].

1. Le baron, Maraudin.
2. Le baron, le chevalier, Maraudin.

LE BARON.

Par Henri IV! voilà un gentilhomme tout à fait de mise. Têtebleu! monsieur le comte, Thérèse sera heureuse. Corbleu! touchez là ; je suis votre beau-père et votre ami. Parbleu! vous avez la physionomie d'un honnête homme.

LE CHEVALIER.

En vérité, monsieur, vous me faites rougir, et je suis confus de paraître devant vous... mais M. Maraudin, qui sait l'état de mes affaires, vous aura dit...

MARAUDIN.

Oui, j'ai dit tout ce qu'il fallait. Vous avez un digne beau-père et une digne femme. (A Mme Barbe, qui paraît sur le seuil de la porte du château.) Réjouissez-vous, madame Barbe, voici un mari pour votre Thérèse.

MADAME BARBE.

Est-il possible?

MARAUDIN.

Rien n'est plus certain.

LE BARON, allant à Mme Barbe [1].

Allons, faites descendre Thérèse, faites venir les violons, donnez la clef de la cave, et que tout le monde soit ivre aujourd'hui dans mon château. (Ils sortent tous trois par le fond à droite.)

MADAME BARBE.

Ah! le bel ordre! ah! la bonne nouvelle! Thérèse, Thérèse, mademoiselle Thérèse, descendez, venez tôt, venez tôt! Cette chère Thérèse, qu'elle va être contente!... Un mari!... Qu'elle sera heureuse!... Elle le mérite bien, car je l'ai élevée comme une princesse. Elle va briller dans le monde, elle enchantera; ça me fera honneur. On dira : « On voit bien que Mme Barbe y a mis tous ses soins, car Mlle Thérèse est d'une douceur, d'une politesse... » Mademoiselle Thérèse! mademoiselle Thérèse!

SCÈNE IV.

MADEMOISELLE THÉRÈSE, MADAME BARBE.

THÉRÈSE, paraissant à droite sur le seuil [2].

Eh bien! qu'est-ce? Thérèse! Thérèse! Brailleras-tu toujours après moi, éternelle duègne, et faut-il que je sois pendue à ta ceinture? Je suis lasse d'être traitée en petite fille, et je sauterai les murs au premier jour.

MADAME BARBE.

Eh! la la, apaisez-vous, je n'ai pas de si méchantes nouvelles à vous apprendre, et on ne voulait pas vous traiter en petite fille; on voulait vous parler d'un mari; mais puisque vous êtes toujours bourrue...

---

1. Le chevalier, Maraudin, le baron, Mme Barbe.
2. Mme Barbe, Thérèse.

THÉRÈSE, sur le devant, à droite.

Aga avec votre mari ! Ces contes bleus-là me fatiguent les oreilles, entendez-vous, madame Barbe ? Je crois aux maris comme aux sorciers ; j'en entends toujours parler, et je n'en vois jamais. Il y a deux ans qu'on se moque de moi, mais je sais bien ce que je ferai ; je me marierai bien sans vous tous tant que vous êtes. On n'est pas une sotte, quoiqu'on soit élevée loin de Paris, et Jacqueline-Thérèse de la Cochonnière ne sera pas toujours en prison ; c'est moi qui vous le dis, madame Barbe.

MADAME BARBE.

Tudieu ! comme vous y allez ! Eh bien ! puisque je suis si mal reçue, adieu donc[1] ; vous dira qui voudra les nouvelles du logis. (En pleurant.) Cela est bien dénaturé de traiter ainsi madame Barbe, qui vous a si bien élevée.

THÉRÈSE.

Va, va, ne pleure point, je te demande pardon. Qu'est-ce que tu me disais d'un mari ?

MADAME BARBE.

Rien, rien ; je suis une duègne, je suis une importune, vous ne saurez rien.

THÉRÈSE.

Ah ! ma pauvre petite Barbe, je m'en vais pleurer à mon tour.

MADAME BARBE.

Allez, ne pleurez point, M. le comte de Boursoufle est arrivé, et vous allez être madame la comtesse.

THÉRÈSE.

Dis-tu vrai ? Est-il possible ? Ne me trompes-tu point, ma chère Barbe ? Il y a ici un mari pour moi ! un mari, un mari ! (Elle remonte vers la droite, au fond.) Qu'on me le montre ! Où est-il, que je le voie, que je voie monsieur le comte ! Me voilà mariée, me voilà comtesse, me voilà à Paris ! Je ne me sens pas de joie ; viens que je t'étouffe de caresses.

MADAME BARBE.

Le bon petit naturel !

THÉRÈSE.

Premièrement, une grande maison magnifique, et des diamants, et des perles comme s'il en pleuvait, et six grands laquais, et l'Opéra tous les jours, et toute la nuit à jouer, et tous les jeunes gens amoureux de moi, et toutes les femmes jalouses ! La tête me tourne, la tête me tourne de plaisir.

MADAME BARBE.

Contenez-vous donc un peu ; tenez, voilà votre mari qui vient, voyez s'il n'est pas beau et bien fait.

THÉRÈSE, courant au fond à sa rencontre.

Ah ! je l'aime déjà de tout mon cœur. Ne dois-je pas courir l'embrasser, madame Barbe ?

MADAME BARBE, la retenant.

Non, vraiment, gardez-vous-en bien ; il faut, au contraire, être sur la réserve.

---

1. Thérèse, Mme Barbe.

THÉRÈSE.
Eh quoi! puisqu'il est mon mari et que je le trouve joli!
MADAME BARBE.
Il vous mépriserait si vous lui témoigniez trop d'affection.
THÉRÈSE.
Ah! je vais donc bien me retenir.

SCÈNE V.

LE CHEVALIER, THÉRÈSE, MADAME BARBE[1].

THÉRÈSE.
Je suis votre très-humble servante. Je suis enchantée de vous voir; comment vous portez-vous? Vous venez pour m'épouser ; vous me comblez de joie. Je n'en ai pas trop dit, Barbe?
LE CHEVALIER.
Madame, je faisais mon plus cher désir de l'accueil gracieux dont vous m'honorez, mais je n'osais en faire mon espérance; préféré par monsieur votre père, je ne me tiens point heureux si je ne le suis par vous. C'est de vous seule que je voulais vous obtenir. Vos premiers regards font de moi un amant, et c'est un titre que je veux conserver toute ma vie.
THÉRÈSE.
Oh! comme il parle, comme il parle, et que ce langage-là est différent de celui de nos gentilshommes de campagne! Ah! les sots dadais en comparaison des seigneurs de la cour! Mon amant, irons-nous bientôt à la cour?
LE CHEVALIER.
Dès que vous le souhaitez, madame...
THÉRÈSE.
N'y a-t-il pas une reine là?
LE CHEVALIER.
Oui.
THÉRÈSE.
Et qui me recevra bien?
LE CHEVALIER.
Avec beaucoup de joie[2] assurément.
THÉRÈSE.
Cela fera crever toutes les femmes de dépit; je serai charmée.
LE CHEVALIER.
Si vous avez envie d'aller au plus tôt briller à la cour, mademoiselle, daignez donc hâter le moment de mon bonheur. Monsieur votre père veut retarder le mariage de quelques jours; je vous avoue que ce retardement me mettrait au désespoir. Je sais que vous avez des amants jaloux de ma

---

1. Mme Barbe, Thérèse, le chevalier.
2. Il y a *beaucoup de bonté* dans *l'Échange*, et cela vaut mieux sans contredit.

félicité qui songent à vous enlever, et qui voudraient vous enfermer à la campagne pour votre vie.

THÉRÈSE, passant à l'extrême droite.

Ah! les coquins! pour m'enlever, passe; mais m'enfermer!

LE CHEVALIER.

Le plus sûr moyen de leur dérober la possession de vos charmes est de vous donner à moi par un prompt hyménée qui vous mettra en liberté, et moi au comble du bonheur; il faudrait m'épouser plus tôt que plus tard.

THÉRÈSE.

Vous épouser! qu'à cela ne tienne; dans le moment, dans l'instant, je ne demande pas mieux, je vous jure, et je voudrais déjà que cela fût fait.

LE CHEVALIER.

Vous ne vous sentez donc pas de répugnance pour un époux qui vous adore?

THÉRÈSE.

Au contraire, je vous aime de tout mon cœur. Mme Barbe prétend que je ne devais vous en rien dire, mais c'est une radoteuse, et je ne vois pas, moi, quel grand mal il y a à vous dire que je vous aime, puisque vous m'aimez.

SCÈNE VI.

LE BARON, LE CHEVALIER, THÉRÈSE, MARAUDIN, MADAME BARBE.

THÉRÈSE, allant vers son père, qui revient du fond à droite.

Papa, quand nous marierez-vous?

LE CHEVALIER [1].

Mademoiselle votre fille, monsieur, daigne recevoir les empressements de mon cœur avec une bonté que vous autorisez [2].

THÉRÈSE.

Qu'est-ce que vous dites là?

LE CHEVALIER.

Je vous le répète, monsieur, il y a des gens en campagne pour enlever ce trésor, et, si vous n'y prenez garde, Mlle de la Cochonnière est perdue aujourd'hui pour vous et pour son mari.

LE BARON.

Par la culasse de mes mousquetons! nous y donnerons bon ordre; qu'ils s'y jouent, les scélérats! Je vais commencer par enfermer Thérèse dans le grenier. (Il veut la conduire au château. Elle s'échappe, et revient près du chevalier.)

---

1. Mme Barbe, le chevalier, le baron, Thérèse.
2. En cet endroit quelques lignes indispensables sont passées. Voyez *l'Échange*, tome II du *Théâtre*, p. 276.

MADAME BARBE, l'entraînant aussi vers le château à droite.

Allons, mademoiselle, allons là-haut.

THÉRÈSE, résistant [1].

Miséricorde! j'aime cent fois mieux qu'on m'enlève, papa. Si on m'enferme davantage, je me casse la tête contre les murs. (Elle revient vers son père.)

LE CHEVALIER.

N'y aurait-il point, monsieur, un petit *mezzo termine* à cette affaire?

LE BARON.

Oui, de fendre la cervelle au premier qui viendra frapper à la porte du château.

LE CHEVALIER.

Ce parti est très-raisonnable, et l'on ne peut rien de plus juste; mais si vous commenciez par prendre la précaution de marier tout d'un coup les deux futurs, cela préviendrait merveilleusement tous les méchants desseins. Les ravisseurs auront beau venir après cela, Mlle Thérèse leur dira : Messieurs, vous êtes venus trop tard, la place est prise; je suis mariée. Qu'auront-ils à répondre à cela? Rien. Il faudra qu'ils s'en retournent bien honteux.

THÉRÈSE.

Oui, mais s'ils me disent : Ça ne fait rien; quand vous seriez mariée cent fois davantage, mademoiselle Thérèse, vous êtes belle, nous vous aimons, et il faut que nous vous enlevions, qu'est-ce que je dirai, moi?

LE BARON.

Je te tordrai le cou de mes propres mains plutôt que de souffrir qu'on attente à ton honneur, car, vois-tu, je t'aime. (Il la presse brutalement sur son cœur.)

LE CHEVALIER, remontant au fond à gauche.

Monsieur, ne voyez-vous rien à travers ces arbres? N'entendez-vous rien?

LE BARON, remontant [2].

Mon avis est que je vois une chaise de poste et des gens à cheval.

LE CHEVALIER.

Tout juste, nous y voici; c'est, sans contredit, un de nos coquins. Ne craignez rien, mademoiselle.

THÉRÈSE, remontant aussi.

Moi, hélas! Et qu'ai-je à craindre?

LE CHEVALIER.

Vous avez un père homme de courage, et votre mari aura l'honneur de le seconder.

LE BARON.

Oui, voici une occasion où il faut avoir du cœur[3]. Renfermons-nous dans

---

1. Le chevalier, le baron, Thérèse, Mme Barbe.
2. Le baron, le chevalier, Thérèse, Mme Barbe.
3. Le chevalier, Thérèse, Mme Barbe, le baron.

le château, fermons toutes les portes. Colin, Martinet, Jérôme, tirez vos arquebuses par les meurtrières sur les gens qui voudront entrer malgré vous. (Des domestiques et des paysans sortent du château armés de mousquetons et de fourches; d'autres paraissent aux lucarnes.)

LE CHEVALIER.

On ne peut pas mieux se préparer, en vérité, monsieur le baron; c'est dommage que vous ne commandiez pas dans quelque place frontière, et que vous n'ayez pas été gouverneur de Philisbourg.

LE BARON.

Je ne l'aurais pas rendu en deux jours.

MARAUDIN, venant du fond à gauche.

Rentrez, monsieur le baron, rentrez, voilà les ennemis qui approchent.
(Le baron remonte avec lui vers le fond à gauche.)

LE CHEVALIER, à part, à l'extrême gauche.

Tout ceci commence un peu à m'inquiéter. Voici mon frère qui vient épouser Thérèse et m'arracher ma fortune.

LE BARON.

Rentrez donc avec ma fille et M. Maraudin, et gardez-vous de vous montrer.

COLIN.

Courage, camarades! mettons-nous sous les armes. Qu'ils y viennent! Par la morgué, tatigué, jarnigué, je vous les...

UN VALET.

Les voilà!
(Tous les paysans s'enfuient et s'enferment dans le château. On les voit reparaître aux fenêtres des greniers.)

SCÈNE VII.

LE COMTE, arrivant avec ses laquais et son page; LE BARON, à la fenêtre au-dessus de la porte du château; THÉRÈSE, à une autre fenêtre. Des valets aux lucarnes du second étage.

LE COMTE, venant de gauche.

Voilà une assez plaisante réception, foi de seigneur! Sur mon honneur, on nous ferme la porte au nez. Holà! hé! qu'on heurte un peu, qu'on sonne un peu (Le page heurte et sonne); qu'on sache [un peu ce que cela veut dire. Je m'attendais à des harangues et à des bouquets. (Le page frappe plus fort, un valet sonne, le chien du logis aboie.) Faut-il tout casser? Est-ce que ce n'est pas ici la maison du sieur baron de la Cochonnière?

LE BARON paraît à la fenêtre du premier.

Oui, c'est ici mon château, et c'est moi qui suis monsieur le baron; que lui voulez-vous, monsieur l'aventurier?

LE COMTE.

Vous devriez un peu vous douter qui je suis. Je m'attendais à être reçu d'autre sorte. Écoutez, bonhomme, je viens ici avec une lettre de M. Maraudin, et mon dessein était d'épouser Mlle de la Cochonnière; mais tant que vous me tiendrez ici à la porte, il n'y a pas d'apparence que nous puissions conclure cette affaire.

LE BARON.

Ah! ah! vous veniez pour épouser ma fille! Fort bien. Ah! comment vous nommez-vous, s'il vous plaît?

LE COMTE.

Vous faites le mauvais plaisant, baron.

LE BARON.

Non, non, je voudrais savoir comment vous vous nommez.

LE COMTE.

Mais il y a quelque apparence que je me nomme le comte de Boursoufle; nous sommes un peu plus connu à la cour qu'ici.

THÉRÈSE, toujours à sa fenêtre.

Papa, voilà un impudent maroufle qui prend le nom de mon mari!

LE BARON, au comte,

Écoute : vois-tu ces arbres qui ornent le dehors de mon château? Si tu ne te retires, voilà où je te ferai pendre avant qu'il soit une heure.

LE COMTE.

Foi de seigneur, c'est pousser un peu loin la raillerie. Allons, ouvrez, et ne faites plus le mauvais plaisant. (Il heurte.)

LE BARON.

Il fait violence; tirez, Jérôme.

(On tire un coup d'arquebuse d'une des meurtrières.)

UN PAGE.

Jarni! on n'a jamais reçu de cette façon des gens de qualité; sauvons-nous. (Ils se sauvent par le fond à gauche.)

LE BARON, à ses gens.

Enfants, puisqu'ils se sauvent, voici le moment de signaler votre intrépidité. Il est seul, saisissez-moi ce bohème-là, et liez-le-moi comme un sac.

LE COMTE.

Mais ceci devient sérieux, ceci est une véritable guerre, ceci est abominable; assurément on en parlera à la cour.

(Le baron, Thérèse et ses gens descendent. Colin et trois valets saisissent le comte, lui prennent son épée et le garrottent.)

LE COMTE.

Mais qu'est-ce que c'est que ça? qu'est-ce que c'est que ça? Ah! vous me liez trop fort, vous allez gâter toute ma broderie. Baron, vous me paraissez un fou un peu violent; n'avez-vous jamais de bons intervalles?

LE BARON.

Je n'ai jamais vu un drôle si impudent.

LE COMTE.

Pour le peu qu'il vous reste un grain de raison, ne sauriez-vous me dire comment la tête vous a tourné, et pourquoi vous faites ainsi garrotter le comte votre gendre?

THÉRÈSE a tourné par derrière le comte[1].

Que je voie donc comment sont faits les gens qui veulent m'enlever. Ah! papa, il m'empuantit d'odeur de fleur d'orange; j'en aurai des vapeurs pour quinze jours; ah! le vilain homme. (Elle s'éloigne un peu à gauche.)

LE COMTE.

Beau-père, au goût que cette personne me témoigne, il y a apparence que c'est là ma femme. Me tiendrez-vous longtemps dans cette posture? Expliquez-vous, s'il vous plaît : n'attendiez-vous pas le comte de Boursoufle! ne devait-il pas venir avec une lettre de votre ami M. Maraudin?

LE BARON.

Oui, coquin, oui.

LE COMTE.

Ne m'injuriez donc point, s'il vous plaît; je vous ai déjà dit que j'ai l'honneur d'être ce comte de Boursoufle, et que j'ai la lettre du sieur Maraudin dans ma poche, fouillez plutôt.

LE BARON.

Je reconnais mes fripons; ils ne sont jamais sans lettres en poche; prenons toujours la lettre, il sera pendu comme ravisseur et comme faussaire.

LE COMTE.

Ce baron est une espèce de beau-père bien étrange.

LE BARON.

Mon ami, je suis bien aise, pour te réjouir, de t'apprendre que tes visées étaient mal prises, et que monsieur le comte et M. Maraudin sont ici.

LE COMTE.

Le comte est ici! Beau-père, vous me dites des choses incroyables, sur mon honneur.

LE BARON, à la porte de son château.

Monsieur le comte! monsieur Maraudin! venez! venez montrer à ce coquin qui vous êtes. Holà! mon gendre, monsieur Maraudin... Personne ne me répond; il faut que je les aille chercher moi-même. (Il entre dans le château.)

SCÈNE VIII.

LE COMTE DE BOURSOUFLE, garrotté par les gens du baron; THÉRÈSE.

LE COMTE.

J'ai beau me servir de tout mon esprit, et assurément j'en ai beaucoup, je ne comprends rien à cette aventure. Ma belle demoiselle, vous me paraissez naïve : pourrait-on savoir de vous ce que veut dire toute cette incartade? Est-ce ainsi que vous recevez les gens qui viennent pour avoir l'honneur de vous donner la main?

---

1. Thérèse, le comte, le baron, Mme Barbe; les domestiques au deuxième plan.

THÉRÈSE, qui va rentrer au château, s'arrête [1].

Pardi, plus je regarde ce drôle-là, et plus il me paraît, malgré tout, avoir la mine assez revenante ; il est bien mieux habillé que mon mari ; ma foi, il est au moins aussi beau. Oh ! vivent les gens de Paris, même les coquins ! je le dirai toujours. Mais de quoi t'avisais-tu aussi de prendre si mal ton temps pour m'enlever ? Écoute, je te pardonne de tout mon cœur ; puisque tu voulais m'avoir, c'est que tu me trouvais belle ; j'en suis assez charmée, et je te promets de pleurer quand on te pendra.

LE COMTE.

Je vois bien que la fille n'a pas plus de raison que le père.

THÉRÈSE.

Hein ! ne dis-tu pas que je t'ai ôté la raison, pauvre garçon ? Tu étais donc bien amoureux de moi ? Ah ! que je ferai de passions ! ah ! comme on m'aimera !

LE COMTE.

Les jolies dispositions ! le beau petit naturel de femme !

SCÈNE IX.

LE BARON, LE COMTE, THÉRÈSE.

LE BARON, sortant du château.

Merci de mon honneur ! Que faites-vous là, Thérèse ? Vous osez parler à ce fripon ! Dénichez, ou vous ne serez mariée de dix ans d'ici.

THÉRÈSE.

Ah ! je m'enfuis... (Elle rentre dans le château à droite.)

LE COMTE.

Eh bien, monsieur le baron, puis-je enfin avoir l'honneur de parler à votre gendre, et voir un peu avec lui qui de nous deux est le comte de Boursoufle ? Franchement, je commence à me lasser, et je suis fort mal à mon aise.

LE BARON.

Va, va, pendard, monsieur le comte et M. Maraudin ne veulent te parler qu'en présence de la justice. Ils ont raison. Elle va venir, et nous verrons beau jeu. Çà, qu'on me mène ce drôle-là dans l'écurie, et qu'on l'attache à la mangeoire, en attendant que son procès lui soit fait et parfait.

LE COMTE.

Je ne crois pas que seigneur de ma sorte ait jamais été traité ainsi. Que dira-t-on à la cour ?

(Colin passe une corde au cou du comte, et l'entraîne à l'écurie, à droite au fond.)

---

1. Le comte, Thérèse, Mme Barbe ; les domestiques au deuxième plan.

FIN DU DEUXIÈME ACTE.

ACTE TROISIÈME.

LE SALON DE MADEMOISELLE DE LA COCHONNIÈRE.

(Porte au fond, porte latérale à gauche, table et fauteuil à droite, au premier plan. — Au lever du rideau, le chevalier est assis auprès de la table à droite; Maraudin est à côté de lui. — Mme Barbe est accoudée sur le dossier d'un grand fauteuil Molière, à gauche, au premier plan.)

SCÈNE I.

THÉRÈSE, LE CHEVALIER, MARAUDIN, MADAME BARBE[1].

THÉRÈSE, entrant du fond.

Je baille un soufflet au premier qui m'appellera encore mademoiselle Thérèse. Vertuchou! je suis madame la comtesse, il faut que vous le sachiez. (Au chevalier). Ne partez-vous pas tout à l'heure pour Paris, monsieur le comte? Je m'ennuie ici comme une sainte dans le calendrier.

MADAME BARBE.

Irai-je itou à Paris, monsieur le comte?

THÉRÈSE.

Toi, non; tu m'as trop enfermée dans ma chambre toutes les fois qu'il venait ici des jeunes gens; je ne te mènerai point à Paris, car tu pourrais m'enfermer encore.

MADAME BARBE

Ah! que deviendra donc madame Barbe?

THÉRÈSE.

Pour vivre à Paris il faut être jeune, brillante, jolie; avoir lu les romans et savoir le monde; c'est affaire à moi à vivre à Paris.

LE CHEVALIER.

Plût au ciel, madame, que je pusse vous y conduire tout à l'heure, et que monsieur votre père daignât le permettre!

---

1. Mme Barbe, Thérèse, le chevalier, Maraudin.

THÉRÈSE.

Il faudra bien que papa la Cochonnière le veuille, et, veuille ou non, je ne veux pas rester ici plus d'un jour.

MARAUDIN.

Quoi! vous voudriez quitter sitôt un si brave homme de père?

THÉRÈSE.

Oh! brave homme tant qu'il vous plaira. J'aime bien papa, mais il m'ennuie à crever, et je veux partir.

LE CHEVALIER.

Hélas! je le voudrais aussi de tout mon cœur.

THÉRÈSE.

Votre équipage arrive sans doute ce soir? Faisons remettre les chevaux dès qu'ils seront arrivés, et partons. (Elle remonte au fond.)

LE CHEVALIER.

O ciel! que je sens de toutes façons le poids de ma misère! Madame, l'excès de mon amour...

THÉRÈSE redescend.

L'excès de votre amour me fait beaucoup de plaisir; mais je ne vois arriver ni cheval, ni mule, et je veux aller à Paris.

LE CHEVALIER.

Madame, mon équipage...

MARAUDIN.

Son équipage, madame, est en fort mauvais ordre; ses chevaux sont estropiés, son carrosse est brisé.

THÉRÈSE.

Monsieur, c'est avec moi qu'il fallait prendre le mors aux dents et briser son carrosse.

SCÈNE II.

LE BARON, LE CHEVALIER, THÉRÈSE, MARAUDIN[1].

LE BARON.

Vous me voyez fort embarrassé.

MARAUDIN.

Et nous aussi, monsieur.

LE BARON.

Ce diable d'homme, tout fripon qu'il est, a je ne sais quoi d'un honnête homme.

LE CHEVALIER.

Oui, tous les fripons ont cet air-là.

LE BARON.

Il jure toujours qu'il est le comte de Boursoufle.

1. Mme Barbe, Thérèse, le chevalier, le baron, Maraudin.

MARAUDIN.
Il faut bien lui passer de jurer un peu dans le triste état où il est.
LE BARON.
Il a cent lettres sur lui toutes à l'adresse du comte.
LE CHEVALIER.
C'est lui qui les a écrites.
LE BARON.
En voici une qu'il prétend que vous lui avez donnée pour moi.
MARAUDIN.
Elle est contrefaite.
LE BARON.
Il est tout cousu d'or et de bijoux.
LE CHEVALIER.
Il les a volés.
THÉRÈSE.
Voyons toutes ces merveilles? (Elle remonte au fond.)
LE BARON.
Ses domestiques sont tous autour du château, et protestent qu'ils vengeront leur maître.
MARAUDIN.
Ne voyez-vous pas qu'il est le chef d'une troupe de voleurs?
LE BARON.
Oui, vous avez raison, il sera pendu. C'est sans difficulté. Je me suis d'abord aperçu que ce n'était pas un homme de qualité, car il n'avait rien de mon air et de mes façons.
LE CHEVALIER.
Il est vrai.
LE BARON.
Je suis bien aise de confronter ce scélérat devant vous; j'ai donné ordre qu'on nous l'amène pour être jugé, selon les lois du royaume, par M. le bailli, que j'attends. (Il remonte.)
LE CHEVALIER, suivant le baron.
Vous voulez absolument que je parle avec cet homme-là?
LE BARON.
Assurément.
LE CHEVALIER.
Je ne veux point me commettre avec un homme comme lui.
THÉRÈSE ramène le chevalier en scène.
Vous avez raison, monsieur le comte; qu'avons-nous à dire à cet animal-là? Allons-nous-en dans ma chambre, cela vaudra bien mieux. (Elle se dirige à gauche. Mme Barbe barre la porte, et l'empêche d'entrer.)
MARAUDIN remonte près du baron.
Ma foi, je ne me soucie pas trop non plus de lui parler, et vous permettrez...
(Ils veulent tous s'en aller, mais le baron les retient.)

SCÈNE III.

LE COMTE, LE CHEVALIER, LE BARON, THÉRÈSE[1].

MARAUDIN à part.

Ah! c'est lui-même... je suis confondu. (Il descend à droite.)

LE CHEVALIER, à part.

Je n'ai jamais été si embarrassé.

LE COMTE.

J'aurai furieusement besoin d'aller chez le baigneur en sortant de ce maudit château. Qu'est-ce que je vois, mon Dieu! Eh! c'est M. Maraudin.

LE BARON.

D'où peut-il savoir votre nom?

MARAUDIN.

Ces gens-là connaissent tout le monde.

LE COMTE.

Monsieur Maraudin, tout ceci est un peu singulier; foi de seigneur, vous êtes un fripon.

MARAUDIN.

Je vous avais bien dit qu'il connaît tout le monde; je me souviens même de l'avoir vu quelque part.

LE COMTE.

Ah! Chonchon, est-ce vous qui me jouez ce tour?

THÉRÈSE.

Monsieur le comte, avec quelle insolence il vous parle?

LE COMTE.

Qui l'eût cru, Chonchon, que tu pusses jamais parvenir à cet excès?

LE CHEVALIER.

Monsieur le baron, je vous l'ai déjà dit, je ne veux pas me commettre, et cet homme-là me fait rougir. (Maraudin s'échappe par le fond.)

LE BARON.

Si tu perds encore le respect à monsieur le comte, je te casserai bras et jambes. Je vois bien que nous n'en tirerons point raison: qu'on le remmène en prison dans l'écurie. (Il remonte au fond. Deux valets paraissent.)

LE COMTE passe à l'extrême droite.

Cela est effroyable, cela est épouvantable; j'aurai beau dire qu'il est mon frère, ce coquin de chevalier assurera qu'il n'en est rien, ces gens ici n'entendent point raillerie; dans les affaires épineuses, il faut toujours prendre le parti de la modération.

LE BARON, venant près du comte.

Que marmottes-tu là entre les dents, ravisseur effronté?

---

1. Mme Barbe, Thérèse, le chevalier, le comte, le baron, Maraudin.

THÉRÈSE, à Mme Barbe.

Je crois qu'il me trouve fort jolie.

LE COMTE.

Monsieur le baron, je commence à croire que tout ceci n'est qu'un malentendu, et qu'il est aisé de nous éclaircir; laissez-moi parler seulement deux minutes tête à tête à ce jeune et honnête gentilhomme.

LE BARON.

Ah! il commence enfin à avouer, et la peur de la justice le presse. Rentrons tous. (Les valets disparaissent.) Monsieur le comte, écoutez sa déposition, je l'abandonne à votre miséricorde. (Il fait signe à Thérèse et à Mme Barbe, qui sortent par la porte de gauche, et lui sort par le fond ; le chevalier l'accompagne.)

SCÈNE IV.

LE COMTE, LE CHEVALIER.

LE CHEVALIER, à part, au fond.

Tout fâché que je suis contre lui, il me paraît si bien puni que je commence à sentir quelques remords.

LE COMTE.

Regarde-moi un peu en face, Chonchon.

LE CHEVALIER descend.

Cela est difficile : vous m'avez traité indignement, et je vous ai fait du mal, il n'y a pas moyen après cela de se regarder. Que me voulez-vous?

LE COMTE.

Je conviens que je n'ai pas eu avec toi toute la condescendance qu'un aîné devait à son cadet; tu t'en es bien vengé, tu es venu ici à ma place, avec ce fripon de Maraudin. Tu vois le bel état où l'on m'a mis, et le ridicule dont je vais être chargé... Faisons la paix ; tu me demandais ce matin dix mille francs pour le reste de ta légitime, je t'en donne vingt mille, et laisse-moi épouser Mlle de la Cochonnière.

LE CHEVALIER.

Il n'est plus temps; vous m'avez appris à entendre mes intérêts; il n'y a pas d'apparence que je vous cède une fille de cinq cent mille francs pour une légitime de vingt mille.

LE COMTE.

Chonchon!

LE CHEVALIER.

J'ai eu de la peine à me résoudre à ce que j'ai fait, mais la chose est sans remède.

LE COMTE.

Comment! aurais-tu déjà épousé?... Il faut que tu aies l'âme bien noire.

LE CHEVALIER.

Point, car j'ai eu quelque scrupule en épousant Thérèse, et vous n'en aviez point en me faisant mourir de faim.

LE COMTE.

Tu prétends donc, scélérat, pousser jusqu'au bout l'effronterie de ton procédé, et me rendre le jouet de cette maison-ci?

LE CHEVALIER.

Je ne prétends que cinq cent mille francs; tout ce que je puis faire pour votre service, c'est de partager le différend par moitié.

LE COMTE.

C'est un accommodement, du moins.

LE CHEVALIER.

Je prendrai la dot, et je vous laisserai la femme.

LE COMTE, passant à droite.

Ah! Chonchon, tu commences à faire le plaisant; on voit bien que ta fortune est faite.

SCÈNE V.

LE BARON, LE BAILLI, THÉRÈSE, LE COMTE, LE CHEVALIER, MADAME BARBE.

LE BAILLI, au fond, au baron.

Oui, je suis venu en toute diligence, et je ne puis trop vous remercier de l'heureuse occasion que vous me donnez de faire pendre quelqu'un; je n'ai point encore eu cet honneur depuis que je suis en charge; je vous devrai toute ma réputation.

LE BARON.

Corbleu! vous êtes plus heureux que vous ne pensez; notre homme a des complices, et vous avez sept ou huit personnes pour le moins à qui il faudra donner la question.

LE BAILLI, descendant en scène.

Dieu soit loué! je ne me sens pas d'aise. Instrumentons au plus tôt. Où est le corps du délit? où est l'accusé?

LE BARON.

Le voici, c'est ce coquin-là. Condamnez-le comme voleur de grand chemin, faussaire et ravisseur de fille. (Il va ouvrir la porte de gauche à sa fille et à Mme Barbe, qui entrent en scène [1].)

LE BAILLI.

Çà, dépêchons-nous. Votre nom, votre âge, vos qualités? Ah! Dieu paternel, qu'est-ce que je vois là! C'est M. le comte de Boursoufle, le fils de monsieur le marquis mon parrain. Ah! monseigneur, mon bon patron! par quelle aventure étrange vous vois-je traité de la sorte.

LE BARON.

Ah! qu'est-ce que j'entends?

---

1. Le chevalier, Mme Barbe, Thérèse, le baron, le bailli, le comte.

THÉRÈSE, à elle-même.

Thérèse, en voici bien d'une autre !

MADAME BARBE.

Miséricorde !

LE COMTE passe devant le bailli [1].

Bailli, ce vieux fou de baron s'est mis dans la tête que je n'ai pas l'honneur d'être M. le comte de Boursoufle; il me prend pour un aventurier, et il est tout résolu de me faire pendre au lieu de me donner sa fille.

LE BARON.

Quoi ! ce serait en effet là monsieur le comte ?

LE BAILLI.

Cela se voit tout de suite.

LE COMTE.

Ah ! mon ami ! je ne me reconnais pas ! Mais il faut que ce baron soit un campagnard bien grossier pour s'y être mépris, foi de seigneur.

LE BARON.

Ah ! monsieur le comte, je me jette à vos genoux; j'ai été trompé par ce scélérat de Maraudin et par cet autre coquin-ci; mais je vais les faire brûler tout à l'heure pour vous être agréable. O ciel ! qu'est-ce que j'ai fait? Délions vite monsieur le comte, et rendons-lui son épée. (Mme Barbe va au fond chercher l'épée, et la donne au comte.) Je mets ma vie entre vos mains, monsieur le comte. (Au bailli), Ordonnez du supplice des fripons qui m'ont abusé. Ah ! que je suis un malheureux baron !

THÉRÈSE.

Et moi, que deviendrai-je?... A qui suis-je, à qui suis-je donc? Qu'on se dépêche ! Il y a trop longtemps que je suis à moi-même.

LE COMTE.

Me voilà enfin un peu plus libre dans ma taille. Qu'on appelle un peu mes gens, qu'on me donne de la poudre de senteur, car je pue furieusement l'écurie. Holà ! hé ! un pouf, un pouf ! (Il s'assied à droite.)

LE BARON, allant au bailli.

Monsieur le bailli, vous voyez que vous n'y perdez rien (Montrant le chevalier), car voilà toujours un criminel à expédier; saisissez-vous de celui-ci, qui a pris insolemment le nom d'un autre pour ravir ma fille.

LE BAILLI passe près du chevalier.

C'est M. le chevalier de Boursoufle, c'est aussi le fils de mon parrain; je ne serai pas assez osé pour instrumenter contre monsieur le chevalier. (Il recule un peu au fond.)

LE COMTE se lève.

Vieux fou de baron ! Écoutez : j'ai l'honneur, comme je vous l'ai dit, d'être ce comte de Boursoufle aux soixante mille livres de rente; il est vrai que ce pauvre diable-ci est mon frère, mais c'est un cadet qui n'a pas le sou; il voulait faire fortune en me jouant d'un tour : il sera assez puni quand

---

1. Le chevalier, Mme Barbe, le baron, le comte, le bailli.

ACTE III, SCÈNE V.

il me verra épouser à ses yeux Mlle Gotton-Thérèse de la Cochonnière et emporter la dot. (Il va prendre Thérèse par la main, et la fait descendre.)

THÉRÈSE [1].

Moi, de tout mon cœur; j'épouserai tous ceux que papa la Cochonnière voudra; ça ne fait rien, pourvu que ce soit un gentilhomme digne de mon nom, pourvu que j'aille à Paris et que je sois grande dame à la cour.

LE BARON.

Hélas! monsieur le comte, je suis le plus malheureux de tous les hommes; le contrat est signé, M. Maraudin a pressé la chose, et même... (Il lui parle à l'oreille.)

THÉRÈSE.

Tout ça ne fait rien, papa; j'épouserai encore monsieur le comte, vous n'avez qu'à dire.

LE CHEVALIER, venant à Thérèse.

Mademoiselle, je vous supplie de vous souvenir...

THÉRÈSE.

J'ai tout oublié; vous êtes un cadet qui n'avez rien, et je serai grande dame avec monsieur le comte.

PASQUIN, pleurant.

Adieu, mon cher maître.

LE CHEVALIER.

Où vas-tu?

PASQUIN.

Je vais me jeter à l'eau.

LE BARON passe au milieu [2].

Qui parle d'eau ici? Qu'on le sache bien, au château de la Cochonnière on ne met pas d'eau dans son vin.

LE COMTE, avec malice.

Ainsi le contrat serait signé... contre-signé!

LE CHEVALIER.

Oui, mon frère, et Thérèse de la Cochonnière a l'honneur d'être votre belle-sœur. (S'inclinant vers le baron.) Il est vrai, monsieur le baron, que je ne suis pas riche, mais je vous promets de faire une grande fortune à la guerre. (Saisissant la main de Thérèse.) Et vous, mademoiselle, je me flatte que vous me pardonnerez la petite supercherie que M. Maraudin vous a faite et qui me vaut l'honneur de vous posséder.

THÉRÈSE, retirant sa main.

Je n'entends rien à tout cela. Mais que j'aille à Paris dès ce soir, et je pardonne tout. Voyez vous deux quel est celui dont je suis la femme.

LE COMTE.

La plaisante question! Vous savez bien, mademoiselle, que ce n'est pas

---

1. Le chevalier, le bailli, Mme Barbe, Thérèse, le comte, le baron; Pasquin, au deuxième plan, à droite.
2. Le bailli, Mme Barbe au deuxième plan, le baron, Pasquin au deuxième plan, le chevalier, Thérèse, le comte.

moi. (Thérèse va vers son père[1].) Songez-y, chevalier, et ne partez pas sitôt pour la guerre, car l'ennemi n'est peut-être pas loin. Pour moi, j'épouserai quelque duchesse à Versailles. (a part.) On pourrait bien de tout ceci me tourner en ridicule à la cour. (Tournant sur ses talons.) Mais quand on est fait comme je suis, on est au-dessus de tout, foi de seigneur.

LE BARON.

Monsieur le bailli, par charité, faites pendre au moins M. Maraudin, qui a fait toute la friponnerie.

LE BAILLI.

Très-volontiers; il n'y a rien que je ne fasse pour mes amis.

---

1. Mme Barbe, le bailli, le baron, Thérèse, le chevalier, le comte, Pasquin.

FIN DE MADEMOISELLE DE LA COCHONNIÈRE.

TABLE

DES MATIÈRES CONTENUES DANS LE SIXIÈME VOLUME

DU THÉATRE.

                                                          Pages.

LES DEUX TONNEAUX, esquisse d'opéra-comique. 3

SOPHONISBE. — AVERTISSEMENT sur les tragédies de *Sophonisbe*. . 29
    AVERTISSEMENT de Beuchot. 34
    A Monsieur le duc de La Vallière. 37
    LETTRE à M. le G*** de G*****, à Dijon. 42
    SOPHONISBE, tragédie. 45
    VARIANTES de la tragédie de *Sophonisbe*. 89

LES PÉLOPIDES, ou ATRÉE ET THYESTE. — AVERTISSEMENT pour
    la présente édition. 101
    AVERTISSEMENT des éditeurs de l'édition de Kehl. 102
    FRAGMENT D'UNE LETTRE. 103
    LES PÉLOPIDES, ou ATRÉE ET THYESTE, tragédie. 107
    VARIANTES de la tragédie des *Pélopides*. 148

LES LOIS DE MINOS. — AVERTISSEMENT pour la présente édition. 163
    AVERTISSEMENT de Beuchot. 165
    ÉPITRE DÉDICATOIRE à Monseigneur le duc de Richelieu. . . 167
    LES LOIS DE MINOS, tragédie. 175
    VARIANTES de la tragédie des *Lois de Minos*. 234

DON PÈDRE. — AVERTISSEMENT de Beuchot. 239
    ÉPITRE DÉDICATOIRE à M. d'Alembert, par l'éditeur de la tragédie de
    Don Pèdre. 241
    DISCOURS historique et critique sur la tragédie de *Don Pèdre*. . . 249
    FRAGMENT d'un discours historique et critique sur *Don Pèdre*. . . 255
    DON PÈDRE, tragédie. 259

TABLE DES MATIÈRES.

Pages.

L'HOTE ET L'HOTESSE. — AVERTISSEMENT pour la présente édition. 307
   AVERTISSEMENT de Beuchot. 308
   L'HÔTE ET L'HÔTESSE, divertissement. 309

IRÈNE. — AVERTISSEMENT pour la présente édition. 317
   AVERTISSEMENT de Beuchot. 324
   LETTRE de M. de Voltaire à l'Académie française. 325
   IRÈNE, tragédie. 337
   VARIANTES de la tragédie d'*Irène*. 379

AGATHOCLE. — AVERTISSEMENT pour la présente édition. 389
   AVERTISSEMENT des éditeurs de l'édition de Kehl. 391
   DISCOURS prononcé avant la première représentation d'*Agathocle*. . 392
   AGATHOCLE, tragédie. 395

TRADUCTIONS.

JULES CÉSAR. — AVERTISSEMENT des éditeurs de l'édition de Kehl. 433
   AVERTISSEMENT du traducteur 435
   JULES CÉSAR, tragédie. 439
   OBSERVATIONS sur le *Jules César* de Shakespeare. 484

L'HÉRACLIUS ESPAGNOL, OU LA COMÉDIE FAMEUSE. — PRÉFACE du traducteur. 489
   L'HÉRACLIUS ESPAGNOL, OU LA COMÉDIE FAMEUSE, fête. . . . 491
   DISSERTATION du traducteur sur l'*Héraclius* de Calderon. . . . 535

APPENDICE
AU THÉATRE DE VOLTAIRE.

AVERTISSEMENT de l'auteur de la présente édition. 539
LE COMTE DE BOURSOUFLE, OU MADEMOISELLE DE LA COCHONNIÈRE, comédie bouffe en trois actes et en prose. 543

FIN DE LA TABLE.

PARIS. — Impr. J. CLAYE. — A. QUANTIN et C*ⁱᵉ*, rue St-Benoît. — [1191.]